LOCAL EDUCATION AUTONOMY SYSTEM IN KOREA

한국의 지방교육자치

| 김민희 · 김민조 · 김정현 · 박상완 · 박소영 공저 |

학지사

한국의 지방교육자치는 1991년부터 본격적으로 시작되었습니다. 지방교육자치가 실시된 이후 가장 큰 변화는 2010년 이후 교육감 선출 방식이 주민직선제로 전환되고 별도의 교육의원 선출이 폐지되면서 교육위원회 구성이 달라진 것이라고 할 수 있습니다. 교육감이 주민직선제로 선출되면서 지역 주민들의 교육에 대한 요구와 관심도가 높아지고 있고, 지역 특성을 반영한 정책사업이 확대되면서 지방교육자치의 본래 의미와 가치가 구현되는 성과가 나타나고 있습니다. 그러나 교육감의 이념적 성향 차이에 따른 사회적 갈등도 초래되고 있고, 교육의원 선출이 폐지되면서 지역의 교육·학예에 대한 의사결정과정의 정치적 중립성 논쟁도 여전히 진행 중입니다. 또한 지방교육자치가 이루어지고 있으나 중앙정부로부터 70% 이상의 재정지원을 받고 있는 상황이어서 중앙정부와의 권한 관계 설정도 늘 사회적으로 중요한 이슈가 되고 있습니다.

2015년 겨울, 교육행정 과목을 강의하고 있는 연구자들이 지금까지 이루어지고 있는 지방교육자치의 실태와 연구 성과를 정리해 보는 자리를 가졌습니다. 한국의 지방교육자치는 다른 나라와는 매우 다른 양상으로 시작되었고, 다양한 측면에서 발전하였습니다. 한국적 상황에서 지방교육자치가 어떻게 발전되어야 할지를 모색하기 위해서는 지금까지 이루어진 성과를 먼저 정리해 보는 것이 선행되어야 한다고 보았고, 관련 장을 나누어 집필하는 계획을 수립하였습니다. 매월 정기적인 모임을 가지면서, 각 장별 목차, 하위 내용 구성 등에 있어서 논리적 일관성을 가지고 이 책을 집필할 수 있도록 논의했습니다.

지금까지 수행된 연구 결과를 큰 주제별로 분류하였지만, 세부적인 내용을 조율하는 데 꽤 많은 시간이 걸렸습니다. 한국의 지방교육자치와 관련된 연구가 워낙 방대하기도 하였지만, 그동안의 연구 성과를 정리하는 공통적인 분석틀을 어떻게 구축하고 전체 저서 내에서 어떻게 반영할 것인지에 대한 논의 과정이 길었기 때문입니다. 대표 저자로서 2개 장의 집필을 맡으면서 자료를 수집하고, 분류하고, 분석하였고, 집필자 간의 논의를 거친 결과로 이 책이 탄생할 수 있었습니다. 부족한 부분은 외부 연구자들의 도움을 받아 보완하기도 하였습니다. 박상완(제1, 4, 7장), 김민조(제2, 10장), 김민희(제8, 9장), 김정현(제5, 6장), 박소영(제3, 11, 12장)이 각 장별 대표 집필을 맡아 수고해 주셨습니다.

특히 제3장 '지방교육자치제의 역사'는 숙명여자대학교 송기창 교수님의 동의를 얻어 학술지 논문을 인용함으로써 이 책의 완성도를 높일 수 있었습니다. 송기창 교수님께서는 한국 지방교육자치의 역사와 학문적 발전에 큰 기여를 하신 분으로, 논문을 게재할 수 있도록 허락해 주신 것에 대해 더없는 감사를 드립니다. 후학들의 노력에 대해서도 많은 격려와 지지를 해 주셨습니다. 이 자리를 빌려 다시 한 번 감사드립니다.

처음 책을 써 보자고 모였던 시점부터 출판에 이르기까지 오랜 시간이 걸렸습니다. 그러나 집필자들이 같은 문제의식을 가지고 깊이 있는 책을 쓰기 위해 진지하게 고민했던 시간 자체에 의미가 있다고 생각합니다. 학문 공동체가 지향하는 모습을 갖추기 위해 주말마다 귀중한 시간을 내고 전국 각지에서 기꺼이 모여 주신 집필진들에게도 감사의 마음을 전합니다. 이 책이 한국의 지방교육자치에 대해 이해하고, 관련 연구를 수행하며, 새로운 대안을 모색하는 과정에 있는 분들에게 도움이 되기를 바랍니다. 이 책의 내용을 가지고 한 걸음 더 깊이 있는 논의를 할 수 있도록 다양한 학문 분야의 연구자들, 실천가들과 교류할 수 있는 기회가 주어진다면 더 좋겠습니다.

2018년 6월
저자들을 대표하여
김민희

제4장　교육감 ✱ 85

제5장　교육위원회 ✱ 137

제6장 지방교육행정조직 ✽ 175

제7장 지방교육사무 ✽ 209

제**1**장

서론

🔖 1. 배경

우리나라에서 지방교육자치제도는 1991년 「지방교육자치에 관한 법률」(이하 「교육자치법」)이 제정되면서부터 본격적으로 시행되고 있다.[1] 「교육자치법」은 지방교육자치제 실시를 위한 법적 근거를 제공하고, 지방교육자치기관의 설치, 조직 및 운영에 관한 기본적인 사항을 규정함으로써 지방교육자치제 운영의 실질적인 지침이자 기준이 되고 있다.

1991년 「교육자치법」 제정 이후, 지방교육자치제도는 다양한 변화를 거치면서 발전해 왔다. 특히 2010년부터는 지방자치단체장(시·도지사)과 마찬가지로 지방교육자치기관의 대표인 교육감을 주민직선으로 선출하면서 지방교육자치제의 제도적·실질적 기반이 더욱 강화되었다. 주민직선으로 선출된 교육감은 시·도지사와 함께 지방자치단체를 대표하는 주요 집행 기관으로서, 그간 논란이 되었던 주민 대표성을 확보하게 되었다.

그러나 교육감 주민직선제가 시행되면서 지방'교육'자치제도 자체에 대한 비판과 제도 개선에 대한 요구는 더욱 거세지고 있다. 주민 대표성을 확보한 교육감이 중앙정부와 지방자치단체장 모두에게 잠재적인 정치적 위협 세력이 되어서인지, 교육감의 선출 방식, 권한과 책임 등을 둘러싸고 다양한 문제가 제기되고 있다. 물론 이는 지방교육자치제 확대를 환영하지 않는 지방자치단체장(또는 이들의 협의체인 시·도지사 협의회)과 행정학자, 법학자 등을 중심으로 한 움직임이다.

이와 함께 중앙정부(교육부)와 교육감, 지방자치단체장과 교육감 간에 교육정책을 둘러싼 갈등 양상이 나타나고 있다. 교원 징계, 학생 인권 조례 제정 등에 대해 교육부와 지방 교육감 간의 이견과 갈등, 경기도청 내 교육국 설치에 대해 경기도 교육청이 조직 및 업무 중복을 이유로 반대한 점, 과거 특수목적고등학교, 자립형 사립고등학교 설립을 둘러싸고 이를 설치하겠다는 서울시장과 이를 불허하겠다는 서울시 교육감 간의 갈등 등은 이를 잘 보여 준다.[2] 보다 최근에는 누리과정 및 무상급식 시행 과정에서 드러난 바와 같이 지방교육재정의 부담 주체와 범위도 논란이 되고 있다. 이러한 갈등과 논란은 기본적으로 교육에 관한 중앙정부와 지방자치단체 간 그리고 지방자치단체 내에서 시·도지사와 교육감 간 권한과 역할 분담, 교육 사무의 구분이 명확하지 않은 데 기인한다.

한편, 지방교육자치제 시행에도 불구하고 국가 주도의 교육정책 개발과 집행, 중앙정부의 관료적 통제가 지속되고 있다는 비판도 제기되고 있다.[3] 19대 대선 과정에서 논란이 되었던 교육부 폐지[4]의 주요 논거도 초·중등교육, 나아가 고등교육에 대한 교육부의 과도한 개입과 통제가 갈등을 양산하고 교육정책을 왜곡시키고 있다는 데 기초를 두고 있다.

「교육자치법」 제1조에서도 규정하고 있듯이, 지방교육자치제도는 교육의 자주성 및 전문성과 지방교육의 특수성을 살리고 지방교육의 발전에 이바지하기 위해 도입되었다. 그러나 이러한 지방교육자치의 원리와 목적이 실제 어떻게 구현되고 있는지, 지방교육자치의 운영 실태, 즉 지방교육자치의 조직·인사·재정·정책의 주요 현황과 문제는 무엇인지, 지방교육자치제를 구성하는 핵심 기관인 교육감과 교육위원의 자격 및 선출 과정은 어떠한지 등에 대한 체계적인 분석은 미흡하다. 이는 부분적으로 우리나라에서 지방교육자치제도에 관한 논의나 연구가 지방교육자치의 헌법적 의미와 기본 원리, 중앙과 지방의 관계, 지방자치단체 내에서 일반자치와 교육자치의 분리·통합, 지방교육 관련 주요 주체들 간 정치적 갈등 양상 등에 집중되어 있다는 점에 기인한다. 즉, 지방교육자치의 필요성과 근거, 제도의 구성에 대한 논의가 주를 이룸에 따라 실제 지방교육자치제도가 어떻게 운영되고 있으며 그 성과는 어떠한지, 지방교육자치제도 시행 과정에서 제기되는 쟁점들은 무엇인지 등 '실제적'인 부문에 대한 분석 및 이해는 결여되어 있다. 이러한 배경에서 이 책은 한국 지방교육자치제도의 실태를 체계적으로 분석하고 이를 토대로 관련 쟁점과 개선 방향을 탐색하고자 한다.

2. 지방교육자치제 연구의 관점[5]

이 책은 한국 지방교육자치제도의 실태를 분석하고 주요 쟁점을 확인하며 미래 개선 방향을 탐색하는 데 목적이 있다. 지방자치제 연구는 연구의 초점과 연구자의 관점에 따라 법제도론, 과정론, 신제도론 관점 등으로 구분해 볼 수 있다. 지방교육자치제 연구에도 이들 세 가지 관점이 적용될 수 있다고 보고, 각 관점에서 강조하는 지방교육자치제(연구)의 주요 영역과 특징을 제시해 보면 다음과 같다.

1) 법제도론

법제도론 관점에서 지방교육자치제 연구는 기본적으로 지방교육자치가 잘 이루어지지 못하고 있거나 취약하다는 전제하에 그 원인을 다양한 법적·제도적 문제, 행정적인 변수에서 찾고자 한다. 이 관점에서 지방교육자치제도의 취약성은 기관 위임 사무 구분의 모호성, 교부금·보조금 등 지방교육재정의 양적 부족 또는 재정 운영의 자율성 부족, 지방의 인사권 등 행정적인 문제에 기인하는 것으로 본다. 그러나 이러한 법제도론적 관점은 지방교육자치제도의 조직과 운영의 문제에 집중함으로써 지방교육자치의 본질적인 문제, 예를 들어 지방교육자치의 수준과 정도, 이에 영향을 미치는 요인들에 대한 분석은 상대적으로 부족하다. 법제도론에서 지방교육자치제 연구의 한계는 크게 세 가지로 정리해 볼 수 있다.

첫째, 우리나라 지방교육자치의 정도와 수준에 대한 실증적인 분석 및 연구 결과를 제공하지 못하고 있으며, 이에 따라 우리나라 지방교육자치의 수준이 낮다고 전제하고 있으나 이에 대한 실증적인 근거를 제시하지 못한다.

둘째, 지방교육자치제도의 수준과 이에 영향을 미치는 다양한 요인들에 대한 분석이 이루어지지 못한다. 법제도론에서는 대체로 지방교육자치제 관련 법·제도, 행정적인 문제(사무 구분, 재정, 인사 등) 및 변수에 주목하는 반면, 정치적 문제(변수), 구조적 문제 등 다양한 요인에 대한 논의는 충분히 다루고 있지 못하다.

셋째, 실증적 분석보다는 규범적인 분석과 연구가 주를 이루고 있다. 법제도론에서는 지방교육자치 단체의 조직·권한·작용에 관한 법 규범의 의미와 내용, 원리를 분석하는 데 초점을 둔다. 이에 따라 지방교육자치제의 조직 및 운영에 영향을 주는 다양한 변인에 대한 분석보다는 규범적인 논의가 주를 이루고 있고, 이러한 규범이 현실인 것으로 오인하게 만들 우려가 있다.[6]

2) 과정론

과정론은 지방교육자치제 연구에서 누가, 무엇을 어떻게 결정하는가에 주목하고 구체적인 행위자와 정책을 분석하는 데 초점을 둔다. 미국의 지방자치 연구의 주된 관점이자 이론으로, '지역사회를 누가 지배하는가'라는 질문이 중심이 된다. 이후 권력 엘리트론자와 권력 다원론자 간 지역사회 권력 구조(community power structure) 논쟁으로 발전하였다.

이러한 지역사회 권력 구조 논쟁은 영·미계 국가의 정부 간 관계의 특성에서 비롯된 것이라 할 수 있다. 영·미계 국가는 역사적으로 중앙정부와 독립된 '분리형 지방(자치)'이 존재해 왔으며, 이에 따라 중앙정부와 독립된 지역사회의 권력 구조 논의가 가능하다고 할 수 있다. 반면, 우리나라의 경우 중앙 집권제에서 지방자치가 분화·발달한 '융합형 지방자치' 형태를 띠며, 따라서 지방자치 논의에서 중앙정부와의 관계를 배제하기 어렵다. 우리나라와 유사한 일본의 경우, 일부 학자를 중심으로 법제도론에 대한 비판을 제기하고 전후 지역 출신 국회의원을 이용한 정치적 압력 활동, 시장과 지사 등 단체장의 정치적 중요성과 영향력 확대, 지방의 정치 과정 등에 대한 분석 결과를 제시하고 있다.

과정론에서 지방교육자치제도 연구는 지방교육자치제의 '현실 분석'에 주목하는 것으로, 지방 교육감의 정치적 활동, 영향력, 주요 정책 입안 및 추진 과정, 교육감과 지방의 다양한 이해관계자들 간의 관계, 지방교육행정의 자율성 등에 초점을 둔다. 최근 경기도를 중심으로 한 혁신 학교가 각 시·도 교육청에서 다양한 명칭과 형태로 발전하고 있는 사례(예: 전라북도교육청은 무지개 학교, 부산광역시교육청은 다행복 학교), 일부 영향력 있는 교육감들의 정치적 활동, 지방교육행정의 특성화·자율화 실태 등은 과정론적 관점에서 지방교육자치제 연구의 주요 주제가 될 수 있다.

3) 신제도론

신제도론에서 지방교육자치제도 연구는 지방교육자치를 형성하는 전체 시스템과 지방자치제도에 영향을 미치는 제도를 분석하는 데 중점을 둔다. 기본적으로 신제도론은 제도가 정치 행위자의 전략, 영향력, 행동, 상호작용에 영향을 미친다고 본다. 이에 따라 신제도론 관점은 과정론적 관점의 지방교육자치제 연구가 개인이나 집단의 활동, 정책 과정에만 주목하고 지방교육자치의 구조적인 특징을 무시하였다는 한계가 있다는 점, 단순한 정책 과정이 아니라 제도 속에서, 제도로 매개되는 정책 과정에 주목할 필요가 있음을 제안한다.

신제도론 관점에서 지방자치를 분석한 권영주(1999)는 지방자치제도에 영향을 미치는 제도를 분류하여 가설을 제시하고 지방자치를 설명하고 있다. 이 틀을 따르자면, 지방교육자치제의 정도는 사무 권한, 정부 구조(정부 권력), 정치 제도(지방의 이익 반영)의 집권과 분권, 권한의 집중과 분산, 분리와 융합, 통합의 정도에 따라 달라진다. 또한 법제도론과 신제도론에서 '제도'는 반드시 일치하는 것은 아니다. 법제도론에서 제도 연구는 법의 규칙과 규범 분석에 중점을 두지만, 법의 규칙, 규범, 행동, 현상에 대한 설명을 동일시하는 경향이 있다. 반면, 신제도론에서는 실제의 행동과 그 행동의 결과에 중점을 두고 인과관계 분석을 강조한다.[7]

이 책은 기본적으로 법제도론 관점을 취하고 있다. 이에 따라 법제론적 관점의 주요 한계, 즉 지방교육자치의 정도나 수준, 이에 영향을 미치는 다양한 요인에 대한 분석은 취약하다는 한계가 있다. 그러나 이 책은 지방교육자치제도에 대한 규범적인 분석과 함께 우리나라 지방교육자치의 핵심 영역인 지방교육자치 조직, 인사, 재정, 정책과 평가, 지방교육자치기관(교육감, 교육위원회) 등 지방교육자치 제도에 대한 실제적 · 종합적 이해를 도모하였다는 점에서 의의를 찾을 수 있다.

3. 이 책의 구성 및 주요 내용

지방교육자치는 지방자치 단체가 교육에 관한 의사결정 권한과 책임을 갖고 이를 자율적으로 운영하는 것으로 그 범위와 정도는 중앙과 지방의 관계 설정, 지방분권의 유형에 따라 다양할 수 있다.[8] 이 책에서는 지방분권의 개념과 유형에 관한 논의(제2장)를 토대로 우리나라 지방자치제도 분석을 위한 틀을 [그림 1-1]과 같이 설정한다. 이는 경영분권, 행정분권, 재정분권 등 기능/영역 측면과 지방교육자치를 구성하는 핵심 기관으로서 집행기관(교육감)과 의결기관(지방의회의 교육위원회), 그리고 지방교육자치의 성과에 대한 피드백으로서 지방교육행정기관 평가 등으로 구성된다.

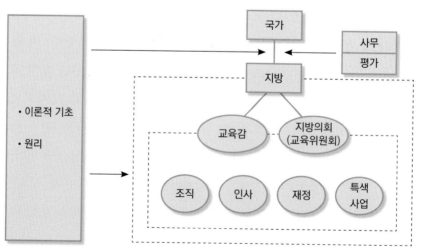

[그림 1-1] ◆◆ 한국의 지방교육자치 분석의 틀

이 책의 각 장은 기본적으로 서론(개관), 관련 이론 및 선행 연구 분석, 주요 실태 (현황) 및 쟁점 분석, 미래 방향 제안 등으로 구성하지만, 세부 목차는 각 장 주제의 성격에 따라 다소 차이를 둔다. 각 장의 구성과 주요 내용을 간략히 소개하면 다음과 같다.

먼저, 제1장 '서론'은 한국 지방교육자치제를 다룬 이 책을 구상하고 집필하게 된 배경과 목적, 이 책의 기본 연구 관점과 구성을 제시한다.

제2장 '지방교육자치제의 이론적 기초'는 지방분권의 의미와 유형, 지방 수준 교육 거버넌스의 개념과 의미를 탐색하고, 지방교육자치의 의미와 원리, 지방교육 자치의 모형 등에 대한 다양한 입장을 종합적으로 정리한다. 이를 토대로 지방교육자치 논의와 관련된 주요 쟁점과 개선 과제 등을 제시한다. 지방교육자치제의 강화로 중앙과 지방 간의 권한 배분, 일반자치와 교육자치의 관계 설정, 견제와 균형, 협력의 원리 실현 등이 중요한 쟁점이 되고 있다.

제3장 '지방교육자치제의 역사'는 해방 이후부터 현재까지 교육위원회 및 교육감의 성격과 위상, 교육위원 및 교육감의 자격기준, 교육위원 및 교육감의 선출 방법 등 세 가지 측면에서 정리한다. 지방교육자치제는 집행 기관에 해당되는 교육감과 의결 기관에 해당되는 교육위원회의 자격과 기능에 따라 좌우되는 만큼 이들 두 기관을 기준으로 지방교육자치의 역사적 변천을 정리하는 것은 의미가 있다. 이 장에는 송기창 교수가 2015년에 발표한 글 중의 일부를 저자 동의하에 싣는다.

제4장 '교육감'은 지방의 교육·학예에 관한 사무의 집행기관인 교육감의 지위와 권한, 현직 교육감의 인구학적 특징과 교육감 제도의 역사적 변천, 교육감의 자격과 선출, 이와 관련된 쟁점과 대안을 분석한다. 2010년 이후 전국동시지방선거를 통한 교육감 주민직선제가 시행되면서 교육감 선출 방식을 둘러싸고 이해관계 집단 간에 다양한 이견이 제기되고 있다. 표면상 교육감 선출 방식을 둘러싼 이해관계 집단 간 대립이지만 실질적으로는 지방'교육'자치제도의 위상, 존립 자체에 대한 입장 차이를 보이고 있다는 점에서 교육감 제도는 지방교육자치제의 조직과 운영에서 핵심 쟁점이다.

제5장 '교육위원회'는 지방의 교육·학예에 관한 사무의 의결 기관으로서 교육위원회 제도의 역사적 변천, 교육위원회 구성 현황, 교육의원의 자격 및 선출 방법, 교육위원회 제도 관련 주요 쟁점과 미래 방향 등을 분석한다. 교육위원회는 교육감과 함께 지방교육자치제를 뒷받침하는 핵심 기관으로 여러 차례 제도 변화를 거쳐 최근 지방의회의 상임위원회의 하나로 구성·운영되고 있다. 교육위원회의 법적 위상, 교육의원의 전문성과 정치적 중립성 약화에 대한 우려 등 지방교육자치제 연구에서 교육위원회제도와 관련된 쟁점은 다양하게 제기되고 있다.

제6장 '지방교육행정조직'은 지방교육행정기관의 설치 및 구성에 관한 법적 근거를 토대로 시·도교육청, 보조기관 및 소속기관, 하급 교육행정기관의 현황을 분석하고, 총액인건비제 도입으로 추진되기 시작된 지방교육행정조직 및 진단과 관련한 쟁점, 개선 방향을 다루었다. 현재의 지방교육행정조직은 기능 개편과 설치 단위의 적합성, 일반행정 및 지방의회와의 정치적 갈등 등 다양한 쟁점이 부각되고 있다.

제7장 '지방교육사무'는 국가와 지방의 교육사무 구분 기준과 현황, 국가와 지방 간 교육사무에 대한 권한 다툼 등의 갈등 사례, 교육사무 구분의 미래 방향 등을 다룬다. 지방교육자치제가 시행되면서 교육사무를 둘러싸고 국가와 지방 간, 지방자치단체장과 교육감 간 대립과 갈등이 빈번하게 표면화되고 있다. 지방교육자치는 구체적으로 교육사무에 대한 국가와 지방의 권한과 책임 분담 문제와 연계되어 있다는 점에서 지방교육자치제 연구에서 지방교육사무에 주목할 필요가 있다.

제8장 '지방교육 인사제도'는 교육감이 인사권을 가지고 있는 지방 공무원(일반직), 교육 전문직, 학교 회계직 인력에 초점을 두고 지방교육 인사제도의 운영 모형, 주요 선행 연구 분석, 관련 이론적 논의 및 쟁점을 도출하고, 각 인력의 운용 실태 분석 및 향후 개선 방향을 논의한다. 2010년 지방교육 직원 총액 인건비제가 실시된 이후 지방교육행정기관의 인력 관리 역량이 더욱 강조되고 있어 지방교육자치제 연구에서 지방교육 인사제도의 중요성은 점차 커지고 있다.

제9장 '지방교육재정'은 지방교육재정의 확보, 배분, 지출, 평가 영역에서 지방교육재정의 주요 가치, 운용 실태, 주요 쟁점 및 개선 방향 등을 분석한다. 우리나

라 교육의 양적 팽창을 뒷받침해 온 지방교육재정은 국가와 지방자치단체, 수익자 등 다양한 거버넌스 구조하에서 운영되기 때문에 이를 개선하기 위해서는 다양한 주체의 합의와 논의가 필요한 분야이다.

제10장 '지방교육 정책 및 사업'은 각 시·도교육청의 2017년 주요 업무 계획을 바탕으로 시·도교육청에서 추진하고 있는 지방교육 정책 및 사업을 분석한다. 이를 위하여 먼저, 교육부의 교육정책 추진 방향과 17개 시·도교육청별 교육정책 중점 사항을 비교·분석하고 각 시·도교육청의 공통점과 특징을 살펴본다. 또한 각 시·도교육청의 대표적인 교육정책 사업으로 학교 혁신 정책 및 사업, 혁신교육지구 사업, 학교 안 교사 학습공동체 학점화 정책, 학생 인권 조례 제정 등을 분석한다. 2010년 주민직선에 의한 민선 교육감 시대가 출발하면서 지방 수준의 창의적인 교육정책 의제가 설정·추진되고 있으며, 이에 대해 다양한 차원에서 그 공과가 논의되고 있다. 지방교육자치제 발달로 지방교육 정책과 사업은 보다 확대될 것이라는 점에서 지방교육자치제 연구에서 주목해야 할 영역이다.

제11장 '지방교육행정기관 평가제도'는 시·도교육청 평가와 지방교육재정 운영 성과 평가를 중심으로 그동안 시·도교육청 수준에서 이루어진 평가의 방법과 내용을 제시하고, 운영의 한계와 미래 방향을 제시한다. 지방교육행정기관 평가는 평가 대상(기관)별로는 시·도교육청 평가와 교육지원청 평가로, 평가 범위 혹은 영역별로는 시·도교육청의 조직·인사·정책에 초점을 두는 시·도교육청 평가와 지방교육재정 운영성과평가로 크게 구분된다. 이 장에서는 교육지원청은 제외하고 시·도교육청 수준의 평가만을 다루기로 한다. 한편, 지방교육재정 운영성과평가는 시·도교육청 평가의 하위 영역으로 볼 수 있으나 최근 지방교육재정 운영성과평가가 주기적으로 시행되고 있어 이를 별도로 분석한다. 지방교육자치제의 발달로 시·도교육청의 권한과 책임이 커지고 있는 만큼 이에 대한 평가도 중요해지고 있다.

제12장 '지방교육자치제의 미래 방향'은 이 책에서 분석한 한국 지방교육자치제도의 주요 특징과 미래 방향을 요약하고 이를 종합하여 제시한다. 기본적으로 교육감의 역할과 교육위원회 구성과 기능의 강화, 지방교육자치를 효율적으로 수행

하기 위한 인사제도, 재정제도, 조직의 구성 및 역할 등의 방향을 제시한다. 또한 지방교육에 대한 책무성 강화와 함께 지방교육자치단체에 대한 평가의 방향, 각 시·도교육청에서 실시하고 있는 자치 사업, 정책 개선 방향 등을 탐색한다.

미주

1 우리나라에서 지방자치제도는 1988년 「지방자치법」이 전면 개정되면서 법적 기초가 마련되었으며, 1991년 3·26 기초 의회 선거, 1995년 6·27 지방 선거, 1998년 6·4 지방 선거가 실시되어 오늘에 이르고 있다(권영주, 1999: 263).

2 송기창(2010); 전제상(2011); 조석훈(2010).

3 교육과학기술부(2008); 김홍주 외(2005).

4 국민일보(2017. 3. 14.).

5 이 절의 내용은 권영주(1999: 264-270)가 제시한 지방자치 연구의 관점을 토대로 지방교육자치제도 분석에 적용한 것이다.

6 권영주(1999: 264).

7 권영주(1999: 268).

8 연구자에 따라서 분권과 자치의 개념은 상이하게 규정되고 있다. 예를 들어, 주재복(2003: 16)은 분권과 자치는 강조하는 관점에 차이가 있을 뿐 상호 교환적으로 사용할 수 있다고 본다. 최진혁과 김찬동(2010)은 분권이 이루어져야 자치를 논할 수 있다는 점에서 지방분권은 지방자치에 선행하는 개념으로 보고 있다. 한편, 이순우(2009)는 지방분권(deconcentration)과 지방자치(decentralisation)를 구분하고 있으며, 안영훈(2008: 79)은 이순우의 지방분권을 '행정분권'으로, 지방자치를 '자치분권'으로 규정하고 있다. 지방분권의 개념과 교육분권 모델에 관한 논의는 박상완(2013)의 제4장과 이 책의 제2장에서 찾아볼 수 있다.

참고문헌

교육과학기술부(2008). 학교 자율화 추진 계획 보도자료.

권영주(1999). 지방자치의 변화. 정용덕 외 공저, 신제도주의 연구 (pp. 263-285). 대구: 대영문화사.

김흥주, 박재윤, 양승실, 김이경, 장수명, 이태상, 이정아, 김왕준, 신지수, 서영인, 이승무(2005). 학교중심 지원체제 구축을 위한 교육행정체제 혁신방안 연구 (CR 2005-03). 서울: 한국교육개발원.

박상완(2013). 지방분권과 교육. 경기: 한국학술정보(주).

송기창(2010). 지방교육행정체제 개편의 과제. 한국교육행정학회 학술세미나. 지방교육행정체제 선진화 방안(pp. 63-87). 8월 19일. 서울: 한국교육개발원 제1회의실.

안영훈(2008). 프랑스 지방자치단체의 교육지원. 교육정책포럼, 제181호. 서울: 한국교육개발원. http://edpolicy.kedi.re.kr

이순우(2009). 프랑스 지방자치단체의 구조와 법적 통제. 한국프랑스학논집, 제65집, 339-368.

전제상(2011). 지방교육행정체제의 현황 진단 및 개선방향. 교육논단, 10(2), 69-93.

조석훈(2010). 지방교육행정체제의 관계 구조 분석. 한국교육행정학회 학술세미나. 지방교육행정체제 선진화 방안(pp. 17-50). 8월 19일. 서울: 한국교육개발원 제1회의실.

주재복(2003). 지방자치단체 조직기구 및 정원관리 개선 방안. 서울: 한국지방행정연구원.

최진혁, 김찬동(2010). 분권형 국가운영체제를 위한 교육감, 교육의원의 개선 방안: 교육자치의 적정단위와 행정역할을 중심으로. 한국지방자치학회 지방선거제도 개선 제2차 기획토론회. 지방선거제도 이대로 좋은가? 교육감, 교육의원 선거의 실태와 개선 방안 (pp. 1-34). 8월 17일. 서울: 한국프레스센터 19층 기자회견장.

국민일보(2017. 3. 14.). [이슈 논쟁] 교육부 폐지.

제**2**장

지방교육자치제의
이론적 기초

지방교육자치는 지방이라는 지역 수준 자치와 교육이라는 영역의 자치가 결합된 개념이다. 지방자치 시대의 도래와 함께 1991년에 「지방교육자치에 관한 법률」(이하 「교육자치법」)이 제정·공포되면서 지방교육자치가 본격적으로 시행되고 있다. 지방교육자치 논의는 기본적으로 지방분권의 의미를 포함한다. 중앙집권적 전통을 가진 국가에서 지방 수준에서 자치가 이루어진다는 것은 분권이 전제되지 않고는 설명되기 어렵다. 학자들은 지방교육자치의 의미와 원리를 다양한 관점에서 접근하고, 지방교육자치의 모형 역시 그 강조점에 따라 다양한 유형으로 논의해 왔다.

　이 장에서는 한국 지방교육자치제의 실제를 구체적으로 들여다보기에 앞서 이론적 토대로서, 우선 지방분권의 의미와 유형, 지방 수준 교육거버넌스의 개념과 의미를 탐색한다. 다음으로, 지방교육자치제도의 의미와 원리, 지방교육자치제의 모형 등에 대한 다양한 입장을 살펴보고 이를 종합적으로 정리한다. 마지막으로 지방교육자치제 논의와 관련된 주요 쟁점과 개선 과제를 탐색하여 제시한다.

1. 지방분권의 의미와 유형[1]

1) 집권과 분권

지방교육자치[2]는 기본적으로 분권의 의미를 포함한다. 분권이라는 용어는 학자, 학문 분야에 따라 차별적으로 사용되고 있는데, 일반적으로 분권과 집권은 하나의 연속선상에서 정도의 차이로 설명된다. 분권 개념을 중심으로 그 의미를 살펴보고자 한다.

분권화라는 용어는 일반적으로 사무의 위임 등을 의미하는 행정적 분권과 실질적인 권한의 재분배를 의미하는 정치적 분권으로 구분된다. 이 용어들은 프랑스와 영국·미국에서 각기 달리 사용되고 있다. 프랑스에서 사용되는 décentralization은 자치적 분권만을 의미하고, 행정적 분권은 따로 deconcentration을 써서 권한의 분산, 사무의 위임 등의 내용을 표시하고 있으며, 연속선상의 다른 차원에 있는 집권과 집중은 각각 céntralization과 concentration으로 표현하고 있다.[3] 영국과 미국의 경우에서는 분권(decentralization)을 정치적 분권과 행정적 분권으로 구분[4]하거나 사무분산(deconcentration), 위임(delegation), 이양(devolution) 등으로 상세화하기도 한다.[5] 사무분산은 업무를 하부 단위로 이전하는 것을 의미하고, 위임은 권한의 하부 단위로의 이전이 상부기관에서 규정한 틀 내에서 이루어지는 것을, 이양은 권한이 완전히 하부 단위로 이전되어 하부 단위의 고유 권한이 되는 것을 의미한다.[6] 이처럼 분권화는 다양한 의미로 사용되지만, 대체로 '중앙으로부터 멀어지는(away from the center)' 현상을 의미한다는 공통적인 속성을 지닌다.[7] 분권의 용례를 정리하여 제시하면 〈표 2-1〉과 같다.

👥 〈표 2-1〉 집권과 분권의 용례

	집권	분권		
프랑스	céntralization (정치적 집권)	décentralization(정치적 분권)		
	concentration (행정적 집권)	deconcentration(행정적 분권)		
영국·미국	centralization (집권)	decentralization (분권)	political (정치적 분권)	devolution (이양)
			administration (행정적 분권)	delegation (위임) deconcentration (사무분산)

2) 지방분권의 유형

정치적 분권과 행정적 분권이 실제 명확하게 구분되는 것은 아니지만, 두 분권화의 의미와 전제조건, 그리고 그것이 부딪치게 될 장애들이 다르기 때문에 분권화의 두 유형을 구분하여 논의하는 것이 필요하다.[8]

첫째, 정치적 분권은 중앙정부와 지방정부 간의 관계에서 논의된다. 중앙정부의 통제력과 이에 대응하는 지방정부(지방자치단체)의 자주성을 기준으로 하여, 중앙정부가 보다 광범위한 통제권을 가지는 경우를 중앙집권이라 하며, 반대로 지방자치단체가 보다 강한 자주성을 가지는 경우를 지방분권 혹은 자치적 분권이라 한다.[9] 정치적 분권의 가장 일반적인 이유는 정부의 의사결정에 광범위한 주민(시민)의 참여를 개방하기 위한 것이다. 즉, 정치적 분권은 분권화를 시민의 참여와 주권을 확대시키기 위한 하나의 정치 과정으로 보는 입장이다. 이처럼 정치적 분권은 교육체제의 행정적 구조 밖으로 권한이 이동하는 분권화를 의미하는 것으로 주민자치와 연계된다.

둘째, 행정적 분권은 행정조직 간에 또는 행정조직 내의 맥락에서 논의된다. 행정적 측면에서 집권과 분권은 권한이 행정조직의 상위계층이나 상급기관 또는 중앙행정기관에 위임되었는가에 따라서 전자를 행정적 집권이라고 하고, 후자를 행정적 분권이라 한다. 행정적·관료적 분권화는 기본적으로 경영 전략이다. 정치적 권력은 조직의 상층부가 가지지만, 기획·경영·재정 및 여타 활동들에 대한 책임과 권한은 정부의 하부 단위 혹은 준자율적 기관들에 배분된다.[10] 이에 행정적 분권은 단체자치와 연계되어 있다.

📖 2. 지방 수준 교육거버넌스의 개념과 의미

1) 거버넌스[11]

우리 사회는 사회 변화와 더불어 점점 복잡해지고 정치·경제·사회 분야에서는 탈산업화·탈근대화 현상이 두드러지고 있다. 이로써 근대 국가 중심의 통치로는 불가항력적인 요소들이 많아졌고, 이러한 현상은 교육 분야에서도 나타나고 있다.[12] 거버넌스 개념은 국가의 역할에 대한 한계와 반성, 국가 외 행위자들에 대한 의존성의 증가라는 배경적 맥락 속에서 1980년대부터 등장하면서 21세기 사회과학 분야의 학문적 화두로 주목을 받고 있다.

그러나 거버넌스에 대한 논의가 여전히 생소하고 학문 분야와 관점에 따라 다양한 의미로 해석되고 있어 그 개념과 의미를 명확히 규정하거나 학문적 합의를 이루기 어려운 상황이다. 그럼에도 불구하고 대체로 전통적으로 정부 또는 국가만을 사회운영체제의 핵심 행위자로 규정하던 것에서 벗어나 사회체제 운영에 있어 다양한 행위자들의 영향력이 확대되고 있는 현실을 반영하고 있다는 점에서는 공통점을 가진다. 여러 학자가 규정하고 있는 거버넌스의 개념을 제시하면 〈표 2-2〉와 같다.

👥 〈표 2-2〉 거버넌스의 개념

학자	개념
Jessop (1998)	시장·국가·시민사회 등 상호의존적 행위자들 간의 수평적 자율 조직인 복합조직
Rhodes (1997)	• 자율적으로 조직화된 네트워크 • 자원교환관계에 기반하여 성립된 상호의존적인 네트워크 관리
Pierre & Peters (2000)	정책결정에 있어 정부 주도의 통제와 관리를 벗어나 다양한 이해관계자가 주체적인 참여자로 협의과정을 통하여 정책을 결정하고 집행해 나가는 통치체제
Pierre (2001)	정책 과정에서 과거처럼 관료들에 의해 일방적이고 수직적으로 의사결정을 행하는 것이 아니라, 제도화된 정책 커뮤니티 내의 이해관계자(국가기관, 지방자치단체, 시민단체, 일반 시민, 직능단체 등)들을 정책과정에 실질적으로 참여시켜서 문제를 해결하고 책임지게 하는 공공 의사결정의 한 형태
이종재 외(2012)	조직 공동의 문제해결을 위한 다양한 참여주체 간의 상호작용 과정 또는 사회적 조정 방식
조동섭(2007)	시민사회 등이 협력하여 문제를 해결하는 협업 또는 네트워킹

출처: 박종필(2016: 333)에서 재인용.

이상의 논의를 종합하여, 거버넌스의 개념을 '사회의 문제를 공동으로 해결하기 위하여 다양한 참여주체가 협력하거나 상호작용하는 방식'으로 규정하고자 한다.

2) 교육거버넌스

최근 교육정책을 결정하는 데 있어서 다양한 교육주체의 참여를 확대하고, 교육 활동의 실천을 위해 주체들의 공동협력을 도모하며, 지역사회에서 이루어지는 다양한 교육 국면에서 협력적인 연대를 추구하는 교육거버넌스에 주목하고 있다.[13] 교육학 분야에서는 1990년대 중반부터 용어가 논의되기 시작하여 2000년대 중반에 들어 더욱 관심이 고조되고 있다.

그러나 1950년대에 교육 분야에서 학교정책과 정치를 분석하는 틀로서 거버넌스라는 용어가 사용되었음을 Mitchell(1992)은 밝히고 있다.[14] 그간 교육 분야에서 거버넌스 개념은 교육에 관한 정치적 의사결정 행위를 중심으로 설명되었다. 김성열(1994: 68)은 "대통령이나 정치적 결정을 뜻하는 통치행위라고 할 때의 통치라는 말보다 훨씬 확대된 개념으로 국가나 지방자치단체 또는 단위학교에서 이루어지는 교육에 관한 의사결정"을 가리키는 용어라고 규정한다. 한편, Sergiovanni(1999: xi)는 학교를 하나의 정치적 조직으로 상정하고, "교육거버넌스는 연방정부, 주정부, 지역학구와 같은 정치적 단위들이 권한을 행사하고 기능을 수행하는 조직과 장치 그리고 행정적 기능과 역할을 수행하는 토대가 되는 복잡한 정치적 제도, 법률, 관습 등을 포괄하는 것"이라고 밝히고 있다.

그러나 2000년대에 들어 교육 분야에서도 교육적 의사결정 행위를 넘어 타 학문 분야의 거버넌스 논의에 주목하여 교육거버넌스 논의를 전개하고 있다. 이종재 등(2012)은 교육거버넌스 개념을 명시적으로 제시하고 있지 않지만, 그들이 정리한 거버넌스 개념을 바탕으로 교육거버넌스 개념을 정의하면 교육이라는 공동의 문제해결을 위한 다양한 참여주체의 사회적 조정 방식이라고 볼 수 있다. 신현석(2010: 100)은 "중앙정부와 지방정부 그리고 단위학교 수준에서 수많은 참여자들 간의 관계망 속에서 통치와 권력 작용의 형태"로 보았다. 여러 학자의 논의를 종합하여 이 장에서는 교육거버넌스를 '교육이라는 공동의 문제를 해결하기 위하여 중앙, 지방, 단위학교 수준의 다양한 참여주체가 협력하거나 상호작용하는 방식'이라고 규정한다.

3) 지방 수준 교육거버넌스

그동안 지방교육에 대한 책임은 주로 지방자치단체와 교육청을 중심으로 논의되어 왔다. 그러나 주민직선에 의한 민선교육감 시대가 도래하면서 지역주민의 지방교육에 대한 참여 요구가 커지고 있다. 지방교육과 학교에 대해 교육청과 지방자치단체뿐만 아니라 지역에 뿌리를 두고 있는 학교와 마을이 주체로 등장하고, 교원 중심에서 학생과 학부모와 지역주민들로 교육주체의 폭이 실질적으로 넓어지고 있다는 특징을 보인다.[15]

교육 분야에서 거버넌스는 교육체제 운영 수준에 따라 중앙, 지방, 학교 수준으로 구분될 수 있다. 지방 수준 교육거버넌스 개념은 크게 두 가지 입장에서 논의되어 왔다. 하나는 지방교육자치제 또는 교육자치와 일반자치의 연계 통합 논의에 초점을 두는 입장이다. 이 관점은 지방교육거버넌스를 지방교육의 구조와 체제적인 측면만 강조하여 단순화시키거나 기존 지방교육 주체들(일반자치기구와 교육자치기구) 간의 제한적인 협력을 중심으로 논의된다.[16] 다른 하나의 관점은 지방 수준의 교육문제에 대한 '협력적 통치' '동반자적 통치' 혹은 '네트워크 통치'의 구조와 과정을 포괄하는 입장[17]이다. 이 관점은 지방교육행정의 구조와 기능 그리고 운영 과정을 통칭하는 것으로 이해되어 온 지방교육행정체제 자체를 지방교육거버넌스와 동일시하는 경향에 비판적 입장을 가진다. 이와 관련하여 신현석(2011: 100)은 거버넌스라는 개념 자체가 종래 국가중심적 혹은 정부 독점적 지배구조와 통치에 대한 모순과 결함의 극복이라는 의미를 내포하고 있기 때문에 지방교육거버넌스는 지방교육행정체제의 구조적 한계를 극복하는 내용을 담고 있어야 한다고 주장한다.[18]

이 장에서는 지방 수준 교육거버넌스를 대체로 지방 수준에서 교육이라는 공동의 문제를 해결하기 위하여 다양한 참여주체가 협력하거나 상호작용하는 방식이라고 규정한다. 이를 도식화하여 제시하면 [그림 2-1]과 같이 지방 수준에서 공식적 행위주체인 시·도지사와 교육감, 시·도위원회와 교육위원회, 사법부가 존재하고, 한편으로 비공식적 행위주체로서 지역사회, 지방 수준의 학부모단체, 시민단체, 언론, 각종 압력단체 등이 존재한다. 이들은 상호 협력하거나 상호작용하는 방식 또는 과정을 통해 지방 수준의 교육이라는 공동의 문제를 해결해 나간다.

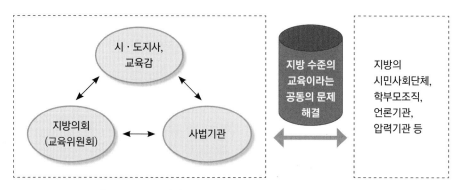

[그림 2-1] ◆◆ 지방 수준의 교육거버넌스와 주요 행위 주체

3. 지방교육자치제의 의미와 원리

1) 의미

(1) 법적 근거

지방교육자치는 「헌법」 제31조 제4항, 「헌법」 제117조 제1항과 「교육기본법」 「지방자치법」 「지방교육자치에 관한 법률」(이하 「교육자치법」) 및 동법 시행령에 근거를 둔다.

「헌법」 제31조 제4항은 "교육의 자주성·전문성·정치적 중립성 및 대학의 자율성은 법률이 정하는 바에 의하여 보장된다."라고 규정하고 있다. 「헌법」 제31조 제4항을 근거로 헌법재판소는 지방교육자치를 지방자치의 일환이지만 지방자치와 구별되는 별도의 제도적 보장임을, 즉 지방교육자치의 독자성을 인정하였다.[19] 「헌법」 제117조 제1항은 "지방자치단체는 주민의 복리에 관한 사무를 처리하고 재산을 관리하며, 법령의 범위 안에서 자치에 관한 규정을 제정할 수 있다."라고 규정한다.

「교육기본법」 제5조 제1항은 "국가와 지방자치단체는 교육의 자주성과 전문성을 보장하여야 하며, 지역 실정에 맞는 교육을 실시하기 위한 시책을 수립·실시하여야 한다."라고 규정한다. 「지방자치법」 제121조 제1항에서는 "지방자치단체의 교육·과학 및 체육에 관한 사무를 분장하기 위하여 별도의 기관을 둔다."라고 규정한다. 「교육자치법」 제1조에서는 "이 법은 교육의 자주성 및 전문성과 지방교육의 특수성을 살리기 위하여 지방자치단체의 교육·과학·기술·체육 그 밖의 학예에 관한 사무를 관장하는 기관의 설치와 그 조직 및 운영 등에 관한 사항을 규정함으로써 지방교육의 발전에 이바지함을 목적으로 한다."라고 규정하였다.

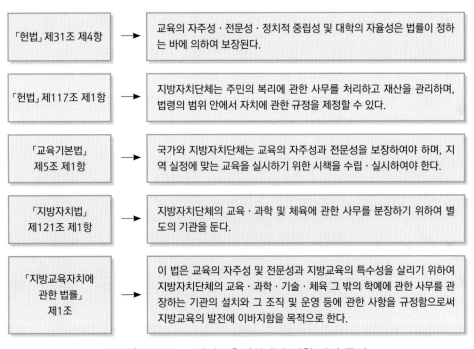

[그림 2-2] ◆◆ 지방교육자치제에 관한 법적 근거

(2) 의미

교육 분야에서 지방교육자치제도는 대체로 교육자치제라는 용어로 설명되는 경향이 많다. 김재웅(1998)은 교육자치를 둘러싼 전통적인 논의의 한계를 비판적으로 지적하면서, 지방 수준의 교육행정 및 제도 중심의 교육자치 개념 규정은 타당하지 않다는 입장을 보인다. 한편, 이기우(1999: 43)는 교육자치는 학교자치를 의미하는 것으로, 교육공동체인 학교가 교육 및 학교생활에 관련된 사항을 교육의 주체인 교사, 학부모, 학생이 참여하여 자기 책임하에 분권적으로 수행하도록 하는 조직원리라고 정의한다. 한편, 신현석(2014: 31-32)은 역사적으로 교육자치의 의미가 생성되고 변화되어 온 것을 탐색하면서 크게 중앙 수준의 교육자치인가 지방 수준의 교육자치인가로 그 의미를 규정할 수 있다고 밝히면서, 대체로 교육자치는 지방교육자치를 의미한다고 보고 있다.

교육자치제 용어의 의미를 둘러싸고 다양한 논의들이 제기되고 있지만, 대체로 교육자치는 지방교육 행정조직과 그 운영에 국한해 사용되면서 교육자치와 지방교육자치를 동일한 의미로 사용하는 경향이 많다.[20] 이 장에서는 교육자치를 지방교육자치에 국한하여 그 의미를 탐색하고자 한다.

지방교육자치는 지방자치와 교육자치를 포괄하는 개념으로, 지방자치의 일환으로 교육사무에 대한 지방자치의 성격을 갖는다. 그러나 실제적으로 학자들은 관점에 따라 지방교육자치의 의미를 달리 규정하고 있는데, 크게 두 가지 관점이 존재한다.

첫째, 교육행정기관의 자치로 보는 관점이다. 이 관점은 지역교육의 특수성을 고려하고 교육의 자주성과 정치적 중립성을 확보하기 위하여 중앙정부와 지방자치단체의 일반행정으로부터의 분리·독립시켜 운영할 것을 강조한다. 이에 이형행과 고전(2006: 337)은 "교육행정에 있어서 지방분권의 원칙 아래 교육에 관한 의결기관으로서의 교육위원회와 당해 교육위원회에서 의결된 교육정책을 집행하는 집행기관으로서의 교육감제를 두고, 민주적 통제와 전문적 지도 사이에 조화와 균형을 얻게 하며, 인사와 재정을 비롯하여 행정의 제도와 조직 면에서 교육의 자주성을 보장하려는 제도"라고 규정한다. 김홍주(2008: 2)는 "지방분권과 민중통제라는 자유민주주의 이념에 기초하여 일정한 구역을 기초로 교육자치기구를 두어 주민의 부담과 책임하에 그 지방교육의 발전 사업을 실현해 나가며, 아울러 지방교육의 자주성과 전문적 관리를 위해 교육자치기구에 자주적이고 전문적인 역할과 능력을 부여하여 교육발전을 도모하는 체제"라고 규정한다. 이들은 지방교육자치가 교육의 자주성, 전문성, 정치적 중립성을 보장하는 데 있다는 입장을 가진다.

둘째, 교육에 관한 지방자치로서, 지방자치의 일환으로 보는 관점이다. 지방자치는 지방자치단체가 중앙정부에서 벗어나 지역주민의 의사에 따라 법령이 정하는 범위 내에서 자율적으로 지방사무를 수행하는 것이라고 본다. 이러한 지방자치의 틀 안에서 환경, 교통, 도시계획, 보건 등과 마찬가지로 교육사무 역시 지방자치단체 사무의 하나라고 본다. 이처럼 지방교육자치는 지방자치의 틀 안에서 접근함으로써 지방교육자치의 본질적인 요소인 교육사무의 지방분권, 주민참여 및 정부의 정치적 중립성이 균형 있게 강조되어야 한다는 입장이다.[21] 지방교육자치에 대한 관점을 비교하여 제시하면 〈표 2-3〉과 같다.

〈표 2-3〉 지방교육자치에 대한 관점 비교

구분	교육행정기관의 자치 관점	지방자치의 일환으로 보는 관점
강조 측면	일반교육행정기관과 교육행정기관 간 관계	중앙-지방관계, 지방정부-주민의 관계, 교육행정기관-교육주체의 관계, 정부-기득권층의 관계
지향 방향	교육영역의 독자성	지방자치 발전, 교육의 자율성
일반-교육관계	분리·독립	통합
교육의 특수성	매우 강조	강조
분권의 성격	기능분권	지역분권, 기능분권
주요 참여자	교육자	교육주체 및 주민
처방	일반-교육행정의 분리·독립 보장	지방정부의 종합성, 교육의 지방분권

출처: 이승종(2014: 119)에 제시된 내용 중 부분 발췌하여 제시함.

이 장에서는 지방교육행정기관의 자치 관점에서 지방교육자치는 중앙정부로부터의 통제에서 벗어나 지역의 특수성을 바탕으로 지방분권과 주민통제를 실현하고 일반행정으로부터의 분리·독립을 통해 교육의 자주성과 전문성을 실현하는 것으로 그 의미를 규정하고자 한다.

2) 원리

지방교육자치는 지방자치와 교육자치라는 두 영역이 결합된 것이기 때문에 지방교육자치의 기본 원리는 「헌법」상 교육의 기본 원리와 지방자치제도의 기본 이념에서 도출될 수 있다.[22] 「헌법」상 지방교육자치의 기본 원리는 「헌법」 제31조 제4항, 제117조 제1항에 의하여 교육의 자주성·전문성·정치적 중립성을 들 수 있고, 지방자치제도의 이념인 지방분권과 민주주의를 들 수 있다.

학자들이 제시하고 있는 지방교육자치의 기본 원리를 1991년에 「교육자치법」이 제정된 이후의 논의 중심으로 살펴보고자 한다. 우선, 김종철(1991: 3-10)은 교육자치의 의미를 광의와 협의로 제시하고 있다. 이를 종합하면, 교육의 자주성, 전문성, 정치적 중립성, 분권주의, 주민통제의 원리 등으로 정리할 수 있다. 윤정일(1992: 177-194)은 지방분권의 원리, 자주성 존중의 원리, 주민통제의 원리, 전문성의 원리로 정리하고 있다. 이차영(1997: 126-136)은 적도집권(適度集權)의 원리, 일반행정과의 구분 및 협응의 원리, 민주적 통치와 전문적 관리의 원리 등을 제시하였다. 김흥주(2008: 2)는 지방분권과 민중통제의 원리, 교육의 자주성 존중과 전문적 관리의 원리 등을 제시한다. 표시열(2010: 153)은 지방교육자치의 기본 가치로 교육의 자주성·중립성·전문성, 중앙정부로부터의 분권화와 주민의 참여, 민주성, 행정집행의 효율성을 제시하였다. 김혜숙 등(2011: 29-35)은 교육의 자주성, 교육의 전문성, 지방분권, 주민참여, 교육의 정치적 중립성, 행정집행의 효율성 등을 원리로 제시하고 있다. 이를 정리하여 제시하면 〈표 2-4〉와 같다.

종합하면, 지방교육자치의 기본원리는 헌법적 가치로 교육의 자주성의 원리, 전문성의 원리가 강조되어 왔으며, 지방자치의 가치로 지방분권의 원리, 주민참여의 원리가 주로 제시되어 왔다. 최근 헌법적 가치로서 정치적 중립의 원리가 독립적으로 강조되고 있는데, 민선교육감 시대의 도래와 함께 새롭게 부각되고 있다. 한편, 효율성의 원리가 최근 강조되고 있지만, 이에 대해서는 학계 내에서 좀 더 논의가 이루어져야 할 것으로 판단된다. 따라서 이 장에서는 지방교육자치의 원리를 교육의 자주성 및 전문성의 원리, 정치적 중립성의 원리, 지방분권의 원리,

👥 〈표 2-4〉 지방교육자치의 원리에 대한 학자들의 견해

김종철 (1991)	윤정일 (1992)	이차영 (1997)	김흥주 (2008)	표시열 (2010)	김혜숙 등 (2011)
교육의 자주성	자주성 존중의 원리	일반행정과의 구분 및 협응의 원리	자주성 존중	교육의 자주성	교육의 자주성
교육의 전문성	전문적 관리	전문적 관리	전문적 관리	전문성	전문성
교육의 정치적 중립성				중립성	중립성
분권주의	지방분권의 원리	적도집권의 원리	지방분권의 원리	분권화	지방분권
주민통제	주민통제	민주적 통치	민중통제	주민참여/ 민주성	주민참여
				행정집행의 효율성	행정집행의 효율성

주민참여의 원리로 정리하여 살펴보고자 한다.

(1) 교육의 자주성 및 전문성의 원리

자주성의 원리는 일반행정으로부터의 분리·독립을 의미한다. '교육의 자주성은 교육내용과 교육기구가 교육자에 의하여 자주적으로 결정되고 행정권력에 의한 교육통제가 배제되어야 한다.'는 의미로 규정한다.[23] 교육행정이 일반행정으로부터 분리·독립하여 교육의 특수성과 전문성에 따라 교육행정이 실현되어야 한다는 것을 의미한다. 따라서 교육계에서는 교육활동을 운영하고 지원하기 위한 특별한 조직과 기반을 갖추고 있어야 한다는 입장을 견지하면서 일반자치와 교육자치의 분리·독립 운영을 지속적으로 주장해 왔다.

전문성의 원리는 교육행정은 일반행정과 달리 인간행동의 변화를 본질로 한다는 점에서 성과가 비가시성을 띤다는 점, 활동의 대상이 인간이라는 점 등으로 교

육전문가의 전문적 판단과 소양이 필요하다는 점을 의미한다.[24] 교육의 전문성은 필연적으로 교육행정의 전문성을 요구하기 때문에 교육에 대한 전문적인 지식과 경험을 갖춘 전문 인력의 확보가 중요하다.[25] 전문성 원리를 구현하기 위해 그동안 교육감과 교육위원의 자격 요건으로 교육 또는 교육행정 경력을 일정 기간 요구해 왔다.

(2) 정치적 중립성의 원리

정치적 중립성의 원리는 정당정치의 부작용으로부터 교육을 보호하기 위한 것으로, 이때 정치의 의미는 '정당정치' 차원에서 설명된다. 정치적 중립성의 원리는 '교육이 국가권력이나 정치적 세력으로부터 부당한 간섭을 받지 않아야 할 뿐 아니라 교육도 그 본연의 역할을 벗어나 정치적 영역에 개입하지 않아야 한다는 것'[26]을 의미한다. 이와 관련하여 지방교육자치제에서 교육감은 정당 가입자가 아니어야 한다는 자격 요건을 규정하고 있다. 현행 교육위원회가 시·도의회의 상임위원회로 구성되고 있으며, 정당 출신 시·도의회 의원이 교육위원회 위원을 구성하고 있다. 이에 정치적 중립성의 원리를 둘러싸고 많은 논란이 제기되고 있다.

(3) 지방분권의 원리

지방분권의 원리는 지방자치의 가치에 기반한 원리이다. 중앙정부에 의한 획일적인 통제와 지시를 지양하고 지방의 실정과 특수성을 고려하여 지방교육을 위한 교육정책을 수립하고 집행되어야 한다는 것을 의미한다.[27] 교육에 대한 지방의 자율성을 보장하는 원리로서, 지방교육자치의 가장 기본이 되는 원리이다. 중앙정부가 일정한 지역을 단위로 지방자치단체를 인정하고 그 단체가 권한을 가지고 독자적으로 지방의 특성을 고려하여 지방사무를 관장하여 운영하는 것을 의미한다. 이에 중앙정부는 그 권한을 지방으로 위임 또는 이양해 오고 있으며, 이를 둘러싸고 중앙정부와 지방정부 간의 사무 권한이 충돌하여 갈등이 발생하고 있다.

(4) 주민참여의 원리

지방자치단체가 지방사무를 수행하는 과정에 주민들이 직접 혹은 간접적으로 참여하여 자신들의 권리를 행사하고 지방 행정 및 정책을 통제하는 것을 의미한다. 주민참여의 원리는 교육정책의 형성이나 대표자 선출에 있어서 주민에게 영향력을 행사할 수 있는 권리가 보장되며 이를 위한 제도적 장치가 마련되어야 한다는 것을 의미한다.[28] 주민참여의 원리는 교육감 선출이 2010년에 주민직선제로 변화하면서 보다 실질적으로 구현되었다.

지금까지 살펴본 지방교육자치제의 의미와 그 원리를 정리하면 [그림 2-3]과 같다.

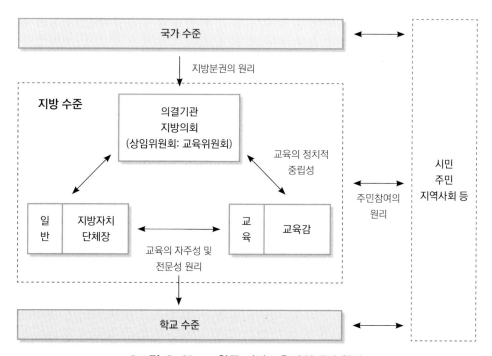

[그림 2-3] ◆◆ 한국 지방교육자치제의 원리

📖 4. 지방교육자치제 모형의 이해

지방교육자치의 모형은 일반행정과 교육행정과의 관계, 특히 교육위원회의 성격을 중심으로 크게 3가지 유형으로 제시되고 있다. 여기에서는 최희선(1995: 12-15)이 교육위원회의 성격을 중심으로 제시하고 있는 지방교육자치 모형 3가지를 살펴보고자 한다.

1) 기관분리형 의결기관(교육위원회)

기관분리형 의결기관 모형은 일반행정과 교육행정을 완전히 분리하여 별도로 운영하는 방식이다. 이때 일반행정 분야에서 의결기관으로서의 지방의회와 집행기관으로서의 지방자치단체장을 두고, 교육행정 분야에서는 일반행정분야와 동일한 지위를 가지는 의결기관으로서의 교육위원회와 집행기관으로서 교육감을 둔다. 이는 [그림 2-4]와 같이 도식화할 수 있다. 예를 들어, 미국의 여러 주에서 이와 같은 사례를 찾아볼 수 있다.

[그림 2-4] ◆◆ 지방자치단체의 구성(교육위원회: 기관분리형 의결기관의 경우)

출처: 최희선(1995: 13).

이것은 일반행정으로부터 분리·독립하여 일반행정 분야의 관여와 지역 정치세력으로부터 간섭을 배제하여 교육행정의 독자성과 전문성을 살릴 수 있다는 장점이 있다. 또한 주민직선제에 의한 교육위원과 교육감이 선출되는 경우, 주민의 의사가 교육에 보다 직접적으로 반영될 수 있다. 교육사무에 대해 교육위원회에서 단독으로 결정하고 교육감이 집행하기 때문에 교육행정의 효율성을 실현하고 교육의 정치적 중립성을 보장할 수 있다.

그러나 교육사무 역시 지방사무의 한 영역인데 일반행정과 별도로 운용됨에 따라 지방자치단체장의 지방교육에 대한 관여와 책임이 부재하고 지방행정의 통합성과 일관성을 저해할 수 있다는 점이 지적되었다. 또한 일반행정과 교육행정 분야 간의 갈등을 초래할 수 있다는 점이 한계로 지적되고 있다. 이와 더불어 교육에 대한 일반행정 분야의 재정지원이 적극적으로 이루어지지 않을 수 있다는 점이 지적된다.

2) 기관연계형 의결기관(교육위원회)

기관연계형 의결기관 모형은 일반행정과 교육행정을 연계한 형태로, 교육위원회가 지방의회와 연계한 의결기관의 기능을 담당한다. 이 모형은 교육위원회를 독립된 조직으로 두지 않고, 지방의회의 상임위원회로 설치하는 형태로, 시장·도지사와 교육감이 각각 집행기관으로 존재한다. 이 모형은 교육사무의 전문적 성격을 고려하여 지방의회에 교육위원회를 별도로 두어 교육·학예에 관한 실질적인 의결기능을 담당하도록 하는 형태이다. [그림 2-5]와 같이 도식화할 수 있다. 영국의 교육자치제 운영 모형을 대표적인 예로 들 수 있다.

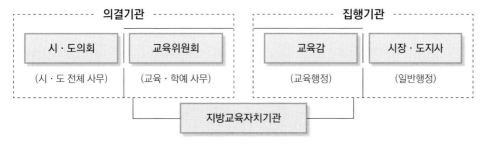

[그림 2-5] ◆◆ 지방자치단체의 구성(교육위원회: 기관연계형 의결기관의 경우)

출처: 최희선(1995: 15)의 그림을 필자가 수정하여 제시함.

이 모형은 지방행정의 종합성과 일관성, 효율성을 구현한다는 장점을 가진다.

이에 반해 교육의 전문성과 특수성을 구현하는 데 한계를 가질 수 있다. 다만, 지방의회의 상임위원회로 존재하는 교육위원회에서 일정한 자격기준에 따라 교육위원을 선출하는 경우에는 교육의 전문성과 특수성을 일정 정도 구현하는 장치로 작용한다.

3) 합의제 집행기관(교육위원회)

합의제 집행기관 모형은 지방의회가 교육학예에 관한 사무를 심의·의결하는 최고 의사결정기관으로 그 권한을 가지되, 교육위원회가 교육사무에 대한 집행기관으로 별도로 설치 운영하는 형태이다. [그림 2-6]과 같이 도식화할 수 있다. 일본의 지방교육자치 형태를 대표적인 예로 들 수 있다.

[그림 2-6] ◆◆ 지방자치단체의 구성(교육위원회: 합의제 집행기관의 경우)

출처: 최희선(1995: 13).

이 모형은 완전분리에서 오는 혼란과, 완전통합에서 오는 교육사무 전문성의 매몰을 방지할 수 있다.[29] 합의제 집행기관으로서 교육위원회를 둠으로써 교육행정을 일반행정에서 분리 운영하여 교육의 자주성·전문성·정치적 중립성을 살려 나갈 수 있다. 그러나 교육의 자주성·전문성·중립성의 구현이 집행기관에 국한되어 있어 제한적으로 실현될 수밖에 없다는 점이 한계로 지적된다. 이로써 행정의 종합성과 일관성을 확보하는 데는 일정 정도 기여하지만, 교육행정의 특수성과 전문성을 확보하는 데는 일정 정도 장애가 있을 수 있다는 점이 비판을 받는다.

5. 지방교육자치제 논의의 쟁점과 개선 과제 탐색

1) 지방교육자치제의 원리 구현 과정에서 제기되는 혼란과 재탐색의 필요성

지방교육자치의 원리는 일반적으로 교육의 자주성 · 전문성, 정치적 중립성의 원리, 지방분권의 원리, 주민참여의 원리 등으로 설명된다. 이 원리들은 지방교육자치제의 구현 과정에서 반영되고 실현되어야 하는 가치들로서, 이를 실현하기 위한 다양한 차원의 제도적 장치들이 마련되어 왔다. 그러나 그 구현 과정에서 이들 원리에 대한 개념적 혼란과 쟁점이 부각되고 있는 상황이다.

지방교육자치제 맥락에서 교육의 자주성 확보를 위해 그간 일반행정과 교육행정을 통합할 것이냐 분리할 것이냐를 둘러싸고 많은 논란이 있어 왔다. 한편, 교육의 자주성의 주체를 지방교육자치기관으로 볼 것인가 또는 교사, 학생, 학부모, 단위학교로 볼 것인가에 따라 지방교육행정기관은 교육 자주성 향유 주체이기도 하고 그것을 침해하는 권력자로 인식될 수도 있는 상황이다.[30] 교육의 전문성은 교사의 전문성, 교육행정기관 담당자의 전문성, 교육감 또는 교육위원회의 전문성을 의미하는 것으로, 이때 이들의 전문성은 '교육' 전문성이 강조점이냐 '전문성'이 강조점이냐는 쟁점이 부각되기도 한다. 이것은 최근 교육감의 교육 경력 또는 교육행정 경력 기준이 낮아지고, 별도의 교육위원 선출이 폐지된 상황과 맞물리면서 많은 논쟁이 제기되고 있는 것과 더불어 교육위원회 활동과 교육행정기관 담당자의 전문성 차원에서 많은 논쟁거리가 제기되는 상황에서 비롯된 것으로 판단된다.

또한 교육위원회가 시 · 도의회의 상임위원회가 되고, 교육위원회 구성 역시 2014년부터 별도의 교육의원에 대한 규정이 사라짐에 따라 정치적 중립의 원리 구현에 대한 논란이 지속적으로 제기되고 있다. 이와 더불어 교육감 선출제도와 관련하여 지방자치단체장과의 러닝메이트, 지방자치단체장의 지명제 등이 제기되는 과정에서 정치적 중립성의 원리는 중요한 판단 근거가 되고 있다.

이처럼 지방교육자치의 원리를 실제 구현하는 과정에서 실제 개념을 어떻게 해석하느냐에 따라 다양한 입장들이 견지되고 있는 상황이다. 이러한 맥락에서 지방교육자치의 4가지 원리의 개념에 대한 비판적 논의과정이 필요할 것으로 판단된다.

이차영(1997: 126-136)은 지방교육자치 원리에 대한 비판적 논의의 필요성을 제기해 왔다. 그는 적도분권의 원리, 일반행정과의 구분 및 협응의 원리, 민주적 통치와 전문적 관리의 원리 등을 제시하면서 중앙과 지방 간의 견제와 균형, 일반행정과의 구분 및 협력, 비전문가 통제와 전문가 통제의 견제와 균형이 필요하다는 입장을 보이고 있다. 이러한 필요성은 최근 지방사무를 둘러싸고 중앙과 지방 간의 충돌과 갈등, 일반행정과 교육행정 간의 갈등 등의 현상이 빈번하게 나타나면서 더욱 커지고 있는 것으로 판단된다.

지방분권의 원리는 중앙의 권한이 지방으로 이양 또는 위임되는 것을 전제로 하지만 교육사무와 관련하여 중앙에서 교육의 질 보장, 교육격차 해소라는 차원에서 국가의 역할이 필수적으로 요구되는 측면이 존재한다. 이러한 맥락에서 지방분권의 원리뿐만 아니라 중앙과 지방 간의 견제와 균형, 협력의 가치를 추구하는 것은 향후 지속적으로 검토되고 추구되어야 할 것으로 판단된다. 이러한 견제와 균형, 협력의 가치는 교육의 자주성 및 전문성 원리 추구에 있어서도 요구되며, 주민참여의 원리 맥락에서도 요구된다. 교육행정은 일반행정과는 다른 특수성을 인정하여 자주성을 실현하는 것이 필요하지만, 지방사무라는 맥락에서 그리고 지방 수준 교육거버넌스 맥락에서 이들 간의 견제와 균형, 협력의 원리는 지속적으로 추구되어야 한다. 또한 민주적 가치의 실현 차원에서 주민참여의 원리는 지방교육자치 원리로 반드시 추구되어야 한다. 하지만 교육활동의 전문성과 특수성을 감안할 때 비전문가인 주민에게 교육활동에 대한 의사결정을 온전히 맡기기에는 한계가 있다. 이러한 맥락에서 비전문가와 전문가 집단 간의 견제와 균형, 협력의 가치가 추구될 필요가 있다.

이상의 논의를 바탕으로 지방교육자치의 원리를 재탐색해 보면, 견제와 균형의 원리는 여러 차원에서 의미 있게 설명될 수 있으며, 향후 지방교육자치의 원리로서 의미 있게 검토되고 추구되어야 할 것으로 판단된다.

2) 중앙-지방 간 교육행정권한의 충돌과 적정 수준의 행정적 분권 구현

지방교육자치는 2010년에 주민에 의한 민선교육감 시대가 시작되면서 본격적인 지방교육자치의 시대를 열었다. 이러한 맥락에서 지방분권의 의미와 필요성이 더욱 강조되고 있다. 그러나 한국은 국가 수준에서 초·중등교육과정 및 학교교육 정책을 관할하고 있는 특성을 가지고 있어 교육사무, 교육행정권한에 있어서도 국가중심 교육과정 제도를 채택하고 있는 초·중등교육의 특성상 교육사무, 교육행정권한을 둘러싼 충돌이 지속적으로 제기되고 있다.

우리나라 행정 권한의 배분 방식은 절충식의 예시적 사무들을 열거하고 있지만, 기본적으로 포괄적 위임방식을 채택하고 있기 때문에 중앙과 지방 사이의 권한 배분이 불명확하여 관련 권한의 충돌 우려가 크고, 상급기관의 과도한 통제·감독을 초래하기 쉬운 문제점을 내포하고 있다.[31] 이와 관련하여 황준성(2015)은 교육행정권한과 관련하여 중앙과 지방 간의 권한 충돌이 야기되고 있음을 밝히고 있다. 그는 "현재 고등학교 이하 학교교육에 관한 사무의 경우「정부조직법」등은 국가기관인 교육부에,「지방자치법」은 지방자치단체인 시·도교육감에게 각각 교육행정권한을 부여하고 있어 중앙과 지방 간의 권한 충돌을 야기하는 원인"[32]이 되고 있음을 지적한다. 이러한 점은「교육기본법」「초·중등교육법」등 교육관계 법령 등에서도 나타나고 있다.「교육기본법」에 따르면 교육 관련 시책의 수립·실시 의무를 국가와 지방자치단체에 공동으로 가진다.「초·중등교육법」역시 단위학교에 관한 평가권을 교육감뿐만 아니라 교육부 장관이 가지는 것으로 명시하고 있다. 이러한 법 규정에서 나타나는 중앙과 지방의 교육행정권한의 중첩은 교육행정 실제에서 크고 작은 충돌을 야기해 왔다. 민선교육감 이후 중앙과 지방 정부의 교육정책을 둘러싼 갈등이 다양한 차원에서 제기되고 있는 상황이다.

최근 초·중등교육 정책에 대한 교육부의 권한을 축소하고 지방정부에 권한을 이양한다는 교육정책에 대한 논의가 이루어지고 있는 상황이다. 이에 초·중등교육에 대한 권한을 지방정부에서 상당 부분 행사할 것으로 판단되며, 교육에 대한 국가 차원의 조정 장치가 약화되어 지역 간 교육격차를 초래하지 않을까 하는 우려가 제기되고 있다. 따라서 관련 법령에 대한 체계적인 분석과 검토를 통해 중앙과 지방 간 교육행정 사무에 대한 보다 명확한 역할 규정이 이루어져야 할 것으로 판단된다.

3) 교육자치와 일반자치의 '분리 대 통합' 논쟁과 지방교육자치의 원리 실현

1991년 이후 지방교육자치는 '지방 수준에서 일반자치와의 관계를 어떻게 설정할 것인가?'라는 문제가 핵심 사안으로 지속적으로 제기되었다. 1991년 지방교육자치제의 출발 당시 제도적으로 일반자치와 마찬가지로 의결기관과 집행기관이 별도로 존재하는 기관분리형 지방교육자치 형태로 시작하였다. 그러나 지방자치단체장의 지방교육에 대한 관여와 책임의 부재 및 교육위원회와 지방의회의 권한 중복 등으로 지방교육자치의 비효율성이 김영삼 대통령 문민정부 당시 교육개혁위원회에서 지적되면서 일반자치와의 '분리 대 통합' 논쟁이 촉발되었다.[33]

일반자치와 교육자치의 관계 설정 문제는 지방교육자치제가 도입 시행되는 시점부터 지속적으로 쟁점이 되어 왔다. 최근 교육의원이 폐지되고 교육위원회가 시 · 도의회의 상임위원회로 구성되면서 지방교육자치가 일반자치와의 통합하는 방향으로 전개되고 있다는 주장이 제기되면서 교육학계에서는 지방교육자치의 기본 원리가 훼손되고 있다는 우려를 표명하고 있다.

지방자치와 교육자치의 통합 및 연계 강화 논리에 대한 비판적 입장은 주로 교육학계에서 이루어지고 있다. 교육학계에서는 교육의 자주성 · 전문성, 정치적 중립의 원리에 기반하여 지방자치와 교육자치의 분리를 주장한다. 이와 관련하여 헌법재판소 판결은 지방교육자치의 근거를 「헌법」 제31조 제4항과 「헌법」 제117조 제1항으로 보고 있다. 이와 관련하여 교육의 자주성은 교육자치를 보장하기 위한 교육행정기관의 자율성을 의미한다는 입장이다. 교육의 전문성 맥락에서 교육행정의 전문성이 보장되지 않고는 교육의 전문성 역시 뒷받침되기 어렵다는 논리이다. 교육의 정치적 중립성은 교육이 정당정치에 의해 왜곡되고 이용되어서는 안 된다는 것을 의미한다. 정치권력이 교육에 비교육적인 영향을 미치지 못하도록 하기 위해 오히려 지방의 정치적 세력이 지방의 교육문제를 독자적으로 결정할 수 있도록 해야 한다는 주장에 동의하기 어렵다고 설명한다.[34]

한편, 교육자치와 일반자치의 통합 내지는 연계 강화를 주장하는 논리는 크게 세 가지로 구분된다.[35] 첫째, 지방교육자치가 지방자치의 한 영역이라는 논리이다. 이 논리는 지방교육자치의 의미를 어떻게 이해할 것인가와도 맞물려 있다. 지방교육자치를 지방자치의 틀 속에서 이해해야 한다는 입장에서 교육사무는 지방사무의 한 영역으로, 이에 대해 별도의 심의·의결기관이나 집행기관을 두는 것은 타당하지 않다는 것이다.

둘째, 지방교육자치의 근거로 제시되고 있는 「헌법」 제31조 제4항의 '교육의 자주성·전문성·정치적 중립성 보장'이 교육자치의 근거가 될 수 없기 때문에 통합되어야 한다는 논리이다. 일반자치와의 통합론자들은 교육의 자주성 원리가 교육당사자인 학생·교원·부모·주민이 학교교육을 자율적으로 운영하고 자유로운 교육활동의 여지를 부여하는 의미라고 주장하면서, 교육행정기관의 분리·독립의 근거가 될 수 없다는 점을 주장한다. 교육의 전문성 역시 교육을 담당하는 교원들이 전문적인 지식과 능력을 갖추어야 한다는 것을 의미하는 것으로, 교육행정기관의 업무 담당자들의 교육 경력 및 교육행정 경력을 가져야 한다거나 교육행정기관의 분리 근거 주장이 될 수 없다고 주장한다. 교육의 정치적 중립은 정치적 영향을 받는 일반행정기관으로부터 교육행정기관을 분리시키는 것이 교육행정 활동의 기반을 약화시키는 것에 불과하다고 본다.

셋째, 현행 지방교육자치가 여러 가지 문제 상황을 초래하고 있기 때문에 이를 개선하기 위해 통합 또는 연계를 강화해야 한다는 논리이다. 지방교육자치의 통합 및 연계의 부족으로 지방교육자치가 정치적 무책임성을 조장하고 있으며, 행·재정적 자원의 낭비와 업무 협조 미흡, 교육행정의 비효율성, 교육행정업무 권한과 비용부담 의무의 비연계성 등의 문제가 초래되고 있다는 점을 지적한다.

2010년의 지방교육자치제의 전면적인 개편을 통해 지방교육자치는 기관연계형 지방교육자치 형태를 보여 주고 있다. 2014년 지방선거부터 교육의원을 별도로 구성하지 않으면서 교육의 전문성·자주성·정치적 중립성 훼손에 대한 우려가 커지고 있는 상황이다. 교육의 전문성·자주성·정치적 중립성이 지방교육자치의 기본 원리라고 할 때, 그 원리가 구현될 수 있는 지방교육자치 모형의 추구는 우리 사회에서 지속적인 과제가 될 수밖에 없고, 이를 실제적으로 구현할 수 있는 방안에 대한 보다 적극적인 공적 담론을 형성해 나가야 할 것이다.

미주

1 이 절 '지방분권의 의미와 유형'의 내용은 '김민조(2007). 공립 초등학교 통제 체제의 변화의 특성 분석: 서울 지역을 중심으로(서울대학교 대학원 박사학위논문), pp. 21–26'의 내용을 바탕으로 축약 · 수정 및 보완한 것이다.

2 지방교육자치는 교육 분야에서 일반적으로 '교육자치'라는 용어로 많이 사용되고 있다. 여기서는 용어 사용의 혼란을 피하기 위하여 의미상 교육자치라는 용어를 사용할 필요가 있는 경우를 제외하고는 '지방교육자치'로 통일하여 사용한다.

3 민영휘(1973: 2).

4 김영철(1985: 44).

5 Davies (1990); Hanson (1997).

6 Hanson (1997).

7 김익식(1990: 1377).

8 Bimber (1993: 9).

9 김규정(1984: 393): 김영철(1985: 46)에서 재인용.

10 Fiske (1996: 9–10).

11 이 내용은 별도의 인용 표시가 없는 경우 '김민조(2014). 혁신학교 교육거버넌스의 특징과 과제. 교육비평, 74–97'에서 발췌하여 활용한 것이다.

12 최창의 외(2016: 28).

13 최창의 외(2016: 30).

14 Mitchell (1992: 550).

15 최창의 외(2016: 30).

16 조동섭(2010: 43–61).

17 신현석(2011: 100).

18 신현석(2011: 10).

19 표시열(2010: 152).

20 최희선(1995: 10).

21 이기우(1999: 37-67); 이승종(2014: 119).

22 김영환(2011: 121).

23 권영성(2002: 226).

24 윤정일 외(2014).

25 최희선(1995: 12).

26 권영성(2002: 227).

27 조성일, 안세근(1998: 31).

28 김혜숙 외(2011: 33).

29 최창호, 강형기(2014).

30 김혜숙 외(2011: 29).

31 황준성(2015: 256).

32 황준성(2015: 256).

33 신현석(2014: 27-39).

34 송기창(2004: 251).

35 이 내용은 송기창(2004: 231-262)을 바탕으로 정리한 것이다.

참고문헌

권영성(2002). 헌법학원론. 서울: 법문사.

김민조(2007). 공립 초등학교 통제 체제의 변화의 특성 분석: 서울 지역을 중심으로. 서울 대학교 대학원 박사학위논문.

김민조(2014). 혁신학교 교육거버넌스의 특징과 과제. 교육비평, 제33호, 74-97.

김성열(1994). 국가의 교육통치구조 개편정책의 변화 양상. 교육행정학연구, 12(3), 68-87.

김영철(1985). 중앙집권과 지방분권. 교육행정학연구, 3(1), 43-54.

김영환(2011). 헌법상 지방교육자치의 기본 원리. 공법연구, 40(2), 103-132.

김익식(1990). 중앙과 지방정부간의 권한배분의 측정. 한국행정학보, 24(3), 1373-1398.

김재웅(1998). 교육자치의 의미와 전망: 지방교육자치제도를 중심으로. 교육원리연구, 3(1), 23-38.

김종철(1991). 교육자치의 이념과 방향. 교육학연구, 29(1), 3-10.

김찬동, 최진혁(2016). 교육자치의 제도개혁 방향. 지방정부연구, 20(2), 393-414.

김혜숙, 김종성, 장덕호, 조석훈, 홍준현(2011). 지방교육자치제도 개선방안 연구-교육감 및 교육위원회 위원 선출제도를 중심으로. 서울: 한국교육개발원.

김흥주(2008). 교육자치의 과거와 현재 그리고 미래 구상. 서울: 한국교육개발원.

민영휘(1973). 중앙집권화와 지방분권화에 관한 연구-정치적 의미와 행정적 의미를 중심으로. 건국대학교 교수논문, 2(1), 77-83.

박종필(2016). 교육거버넌스와 학교 자율성. 고전 외 공저, 초등교육행정의 이론과 실제(pp. 329-360). 경기: 양성원.

송기창(2004). 지방교육자치와 지방자치의 통합 논리에 대한 비판적 고찰. 교육행정학연구, 22(4), 231-262.

신현석(2011). 지방교육의 협력적 거버넌스 구축을 위한 쟁점 분석과 설계 방향 탐색. 교육행정학연구, 29(4), 99-124.

신현석(2014). 교육자치와 일반자치의 관계 분석 및 미래 방향. 교육행정학연구, 32(2), 27-39.

안기성(1995). 교육의 전문성과 자주성에 관한 교육법 해석학. 교육법학연구, 7, 19-35.

윤정일(1992). 현행 지방교육자치제도의 문제점과 그 개선책. 교육이론과 실천, 2, 177-194.

윤정일, 송기창, 조동섭, 김병주(2014). 교육행정학원론. 서울: 학지사.

이기우(1999). 교육자치와 학교자치 및 지방교육자치제도에 대한 법적 고찰. 한국교육법연구, 37-67.

이승종(2014). 지방자치론(3판). 서울: 박영사.

이종재, 이차영, 김용, 송경오(2012). 한국교육행정론. 경기: 교육과학사.

이차영(1997). 지방교육 자치제도의 기본원리와 운영구조: 주장의 끝과 이론의 시작. 교육정치학연구, 4(1), 119-159.

이형행, 고전(2006). 교육행정론: 이론 · 법제 · 실제. 경기: 양서원.

조동섭(2010). 교육자치와 지방자치의 연계 협력 방안 탐색. 교육행정학연구, 28(4), 43-61.

조성일, 안세근(1998). 지방교육자치제도론: 이론과 실제. 서울: 양서원.

최창의, 서용선, 김혁동, 홍섭근, 김용련(2016). 혁신교육지구사업 비교 분석을 통한 협력적 교육거버넌스 발전 방안 연구. 경기: 경기도교육연구원.

최창호, 강형기(2014). 지방자치학. 서울: 삼영사.

최희선(1995). 교육의 전문성 제고와 지방교육자치제. 교육행정학연구, 13(2), 7-36.

표시열(2010). 지방교육자치의 기본가치와 주요 쟁점. 교육법학연구, 22(1), 145-167.

황준성(2015). 중앙과 지방의 교육행정권한 배분에 관한 연구. 교육법학연구, 27(1), 245-269.

Bimber, B. (1993). *School decentralization: Lesson from the study of bureaucracy*. Rand Corp, Santa Monica, CA, Inst. for Education and Training. (ERIC ED 357 441)

Davies, L. (1990). *Equity and efficiency: School Management in an international context*. London, New York, Philadelphia: The Falmer Press.

Fiske, E. B. (1996). *Decentralization of education: Politics and consensus*. Washington, DC: The World Bank.

Hanson, E. M. (1997). Strategies of educational decentralization: Key questions and core issues. *Journal of Educational Administration, 36*(2), 111-128.

Mitchell, D. E. (1992). Governance of Schools. In M. C. Alkin (Ed.) *Encyclopedia of educational research* (6th ed., pp. 549-558). Basingstoke: Macmillan.

Sergiovanni, T. J. Burlingame, M., Coombs, F. S., & Thurston, P. W. (1999). *Educational governance and administration* (4th ed.). Boston: Allyn and Bacon.

제**3**장

지방교육자치제의
역사

주민직선에 의한 교육의원제가 폐지되고 제2기 직선제 교육감이 출범한 상황에서, 지방교육자치제도에 대하여 역사적으로 고찰하는 것은 미래 방향을 모색하는 데 도움을 줄 것으로 기대된다. 지방교육자치제도의 역사를 분석한 선행 연구와 지방교육자치 관련 법령을 분석해 볼 때, 지방교육자치제도의 역사는 교육위원회 및 교육감의 성격 및 위상(기능), 교육위원 및 교육감의 자격기준, 교육위원 및 교육감의 선출방식 등 3가지의 변화로 정리할 수 있다. 따라서 이 장에서는 교육위원회 및 교육감의 성격과 위상의 변천 과정, 교육위원 및 교육감의 자격과 선출제도의 변천 과정으로 구분하여 분석한다.[1]

1. 지방교육자치제도의 역사적 개관

　제헌국회가 「교육법」을 제정하면서 가장 논란이 되었던 주제는 학제와 지방교육자치제였다. 처음에 6-4-2-4제로 정했던 학제는 공포한 지 3개월 만에 6-4-3-4제로 바뀌는 혼란을 겪었고, 다시 1년 만에 현재의 6-3-3-4제로 개정하여 오늘에 이르고 있다. 물론 학제 개편 논의가 여러 번 있었으나, 1951년 개정 「교육법」에서 확정한 학제의 골격은 계속 유지되고 있다.[2]

　그러나 지방교육자치제는 도입 당시부터 많은 논란이 있었다. 당시 내무부 측은 지방행정의 종합성을 이유로 교육구제(敎育區制)의 시행을 저지하려 하였고, 교육감의 설치도 강력히 반대하였다. 시와 특별시에 교육비특별회계를 두는 것은 중앙부처마다 재무부를 만드는 것과 같다고 하면서 재정권이 내무부 장관에게 있음을 강조하였고, 예산 절약을 위해서도 교육구의 분리는 있을 수 없다고 하였으며, 또한 교육구가 분리되면 군수 아래에 있는 읍·면장이 교육세 징수에 협조를 하지 않을 것이고, 그렇게 될 경우에 교육재정에 막대한 지장이 있을 것이라고 하였다.[3] 우여곡절 끝에 「교육법」이 통과되었으나, 「교육법 시행령」 제정과정에서도 많은 진통이 있어서 「교육법」이 통과된 지 2년 반이 지나서야 지방교육자치제도가 시행되었다.

제1기 교육자치제는 출범하자마자 공격의 대상이 되었다. 1953년 1월 개최된 전국 도지사 회의, 5월 20일 지방자치제 실시 1주년 기념대회, 6월 1일에 개최된 전국 도지사 회의에서 교육구 폐지를 주장하였고, 1955년 5월에는 내무부가 「지방자치법」 개정시안을 마련하면서 교육감 폐지를 시도하였고, 11월에 이르러 일부 지방의회로부터 교육구청 폐지 운동이 일어났다. 1956년 10월에 이르러서는 정부기구의 간소화를 논의하면서 또다시 교육자치제를 폐지해야 한다는 주장이 나왔고, 1958년 7월 교육세법안의 국회 상정을 앞두고 내무부는 다시 교육자치제 폐지를 주장하였다. 출범 후 네 차례에 걸친 폐지 주장에도 견뎌 내던 교육자치제는 1961년 5·16 군사정변에 의해 지방자치제와 함께 폐지되는 운명을 맞이하였다.[4]

지방자치와 달리 교육자치는 폐지된 지 2년 만에 부활되었고, 적어도 형식상으로는 1964년부터 제2기 교육자치가 실시되었다. 형식상의 교육자치가 실시되는 동안에도 교육자치 폐지 주장은 계속되었다. 1981년 「교육세법」 제정을 논의하는 과정에서 재산세에 교육세를 부가하는 방안이 나오자 내무부는 교육자치와 일반 자치의 분리를 이유로 반대하였으며, 1991년 「지방교육자치에 관한 법률」 제정과정에서는 교육자치 자체를 반대하던 입장을 바꿔 교육위원회의 의결기관화를 반대하는 대신 합의제 집행기관화를 주장하였다.

1991년 3월에 「지방교육자치에 관한 법률」이 제정된 후, 출범한 제3기 교육자치제도 순탄하지 않은 것은 마찬가지였다. 위임형 의결기관 형태로 출범한 교육위원회 구성을 위한 교육위원 선출과정에서 잡음이 많이 발생하였고, 교육위원회를 운영하는 과정에서 시·도의회와 마찰이 잦았다. 1995년 5·31 교육개혁안의 후속 대책의 일환으로 교육재정 GNP 5%를 확보하는 과정에서 지방세의 일부를 교육재원으로 이전하는 조건으로 교육자치와 지방자치의 연계협력 방안이 논의되었고,[5] 2001년 지방세분 교육세를 지방교육세로 개편하는 과정에서도 지방교육에 대한 일반자치단체의 연계협력이라는 논리가 개입되었다.

'지방자치와 교육자치의 연계성 강화'를 선거공약으로 내걸었던 노무현 대통령의 참여정부는 교육계 인사를 배제한 채, 정부혁신지방분권위원회를 통해 교육자치제 개선이라는 명분을 내세워 2006년 12월, 교육위원회를 시·도의회 상임위원회로 개편하고, 시·도교육감을 주민들의 직접 선거로 선출하는 내용을 골자로 하는 개정 「지방교육자치에 관한 법률」을 통과시키게 된다. 그러나 교육의원제는 계속 논란의 대상이었고, 교육감 직선제는 계속 공격의 대상이었다. 개정 법률이 통과된 지 4년 만에 본격 도입된 교육의원제는 한 번만 시행하고 4년 후에는 폐지하기로 법률을 다시 개정하는 입법기관의 자기모순적 행태를 속수무책으로 받아들인 결과, 폐지가 확정되었고, 교육감 주민직선제는 교육감 자격기준 폐지로 교육자치의 본질에 대한 혼미 속에 보궐선거부터 교육 경력 또는 교육행정 경력을 3년 요구하는 것으로 봉합했지만, 대세는 교육감 직선제의 폐지 내지 교육감 제도의 폐지 쪽으로 치닫고 있다. 과거에 지방교육자치제도의 역사적 변천 과정을 부분적으로 다룬 선행연구가 있었으나, 최근에 교육위원회 및 교육감의 성격과 위상, 교육위원 및 교육감의 자격과 선출제도를 중심으로 변천 과정을 체계적으로 정리한 연구가 없어, 이 장에서는 1차 자료인 국가법령정보센터(www.law.go.kr)의 지방교육자치 관련 법령의 연혁을 바탕으로 분석한 결과를 제시하였다.

2. 교육위원회 및 교육감의 성격과 위상의 변천 과정

1) 1949년 교육법 적용기(1952. 5.~1961. 5.)

1949년에 제정된 「교육법」에 따라 1952년 5월의 교육위원 선거를 거쳐 그해 6월 출범한 교육위원회는 행정 수준에 따라 다양한 형태를 띠고 있었다. 「교육법」 제 정과정에서 동일 구역에 지방자치단체와 교육자치단체를 동시에 둘 수 없다는 '1구역 1자치단체'의 원칙 때문에 논란을 빚었고, 논란 끝에 절충안으로 합의한 것 이 이미 지방자치단체가 있는 구역(도, 특별시, 시, 읍·면)에는 의결기관으로서의 교육위원회를 두지 않고 당시 지방자치단체가 아니었던 행정구역인 군(郡) 지역 에만 의결기관으로서의 교육위원회를 둔다는 것이었다. 절충의 결과로 나타난 교 육위원회의 구조는 매우 복잡한 양상을 띠고 있었다.[6]

군(郡)에는 교육자치단체로 교육구를 두고, 교육구에는 의결기관으로서 구교육 위원회를, 집행기관으로서 교육감을 두었다. 교육구는 군 내의 초등교육을 관장 하도록 하였으므로 군 지역 초등교육의 경우에는 완전한 분리·독립 형태의 교육 자치를 경험한 셈이었다. 시(市)의 경우에는 이미 지방자치단체가 있었으므로 별 도의 교육구를 둘 수 없었다. 교육에 관한 의결기관은 시의회였으며, 시교육위원 회는 합의제 집행기관이었다. 시교육위원회에도 교육감을 두고 있었으나, 시교육 감은 집행기관이 아니라 시교육위원회의 사무를 대행하는 사무장이었다.

시교육위원회는 시의 초등교육만을 관장하였다. 교육자치제 도입 당시에 중등 교육은 도(道)에서 관장하고 있었고, 도는 지방자치단체였으므로 중등교육을 관 장하는 교육자치단체를 둘 수 없었다. 시와 마찬가지로 합의제 집행기관으로서 의 도교육위원회를 둘 수 있었으나, 당시 내무부의 반대로 합의제 집행기관 대신 에 심의기관으로서의 도교육위원회를 두게 되었다. 중등교육에 대한 의결기관은 도의회, 집행기관은 도지사였고, 도교육위원회는 도지사의 심의기관에 불과하였 다. 따라서 도 내 중등교육은 도지사의 관할하에 있었고, 중등교육은 도지사가 임 명한 교육국장이 관장하는 구조였다. 특별시의 경우 시와 비슷했지만, 동일한 구조는 아니었다. 시와 마찬가지로 특별시에도 합의제 집행기관으로서 특별시교육위원회를 두었고, 사무장으로서 교육감이 있었다. 물론 의결기관은 특별시의회였다. 특별시교육위원회가 시교육위원회와 다른 점이 있다면 초등교육은 물론 중등교육도 관장했다는 점이었다. 이러한 교육자치는 1952년 6월에 시작하여 1961년 5·16 군사정변에 의해 중단되었고, 법적으로는 1961년 12월까지 유지된 것으로 볼 수 있다.

2) 교육자치 폐지 시기(1961. 5.~1963. 12.)

5·16 군사정변 이후 곧바로 교육위원회의 기능이 정지되었고, 중앙교육위원회는 종전과 마찬가지로 유지되었으나, 1961년 9월 1일에 제정된 「교육에 관한 임시특례법」 제2조 규정에 의하여 중앙교육위원회가 구성될 때까지 문교재건자문위원회가 그 기능을 대신하였다. 교육자치제가 법적으로 폐지된 것은 1962년 1월 6일에 개정된 「교육법」(법률 제955호)에 의해서였다. 개정 「교육법」의 골자는 종전의 교육구 및 시교육위원회를 폐지하고 서울특별시장·시장 또는 군수로 하여금 지방의 교육·학예에 관한 사무를 담당하게 함으로써 교육자치제를 폐지하는 것이었다.

개정 「교육법」에 의하면, 교육의 전문성과 지방교육의 특수성을 살리기 위하여 서울특별시, 도, 시와 군에 교육 및 학예에 관한 의결기관으로서 교육위원회(의장은 호선)를 두도록 하였다. 형식상 교육위원회가 의결기관으로 규정되어 있었으나, 지방의회와 대등한 의결기관은 아니었다(지방의회가 구성될 때까지 그 의결을 요하는 사항은 「교육법」과 「지방자치법」에 규정된 감독청의 승인을 얻어 실시하도록 하였다). 왜냐하면 시·도교육위원회는 시·도지사, 시·군교육위원회는 시장·군수의 관할하에 있었기 때문에 실제로는 교육위원회가 심의기관 내지는 자문기관 역할을 했던 것으로 이해된다. 교육부가 발행한 「교육50년사」 부록에 의하면, 교육구를 폐지하는 대신 시·군교육위원회는 1961년 10월 28일에 설치되었으며, 시·도교육위원회는 1962년 11월 3일에 구성된 것으로 나타난다.[7]

3) 형식적 교육자치 시기(1964. 1.~1991. 6.)

1962년 12월 26일에 개정된 「헌법」(1963. 12. 17. 시행)은 제27조 제4항에 "교육의 자주성과 정치적 중립성은 보장되어야 한다."라고 규정함으로써 교육자치제를 부활시키는 1963년 11월 1일의 「교육법」 개정으로 이어졌다.[8] 이에 따라 1964년부터 지방교육행정을 일반행정기관으로부터 분리·독립하여 교육자치제를 실시할 수 있게 되었고, 중앙교육위원회는 종전과 같이 1972년 말까지 유지되었다.

부활된 교육자치제는 종전과 약간의 차이가 있었다. 교육·학예에 관한 행정사무의 집행기관으로서 서울특별시·부산직할시 및 도에 교육위원회를, 시 및 군에 교육장을 두어 그 사무에 관하여 당해 지방자치단체를 대표하게 하였다. 지방교육에 관한 의결기관은 시·도의회 또는 시·군의회였으나, 지방자치가 실시되지 않음에 따라 시·군의회 기능은 시·도교육위원회가, 시·도의회 기능은 문교부장관이 대행하였다. 시·도교육위원회는 합의제 집행기관, 시·군의 교육장은 독임제 집행기관으로서 위상을 가지게 되었고, 시·도교육위원회에는 교육행정사무를 처리하기 위하여 사무장으로 교육감을 두었다.

4) 실질적 교육자치 시기(1991. 6.~2010. 6.)

1991년부터 지방자치가 실시됨에 따라 「교육법」에 규정되어 있던 지방교육자치 및 지방교육 관계 조항을 분리하여 독자적인 법률로 「지방교육자치에 관한 법률」(1991. 3. 8. 제정, 법률 제4347호)이 제정되었다. 「지방교육자치에 관한 법률」은 시·도의 교육·학예에 관한 중요사항을 심의·의결하기 위하여 시·도에 교육위원회를 설치하도록 하였고, 시·도의 교육·학예에 관한 사무의 집행기관으로 시·도에 교육감을 두도록 하였다. 교육위원회는 합의제 집행기관 성격에서 위임형 의결기관 성격으로 바뀌었고, 교육감은 교육위원회의 사무장에서 독임제 집행기관으로 바뀌었다.

5) 교육자치 일부 폐지기(2010. 7.~2014. 6.)

2006년 12월에 개정된 「지방교육자치에 관한 법률」(법률 제8069호, 2006. 12. 20., 전부개정)은 시·도의 교육·학예에 관한 의안과 청원 등을 심사·의결하기 위한 교육위원회를 시·도의회 내 상임위원회로 두도록 하였고(2010년 지방선거부터 적용), 시·도의회 의원과 교육의원으로 교육위원회를 구성하되, 교육의원이 과반수가 되도록 규정하였다. 교육감의 성격은 변화가 없었으나, 선출방식은 학교운영위원에 의한 간선제에서 주민직선제로 변화되었다. 2010년 7월부터 교육자치 의결기관이었던 교육위원회가 시·도의회 교육상임위원회로 바뀌었고, 집행기관인 교육감의 성격은 종전과 다름이 없었다.

6) 교육위원회 폐지기(2014. 7.~)

2006년 말에 개정된 「지방교육자치에 관한 법률」에 의해 2010년 7월부터 교육위원회가 시·도의회 교육상임위원회로 개편되도록 예정된 가운데, 다시 2010년 2월에 개정된 「지방교육자치에 관한 법률」은 교육의원 주민직선제를 2014년 6월말까지 유지하는 이른바 '교육의원 일몰제'를 규정함에 따라 2014년 7월부터 교육의원제가 폐지되었고, 「지방교육자치에 관한 법률」에는 교육위원회 관련 규정이 삭제되어 교육감에 관한 규정만 남았다.

2015년 현재 17개 시·도의회의 교육 및 학예에 관한 상임위원회 명칭이 모두 교육위원회로 되어 있어서 종전의 교육자치기관으로서 교육상임위원회와 구분되지 않지만, 조례에 의한 교육상임위원회는 언제든지 명칭이 바뀔 수 있다는 점에서 교육자치기관이라 보기 어렵다.[9]

제주특별자치도의 경우에는 예외적으로 「제주특별자치도 설치 및 국제자유도시 조성을 위한 특별법」 제79조에 의해 교육위원회를 두고 있으나, 다른 시·도의회에는 「지방자치법」 제56조 제1항에 의해 조례로 둘 수 있는 상임위원회인 교육위원회를 두어 교육·학예에 관한 의안과 청원 등을 심사·처리하고 있다.

7) 종합

〈표 3-1〉에서 보는 바와 같이, 교육위원회의 성격 및 위상은 독립형 의결기관 (1950년대의 구교육위원회), 합의제 집행기관으로서의 교육위원회(1950년대의 특별시·시교육위원회, 1964년 이후의 시·도교육위원회), 위임형 의결기관으로서의 교육위원회(1991년 이후의 시·도교육위원회)를 거쳐 시·도의회 상임위원회로서의 교육위원회로 변화를 겪었으며, 교육자치기관으로서의 교육위원회는 2014년 7월부터 폐지되었다.

교육감의 경우에는 독임제 집행기관(1950년대의 교육구 교육감, 1964년 이후의 시·군교육장)에서 사무장(1950년대의 특별시·시교육감, 1964년 이후 1991년까지의 시·도교육감)으로 위상의 변화가 있었으나, 1991년 이후 다시 독임제 집행기관의 성격과 위상을 유지하고 있다.

〈표 3-1〉 교육위원회 및 교육감의 성격과 위상의 변천

연도	구분	의결기관		심의기관	집행기관	사무장	비고
		법률 규정	실제 운용				
1952~1961	교육구(군)	구교육위원회	좌동	-	교육감	-	유·초등교육
	시	시의회	좌동	-	시교육위원회	교육감	유·초등교육
	도	도의회	좌동	도교육위원회	도지사	-	중등교육
	특별시	특별시의회	좌동	-	특별시교육위원회	교육감	유·초·중등교육
	국가	국회	좌동	중앙교육위원회	문교부 장관	-	-
1962~1963	시·군	시·군의회(미구성)/ 시·군교육위원회	좌동	-	시장·군수 (교육과장)	-	유·초등교육
	특별시·도	시·도의회(미구성)/ 시·도교육위원회	좌동	-	특별시장·도지사 (교육국장)	-	중등교육
	국가	국회	좌동	중앙교육위원회 (문교재건자문위원회)	문교부 장관	-	-
1964~1990	시·군	시·군의회(미구성)	좌동	-	교육장	-	유·초·중학교육
	시·도	시·도의회(미구성)	문교부 장관	중앙교육위원회 (1973 폐지)	시·도교육위원회	교육감	고교교육
	국가	국회	좌동	-	문교부 장관	-	-
1991~2010	시·도	시·도의회(중요사항)/ 시·도교육위원회 (기타사항)	좌동	-	교육감	-	유·초·중등교육
	국가	국회	좌동	-	교육(인적자원)부 장관	-	-
2010~2014	시·도	시·도의회 (교육상임위원회)	좌동	-	교육감	-	유·초·중등교육
	국가	국회	좌동	-	교육(과학기술)부 장관	-	-
2014~	시·도	시·도의회	좌동	-	교육감	-	유·초·중등교육
	국가	국회	좌동	-	교육부 장관	-	-

주: 밑줄 친 기관명은 교육자치기관을 나타냄.

3. 교육위원 및 교육감의 자격과 선출제도의 변천 과정

1) 최초 교육자치 실시기(1952. 6.~1961. 5.)

1949년의 「교육법」에 의하면, 구교육위원회는 군수(당연직 교육위원)와 구내 각 읍·면의회에서 1인씩 선출한 위원으로 조직하고, 특별시 또는 시의 교육위원회는 시장(특별시장 포함, 당연직 교육위원)과 시의회(특별시의회 포함)에서 선출한 10인의 위원으로 조직하도록 하였다. 심의기관이었던 도교육위원회는 도 내 각 교육구 및 시교육위원회에서 1인씩 선출한 위원과 도지사가 선임한 3인의 위원으로 조직하였다. 중앙교육위원회는 교육에 이해가 깊고 학식과 덕망이 높은 30인의 위원으로 조직하며, 위원은 특별시와 도의 교육위원회에서 각 1인씩 추천한 자와 문교부 장관이 제청한 자를 국무회의의 의결을 통하여 대통령이 위촉하였다.

교육위원은 지방의회(구교육위원은 읍·면의회, 특별시·시교육위원은 특별시·시의회, 도교육위원은 구·시교육위원회)에서 재적의원 2/3 이상의 출석과 출석의원 2/3 이상의 찬성으로 선출하였다. 교육위원은 명예직으로서 지방의회의 의원, 국회의원, 국가공무원(시장 제외) 또는 지방공무원을 겸할 수 없었다. 만 21세에 달한 자로서 6개월 이래 동일 교육구 내에 주소를 가진 자는 그 소속한 교육구의 교육위원의 선거권이 있으며, 교육위원 선거권이 있는 자로서 만 25세 이상이 된 자는 교육위원 피선거권이 있었다.

각 교육감은 「교육공무원법」이 정하는 자격을 가진 자로서, 교육위원회의 추천으로 도지사와 문교부 장관(특별시교육감은 문교부 장관)을 경유하여 대통령이 임명하였다. 「교육공무원법」이 정하는 자격을 가진 자란, 「교육공무원법」(법률 제285호, 1953. 4. 18. 제정) [별표 3]에 의한 교육감의 자격기준을 말하며, ① 7년 이상의 교육 또는 교육행정 경력을 가진 자, ② 고등고시(행정과 제4부) 합격자로서 3년 이상의 교육 또는 교육행정 경력이 있는 자, ③ 대학 졸업자로서 5년 이상의 교육 또는 교육행정 경력을 가진 자 등이었다.

2) 교육자치 폐지기(1962. 1.~1963. 12.)

교육자치가 폐지된 상황이었지만,「교육법」상으로는 의결기관으로 교육위원회를 두도록 규정되어 있었다. 서울특별시와 도의 교육위원회는 지방의회에서 선출한 3인, 문교부 장관이 임명한 2인으로 구성하고, 시·군의 교육위원회는 지방의회가 선출한 3인과 도지사가 임명하는 2인으로 구성하도록 하였다. 그러나 지방의회가 구성되지 않았으므로 지방의회의 선임 또는 추천을 요하는 특별시·도 교육위원은 서울특별시장 또는 도지사의 추천으로 문교부 장관이, 시·군 교육위원은 시장 또는 군수의 추천으로 도지사가 임명하였다.

교육위원은 고등학교 졸업자 또는 동등 이상의 학력을 가지고 5년 이상 교육 또는 교육행정 경력을 가진 자로, 국회의원, 지방의회 의원, 기타 공무원, 사립학교법인의 임원, 사립학교교원 및 정당당원은 교육위원을 겸할 수 없었다. 교육자치 폐지기에 교육위원 자격기준에 교육(행정) 경력이 포함되었다는 것은 아이러니한 것이지만, 교육위원을 의결기관의 일원이 아니라 심의기관의 일원으로 간주했던 것으로 본다면 이해될 수 있다.

3) 형식적 교육자치기(1964. 1.~1991. 5.)

1964년부터 1990년까지 형식적 교육자치가 실시되던 시기의 교육위원·교육감·교육장 선임방법은 1950년대 교육자치 실시 시기의 것과 대동소이하나 자격기준이 구체화되었다는 점이 다르다. 교육위원회는 당해 지방의회에서 선출하는 5인의 위원(선출직 교육위원)과 당해 지방자치단체의 장 및 교육감으로 조직하였다.

선출직 교육위원은 학식과 덕망이 높은 자로서 교육 또는 교육행정 경력이 있고, 당해 지방의회 의원의 피선거권이 있는 자를 지방의회에서 선거하도록 했고(재적의원 3분의 2 이상 출석과 출석의원 과반수의 찬성투표로 당선인을 결정함), 국회의원·지방의회 의원·공무원(대학의 교원은 제외), 당해 교육위원회의 감독에 속하는 사립학교교원과 사립학교법인의 임원 또는 사립학교 경영자를 겸할 수 없었다. 또한 정당 또는 기타 정치단체에 참여하거나 가입할 수 없었으며, 당해 지방자치단체 및 교육기관과 관계있는 영리사업에 종사하거나 영리를 목적으로 거래를 할 수 없었다.

교육감은 '학식과 덕망이 높고 교육 또는 교육행정 경력이 있는 자' 중에서 당해 교육위원회의 추천에 의하여 문교부 장관의 제청으로 대통령이 임명한다고 규정함으로써 교육감의 자격기준에 '학식과 덕망'이 포함되었다. 종전 규정에 비해 교육 경력 또는 교육행정 경력의 최저연수가 삭제된 것이 특징이다.

시·군에 두는 독임제 집행기관으로서의 교육장은 따로 법률로 정하는 자격기준에 해당하는 자 중에서 교육감의 제청으로 문교부 장관을 경유하여 대통령이 임명하였다. 법률이 정하는 자격기준이란 「교육공무원법」(법률 제1463호, 1963. 12. 5.) 제6조와 [별표 4]의 교육장 자격기준으로, 종전과 비교하면 교육연구 경력이 추가된 것이 다르다. 1972년 「교육공무원법」의 개정(법률 제2367호, 1972. 12. 16.)으로, 교육대학·초급대학·실업고등전문학교 또는 전문학교(이들과 동등 정도의 각종학교를 포함) 졸업자로서 7년 이상의 교육 경력이나 교육행정 경력 또는 교육연구 경력이 있는 자와 장학사·교육연구사 또는 초등학교 이상의 학교교장으로 5년 이상 근무한 경력이 있는 자가 추가되었고, 1981년에 개정된 「교육공무원법」(법률 제3458호, 1981. 11. 23.)에서는 교육장의 자격기준 중 교육 경력·교육행정 경력·교육연구 경력 기준이 상향조정되었다.

4) 지방의회·교육위원회에 의한 선출시기(1991. 6.~1997. 12.)

본격적인 지방교육자치의 실시를 위하여 「지방교육자치에 관한 법률」(법률 제4347호, 1991. 3. 8. 제정)이 제정됨에 따라, 교육위원과 교육감 선출방법의 변화가 있었다. 교육위원은 학식과 덕망이 높고 시·도의회 의원의 피선거권이 있는 자로서 정당원이 아니어야 하며, 교육위원 정수의 2분의 1 이상은 교육 또는 교육행정 경력이 15년 이상 있거나 양 경력을 합하여 15년 이상 있는 자여야 했다. 1995년에 개정된 「지방교육자치에 관한 법률」(법률 제4951호, 1995. 7. 26.)은 교육위원의

자격 중 교육 경력 또는 교육행정 경력 기준을 '15년 이상'에서 '10년 이상'으로 하
향조정하였다.

교육위원은 국회의원·지방의회 의원, 국가공무원 및 지방공무원과 사립학교교
원(조교수 이상의 대학교원 제외), 사립학교법인의 임원 또는 사립학교 경영자를 겸
할 수 없도록 하였다. 교육위원은 당해 시·도의회가 선출하되, 시·군 및 자치구
의회가 추천한 자 중에서 무기명투표로 선출하고, 그 정수의 2분의 1 이상은 교육
또는 교육행정 경력이 있는 자여야 했다. 시·군 및 자치구의회의 교육위원 추천
은 2인으로 하되, 그중 1인은 교육 또는 교육행정 경력자로 추천하도록 했다. 선출
된 교육위원의 수가 정수에 미달된 경우에는 미달된 수의 교육위원은 시·군 및
자치구의회의 추천에 관계없이 시·도의회가 선출하였다. 교육감은 「지방교육자
치에 관한 법률」 제28조에 따라 당해 교육위원회에서 무기명투표로 선출하였다.

교육감의 자격은 "학식과 덕망이 높고 시·도의회 의원의 피선거권이 있는 자로
서 정당의 당원이 아니어야 하며, 교육 경력 또는 교육전문직원 경력이 20년 이상
있거나, 양 경력을 합하여 20년 이상 있는 자이어야 한다."라고 규정하였으며, 교
육감은 국회의원·지방의회 의원 또는 교육위원 기타 대통령령이 정하는 직을 겸
할 수 없도록 하였다. 대통령령이 정하는 직이란 국가공무원, 지방공무원, 사립학
교 교원, 사립학교 경영자, 사립학교 법인임원, 그리고 영리를 목적으로 하는 단체
의 임·직원을 말한다.

1995년에 개정된 「지방교육자치에 관한 법률」(법률 제4951호, 1995. 7. 26.) 제32조
는 교육감의 자격을 '학식과 덕망이 높고 당해 시·도의원 피선거권이 있는 자로
서 정당원이 아닌 자'에서 '학식과 덕망이 높고 당해 시·도지사 피선거권이 있는
자로서 정당의 당원이 아닌 자'로 개정하였으며, '교육전문직원 경력'을 '교육공무
원으로서의 교육행정 경력'으로, 경력기준을 '15년 이상'으로 하향조정하였다.

5) 선거인단에 의한 선출시기(1997. 12. ~2006. 12.)

1997년 12월에 개정된 「지방교육자치에 관한 법률」(법률 제5467호, 1997. 12. 17.)은 교육위원회가 선출하던 교육위원과 교육감을 학교운영위원회 선거인과 교원단체 선거인으로 구성된 교육위원선거인단과 교육감선거인단에서 무기명투표로 선출하도록 하였다. 학교운영위원회 선거인은 대통령령이 정하는 일정 규모 이상의 학교마다 1인으로 하되, 당해 학교의 학부모 대표 또는 지역사회 인사 중에서 선출하고, 교원단체선거인 수는 학교운영위원회 선거인 총수의 100분의 3으로 하였다. 교육감의 자격은 "학식과 덕망이 높고 당해 시·도지사의 피선거권이 있는 자로서 정당의 당원이 아니어야 한다."라는 규정은 종전과 동일하나, 교육경력기준이 '15년 이상'에서 '5년 이상'으로 조정되었다.

2000년 1월 개정(법률 제6216호, 2000. 1. 28.)에서는 교육감이 겸직할 수 없는 직에 사립학교법인의 임원을 추가하고, 교육감이 당선 전부터 겸직이 금지된 직을 가진 경우에는 임기개시일 전일에 그 직에서 해직되도록 하였으며, 교육위원 및 교육감 후보자는 후보자 등록일로부터 '과거 2년 동안' 정당원이 아니어야 하고, 교육 경력 등을 가진 경우에는 후보자 등록일을 경력환산의 기준 시점으로 하였다. 또한 종전에는 학교별 각 1인의 학교운영위원회 선거인 및 교원단체 선거인으로 선거인단을 구성하던 것을 학교운영위원회의 구성원 전원으로 선거인단을 구성하도록 하였고, 교육위원의 경우 무투표당선에 관한 규정, 교육감 후보자가 1인인 경우에도 투표자 총수의 과반수를 득표하여야만 당선인으로 결정하도록 하는 규정, 후보자가 없거나 당선인이 없는 경우의 재선거, 선거의 연기, 선거의 일부 무효로 인한 재선거, 천재·지변 등으로 인한 재투표에 관한 규정 등을 신설하였다.

6) 주민직접선거에 의한 선출시기(2007. 1. ~2014. 6.)

2006년 12월에는 「지방교육자치에 관한 법률」의 전부개정(법률 제8069호, 2006. 12. 20.)으로 교육위원회가 시·도의회 내 상임위원회로 전환되고, 교육의원 및 교육감을 주민직선으로 선출하게 되었다.

2010년 2월 개정에서 교육의원후보자의 자격기준이 시·도의회 의원의 피선거권이 있는 자로서 '과거 2년 동안' 정당의 당원이 아닌 자에서 '과거 1년 동안'으로 완화되었으며, 교육 경력 또는 교육행정 경력도 '10년 이상'에서 '5년 이상'으로 완화되었고, 교육감후보자의 자격도 정당원 제한 기간이 2년에서 1년으로, '교육공무원으로서의 교육행정 경력' 5년 이상이 '교육행정 경력' 5년 이상으로 완화되었다.

2010년 2월에 개정된 「지방교육자치에 관한 법률」에 의해 교육의원제가 폐지됨으로써 2014년 6월의 지방선거에서 교육의원선거 자체가 없어졌고, 교육감 후보자의 자격기준에서 정당원 제한 기간 1년은 유지되었으나, 교육 경력 또는 교육행정 경력 요구 기준이 삭제됨으로써 교육 경력이나 교육행정 경력이 없는 교육감이 가능했다. 그러나 2014년 2월에 개정된 「지방교육자치에 관한 법률」은 교육감후보자의 자격기준으로 '교육 경력 또는 교육행정 경력 3년 이상'을 다시 규정함으로써 2014년 6월 지방선거 이후에 치러지는 교육감보궐선거나 교육감선거에서는 무경력자 교육감이 불가능하게 되었다.

제주특별자치도의 경우, 현재까지 「제주특별자치도 설치 및 국제자유도시 조성을 위한 특별법」에 규정된 교육자치 관련 규정의 변화가 없기 때문에 2014년 6월 지방선거와 그 이후에도 교육감후보자의 자격기준으로 요구했던 '교육 경력 또는 교육행정 경력 5년 이상'도 그대로 유지되고 있으며, 교육의원제도 또한 유지되고 있다.[10]

7) 종합

〈표 3-2〉에서 보는 바와 같이, 교육위원의 자격기준은 1950년대에 지방의원 피선거권이 있는 자로 단순했으나, 1960년대 초 교육자치 폐지 시기에는 고등학교졸업자 또는 동등 이상의 학력을 가지고 5년 이상 교육 또는 교육행정 경력을 가진 자로 경력기준이 추가되었고, 1964년 이후 형식적 교육자치 시기에는 학식과 덕망이 높은 자로서 교육 또는 교육행정 경력이 있고 당해 지방의회 의원의 피

선거권이 있는 자로 '학식과 덕망'이 추가되었다. 1991년 이후에는 학식과 덕망이 높고 시·도의원의 피선거권이 있는 자로서 정당의 당원이 아니어야 하며, 교육 또는 교육행정 경력이 15년 이상 있는 자로 강화되었고, 1998년부터는 2006년 말까지는 교육 또는 교육행정 경력이 10년 이상 있는 자로 완화되었으며, 2001년부터는 정당원 제한 기간이 2년으로 강화되었다가 2010년부터 정당원 제한 기간이 1년으로, 교육 경력 또는 교육행정 경력 기준이 5년으로 완화되었고, 2014년 7월부터 교육위원(교육의원) 제도가 폐지되었다.

교육전문가인 교육감의 자격기준에는 처음부터 교육 또는 교육행정 경력이 들어 있었으며, 교육위원과 마찬가지로 1964년부터 학식과 덕망이 높아야 한다는 기준이 추가되었고, 1991년 이후에는 학식과 덕망이 높고 시·도의원 피선거권이 있는 자로서 정당의 당원이 아니어야 하며, 교육 경력 또는 교육전문직원 경력이 20년 이상 있는 자였으나, 1995년부터 시·도지사 피선거권이 있는 자와 경력기준 '15년 이상'으로 조정되었다. 1998년부터 경력기준이 '5년 이상'으로 줄었으며, 교육위원과 마찬가지로 2001년부터 정당원 제한기간이 2년으로 구체화되었다가 2010년부터 정당원 제한 기간이 1년으로, 전문직으로 한정되었던 교육행정 경력이 일반직 교육행정 경력까지 확대되었고, 2014년 6월에는 교육 경력·교육행정 경력 자체가 폐지되었다가 다시 3년 이상으로 부활되었다.

교육위원과 교육감 선출방식은 지방의회에 의한 간선제에서 도지사 또는 장관 임명, 대통령 임명을 거쳐 다시 지방의회 간선제로 회귀했다가, 학교운영위원 선거인단에 의한 선출 등을 거쳐 현재는 주민직선으로 정착된 상태이다.

〈표 3-2〉 교육위원과 교육감의 교육감의 자격기준 및 선출방식의 변천

적용시기	행정구역	교육위원/교육위원		교육감/교육장	
		자격기준	선출방식	자격기준	선출방식
1952. 5. ~ 1961. 5.	교육구(군)	지방의원 피선거권이 있는 자(6개월 이래 동일 구역 내에 주소를 가진, 만 25세 이상이 된 자)	교육구 내 각 읍·면의회에서 1인씩 선출한 자와 군수(당연직)	① 7년 이상의 교육 또는 교육행정 경력을 가진 자, ② 고등고시(행정과 제4부) 합격자로서 3년 이상의 교육 또는 교육행정 경력이 있는 자, ③ 대학(사범대학을 포함) 졸업자로서 5년 이상의 교육 또는 교육행정 경력을 가진 자	교육위원회의 추천으로 도지사와 문교부 장관을 경유(특별시교육감은 문교부 장관만 경유)하여 대통령이 임명
	시		시의회에서 선출한 9인과 시장(당연직)	—	—
	특별시		특별시의회에서 선출한 9인과 특별시장(당연직)	—	—
	도		도 내 각 교육구 및 시교육위원회에서 1인씩 선출한 자와 도지사가 선임한 3인	—	—
	중앙	교육에 이해가 깊고 학식 덕망이 높은 자	특별시와 도의 교육위원회에서 각 1인씩 추천한 자와 문교부 장관이 제청한 자를 대통령이 위촉	—	—
1961. 6. ~ 1963. 12.	시·군	고등학교 졸업자 또는 동등 이상의 학력을 가지고 5년 이상 교육 또는 교육행정 경력을 가진 자	지방의회가 선출한 3인과 도지사가 임명하는 2인	—	—
	특별시·도		지방의회에서 선출한 3인, 문교부 장관이 임명한 2인	—	—
	중앙	교육에 이해가 깊고 학식 덕망이 높은 자 * 중앙교육위원회 기능을 임시적인 문교재건자문위원회가 대행	특별시와 도의 교육위원회에서 각 1인씩 추천한 자와 문교부 장관이 제청한 자의 의결을 경하여 내각수반이 위촉	—	—

〈표 3-2〉 교육위원과 교육감의 자격기준 및 선출방식의 변천(계속)

적용시기	행정구역	교육위원/교육위원		교육감/교육장	
		자격기준	선출방식	자격기준	선출방식
1964. 1. ~ 1991. 2.	시·군	—	—	① 중졸의 고등고시 행정과 제4부 합격자로서 3년 이상의 교육 경력·교육행정 경력·교육연구 경력이 있는 자, ② 대학졸업자로서 5년 이상의 교육 경력·교육행정 경력·교육연구 경력이 있는 자, ③ 고교졸업자로서 10년 이상의 교육 경력·교육행정 경력·교육연구 경력이 있는 자 * 이후 약간의 변화 있었음	시·도교육감의 제청과 문교부 장관 경유하여 대통령이 임명
	시·도	선출직 교육위원은 학식과 덕망이 높은 자로서 교육 또는 교육행정 경력이 있고, 당해 지방의회 의원의 피선거권이 있는 자	당해 지방의회에서 선출하는 5인의 위원(선출직 교육위원)과 당해 지방자치단체의 장 및 교육감	학식과 덕망이 높고 교육 또는 교육행정 경력이 있는 자	당해 교육위원회의 추천에 의하여 문교부 장관 경유하여 대통령이 임명
	중앙	교육에 이해가 깊고 학식과 덕망이 높은 자 * 1972년까지 유지	특별시와 도의 교육위원회에서 각 1인씩 추천한 자로 문교부 장관이 제청을 거쳐 국무회의의 의결을 거쳐 대통령이 위촉	—	—
1991. 3. ~ 1997. 12.	시·도	학식과 덕망이 높고 시·도의회의 피선거권이 있는 자로서 정당의 당원이 아니어야 하며, 교육위원 정수의 2분의 1 이상은 교육 또는 교육행정 경력이 15년 이상 있는 자 * 1995년 이후 10년 이상	당해 시·도의회에서 시·군 및 자치구의회가 추천한 자 중에서 무기명투표로 선출하되, 그 정수의 2분의 1 이상은 교육 또는 교육행정 경력이 있는 자여야 하며, 시·군·자치구의 자치구의회에서 2인을 추천하며, 시·군·자치구의 교육위원 또는 추천은 2인으로 하되, 그중 1인은 교육 또는 교육행정 경력이 있는 자	학식과 덕망이 높고 시·도의회의 피선거권이 있는 자로서 정당의 당원이 아니어야 하며, 당해 경력 또는 교육전문직원 경력이 20년 이상 있는 자 * 1995년 이후 시·도지사 피선거권이 있는 자로 경력 15년 이상	당해 교육위원회에서 무기명 투표로 선출 · 당해 교육위원회의 추천에 의하여 문교부 장관이 제청하여 대통령이 임명

〈표 3-2〉 교육위원과 교육감의 자격기준 및 선출방식의 변천(계속)

적용시기	행정구역	교육위원/교육위원		교육감/교육장	
		자격기준	선출방식	자격기준	선출방식
1997. 12.~ 2006. 12.	시·도	학식과 덕망이 높고 시·도의 피선거권이 있는 자로서 정당의 당원이 아니어야 하며, 교육위원 정수의 1/2 이상은 교육 또는 교육행정 경력이 10년 이상인 자 *2000. 1. 비정당인 기간 2년	학교운영위원회 선거인과 교원단체선거인으로 구성된 교육위원선거인단에서 무기명투표로 선출 *2000. 1. 학교운영위원회의 구성원 전원으로 선거인단을 구성	학식과 덕망이 높고 시·도의 피선거권이 있는 자로서 정당의 당원이 아니며, 교육 또는 교육공무원으로서의 교육행정 경력이 5년 이상 있는 자 *2000. 1. 비정당인 기간 2년	학교운영위원회 선거인과 교원단체선거인으로 구성된 교육감선거인단에서 무기명투표로 선출 *2000. 1. 학교운영위원회의 구성원 전원으로 선거인단을 구성
2007. 1.~ 2014. 5.	시·도	시·도의회 피선거권이 있는 자로서 과거 2년 동안 정당의 당원이 아닌 자, 교육 또는 교육행정 경력이 10년 이상 있는 자 *2010. 2. 정당원 제한 기간이 1년으로, 교육 경력 또는 교육행정 경력 기준이 5년으로 개정	주민의 보통·평등·직접·비밀선거에 따라 선출	시·도지사의 피선거권이 있는 자로서 과거 2년 동안 정당의 당원이 아닌 자, 교육 또는 교육공무원으로서의 교육행정 경력이 5년 이상 있는 자 *2010. 2. 정당원 제한 기간이 1년으로, 교육·교육행정 경력 5년 이상으로 개정	주민의 보통·평등·직접·비밀선거에 따라 선출
2014. 6.	시·도	—	—	시·도지사의 피선거권이 있는 자로서 과거 1년 동안 정당의 당원이 아닌 자	주민의 보통·평등·직접·비밀선거에 따라 선출
2014. 7.~	시·도	—	—	시·도지사의 피선거권이 있는 자로서 과거 1년 동안 정당의 당원이 아닌 자, 교육 경력 또는 교육행정 경력이 3년 이상 있는 자	주민의 보통·평등·직접·비밀선거에 따라 선출

◦**4. 지방교육자치제도의 역사적 전개 과정의 특징 및 쟁점**

이 절에서는 교육위원회와 교육감의 성격 및 위상, 교육감 및 교육위원의 자격과 선출방식을 중심으로 역사적 변천 과정을 분석한 결과, 지방교육자치제도를 도입하고 폐지하고 부활하고 확대하는 과정에서 드러난 특징과 쟁점을 좀 더 자세히 고찰하고, 그러한 특징과 쟁점이 나타난 원인을 분석함으로써 지방교육자치제도의 미래 방향을 전망하기 위한 기초로 삼는다.

1) 교육위원회와 교육감 제도의 역사적 전개 과정의 특징

교육위원회와 교육감의 성격 및 위상, 교육감 및 교육위원의 자격과 선출방식을 중심으로 역사적 변천 과정을 대비하여 요약한 결과는 〈표 3-3〉과 같다. 이 대비표를 분석해 보면 다음의 몇 가지 특징을 발견하게 된다.

첫째, 교육위원회는 독립형 의결기관으로 위상을 가진 적도 있지만, 주된 흐름은 합의제 집행기관으로서 기능을 해 왔고, 1991년 이후 위임형 의결기관으로 정체성을 유지하는 듯했으나, 이중의결의 비능률성이라는 비판을 넘지 못하고 교육의원제라는 과도기적 실험을 통해 시·도의회 교육상임위원회가 개편되었다가 결국 시·도의회에 통합되고 말았다. 위임형 의결기관을 거쳐 독립형 의결기관을 지향했던 교육계의 시도는 실패하고 오히려 교육위원회의 폐지로 귀결되었다.

둘째, 교육감 제도는 계속 유지되어 왔으나, 그 성격은 합의제 집행기관인 교육위원회의 사무장에서 교육위원 겸 사무장을 거쳐 독임제 집행기관으로 정체성을 확고히 하는 데 성공하였다. 다만, 합의제 집행기관이었던 교육위원회가 유지되는 상황에서 사무장으로서의 교육감과 독임제 집행기관으로서의 교육감 중에서 어떤 성격의 교육감이 교육자치의 본질을 더 잘 살릴 수 있는지를 결론 내리기는 어렵다.

셋째, 교육감과 교육위원의 교육 경력 및 교육행정 경력 기준은 20년에서 점점 낮아져 완전 폐지되었다가 현재는 상징적으로 3년이 겨우 남아 있을 뿐이며, 이는

〈표 3-3〉 지방교육자치제도 변천 과정 요약

구분	1952~1961	1964~1990	1991~1997	1998~2006	2007~2010	2010~2014	2014. 6.	2014. 7.
의결 기관	교육구 교육위원회 특별시·시의회	시·도의회 미구성(문교교육부 장관)	시·도의회(중요)/ 시·도교육위원회(기타)	시·도의회(중요)/ 시·도교육위원회(기타)	시·도의회(중요)/ 시·도교육위원회(기타)	시·도의회(교육 상임위원회)	시·도의회	교육위원회 폐지
교육위원 자격	지방의원 피선거권(6개월 거주, 만 25세 이상)	학식과 덕망, 교육·교육행정 경력	학식과 덕망, 시·도의원 피선거권, 비정당인, 1/2 이상은 교육·교육행정 경력 15년(1995년부터 10년) 이상	학식과 덕망, 시·도의원 피선거권, 비정당인(2000. 1. 이후 비정당인 2년), 정수의 1/2 이상은 교육·교육행정 경력 10년 이상	학식과 덕망, 시·도의원 피선거권, 비정당인 2년, 정수의 1/2 이상은 교육·교육행정 경력 10년 이상	교육의원: 시·도의원 피선거권, 비정당인 1년, 교육·교육행정 경력 5년 이상		교육의원제 폐지
교육위원 선출	각 읍·면의회에서 1인씩 선출, 군수(당연직)	지방의회에서 선출한 5인, 지방자치단체장, 교육감	선출(정수의 1/2 이상은 교육·교육행정 경력자) 시·군·자치구의회 추천, 시·도의회	학교운영위원과 교원단체(2000. 1. 이후 운영위원 전원으로 구성)의 교육위원 선출 개인단위 선출	학교운영위원 전원으로 구성된 교육위원선거인단이 선출	교육의원: 주민이 보통·평등·직접·비밀선거에 따라 선출		
집행 기관	교육구 교육감 특별시·시 교육위원회(교육감)	시·도교육위원회(교육감)	교육감	교육감	교육감	교육감	교육감	

〈표 3-3〉 지방교육자치제도 변천 과정 요약(계속)

구분	1952~1961	1964~1990	1991~1997	1998~2006	2007~2010	2010~2014	2014. 6.	2014. 7.
교육감 자격	교육·교육행정 경력 5년 이상	학식과 덕망, 교육·교육행정 경력	학식과 덕망, 시·도의원 피선거권, 비정당인, 교육·교육전문직 경력 20년(1995년 이후 15년) 이상	학식과 덕망, 시·도지사 피선거권, 비정당인(2000. 1. 이후 비정당인 2년), 교육·교육전문직 경력 5년 이상	시·도지사 피선거권, 비정당인 2년, 교육·교육전문직 경력 5년 이상	시·도지사 피선거권, 비정당인 1년, 교육·교육행정 경력 5년 이상	시·도지사 피선거권, 비정당인 1년	시·도지사 피선거권, 비정당인 1년, 교육·교육행정 경력 3년 이상
교육감 선출	교육위원회의 추천, 도지사와 문교부 장관 경유(특별시 교육감은 문교부 장관 경유 관리 경우), 대통령이 임명	교육위원회의 추천, 문교부 장관 제청, 대통령이 임명	교육위원회 선출	학교운영위원과 교원단체(2000. 1. 이후 운영위원 전원으로 구성)이 교육감선거 인단에서 선출	주민의 보통·평등·직접·비밀선거에 따라 선출	주민의 보통·평등·직접·비밀선거에 따라 선출	주민의 보통·평등·직접·비밀선거에 따라 선출	

선출제도와 상관성을 가지는 것으로 분석된다. 간접선거에서 직접선거로 이동하면서 교육 경력 및 교육행정 경력 기준이 낮아지다가 주민직선제가 도입되면서 폐지되었고, 교육감의 경우 교육전문성 확보라는 교육자치의 본질을 살리기 위하여 경력 기준 3년이 부활되었다. 간접선거에서 도입되었던 '학식과 덕망'이라는 기준도 직접선거로 전환되면서 폐지되었으며, 간접선거제도에서 강화되었던 정당 제한기준도 2년에서 1년으로 완화되었다. 주민직선제도는 교육감의 자격기준을 완화를 압박하는 수단으로 작용하고 있다. 교육감의 자격기준을 강화하기 위해서는 직선제보다 간선제가 더 유리하다고 볼 수 있다.

넷째, 교육감은 교육위원회가 선출하여 대통령이 임명하는 방식에서 교육위원회가 선출하는 방식, 선거인단 선출방식을 거쳐 주민직선제로 정착되었으나, 이제까지 교육감을 시·도의회에서 선출하는 제도를 운영한 적은 없었다. 교육위원을 시·도의회가 선출하고, 교육위원회가 교육감을 선출하는 방식이 오랫동안 유지되어 왔지만, 일부에서 제안하고 있는 일반지방자치단체의 장이 교육감을 임명하는 방식과 시·도 부지사 성격의 교육감제는 시행된 적이 없었다.

2) 교육위원회와 교육감 제도의 역사적 전개 과정의 쟁점

교육위원회의 성격 및 위상과 관련하여 쟁점이 되었던 사항은 교육자치 의결기관을 따로 둘 것인가(교육위원회가 의결기능 수행) 또는 따로 두지 않을 것인가(지방의회가 의결기능 수행), 교육자치 의결기관을 둔다면 지방의회 밖에 둘 것인가(독립형 또는 위임형 의결기관 성격) 또는 지방의회 내에 둘 것인가(시·도의회 교육상임위원회 성격)였다. 교육계는 독립형을 주장했으나 1구역 1자치단체의 논리에 막혀 1950년대 교육구로 만족해야 했으며, 위임형 의결기관으로 정착되는 듯했으나, 위임형 의결기관의 약점이었던 이중의결 문제를 해결하기 위한 대안으로 도입되었던 시·도의회 교육상임위원회가 교육의원제의 선출방식 시비로 인하여 폐지되자, 교육위원회의 폐지로 이어졌다.

결국, 의결기관으로서 교육위원회의 독립성을 확보하려던 노력은 오히려 교육위원회의 폐지를 촉진하는 기제로 작용하고 말았다. 역사적으로 볼 때, 의결기관으로서 교육위원회는 도달할 수 없는 목표였으며, 일반지방자치단체와의 관계에서 무리 없이 기능을 수행할 수 있는 교육위원회의 위상은 합의제 집행기관이었던 것으로 결론 내릴 수 있다. 앞으로 교육위원회를 부활시킬 수 있다면 합의제 집행기관 성격의 교육위원회일 것으로 예측된다.

교육감의 성격 및 위상과 관련하여 제기되었던 쟁점은 교육감을 독임제 집행기관으로 할 것인가 또는 합의제 집행기관의 사무장으로 할 것인가였다. 현재는 독임제 집행기관으로 정착되는 듯하나, 교육감의 위상 및 성격은 교육감 선출제도와 밀접한 관련을 가진다는 점에서 교육감선거제도를 둘러싼 위헌소송의 결과에 따라 교육감직선제가 위헌으로 결론이 난다면, 합의제 집행기관의 사무장 성격으로 전환될 가능성도 배제할 수 없다.

교육위원의 자격기준과 관련한 쟁점은 교육 경력 및 교육행정 경력을 요구할 것인가 말 것인가, 요구한다면 몇 년을 요구할 것인가, 정당 경력을 제한할 것인가 또는 제한하지 않을 것인가, 제한한다면 제한기간을 몇 년으로 할 것인가 등이었다. 교육감의 자격기준과 관련한 쟁점은 교육위원의 쟁점에 더하여 교육 경력자로 한정할 것인가, 일반직 교육행정 경력자도 허용할 것인가 등이었다. 역사적으로 볼 때, 간접선거에 의해 선출할 경우에는 오히려 경력기준을 더 강하게 요구했고, 직접선거일 경우에 경력기준이 가장 느슨했었다.

교육위원과 달리 교육감의 경우 1991년에 일반직 교육행정 경력을 배제한 상태에서 출발했지만, 결국 2014년 선거 이후 일반직 교육행정 경력도 허용하는 선에서 타협이 이루어져 교육의 전문성에 교육행정의 전문성을 포함시키는 방향으로 정착되었다. 현재 교육감의 자격기준에 교육·교육행정 경력 3년으로 되어 있으나, 교육의 전문성을 담보하는 기준으로는 미흡한 실정이어서 교육감 선출방식에 변화가 있을 경우에는 보다 강화될 여지가 있다. 정당가입 제한 기간은 2년으로 강화되었다가 1년으로 줄어든 상태지만, 당분간 교육의 정치적 중립성 보장 요구가 있는 한 유지될 가능성이 크다.

교육위원 및 교육감 선출방식과 관련한 쟁점은 주민이 직접선거로 선출할 것인가 또는 간접선거로 선출할 것인가, 간접선거로 선출한다면 교육위원의 경우 지방의회가 선출할 것인가 또는 선거인단이 선출할 것인가, 교육감의 경우 지방의회가 선출할 것인가, 교육위원회가 선출할 것인가, 선거인단이 선출할 것인가 등이었다. 교육위원 선거 자체가 폐지된 상황에서 한국교원단체총연합회가 교육감 주민직선제가 위헌이라면서 제기한 헌법소원에 대하여 헌법재판소가 어떻게 판단할지가 변수로 남아 있기는 하지만,[11] 교육위원회의 부활이 없는 상태에서 교육감을 임명제로 가져가는 것은 교육자치의 폐지를 의미한다는 점에서 수용하기 어려울 것으로 전망된다.

5. 개선 방향

2006년 말 지방교육자치제의 골격이 바뀐 후, 교육의원과 교육감 주민직선에 대해서는 긍정적인 측면보다는 부정적인 측면이 더 많이 부각되었으며, 교육의원과 교육감이 특정정당의 기반을 가지고 있지 않고, 정치적 중립성을 표방하고 있었지만, 주민직선에 의해 선출된다는 점에서 기본적으로 정치적일 수밖에 없었다.[12] 주민직선에 의해 선출된 교육의원과 교육감은 교육전문가이지만, 이들의 활동 논리는 전문적이기보다 정치적이었으며, 교육의원과 교육감의 정치적 행태가 부각되면 될수록 교육의 정치적 중립성 논리는 퇴색되는 양상이었다. 교육의원과 교육감의 정치성 부각은 교육의 전문성에 대한 도전으로 이어져 자격제한 폐지 논란으로 이어져 2014년 교육감 선거의 경우 교육 경력이나 교육행정 경력 제한 없이 치러지는 결과를 낳았다. 교육의원과 교육감에 대한 주민직선제는 교육위원회를 교육상임위원회로 전환하는 데 대한 유화책으로 도입된 제도였기 때문에 교육의원과 교육감에 대한 직선제 자체는 쉽게 바뀌지 않을 것으로 전망되었으나, 교육의원의 경우 표의 등가성과 주민 대표성의 문제로 인하여 교육상임위원회 폐지로 이어졌다.

교육자치 의결기구의 폐지는 앞으로 교육자치 집행기구의 개편을 가속화할 가능성이 크다. 2014년 「지방교육자치에 관한 법률」 개정과정에서 교육감의 자격기준을 상징적으로 부활시켰지만, 교육 경력 또는 교육행정 경력 3년이 교육전문성을 담보하는 기준이 될 수 있는지에 대한 논란은 완전히 사라진 것이 아니라 일시적으로 보류된 것에 불과하다. 다만, 현행 교육감 제도를 폐지하고 시·도 부지사 형태로 개편하는 것은 교육의 자주성과 정치적 중립성을 훼손할 가능성이 크고, 여당과 야당 간의 정치적 역학 구도상 합의가 쉽지 않을 것이다.

교육감 주민직선제가 거듭될수록 교육감들의 정치화는 가속화될 것으로 전망되며, 교육감들이 정치화되면 될수록 교육감 주민직선제에 대한 비판이 커질 것이다. 또한 교육자치를 수호하기 위한 근본적인 대책이 나오지 않는 한, 교육감 직선제 폐지 논의가 축적되면 어느 날 갑자기 교육감 주민직선제가 폐지되고, 교육감 임명제로 변화될 가능성도 배제하기 어렵다.

정부와 정치권이 교육감 임명제를 추진할 경우, 교육계는 교육감 임명제를 거부할 것이며, 정부는 타협안으로 교육의 자주성·전문성·정치적 중립성을 최소한으로 유지하는 선에서 교육자치의 골격을 형식적으로 유지하는 방식, 즉 합의제 집행기구 형태의 교육위원회 안을 제안할 가능성이 남아 있다. 그것은 합의제 집행기구 형태로 교육위원회를 설치한 후, 종전 교육감의 기능을 교육위원회에 부여하고 교육감은 교육위원회의 사무장 역할을 하는 방안이 될 것이다. 이 경우 교육감 및 교육위원 선출 또는 임명제도를 둘러싸고 또 한 차례의 격돌이 불가피할 것이나, 교육위원 및 교육감의 교육경력기준과 정당원 제한 규정을 강화 또는 유지를 통해 교육계를 무마할 것으로 보인다. 예상되기로는, 교육위원은 시·도의회에서 선출하고, 교육감은 시·도지사가 직접 임명하거나(시·도지사가 임명한 교육감은 당연직 교육위원이 될 수도 있고 그렇지 않을 수도 있음), 교육위원 중에서 시·도지사가 임명하는 방안이 유력하다. 그러나 이러한 제도는 형식상으로 교육자치 형태를 띠지만, 내용상으로 지방교육이 시·도의회와 시·도지사의 관할하에 들어가기 때문에 결국 지방교육자치는 폐지된 것으로 결론 내릴 수밖에 없을 것이다.[13]

미주

1　이 장은 2015년 교육행정학연구에 실린 송기창의 '지방교육자치제에 대한 역사적 고찰과 미래 방향 모색'에서 저자의 동의를 얻어 역사적 고찰 부분을 중심으로 부분 발췌하여 실은 것임을 밝힌다.

2　법률 제178호(1951. 3. 20.).

3　송기창(1996).

4　송기창(1996).

5　송기창(2015).

6　임연기 외(2010: 18−19).

7　교육부(1998: 947−948).

8　종전의 「헌법」은 제16조에 "① 모든 국민은 균등하게 교육을 받을 권리가 있다. ② 적어도 초등교육은 의무적이며 무상으로 한다. ③ 모든 교육기관은 국가의 감독을 받으며 교육제도는 법률로써 정한다."라고 규정함으로써 교육자치제의 헌법적 근거가 없었다. 5 · 16 군사정변으로 교육자치제가 폐지된 뒤에 교육자치제 부활을 추진하던 대한교육연합회(현, 한국교원단체총연합회)는 헌법기초위원회에 제16조 제3항을 "교육의 자주성과 정치적 중립성을 확보하기 위하여 교육행정은 분리되어야 하며, 교육제도는 법률로써 정한다."로 개정해 줄 것을 건의한 결과였다(한국교원단체총연합회, 2007: 124−125).

9　윤정일 외(2015).

10　고전(2014: 22).

11　2015년 11월 헌법소원은 각하됨. 2015년 8월 당시 원고이므로 원문을 살려 게재함.

12　송기창(2007).

13　2015년 8월 당시 원고이므로 관련된 최신 내용은 이 책의 제4장과 제5장 참조.

참고문헌

고전(2014). 교육의원 일몰제의 규범적 타당성 진단연구. 교육법학연구, 26(2), 1-25.

교육부(1998). 교육50년사: 1948-1998.

송기창(1996). 교육자치와 일반지방자치의 역사적 관계 고찰. 교육행정학연구, 14(4), 104-153.

송기창(2007). 참여정부의 지방교육자치 구조개편에 대한 평가. 교육행정학연구, 25(2), 235-255.

송기창(2015), 학교재정에 대한 5·31교육개혁의 성과와 과제. 한국교육행정학회 2015년 춘계학술대회 발표논문.

윤정일, 송기창, 조동섭, 김병주(2015). 교육행정학원론(제6판). 서울: 학지사.

임연기, 송기창, 조석훈, 박삼철, 양승실(2010). 지방교육행정체제 선진화 방안. 한국교육행정학회.

한국교원단체총연합회(2007). 한국교총60년: Since 1947.

제**4**장

교육감

교육감은 지방의 교육·학예에 관한 사무의 집행기관으로 2010년 이후 전국동시지방선거를 통해 주민직선으로 선출되고 있다. 1991년에 제정된 「지방교육자치에 관한 법률」(이하 「교육자치법」)에서 교육감의 지위, 권한 등을 규정하고 있으나 교육·학예에 관한 사무 관할과 관련하여 중앙과 지방, 일반자치와 교육자치의 관계 등은 계속 논란이 되고 있다. 지방교육자치제의 성격과 범위에 관한 다양한 해석과 대립된 이해관계가 있는 가운데, 특히 교육감의 선출방식은 지방교육자치제의 조직과 운영에서 핵심 쟁점이 되고 있다. 이 장에서는 교육감의 지위와 권한, 1991년 「교육자치법」 제정 이후 교육감 제도의 변화, 현직 교육감의 인구학적 특징, 교육감 선출 관련 주요 쟁점과 대안, 교육감의 교육·학예에 관한 사무 집행권과 관련된 주요 현황과 쟁점 등을 분석한다.

1. 교육감의 지위와 권한

1) 교육감직의 법적 근거

　교육감직의 법적 근거는 「교육자치법」 제18조, 「지방자치법」 제121조에서 찾아볼 수 있다. 1991년에 제정된 「교육자치법」은 "지방자치단체의 교육·과학·기술·체육 그 밖의 학예(이하 '교육·학예'라 한다)에 관한 사무는 특별시·광역시 및 도(이하 시·도라 한다)의 사무로 한다."라고 규정하고 있다(「교육자치법」 제2조). 이는 지방교육자치가 광역 수준(시·도 수준)에서 이루어짐을 명시한 것으로,「지방자치법」제2조에 규정된 지방자치단체인 특별시, 광역시, 특별자치시, 도, 특별자치도와 시·군·구 중 지방자치단체의 교육·학예에 관한 사무는 시·도에서 관할함을 뜻한다. 아울러「교육자치법」제18조는 시·도의 교육·학예에 관한 사무의 집행기관으로 시·도에 교육감을 둘 것을 규정하고 있다. 이는 시·도의 교육·학예에 관한 사무는 지방자치단체장이 아니라 별도의 집행기관인 교육감이 관할함을 명시한 것이다.

「지방자치법」제121조(교육·과학 및 체육에 관한 기관)에서도 찾아볼 수 있다. 「지방자치법」제121조는 지방자치단체의 교육·과학 및 체육에 관한 사무를 분장하기 위하여 별도의 기관을 두며(제1항), 이 기관의 조직과 운영에 관하여 필요한 사항은 따로 법률로 정한다고 규정하고 있다(제2항). 여기서 별도의 기관은 교육감을, 법률은「교육자치법」을 말한다.「지방자치법」은 교육·학예에 관한 사무를 관할하는 교육감을 지방자치단체의 '별도 집행기관'으로 규정하고 있으며, 이는 지방자치단체의 집행기관(자치단체장, 보조기관, 소속 행정기관, 하부 행정기관)과는 구분되고 있다.

2) 교육감의 지위와 권한

교육감의 법적 지위와 권한은「교육자치법」제3장에서 규정하고 있다. 이에 근거해 볼 때 교육감의 지위는 크게 2가지이다. 지방자치단체(시·도)의 교육·학예에 관한 사무의 집행기관이자 교육·학예에 관한 사무에서 당해 시·도를 대표한다(「교육자치법」제18조). 교육감이 시·도를 대표하는 경우는 교육·학예에 관한 소관 사무로 인한 소송이나 재산의 등기 등의 사유가 발생할 때이다.

교육감이 관장하는 교육·학예에 관한 소관 사무는 그 성격상 국가의 위임사무와 지방자치단체의 사무로 구분할 수 있다(「교육자치법」제19조, 제20조). 첫째, 국가의 위임사무는 말 그대로 국가 행정사무 중 시·도에 위임하여 시행하는 사무로 교육·학예에 관한 사무를 말한다. 국가 행정사무 중 교육감에게 위임하는 사무의 구체적인 사항은 「행정권한의 위임 및 위탁에 관한 규정」 제22조(교육부 소관)에서 명시하고 있다. 주요 내용은 유치원, 초·중등학교의 교사, 교감(원감), 교장(원장)의 자격 검정과 자격증 수여, 자격 재교부 및 기재 사항 정정 등이다. 우리나라 교원은 국가 공무원이지만 교육감이 교원 인사에 관한 광범위한 권한을 갖고 있는 것은 이와 같이 국가 행정사무의 위임에 의한 것이다.

둘째, 지방자치단체 사무 중 교육감이 관장하는 사무는 「교육자치법」 제20조에서 17가지로 열거하고 있다.

① 조례안의 작성 및 제출에 관한 사항

② 예산안의 편성 및 제출에 관한 사항

③ 결산서의 작성 및 제출에 관한 사항

④ 교육규칙의 제정에 관한 사항

⑤ 학교, 그 밖의 교육기관의 설치·이전 및 폐지에 관한 사항

⑥ 교육과정의 운영에 관한 사항

⑦ 과학·기술교육의 진흥에 관한 사항

⑧ 평생교육, 그 밖의 교육·학예진흥에 관한 사항

⑨ 학교체육·보건 및 학교환경정화에 관한 사항

⑩ 학생통학구역에 관한 사항

⑪ 교육·학예의 시설·설비 및 교구(教具)에 관한 사항

⑫ 재산의 취득·처분에 관한 사항

⑬ 특별부과금·사용료·수수료·분담금 및 가입금에 관한 사항

⑭ 기채(起債)·차입금 또는 예산 외의 의무부담에 관한 사항[1]

⑮ 기금의 설치·운용에 관한 사항

⑯ 소속 국가공무원 및 지방공무원의 인사관리에 관한 사항

⑰ 그 밖에 당해 시·도의 교육·학예에 관한 사항과 위임된 사항

지방자치단체의 사무 중 제4호의 교육규칙은 교육감이 자신의 권한에 속하는

사무들에 관하여 제정하는 모든 규칙을 말한다.[2] 「교육자치법」 제25조에 의하면, 교육감은 법령 또는 조례의 범위 안에서 그 권한에 속하는 사무에 관하여 교육규칙을 제정·공표할 수 있다. 앞에서 열거한 교육감의 관장 사무 제5호에서 제17호까지는 교육규칙으로 규율하는 대표적인 사항들이다.[3] 교육감이 관할하는 사무의 범위를 볼 때, 교육감은 각 시·도의 유·초·중등교육 정책을 좌우하는 중요한 자리, 강력한 권한과 책임을 갖는 자리로 2015년을 기준으로 전국의 교육감이 집행한 예산이 60조 원에 이른다.[4]

또한 교육감은 조례 또는 교육규칙이 정하는 바에 따라 사무의 일부를 보조 기관, 소속 교육기관 또는 하급 교육행정기관에 위임·위탁할 수 있으며(「교육자치법」 제26조 제1항), 지방자치단체의 장과 협의하여 구·출장소 또는 읍·면·동의 장에게 위임할 수도 있다(제26조 제2항). 아울러 교육감은 관할 사무 중 조사·검사·검정·관리 등 주민의 권리·의무와 직접 관계되지 않는 사무는 법인·단체 또는 그 기관이나 개인에게 위탁할 수 있다(제26조 제3항).

또한 교육감은 소속 국가공무원 및 지방공무원을 지휘·감독하고 법령과 조례·교육규칙이 정하는 바에 따라 그 임용·교육훈련·복무·징계 등에 관한 사항을 처리한다(「교육자치법」 제27조). 교육의 권한 중에는 시·도의회 등의 의결에 대한 재의와 제소권이 있다(「교육자치법」 제28조).[5] 교육감은 교육·학예에 관한 시·도의회의 의결이 법령에 위반되거나 공익을 현저히 저해한다고 판단될 때 재의를 요구할 수 있다. 이는 시·도의회로부터 의결 사항을 이송 받은 날부터 20일 이내에 요구해야 한다. 또 교육부 장관의 요청에 의해서 교육감이 시·도의회에 재의를 요구할 수 있다. 교육감의 재의 요구를 받은 경우 시·도의회는 재의에 붙이게 된다. 의결은 재적 의원 과반수의 출석과 출석 의원 3분의 2 이상의 찬성으로 이루어지며 종전과 같은 의결을 하면 그 의결 사항은 확정된다.

그러나 시·도의회에서 재의결된 사항이 법령에 위반된다고 판단될 때 교육감은 재의결된 날부터 20일 이내에 대법원에 제소할 수 있다. 교육부 장관은 재의결된 사항이 법령에 위반된다고 판단됨에도 해당 교육감이 소를 제기하지 않은 때에는 해당 교육감에게 제소를 지시하거나 직접 제소할 수 있다. 재의결된 사항을 대법원에 제소한 경우 교육부 장관 또는 교육감은 그 의결의 집행을 정지시키는 집행 정지 결정을 신청할 수 있다(「교육자치법」 제28조). 이러한 교육감의 재의와 제소권은 지방자치단체의 교육·학예에 관한 사무의 결정 및 처리와 관련하여 중앙과 지방, 일반 자치(시·도의회)와 교육 자치(교육감) 간의 견제와 균형을 유지하기 위한 규정, 장치라 할 수 있다.

한편, 교육감은 소관 사무 중 시·도의회의 의결을 요하는 사항에 대하여 선결 처분을 할 수 있다(「교육자치법」 제29조). 그러나 교육감의 선결 처분은 시·도의회가 성립되지 아니한 때(시·도의회 의원의 구속 등의 사유로 의결 정족수에 미달하게 된 때) 또는 학생의 안전과 교육 기관 등의 재산 보호를 위하여 긴급하게 필요한 사항으로서 시·도의회가 소집될 시간적 여유가 없거나 시·도의회에서 의결이 지체되어 의결되지 아니한 때 등으로 제한된다. 교육감의 선결 처분은 지체 없이 시·도의회에 보고하여 승인을 얻어야 하며, 승인을 얻지 못한 때에는 그 선결 처분은 효력을 상실하게 된다(「교육자치법」 제29조).

교육감은 시·도의회에 교육·학예에 관한 의안을 제출할 수 있는데, 주민의 재정적 부담이나 의무 부과에 관한 조례 안이나 지방자치단체의 일반회계와 관련되는 사항 등의 의안은 미리 시·도지사와 협의하여야 한다(「교육자치법」 제29조의2). 기타 교육감의 교육·학예에 관한 의안과 청원 등의 제출·심사·처리에 관하여는 「지방자치법」상 지방자치단체장에 관한 사항을 준용한다.

또한 「교육자치법」 제23조에 의하면, 교육감은 국회의원·지방의회 의원, 국가공무원·지방공무원·사립학교의 교원, 사립학교 경영자 또는 사립학교를 설치·경영하는 법인의 임·직원 등의 직을 겸할 수 없다. 교육감이 당선 전부터 겸직이 금지된 직을 가진 경우에는 임기 개시일 전일에 그 직에서 당연 퇴직된다.

2. 교육감의 인구학적 현황과 주요 특징

1) 교육감의 인구학적 현황

교육감 현황은 2014년 교육감 주민직선 결과를 분석한 고전(2014)의 연구와 중앙선거관리위원회가 제공하는 당선자 통계를 토대로 정리해 볼 수 있다. 가장 최근의 교육감 선거인 2014년 교육감 선거(제6회 지방 선거)의 투표율은 56.8%였다. 전국 17개 시·도에서 총 72명의 교육감 후보가 등록(1명 사퇴, 경기도)하여 평균 4.2:1의 경쟁률을 보였다(2010년 4.6:1). 이는 시·도지사 선거의 경쟁률(3.4:1)보다 높은 것이었다.[6]

전체 당선자의 평균 득표율은 41.93%로 2010년(41.20%)과 유사했다. 최고 득표율은 대구가 58.47%로 가장 높았고, 대전은 31.42%였다. 득표율은 후보자의 수와 관련이 있는데, 대전의 경우 6명이 경합하였다. 2010년 부산시 교육감 선거의 경우, 후보자가 9명이었고, 당선자의 득표율은 19.98%에 불과하였다.[7]

중앙선거관리위원회 통계에 의하면, 교육감 당선자는 모두 남성이며, 연령대별로는 50대(50세 이상 60세 미만) 10명, 60대(60세 이상 70세 미만) 6명, 70대 1명이다. 평균 연령은 60.5세(2010년 60.4세)이다(고전, 2014: 9). 학력은 대학 졸업자 5명, 대학원 졸업자 10명, 전문대학 졸업자 1명, 대학원 수료자 1명이다. 이 중 박사학위 소지자는 6명(2010년 8명)이다.[8] 당선자의 직업은 교육감 6명, 교육의원 2명, 교육자 6명, 공무원 1명, 무직 2명이다.[9]

2) 교육감의 주요 선거 공약과 정치적 성향

17개 시·도교육감의 주요 교육 정책은 선거 공약, 시·도교육청 홈페이지의 교육청별 교육 방향을 통해서 확인해 볼 수 있다. 2014년 교육감 당선인의 주요 공약(5대 선거 공약)은 고전(2014: 12)이 잘 요약하고 있다.

👥 〈표 4-1〉 2014년 교육감 당선인의 5대 선거 공약

시·도	5대 공약	시·도	5대 공약	시·도	5대 공약
서울	자사고 폐지, 학생안전, 유아교육공교육화, 학교정규직화, 혁신교육도시 플랜	울산	학생안전통합시스템, 학생교육문화회관, 가정형 Wee센터, 마이스터고, 학원자율정화위	전남	무지개학교, 에듀버스, 안전학교, 에코스쿨, 민주학교(학교자치실현교육권보호전담)
부산	깨끗한 교육, 안전한 학교, 공부 잘하는 학교, 신나는 학교, 교육비 적게 드는 학교	경기	민생교육, 당당한 선생님 바로서는 교원, 경기혁신교육, 인성교육, 교육복지	경북	감성과 인성, 학력, 사교육비, 안전한 학교, 교직원의 보람
대구	안전한 교육환경, 바른 품성행복역량, 교사존중문화, 교육서비스 상향평준화, 교육수도	강원	학생안전강화, 협력교사, 고교 무상급식, 중고 무상교복, 체험관광벨트, 체험관특성화고	경남	안심학교, 잡무경감, 복지학교, 소통학교, 맞춤 대안학교
인천	안전평화학교, 교육복지, 평준화, 혁신학교, 교육비리척결	충북	혁신학교, 사교육비, 학교평가 PJ, 학력신장, 고입선발고사 및 일제고사 폐지	제주	고입고교체제, 혁신학교, 무상급식, 건강학교, 업무경감
광주	희망교실, 진로진학창업교육원, 학생안전교육지원센터, 질문 있는 교실, 소통과 참여	충남	고교평준화, 안전한 학교, 무상급식, 부정부패, 혁신학교	세종	혁신학교, 캠퍼스형 고교, 스마트스터디센터, 친환경학교급식지원센터, 교육격차해소
대전	창의인성교육, 연계교육, 안전한 학교, 교육복지, 학교문화	전북	안전학교, 평화학교, 학력신장, 교육공공성, 농어촌구도심	계	17개 교육청 85개 공약

주: 중앙선거관리위원회 당선인 선거 공약 모음집(홈페이지) 자료를 기초로 도표화함.

출처: 고전(2014: 12).

교육감의 정치적 성향은 보수, 진보, 중도 성향(중도 보수, 중도 진보)으로 단순화
하여 구분해 볼 수 있다. 그러나 성향 구분은 언론에 따라 다소간 차이가 있고 후

보자 자신의 주장과도 차이가 있을 수 있다. 고전(2014)은 보수 성향의 교원단체(예: 한국교원단체총연합회)나 진보 성향의 교원단체(예: 전국교직원노동종합)의 추대 및 지지를 받는 경우를 주요한 준거로 삼고 있다. 교육감의 성향을 구분하는 기준에 일부 차이는 있지만 17개 시·도교육감의 성향을 보수와 진보로 단순하게 구분할 때, 보수 성향 교육감은 4명(대구, 대전, 울산, 경북 교육감), 진보 성향 교육감은 13명이다.[10] 2010년의 교육감 선거에서 진보 성향 교육감이 당선된 지역이 6개(서울, 경기, 강원, 광주, 전남, 전북)이었다는 점에서 볼 때 큰 변화라 할 수 있다.[11]

3. 교육감 선출제도

1) 교육감 선출제도의 역사적 변천[12]

교육감 선출제도의 역사적 변천은 지방교육자치제도의 변화와 밀접하게 관련되어 있다. 교육자치제도의 발달에 따라 교육감 선출방식도 지속적으로 변화되었기 때문이다. 연구자에 따라 교육감 선출제도의 역사적 변천 과정 분석을 위한 출발점과 시기 구분은 다소간 차이를 보이고 있다. 예를 들어, 송기창(2015: 106)은 1949년 교육법 적용기(1952. 5.~1961. 5.)부터 현재까지 교육감 제도의 변화를 분석하면서 1991년 3월 「교육자치법」 제정으로 시작된 교육자치제를 제3기로 명명하고 있다. 김영환 등(2011), 나민주 등(2015), 김혜연과 김성열(2016) 등은 1991년 「교육자치법」 제정 이후에 초점을 두고 교육감 제도 변화를 분석하고 있다. 시기 구분은 「교육자치법」 개정에 따른 교육감 선출방식과 자격요건 변화 등을 기준으로 하고 있다.

우리나라에서 지방교육자치제, 교육감 제도는 1952년 「교육법」 개정으로 처음 도입되었으나 1991년 「교육자치법」 제정 전까지 실질적인 교육자치제가 시행되었다고 보기 어렵다. 1952년부터 1991년까지 교육감 제도는 여러 차례 '제도적' 변화를 거쳤으나 그에 따른 결과(성과)를 논의할 만큼 실질적인 지방교육자치의 실행이 이루어졌다고 보기는 어렵다. 이에 따라 여기서는 본격적인 지방교육자치제가 시행된 1991년의 「교육자치법」 제정 이후로 한정하여 교육감 선출제도의 변화를 정리한다. 교육감 제도 변화의 시기 구분은 선행 연구를 종합하여 크게 네 시기로 정하였다.[13] 이러한 시기 구분은 교육감의 선출방식, 선거권자, 교육감의 자격기준 등을 기준으로 한 것이다.

(1) 교육위원에 의한 교육감 선출기(1991. 3.～1997. 12.)

1991년 3월 「교육자치법」이 제정되면서 교육감은 시·도의 교육·학예에 관한 사무의 집행기관으로서 법적 지위를 갖게 되었다. 이러한 교육감의 법적 지위와 성격, 교육감의 임기(4년제)는 현재에도 유지되고 있다.

이 시기에 교육감은 교육위원회에서 무기명투표로 선출하되 과반수 득표자를 당선자로 하였다. 교육위원은 시·도의회에서 시·군 및 자치구 의회가 추천한 자 중에서 무기명투표로 선출하되, 그 정수의 2분의 1 이상은 교육 또는 교육행정 경력이 있는 자로 구성되었다. 교육위원회의 교육감 선출 시 과반의 득표자가 없을 경우 2차 투표를 하며, 2차 투표 후에도 과반 득표자가 없을 때에는 최고 득표자가 1인일 경우 최고 득표자와 차점자에 대하여, 최고 득표자가 2인일 경우 최고 득표자들이 결선 투표를 하고 그중 다수 득표자를 당선자로 선출하였다. 다수 득표자가 2인 이상 경우 연장자를 당선자로 하였다.[14] 이것은 교육감 입후보자 없이 교육위원들에 의하여 투표가 이루어졌기 때문에 이른바 '교황식 선출방식'이라고 지칭되었고,[15] 얼굴 없는 선거라는 비판을 받았다.[16]

교육감의 자격은 「교육자치법」에 의거하여 '학식과 덕망이 높고 시·도의회 의원의 피선거권이 있는 자로서 정당의 당원이 아니어야 하며, 교육 경력 또는 교육전문직원 경력이 20년 이상 있거나, 두 경력을 합하여 20년 이상 있는 자'로 규정되었다. 교육감은 국회의원·지방의회 의원 또는 교육위원 기타 대통령령이 정하는 직(국가공무원, 지방공무원, 사립학교 교원, 사립학교 경영자, 사립학교 법인 임원, 영리를 목적으로 하는 단체의 임·직원 등)을 겸할 수 없도록 하였다. 겸직 제한 규정은 이후 일부 개정을 거쳐 현재에도 유지되고 있다.

한편, 1995년 7월 26일 「교육자치법」 개정(법률 제4951호)으로 교육감의 지위와 자격에 일부 변화가 있었다. 교육감의 지위에 "교육감은 교육·학예에 관한 소관 사무로 인한 소송이나 재산의 등기 등에 대하여 당해 시·도를 대표한다."(「교육자 치법」 제25조 제2항)라는 조항이 추가되었다. 또한 교육감의 자격이 개정되었다(「교 육자치법」 제32조). '시·도의회 의원의 피선거권이 있는 자'에서 '당해 시·도지사 의 피선거권이 있는 자'로서 개정되었는데, 이는 「지방자치법」 개정에 따른 것이 었다. 아울러 '교육전문직원 경력'은 '교육공무원으로서의 교육행정 경력'으로, 경 력 기준은 '20년 이상'에서 '15년 이상'으로 하향 조정되었다.[17]

(2) 학교운영위원회와 교원단체 대표 선거인단에 의한 교육감 선출기(1997. 12. ~1999. 12.)

이 시기에 교육감 선출은 교육감 선거인단 구성을 통해 간선제로 이루어졌다. 1997년 12월 17일에 일부 개정된 「교육자치법」(법률 제5467호)은 사회적으로 문제 가 되고 있는 교육감 등 선출 관련 비리를 방지하기 위하여 교육감 및 교육위원을 학교운영위원회에서 선출한 자와 교육단체에서 추천한 교원으로 구성된 시·도 별 선거인단에서 선출하도록 개선하는 등 교육감 및 교육위원의 선출방식에 있어 공정성·투명성 및 효율성을 제고하며, 그 외 교육감의 경력 요건을 완화하는 등 현행 제도의 운영상 나타난 일부 미비점을 개선·보완하려는 것이었다.

「교육자치법」 개정으로 교육감은 학교운영위원회에서 선출한 선거인(97%)과 교 원단체에서 추천한 교원인 선거인(3%)으로 구성된 선거인단에서 선출하도록 하 였으며, 당선자는 전체 교육감 선거인의 과반수 찬성을 얻은 자로 하였다. 학교운 영위원회 선거인은 대통령령이 정하는 일정 규모 이상의 학교마다 1인으로 하되, 당해 학교의 학부모 대표 또는 지역사회 인사 중에서 선출하였다. 교원단체 추천 선거인 수는 학교운영위원회 선거인 총수의 100분의 3으로 하였다.[18] 개정된 교 육감 선출방식에 의해 선출된 첫 교육감은 1998년 2월 17일 강원도 교육감으로, 전국 최초로 학부모 혹은 지역인 대표와 교원단체 대표로 구성된 724명의 선거인 단에 의해 선거가 실시되었다.[19]

교육감의 자격은 학식과 덕망이 높고 당해 시·도지사의 피선거권이 있는 자로서 정당의 당원이 아니어야 하며(종전과 동일), 교육경력기준은 15년 이상에서 5년 이상으로 완화되었다. 아울러 교육감의 시·도 교육기관 설치에 대한 교육부 장관의 승인권을 폐지하였으며(법률 제5467호 「교육자치법」 제41조), 당선자의 선거 범죄로 인한 당선무효와 직계 존·비속 등의 선거 범죄로 인한 당선 무효 규정을 각각 신설하였다(법률 제5467호 「교육자치법」 제61조 및 제62조).

또한 1998년 6월 3일 「교육자치법」 일부개정으로 교육감 후보자의 난립을 방지하기 위한 기탁금 제도가 도입되었다. 교육감 후보자는 3,000만 원(교육위원의 경우에는 600만 원)의 기탁금을 내도록 하였으며, 교육감 후보자가 당선, 사망 또는 일정 수 이상 득표를 한 때에는 기탁금을 반환받을 수 있도록 하였다.

(3) 학교운영위원회 위원 전원에 의한 교육감 선출기(2000. 1.~2006. 12.)

교육감 제도는 2000년 3월 1일 「교육자치법」 개정으로 교육감 선거인단 구성, 교육감 자격요건 등에 변화가 있었다. 「교육자치법」 개정 이유에 의하면, 교육위원 및 교육감의 주민 대표성을 제고하기 위하여 교육위원 및 교육감 선거인을 증원하고, 교육위원 및 교육감 후보자의 검증 기회를 확대하기 위하여 소견 발표회와 선거 공보 외에 후보자 초청 회담·토론회를 허용하는 한편, 기타 현행 제도의 운영상 나타난 일부 미비점을 개선·보완한 것이었다(「교육자치법」, 2000. 3. 1.).

구체적으로, 교육감 선거인단, 교육감의 자격요건에서 정당원 기준, 교육감 당선인 결정에 관한 사항이 변경되었다. 교육감 선거인은 종전에는 학교별 각 1인의 학교운영위원회 선거인 및 교원단체 선거인으로 선거인단을 구성하던 것을 교육감 선거인 증원을 위하여 학교운영위원회의 구성원 전원으로 교육감 선거인단을 구성하도록 하였다. 아울러 교육감 후보자가 1인인 경우 투표자 총수의 과반수를 득표하여야 당선인으로 결정하도록 하였으며, 후보자가 없거나 당선인이 없는 경우의 재선거, 선거의 연기, 선거의 일부 무효로 인한 재선거, 천재·지변 등으로 인한 재투표에 관한 규정 등을 신설하였다.

교육감 후보자는 등록일로부터 과거 2년 동안 정당원이 아니어야 하고(종래에는 비정당원 기간을 명시하지 않았음), 교육 경력 등을 가진 경우에는 후보자 등록일을 경력 환산의 기준 시점으로 하였다. 교육감이 겸직할 수 없는 직에 사립학교 법인의 임원을 추가하고, 교육감이 당선 전부터 겸직이 금지된 직을 가진 경우에는 임기 개시일 전일에 그 직에서 해직되도록 하였다.

또한 이 시기에는 2004년 1월 20일 「교육자치법」 개정으로 교육감이 궐위되거나 공소 제기된 후 구금 상태에 있는 경우, 교육감이 그 직을 가지고 교육감 선거에 입후보하는 경우 등 정상적인 업무 수행이 곤란한 경우, 또는 교육감이 출장·휴가 등 일시적인 사유로 직무를 수행할 수 없는 경우 부교육감이 교육감의 권한, 직무를 대행할 수 있도록 하였다. 아울러 2005년 1월 25일 「교육자치법」 개정(시행 2005. 4. 26.)을 통해 인구 규모를 고려하여 현재 1인을 두도록 되어 있는 시·도의 부교육감을 2인을 둘 수 있도록 하였다. 부교육감 2인을 두는 경우는 인구 800만 명 이상이고 학생 170만 명 이상인 경우로 부교육감 2인을 두는 시·도의 경우 그중 1인은 특정 지역의 사무를 담당하게 할 수 있도록 하였다. 이 기준에 의거하여 경기도는 부교육감 2인을 두게 되었다. 2004년과 2005년의 「교육자치법」 개정은 지방교육자치제 강화에 따라 부교육감 제도를 일부 보완한 것으로 교육감의 법적 지위, 권한 등에 변화는 없었다.

(4) 주민직선제: 주민의 보통·평등·직접·비밀선거에 의한 교육감 선출기 (2007. 1.~현재)

교육감 제도의 가장 큰 변화는 2006년 12월 20일 「교육자치법」 전부개정(법률 제8069호, 시행 2007. 1. 1.)으로 일반 주민이 보통·평등·직접·비밀선거에 따라 교육감을 선출하도록 한 것이다. 교육감 선거 시기도 2010년 지방선거와 동시선거로 선출하도록 하였다. 교육감의 임기도 1차에 한하여 중임할 수 있도록 하던 것을 계속 재임은 3기에 한하는 것으로 변경하였다. 그러나 지방자치단체에 따라 교육감 임기가 상이함에 따라 2006년 12월 20일에 개정된 「교육자치법」은 부칙으로 교육감 임기 및 선출에 관한 특례를 두었다. 이에 따라 2007년부터 2009년까지 교육감의 잔여 임기가 1년 이상 남은 지역에서 주민직선제가 실시되었다. 2007년 2월

14일에 부산시 교육감 선거가 치러졌으며, 2007년 12월 19일에 대통령 선거와 동시에 울산, 충북, 경남, 제주에서 교육감이 주민직선으로 선출되었다. 2008년에는 충남, 전북, 서울, 대전에서 교육감 직선제가 실시되었다.[20] 2010년 6월 2일에는 처음으로 전국 16개 시·도교육감이 전국동시지방선거를 통해 주민직선으로 선출되었다.

교육감 후보자의 자격은, 정당원 제한기간이 2년에서 1년으로 단축되었으며, 교육공무원으로서의 교육행정 경력 5년 이상이 교육행정 경력 3년 이상으로 변화되었다. 교육감의 권한도 일부 강화되어 교육감이 지방의회의 의결에 대하여 재의 또는 제소를 하는 경우, 소관 사무 중 교육위원회 또는 시·도의회의 의결이 필요한 사항에 대하여 선결 처분을 하는 경우 교육부 장관에게 보고하도록 하던 의무를 폐지하였다. 아울러 교육감과 시·도지사 사이에 지방교육 관련 업무협의를 활성화하기 위하여 '지방교육행정협의회'를 조례로 설치하도록 하고, 각 시·도교육감 상호 간의 교류와 협력을 증진하고 공동의 문제를 협의하기 위하여 전국적인 교육감 협의체를 설립할 수 있도록 하였다.

2010년 2월 26일 「교육자치법」 개정으로, 2010년 6월 2일에 실시되는 전국동시지방선거 중 교육감 선거와 관련하여 정당의 후보자 추천 금지 및 후보자의 정당 표방 금지를 규정하였다. 이는 교육감 선거의 정치적 중립을 도모하고, 교육감에 적용되는 「공직선거법」의 일반적·포괄적인 적용 규정 방식 대신 준용 규정을 열거하고, 교육감 선거에 「정치자금법」 규정을 준용하도록 하여 음성적 선거 비용 모금 등을 제한하기 위한 것이었다. 또한 주민에 의해 선출된 교육감의 위법·부당 행위, 직무 유기 또는 직권 남용 등을 통제하기 위해서 주민이 교육감을 소환할 수 있도록 하였다.

교육감 후보자 자격은 종전의 규정을 유지하였다. 교육감 후보자의 정당원 경력 제한은 1년이며, 교육 경력과 교육행정 경력을 일치시켜 그 기간은 5년으로 하였다. 그러나 교육감에 대한 주민 소환제를 신설하고, 주민 소환의 절차에 관하여는 주민 소환에 관한 법률의 시·도지사에 관한 규정을 준용하도록 하였다. 또 교육감이 겸직 금지 의무를 위반하거나 피선거권이 없게 된 때, 정당의 당원이 된 때

등을 교육감의 퇴직 사유로 새롭게 규정하였다.

또한 교육감 선거구를 명확히 하여 교육감은 시·도를 단위로 선출하도록 규정하였다. 교육감 선거의 정치적 중립성 보장을 위해 정당은 교육감 후보자를 추천할 수 없도록 하는 한편, 후보자도 특정 정당으로부터 지지·추천받고 있음을 표방할 수 없도록 하였다. 또 교육감 선거와 관련하여 기호 효과 등의 문제가 제기됨에 따라[21] 교육감 후보자 투표용지에 후보자의 성명만 표시하고, 기호는 표시하지 않도록 하였다.

2013년 4월 6일 「교육자치법」 개정(시행 2013. 7. 6.)에서는 교육감 당선인의 교육감직 인수 관련 업무를 담당하기 위해 시·도교육청에 교육감직 인수위원회를 설치할 수 있는 법적 근거를 마련하였다. 교육감 선출방식, 자격, 권한 등에 변화는 없었다.

2014년 2월 13일 「교육자치법」 개정(시행 2014. 7. 1.)은 교육감 선거의 문제점을 보완하고 교육감 후보자의 자격을 일부 변경하였다. 교육감 선거에서 유권자들이 교육 관련 선거의 투표용지에 기재된 후보자의 게재 순위를 정당 기호 순으로 오해한다는 문제점을 개선하기 위하여, 투표용지의 형태를 기존의 세로 열거형에서 가로 열거형으로 변경하고, 투표용지의 후보자 성명은 투표용지의 왼쪽부터 오른쪽으로 열거하여 기재하도록 하였다. 또한 투표용지의 후보자 게재 순위는 중앙선거관리위원회 규칙이 정하는 바에 따라 자치구·시·군의회 의원 지역 선거구별로 후보자의 투표용지 게재 순위가 공평하게 배정될 수 있도록 순차적으로 바꾸어 가는 순환배열 방식(순환배열 투표용지)을 도입하였다.

2014년 2월 13일의 「교육자치법」 개정으로 교육감 후보자의 자격에서 교육 경력 및 교육행정 경력 요건이 2014년 7월 1일부터 종래 5년에서 3년으로 하향 조정되었다. 2015년 6월 22일에 개정된 「교육자치법」은 교육감의 의안 제출권을 명확히 하고, 교육감 협의체가 제출한 의견을 중앙 행정기관의 장에게 통보하고 협조를 요청할 의무 규정을 보완하여 교육감 협의체에 대한 국가의 재정 지원 근거 규정을 신설하였다.

2007년에 처음 교육감 직선제가 실시된 이후 2014년까지 총 11회의 교육감 선거가 이루어졌다. 교육감 직선제 선거 시기, 실시 지역, 당선자 등을 정리해 보면 〈표 4-2〉와 같다.

👥 〈표 4-2〉 교육감 직선제 실시 현황(2007~2014년)

구분	선거일	실시지역	당선자	비고
1	2007. 2. 14.	부산	설동근	
2	2007. 12. 19.	울산	김상만	제17대 대통령 선거와 동시 실시
		충북	이기용	
		경남	권정호	
		제주	양성인	
3	2008. 6. 25.	충남	오제직	
4	2008. 7. 23.	전북	최규호	
5	2008. 7. 30.	서울	공정택	
6	2008. 12. 17.	대전	김신호	
7	2009. 4. 8.	경기	김상곤	
8	2009. 4. 29.	충남	김종성	2009년 4월 재·보궐 선거와 동시 실시
		경북	이영우	
9	2010. 6. 2.	전국		전국지방선거와 동시 실시
10	2012. 4. 11.	세종	신정균	제19대 총선과 동시 실시
11	2014. 6. 4.	전국		전국지방선거와 동시 실시

출처: 박명호, 이익주(2015: 222).

(5) 종합

교육감 선출제도의 주요 변화 내용을 「교육자치법」 개정 연혁에 근거하여 교육감 선출방식, 자격 등을 중심으로 요약해 보면 〈표 4-3〉과 같다.

👥 〈표 4-3〉 교육감 선출제도의 변천 과정

구분	선출방식	선거권자	후보자 자격	임기
1991. 3.∼1997. 12. (1991. 3. 8. 제정, 시행 1991. 6. 20.) (1995. 7. 26. 일부개정)	간선제	교육위원회에서 무 기명투표	• 학식과 덕망이 높음 • 시·도의회 의원 피선거권 • 비정당원 • 교육 경력 또는 교육전문직원 경력 20년 이상[1]	4년 중임 1회
1997. 12.∼2000. 2. (1997. 12. 17. 일부개정, 1998. 6. 3. 일부개정)	간선제[1]	학교운영위원회 선 거인(97%) + 교원단 체추천 선거인(3%) 으로 구성된 교육감 선거인단	• 학식과 덕망이 높음 • 시·도지사 피선거권 • 비정당원 • 교육 경력 또는 교육행정 경력 5년 이상	4년 중임 1회
2000. 3.∼2006. 12. (2000. 1. 28. 전부개정, 시행 2000. 3. 1.) (2005. 1. 25. 일부개정, 시행 2005. 4. 26.)	간선제[2]	학교운영위원회 위 원 전원	• 학식과 덕망이 높음 • 시·도지사 피선거권 • 비정당원(2년) • 교육 경력 또는 교육행정 경력 5년 이상	4년 중임 1회
2007. 1.∼2010. 2. (2006. 12. 20. 전부개정, 시행 2007. 1. 1.)	직선제	지역주민	• 시·도지사 피선거권 • 비정당원(2년) • 교육 경력 또는 교육행정 경력 5년 이상	4년 중임 3회
2010. 2.∼현재 (2010. 2. 26. 일부개정, 2014. 2. 13. 일부개정)	직선제	지역주민	• 시·도지사 피선거권 • 비정당원(1년) • 교육 경력 또는 교육행정 경력 5년 이상[3]	4년 중임 3회

주: ( )는 주요 「교육자치법」 개정 시기

1) 1995년 12월 「교육자치법」 개정으로 교육감의 자격요건 변경됨(시·도의회 의원 피선거권 → 시·도지사 피선거권, 교육 경력 또는 교육전문직원 경력 20년 이상 → 교육 경력 또는 교육공무원으로서의 교육행정 경력 15년 이상)

2) 원래 간선제란 주민이 선거인단을 선출하고 선거인단이 다시 교육감을 선출하는 제도를 말한다. 엄밀히 말해 교육 관련 종사자들로 교육감 선거권이 제한되어 있던 선거 방식은 보통선거에 반대되는 개념인 제한선거를 의미한다(김영환 외, 2011: 163).

3) 2014년 2월 13일 「교육자치법」 개정으로 2014년 7월 1일부터 교육감 후보자의 교육 경력 및 교육행정 경력 요건은 3년으로 조정됨

출처: 김영환 외(2011: 167)와 「교육자치법」 개정 연혁을 토대로 정리함.

2) 교육감 선출제도의 유형과 주요 특징

지방교육자치제가 발달하면서 집행기관인 교육감의 선출방식, 자격, 지방자치단체장과의 관계 등 다양한 쟁점들이 제기되고 있다. 특히 2006년「교육자치법」개정으로 교육감 직선제가 도입되고 교육감 선거를 거치면서 낮은 투표율(특히 2007년 부산시와 2008년 서울시의 교육감 직선제), 예산 낭비, 선거 비리, 성향 차이로 인한 정치적 대립과 갈등의 심화 등 다양한 문제가 제기되고 있다.[22] 또 이러한 문제를 해소하기 위한 대안적인 교육감 선출방식에 대한 논의도 활발하게 이루어지고 있다.[23] 기본적으로 일반자치와 교육자치 간의 관계를 보는 입장에 따라 교육감 선출방식 및 자격요건에 대한 선호는 갈리고 있다. 일반행정과 교육행정의 통합 여부, 선출/임명 주체, 정당의 개입 정도 등에 따라 다양한 교육감 선출방식이 있을 수 있기 때문이다.[24] 선행 연구를 토대로 교육감 선출제도의 주요 유형과 주요 특징은 시·도별 선택제를 포함하여 크게 11가지로 정리해 볼 수 있다.[25]

(1) 주민직선제

전체 지역주민이 직접·보통·평등·비밀 선거로 교육감을 선출하는 것을 말한다. 주민직선제는 지역주민의 교육적 요구를 지방교육행정에 반영할 수 있고, 교육감 선출에서 주민 대표성과 민주적 정당성을 보장할 수 있다. 우리나라는 2006년 12월「교육자치법」개정으로 교육감 주민직선제를 도입하였다. 2007~2009년에는 교육감 잔여 임기에 따라 지역별로 교육감 직선제가 실시되었으며, 2010년 6월 2일 전국동시지방선거를 통해 처음으로 전국 16개 지방자치단체의 교육감이 주민직선으로 선출되었다(세종시는 2014년에 처음 실시). 주민직선제는 종래 교육감 선출과 관련하여 학교운영위원회 위원으로 한정된 제한선거(간선제), 낮은 투표율(2007~2009년에 실시된 일부 지방의 교육감 주민직선제) 등 주민 대표성 결여 문제 등을 해소한다는 점에서 의미가 있다. 아울러 선거를 통해 교육감이 주민에 대해 책임을 지도록 함으로써 교육자치의 이념인 주민 통제의 원리에 부합한다.

그러나 2010년과 2014년에 두 번의 전국동시지방선거를 거치면서 교육감 주민직선제의 문제점도 나타나고 있다. 무엇보다 교육감 선거가 지방자치단체장 선거와 동시에 실시됨에 따라 정당 및 정치의 영향을 직·간접적으로 받을 우려가 있다는 점, 정당 개입이 배제된 상황에서 출마자의 선거 비용 부담이 크다는 점, 후보자가 난립할 경우 유권자가 후보자에 대한 성향을 파악하기 곤란하여 교육 전문성보다 사회적 지명도가 중시될 가능성이 높다는 점, 교육감이 시·도지사와 동일한 주민 대표성을 가짐에 따라 교육·학예에 관한 사무 집행에서 시·도지사와 시·도교육감 간의 잠재적 갈등 가능성이 있다는 점 등이 우려되고 있다.[26]

(2) 제한적 주민직선제

학부모 전원, 학교 교직원 및 교육청 직원 전원, 학교운영위원회 위원 전원, 사립학교법인 이사장·이사 전원 등 교육계 관련 인사들만 제한적으로 선거에 참여하여 교육감을 직접 선출하도록 하는 제한선거의 일종이다. 이는 교육감 주민직선제가 많은 문제점(예: 투표율 저조로 인한 주민 대표성 결여, 정당 개입의 개연성, 교육 전문성보다는 인지도와 정치 바람에 의한 부적격자 당선 가능, 교육정책의 질과 수준 저하 가능성 등)을 야기함에 따라, 이러한 문제점은 해소하되 종래 학교운영위원으로 구성된 간접선거제보다 선거인단을 확대하여 주민 대표성을 강화한 것이다. 제한적 주민직선제를 주장하는 입장은 주민의 교육에 대한 관심, 이해관계가 자녀가 재학 중인 동안 가장 높음에 따라 학부모 집단, 교원 집단이 교육감을 선출하도록 하는 것이 교육의 자주성 및 전문성 보장에 적절하다고 본다. 주민직선제보다 주민 대표성이 떨어지며, 평등선거 원칙을 보장하지 못한다는 한계가 있다.

(3) 단위학교 교육감 선출위원회제

단위학교 내에 학교운영위원 및 교원대표 등으로 교육감 선출위원단을 구성하여 제한선거로 교육감을 선출한다. 1997년부터 시행된 학교운영위원회에서 선출한 선거인단과 시·도에 조직된 교원단체가 추천한 교원 선거인으로 된 시·도교육감 선거인단에 의한 제한선거제, 2000년부터 시행된 학교운영위원 전원을 선거인단으로 한 제한선거제와 유사하다.[27] 주민 대표성을 보장하지 못한다는 한계가 있다.

(4) 정당 공천제

정당 공천제는 시·도지사 선거와 같이 각 정당이 교육감 후보자를 공천할 수 있도록 하고 공천을 받은 후보자를 전체 주민이 선거에 참여하여 교육감을 선출한다. 교육감 후보자가 정당 기호를 표방하고 투표용지에도 이를 표시할 수 있으므로 유권자는 정당을 통해 후보자 선택을 용이하게 할 수 있다. 그러나 교육의 정치적 중립성 보장에는 문제가 있을 수 있다.[28]

(5) 정당 추천제(표방제)

교육감 후보자가 특정 정당을 지지한다는 의사만 표방하고 공천을 받지 않는다. 정당 공천제에 비해 정당과의 연계성은 약하나 주민들이 후보자의 정치적 성향을 파악할 수 있다. 이는 정당 공천제와 유사하게 교육의 정치적 중립성 확보에 문제가 있을 수 있다.[29]

(6) 공동 등록제

공동 등록형 주민직선제는 교육감 후보와 시·도지사 후보의 공동 등록과 공동 선거 운동을 허용하는 주민직선제 방안으로, 이는 공동 등록만 허용하는 경우와 단독 등록을 허용하는 경우로 구분된다. 공동 등록제는 시·도지사-교육감 러닝메이트제와 유사하나 러닝메이트제가 양자 간의 수직적 상하관계를 상정한다면 공동 등록제는 수평적 협력 관계를 가정한다는 점에서 차이가 있다.

공동 등록형 주민직선제는 현행 주민직선제가 야기하는 여러 가지 문제점을 해결할 수 있는 단기적인 대안이 될 수 있는 것으로 이해된다.[30] 공동 등록제에서 교육감 후보는 당적을 가지지 않으므로 교육감의 정치적 중립성을 보장할 수 있다. 또한 공동 등록제는 선거비용을 절감할 수 있으며, 시·도지사 후보자와 교육감 후보자가 동일한 선거 기호를 부여받음에 따라 이른바 '줄 투표 현상'(후보자 개인에 대한 투표보다는 정당을 고려하여 투표하는 관행)을 방지할 수 있다. 공동 등록에 참여하지 못하는 교육감 후보자에 대해서는 별도의 기호 부여 방식을 적용함으로써 선거 참여 기회를 보장하게 된다. 그러나 재선거나 보궐 선거와 같이 공동 등록이 불가능한 경우에는 적용하기 어려우며, 교육감 후보는 시·도지사 후보의 동의 없이 단독으로 교육감 후보로 출마할 수 없다는 한계가 있다.

한편, 김영환 등(2011)은 현행 주민직선제와 정책연대를 교육감 선출제도의 한 유형으로 제안하고 있다. 정책연대는 정당 공천제, 정당 추천제보다 정당과의 연계성은 약한 수준이며 주민들이 후보자의 정책 성향을 파악할 수 있고 정책 선거를 활성화한다는 점에서 의의가 있다.[31] 그러나 정책연대를 교육감 선출제도의 한 유형으로 보는 연구자는 거의 없고 내용상 공동 등록제와 유사한 것으로 볼 수 있다.

(7) 시·도지사 러닝메이트제

시·도지사 후보자가 교육감 후보자를 러닝메이트로 정하여 동반 입후보하고 주민직선으로 교육감을 선출하는 방식이다. 시·도지사 임명제는 시·도지사가 당선된 이후 교육감을 임명하나, 러닝메이트제는 선거 입후보 단계에서 교육·학예에 관한 사무를 담당할 후보자를 정한다는 점에서 차이가 있다. 러닝메이트는 대체로 양자 간에 상하관계를 상정하게 되지만, 시·도지사와 교육감 간 상하관계는 상정하지 않을 수 있다.

시·도지사 러닝메이트제는 시·도지사 후보자와 교육감 후보자를 함께 평가함에 따라 교육감 직선제와 시·도지사 임명제의 장점을 절충할 수 있다. 교육감의 주민 대표성, 교육의 전문성을 유지하면서 지방교육행정의 효율성과 협력적 거버넌스를 용이하게 할 수 있다. 특히 일반행정과 교육행정의 기관 통합 없이 시·도지사와 교육감 간 연계·협력을 강화하고 협력적 거버넌스를 통한 교육 서비스의 질을 높일 수 있다는 장점이 있다. 지방자치단체장과 교육감이 입후보 단계에서부터 지방교육 정책을 공동으로 수립하고 당선 후에도 정책 공조를 할 것으로 기대된다.

그러나 한편으로는 정당 추천을 받는 시·도지사 후보자와 러닝메이트가 됨에 따라 교육의 정치적 중립성을 보장하기 어려우며, 시·도지사와 정책 연합, 정책 공조를 하기 위해 정당과의 연계성을 배제하기 어렵다는 한계가 있다. 또한 교육감과 시·도지사 간에 선거의 공과에 따른 갈등이 야기될 우려가 있으며, 교육감이 시 · 도지사의 행정관으로 종속될 우려가 있어 교육의 자주성 보장, 교육자치 정신이 훼손될 수 있다.[32]

(8) 시 · 도지사 임명제

시 · 도의회에서 복수의 교육감 후보자를 추천하면 시 · 도지사가 최종적으로 교육감을 임명하는 제도이다. 주민이 직접 선출하는 지방자치단체장이 교육감을 임명하므로 주민에 의한 간접선거와 같은 효과를 가질 수 있다. 또 지방자치단체장이 교육감을 임명함에 따라 교육감의 책임을 강화하고 선거에 출마하기를 꺼려하는 학식과 덕망이 있는 교육계 인사를 임명할 수 있는 장점이 있다. 특히 교육감의 교육성과가 시 · 도지사 평가(선거)에 반영되므로 시 · 도지사는 교육감 임명에 보다 신중하고 우수한 인물을 임명할 것이라고 기대할 수 있다. 아울러 시 · 도지사 임명제는 교육감과 지방자치단체장의 협력 관계 유지, 교육행정과 일반행정과의 협조체제 구축이 보다 용이할 수 있다. 그러나 시 · 도지사 임명제는 교육자치를 추구하는 교육계 인사의 반발을 불러올 수 있으며, 교육감 후보자들이 지방자치단체장에게 예속되거나 줄서기를 하는 현상이 나타날 수 있다는 한계가 있다.[33]

(9) 시 · 도의회 임명제

시 · 도지사가 복수의 후보자를 추천하고 시 · 도의회에서 최종적으로 선택하도록 하는 방안으로 시 · 도의회가 최종 임명권자가 된다. 지방의회가 교육감을 임명하는 제도에 대해서는 과거 헌법재판소의 판례에서 다소 부정적으로 결정한 바 있다. 즉, 헌법재판소는 교육위원 등을 지방의회에서 선출하는 간선제는 지역주민을 대표하는 대의 기관에 의한 선출로서 형식적으로는 주민 자치의 원칙을 충족시킬 수 있을지 모르나, 이를 시행해 본 결과 실제로는 극심한 선거 비리 등 많은 사회적 부작용을 초래한 경험이 있다.[34]

(10) 공개모집 초빙제

별도로 구성된 교육감 선출위원회가 교육감 후보자의 지원을 받아 공개 토론, 소견 발표 등을 거친 후 선출하는 안으로 고위직 공무원 채용 시 실시하는 개방형 공모제와 유사한 방식이다.[35]

(11) 시 · 도별 선택제

교육감 선출방식을 일률적으로 정하기보다 주민의 의사를 반영하여 시 · 도 조례에 위임하는 것이다. 즉, 지역주민의 의견이 반영된 시 · 도 조례로 교육감 자격, 선출방식 등을 정하며, 부교육감은 시 · 도지사가 임명한다. 이는 주민의 선택권, 주민의 의사를 반영한 교육감 선출제도를 마련할 수 있다는 장점이 있다.

(12) 종합

대체로 교육자치제를 강조하는 입장에서는 교육감 직선제의 개선 · 유지를(예: 김혜연, 김성열, 2016), 교육자치와 일반자치의 통합, 교육감 직선제의 폐해를 우려하는 입장에서는 공동 등록제를(예: 이종근, 2015) 지지하는 경향이 있다.

지금까지 살펴본 다양한 교육감 선출제도의 주요 내용과 특징을 정리하면 〈표 4-4〉와 같다.

〈표 4-4〉 교육감 선출제도 유형(대안)

대안	내용	특징
주민직선제	현행 제도 유지 입장, 주민의 보통 · 평등 · 직접 · 비밀 선거에 따라 선출. 일부 문제가 있으나 당장 폐지하기보다 제도화 과정 필요	정당 배제, 주민 대표성, 민주적 정당성 확보
제한적 주민직선제	학부모, 교직원, 학교운영위원, 사립학교 관계자 등 교육계 관련 인사로 교육감 선출위원단을 구성하여 교육감 선출	교육과 관련이 있는 사람에게 제한적으로 선거권 부여(제한선거)

🫂 〈표 4-4〉 교육감 선출제도 유형(대안)(계속)

대안	내용	특징
단위학교 교육감 선출위원회(단)제	단위학교 내에 학교운영위원 및 교원 대표 등으로 구성된 교육감 선출위원단을 구성하여 선출	선거인단에 의한 간선제(제한선거)
정당 공천제	각 정당이 교육감 후보자를 공천하고 공천을 받은 후보자를 주민이 직접 선출. 교육감 후보자에 대한 정보 접근의 용이성을 제고하고 책임정당제를 실현하는 대안	정당과의 강한 연계, 정당을 통한 선택
정당 추천제	후보는 특정 정당을 지지한다는 의사만 표방하고 공천을 받지 않으며 주민이 직접 선출	정당과의 약한 연계, 후보자의 성향 파악 용이
공동 등록제	교육감 후보와 시·도지사 후보의 공동 등록과 공동 선거운동을 허용하는 주민직선제	교육감의 정치적 중립성 보장, 직선제 폐해(높은 선거비용, 줄 투표 현상 등) 완화
시·도지사 러닝메이트제	정당 또는 무소속의 광역 자치단체장 후보와 교육감 후보가 동반 입후보하여 주민이 직접 선출	주민직선의 취지를 살리면서 시·도지사와 교육감과의 파트너십 강화
시·도지사 임명제	시·도의회에서 복수의 교육감 후보자를 추천하고 시·도지사가 최종적으로 임명(선택)	시·도지사가 교육감 임명의 최종 결정권 보유
시·도의회 임명제	시·도지사가 복수의 교육감 후보자를 추천하고 시·도의회에서 최종적으로 선택	시·도의회가 교육감 임명의 최종 결정권 보유
공개모집 초빙제	대표성을 가진 위원들로 구성된 교육감 선출위원회가 교육감 후보자를 공모하여 공개토론, 소견 발표 등을 거쳐 선출(시·도지사 또는 시·도의회에 추천하여 교육감을 선임할 수 있음)	개방형 공모제와 유사(고위 공무원의 개방형 공모제, 교장 공모제)
시·도별 선택제 (자율경쟁제)	교육감 선임방식을 전국적으로 획일화하지 않고 시·도별 자율 결정(시·도 조례에서 교육감 선출방식을 선택)에 맡김. 주민의 선택에 따라 교육감 선임을 위한 다양한 제도가 사용될 수 있음	주민 자치의 취지 강화, 시·도별 자율 결정을 통해 시·도에 맞는 교육감 선출제도 마련, 주민의 애착과 관심 제고

출처: 최영출 외(2011: 60)를 토대로 하여
김영환 외(2011), 박명호 외(2015), 이종근 외(2015)의 내용을 추가하여 수정함.

3) 교육감 선출제도와 지방교육자치제의 원리

교육감 관련 선행연구의 상당수는 교육감 선출(선임)제도를 다루고 있는 만큼 교육감 선출제도의 쟁점, 대안에 대한 논의는 다양하게 제시되고 있다. 김혜연과 김성열(2016)은 교육감 선출제도를 헌법재판소 판례를 기반으로 교육자치제의 원리인 전문성, 통제성, 자주성, 정치적 중립성 원리에 기초하여 분석하고 있다. 구체적으로 교육감 자격요건에서 전문직 경력 연수의 축소와 비정당원의 기한 축소 등은 교육감 피선거권자의 공무 담임권은 확대하고 교육자치제의 전문성의 원리는 상징적(수준)으로 보장하고 있는 것으로 분석하였다. 또한 교육감 선출방식이 2006년 「교육자치법」 개정으로 간선제(제한선거)에서 주민직선으로 변경된 것은 교육감의 주민 대표성 증대, 주민 통제의 원리를 실현한 것이라는 점에서 의미가 있는 것으로 분석하고 있다.

이종근(2015)은 다양한 교육감 선출제도를 헌법 원리(민주주의나 교육의 자주성·전문성·정치적 중립성 등)에 비추어 그 적실성을 검토한 논문에서 교육감 선출제도의 대안에 대한 적실성 판단에는 헌법 원리뿐 아니라 교육감 직선제의 부작용과 문제점 해소를 위한 적합한 제도적 장점이 있는가도 중요한 판단 요소(기준)가 될 수 있다고 주장하였다.

이러한 선행연구들을 분석해 볼 때 교육감 선출제도 관련 쟁점은 크게 세 가지 측면에서 검토할 수 있다. 첫째, 지방교육자치제의 헌법 원리(헌법재판소 결정 포함)에 비추어 교육감 선출제도의 쟁점을 검토하는 경우, 둘째, 지방교육자치제도의 원리에 기초하여 쟁점을 검토하는 경우, 셋째, 제도의 부작용과 문제점에 기초하여 쟁점을 보는 경우이다. 첫 번째와 두 번째는 상호 중첩된다고 할 수 있다. 여기서는 「헌법」에 근거한 지방자치제도의 원리를 토대로 교육감 선출제도의 쟁점을 검토한다.

(1) 교육의 자주성 보장과 교육감 선출방식 및 자격

교육의 자주성은 「헌법」 제31조 제4항, 「교육기본법」 제5조 등에서 규정하고 있다. 김영환 등(2011: 11)은 관련 법령, 선행연구 분석 등을 토대로 교육의 자주성을 교육 내용, 방법과 교육기구 등이 정치권력, 행정권력, 기타로부터 부당한 간섭·통제 없이 교육자에 의하여 교육이 본래 목적에 기하여 자주적으로 결정되어야 한다는 원리라고 규정하고 있다. 교육의 자주성은 교육에 대한 외부 세력의 모든 개입을 부정하는 것은 아니며 '부당한 개입'의 배제를 의미한다.[36] 여기서 외부 세력은 행정 권력, 정치 권력, 언론, 기업 등을 포괄하나 주로 국가 권력으로부터의 자주성이 쟁점이 되어 왔다. 또 일반자치와 교육자치가 분리되어 있는 우리나라에서 교육의 자주성은 중앙정부(국가)뿐 아니라 지방자치단체의 행정 권력으로부터 교육의 독립을 포함한다. 여기서 외부 세력 개입의 정당성에 대한 판단 기준은 교육의 전문성과 특수성에 따라 교육의 본래 목적, 교육의 본질에 합치되는가에서 찾을 수 있다.[37]

교육의 자주성은 교육의 기본 원리, 교육에 관한 원칙 규범 또는 교육제도에 관한 기본 원칙 중의 하나로 파악되고 있으며, 세부적으로 교육활동 수행에서 교원의 자주성, 교육내용의 자주성, 교육관리기구(교육감, 교육위원회)의 공선제 등을 주요 내용으로 한다.[38] 특히 교육감 선출과 관련하여 교육의 자주성은 교육관리기구의 공선제 논의와 연계된다. 교육감 선출제도는 교육자치제도 실행 수단의 하나로 국민의 참여를 유도한다는 점에서 의의가 있으나 교육감을 반드시 선거로 선출해야 한다거나 교육자만이 선출되어야 하는 것을 의미하는 것은 아니다.[39] 또한 교육의 자주성은 내적 한계와 제한이 있다. 즉, 교육의 자주성은 국민의 교육받을 권리를 침해하거나 국가와 사회 공동체의 이념과 윤리에 반할 경우 제약될 수 있다.[40]

(2) 교육의 전문성 보장과 공무 담임권

교육감 선거에 후보자로 입후보하기 위해서는 일정 기간 이상의 교육 경력 및 교육행정 경력이 있어야 한다. 이는 「헌법」 제31조 제4항에서 정한 교육의 전문성을 보장하기 위한 것이다. 여기서 교육의 전문성이란 교육이 외부 세력의 부당한 간섭에 영향받지 않도록 교육정책의 수립 및 집행 활동이 교육자 내지 교육 전문가에 의하여 주도되고 관할되어야 할 필요가 있다는 것이다. 즉, 교육에 관한 제반 정책의 수립 및 집행을 가급적 교육 전문가가 담당하거나, 적어도 그들의 적극적인 참여하에 이루어져야 함을 의미한다.[41]

그러나 이러한 교육감 후보자의 자격요건으로 교육(행정) 경력 요건을 강화할 경우 주민의 공무 담임권을 침해할 수 있다. 지방의 교육·학예에 관한 사무를 집행하는 교육감은 교육 전문성을 갖추어야 하지만, 교육 관련 전문 경력이 없는 후보자에 대해서는 공무 담임권이 제한될 수 있다. 교육의 전문성 보장을 위해 주민의 공무 담임권을 제한할 수 있는지, 주민의 공무 담임권을 실현하기 위하여 교육의 전문성 보장을 약화시켜도 되는 것인지가 쟁점이 된다고 할 수 있다.[42] 김혜연과 김성열(2016: 31)은 교육감 자격 조건의 완화는 교육감은 교육자라기보다는 교육행정가 또는 교육정치가라는 교육감직에 대한 인식의 변화, 교육감의 고령화 방지, 공무 담임권의 확대 등의 논리가 작용한 것으로 분석하고 있다.

(3) 교육의 정치적 중립성 보장을 위한 비정당원 자격요건과 공무 담임권

교육의 정치적 중립성은 교육감 선출제도와 관련하여 가장 논란이 큰 쟁점 중 하나이다. 교육의 정치적 중립성은 「헌법」 제31조 제4항, 「교육기본법」 제6조 등에서 규정하고 있다. 교육의 정치적 중립성은 교육이 특정 정파적 이해관계나 영향력으로부터 벗어난다는 것,[43] 즉 교육이 국가 권력이나 정치적 세력으로부터 부당한 간섭을 받지 않아야 할 뿐 아니라 교육도 그 본연의 역할에서 벗어나 정치적 영역에 개입하지 않아야 한다는 것을 말한다.[44] 이러한 교육의 정치적 중립성의 내용은 교육의 정치적 무당파성, 교육에 대한 정치적 압력의 배제, 교육의 권력으로부터의 독립, 교원의 정치적 중립, 교육의 정치에의 불간섭 등을 포함한다.[45]

교육의 정치적 중립성이 요청되는 이유와 관련하여 김혜연과 김성열(2016: 43)이 제시한 것은 다음 세 가지이다. 첫째, 국가 백년지대계(百年之大計)로서의 교육이 특정 정파나 정권의 관점에서 운영되거나 그들을 위하여 이용되지 않고 안정적으로 운영·발전하기 위해서 요구된다. 둘째, 자라나는 미래 세대가 특정의 정치 이념에 교화되어서는 안 된다. 셋째, 교육은 특정한 정치적 이해관계를 반영하거나 지지해서는 안 되며, 공공의 선과 이익을 지향해야 한다. 특히 교육감이 특정한 정치적 이념을 가지고 있거나, 특정 정파로부터 지지를 받을 경우에 지방 수준에서 정치적으로 편향적인 교육 정책을 추진할 가능성이 있다.

교육감 선출제도에서 정치적 중립성을 실현하기 위한 장치는 교육감 후보자의 자격요건과 교육감 선출방식과 밀접하게 연계되어 있다.[46] 최근 교육감 직선제의 대안으로 다양한 교육감 선출방식이 제시되고 있는데, 이들 대안들은 정치적 중립성 보장 면에서 상당한 차이가 있다. 일부에서는 교육의 정치적 중립성을 정당 배제와 동일시할 필요가 없거나 교육이 정치적 권력으로부터 독립되어야 한다고 할 때, 이는 절대적 의미가 아니라 상대적 의미로 보아야 한다는 주장도 제기되고 있다.[47] 특히 김영환 등(2011)은 현대 국가에서 교육과 정치는 불가분의 관계에 있다고 보고, 교육의 정치적 중립성 논의에서 교육의 내적 영역과 외적 영역을 구분할 것을 제안하고 있다. 즉, 교육의 정치적 중립성(정치와 교육이 냉정하고 객관적 태도를 유지하는 것)은, 교육의 내적 영역(교육내용을 결정하고 교육현장에서 교사가 진리를 가르치는 것 등)은 비정치적 영역으로 정치가 개입해서는 안 되나 기타 교육제도, 교육정책, 기회 배분, 교육재정 등과 같은 교육체계와 관련된 외적 영역은 정치적 영역으로 인정할 필요가 있다는 것이다.[48]

그러나 여기서 교육의 내적 영역과 외적 영역의 경계가 언제나 명확한 것은 아니며 교육과 정치의 상대적 독립과 절대적 독립의 구분은 모호하다고 할 수 있다. 비록 비정당원 기준이 실질적으로 실효성이 떨어진다고 하더라도 이는 교육의 정치적 중립성을 보장하는 상징적인 의미로서의 가치도 있다고 할 것이다.

한편, 김혜연과 김성열(2016)은 교육감의 자격요건에서 정당 배제 원칙이 국민의 참정권(공무 담임권)을 침해할 수 있다는 측면에서 교육의 정치적 중립성 문제를 보고 있다.[49] 교육의 정치적 중립성 보장을 위해 교육감 자격요건과 선출방식을 제한하는 것이 국민의 공무 담임권 문제와 연계될 수 있다는 것이다. 현재 교육감 후보자의 자격으로 비정당원 기간은 후보 등록일 기준으로 1년에 한정되어 있다. 이는 종래 2년보다 줄어든 것으로 이 정도의 기간 제한은 국민의 공무 담임권을 침해하는 것이라 보기는 어렵다. 오히려 비정당원 기간이 짧음에 따라 교육의 정치적 중립성 보장의 실효성이 떨어진다고 할 수 있다.

(4) 주민의 대표성, 주민 통제의 원리 보장과 선거 비용 문제

우리나라에서 교육감은 주민들의 보통·평등·직접·비밀 선거에 따라 선출한다. 주민직선에 의한 교육감 선출제도는 2006년 12월의 「교육자치법」 개정으로 도입되었으며, 2007년 12월 처음 교육감 선거가 실시되었다. 그러나 교육감 주민직선제 시행 이후 다양한 문제점이 제기되었고, 직선제를 폐지하자는 입장과 유지하자는 입장이 대립되고 있다.

교육감 직선제와 관련하여 제기되는 문제점을 정리해 보면 크게 7가지이다. 첫째, 지역주민의 교육감 선거에 대한 무관심, 둘째, 교육감 후보자에 대한 교원단체의 영향력, 즉 교육감 후보자가 어떤 교원단체에 속해 있는가에 따라 당락에 큰 영향을 미칠 수 있다는 것으로 소위 보수와 진보 교육감의 구분을 낳게 하였다는 점, 셋째, 교육감 선거에서 법적으로 정당을 표방하거나 정당의 지원을 받을 수 없지만 암묵적으로 정당의 지원을 표방하거나 후보자의 정치적 성향에 따라 정당의 암묵적·간접적 지원 및 영향이 있을 수 있다는 점, 넷째, (주로 교육감 직선제 초기에 나타났던) 줄 투표와 로또 선거 문제,[50] 다섯째, 교육 전문성을 판단할 수 있는 유권자의 능력 및 관심 부족으로 교육의 전문성보다 사회적 지명도에 의한 당선 가능성이 있다는 점, 여섯째, 지방선거와 동시 선거를 할 경우 유권자 관심은 시·도지사, 시·도의회 의원에 집중되어 교육감 후보자에 대해 더 무관심해질 우려가 있는 점, 일곱째, 선거 비용의 문제이다. 교육감 선거에서는 정당의 지원, 기부금을 받을 수 없고 대가성 없는 개인적 채무에 의해서만 자금 조달이 가능하므로 유능하고 능력 있는 교육감 후보자의 진입을 가로막는 장애가 될 수 있다.[51]

이러한 문제들은 개연성을 드러내는 것으로 일부 실증적인 데이터가 보고되고는 있으나 엄밀하게 검증이 이루어진 것은 아니다. 사실 교육감 직선제의 문제를 무엇으로 보는가, 또 얼마나 심각하다고 인식하는가는 직선제를 지지하는 입장과 반대하는 입장에 따라 차이를 보이고 있어 이 자체가 쟁점이 된다.

아울러 헌법재판소도 교육감 선출제도와 관련하여 다소 상반된 결정을 보여 주고 있다. 2002년 헌법재판소 결정[헌법재판소 2002. 3. 28. 2000헌마283 778(병합)]은 주민직선제 도입 이전의 것으로 주민의 대표성이나 주민자치의 원칙 측면에서는 지역주민 전체가 직접선거에 의하여 선출하는 것이 가장 바람직하다고 하면서도 학교운영위원 전원을 선거인단으로 하는 교육감 선출방식이 주민자치 원칙을 위해하거나 선거권을 침해하는 것은 아니라고 하고 있다. 다음은 관련 헌법재판소 결정문이다.

> 주민의 대표성이나 주민자치의 원칙의 측면에서는 지역주민 전체가 직접 선거에 의하여 선출하는 것이 가장 바람직하다고 할 수 있으나, 주민직선제는 사회적으로 많은 인력과 경비가 소모될 뿐만 아니라, 이 사건 법률 조항이 규정하고 있는 현행의 선거제도에 비하여 교육의 자주성과 전문성을 담보할 수 있는 적격자를 교육위원이나 교육감으로 선출할 가능성은 오히려 떨어진다고 할 수 있다. 왜냐하면, 주민들의 교육에 대한 관심이나 이해관계는 자녀가 재학 중인 동안에 최고조에 달하는 것이 보통이므로, 학부모집단 및 교원 집단으로 하여금 교육위원이나 교육감을 선출하게 하는 것이 적어도 교육의 자주성이나 전문성의 측면에서는 보다 적절한 방법이라고 할 수 있기 때문이다.[52]

또한 교육감의 선거인단을 학교운영위원회 위원 전원으로 하고 있는 것이 주민자치의 원칙을 위배하고 주민의 선거권을 침해하는 것은 아니라고 명시하고 있다.

> 지방교육자치의 영역에서는 주민자치의 원칙이라는 민주주의적 요청만을 철저하게 관철하는 것이 반드시 바람직한 것으로 볼 수 없고, 교육자치의 특성상 민주적 정당성에 대한 요청이 일부 후퇴하는 일이 있다 하더라도 이는 헌법적으로 용인될 수 있다고 할 것이다. 따라서 이 사건 법률 조항이 교육위원 및 교육감의 선거인단을 학교운영위원회 위원 전원으로 하고 있는 것은, 지방교

육자치제에서 요구되는 교육의 자주성에 대한 요청과 민주적 정
당성에 대한 요청 사이의 조화를 꾀하기 위한 것으로서 입법부에
주어진 합리적인 재량의 범위 내의 것이라고 할 것이므로, 이 사
건 법률 조항이 주민자치의 원칙을 위배하여 청구인들의 선거권
을 침해한 것이라고는 볼 수 없다(헌법재판소 2002. 3. 28. 2000
헌마283, 226).

2015년 헌법재판소 결정은 교육감을 주민의 보통·평등·직접·비밀 선거에
따라 선출하는 것(「교육자치법」 제43조)이 학생, 학부모, 교육자 및 교육 전문가, 교
사 및 교원의 기본권을 침해할 가능성이 있다거나 기본권 침해의 자기 관련성이
있는지에 관한 것이다. 제한적 직선제를 주장하는 입장에서 제기된 위헌 확인 소
송이라 할 수 있다. 여기서 헌법재판소는 "지방교육자치의 내용으로서 주민 참여
의 원리도 지역 공동체의 지속적인 유지와 발전을 담보할 미래 세대의 교육과 관
련하여 공동의 관심사인 교육정책에 학부모인 주민을 비롯한 공동체 전체의 주민
이 참여할 기회를 보장하는 것이므로, 학부모인 주민과 학부모가 아닌 주민 사이
에 교육감 선거에 있어 그 지위에 어떠한 차이가 있다고 볼 수 없다."(헌법재판소
2015. 11. 26. 2014헌마662, 387)라고 함으로써 주민직선으로 선출되는 교육감 제도
는 지방교육자치 실현을 위한 적절한 방안이라고 보고 있다.

헌법재판소 판례에 의하면, 교육감 선출제도는 국회의 입법 재량 사항으로 「헌
법」이 보장하는 주민 통제 원리, 교육의 자주성·전문성·정치적 중립성 등 지방
교육자치의 정신을 구현할 수 있는 제도여야 한다. 또 교육문제에 대하여 나라마
다 각기 다른 역사, 전통 및 교육 의식을 갖고 있고, 그에 따라 교육제도도 상이하
므로 교육감 선출제도 또한 임명제, 간선제, 주민직선제 등 매우 다양한 형태를 띨
수 있다고 보고 있다.[53]

기타 높은 선거 비용, 저조한 투표율, 교육감 후보자에 대한 낮은 인지도 등의
문제는 교육감 주민직선제가 정착되면서 점차 해소될 수 있는 문제들이다. 교육
감 선거가 전국동시지방선거나 대통령 선거와 함께 실시되는 경우 투표율은 개선

되는 것으로 나타난다.[54] 시·도지사 직선제는 1990년대 중반부터 실시되어 어느 정도 정착된 반면, 교육감 주민직선제는 2010년 이후에야 본격적으로 시행되었다는 점을 감안할 필요가 있다.

(5) 종합

지금까지 교육감 선출제도와 관련된 주요 쟁점을 지방교육자치의 원리와 연계하여 검토하였다. 교육감 직선제의 보완 또는 폐지를 주장하면서 제시되고 있는 다양한 교육감 선출제도의 대안들을 관련 쟁점, 지방교육자치 원리와 연계하여 정리해 보면 〈표 4-5〉와 같다. 〈표 4-5〉는 현재 논의되고 있는 교육감 선출제도 대안을 토대로 기본적인 틀에서 각 대안이 지방교육자치 원리를 실현하는 정도를 상대적으로 정리한 것이다.

〈표 4-5〉 교육감 선출제도 대안별 지방교육자치 원리의 실현

구분	주민참여 주민 대표성, 민주적 정당성	자주성 일반행정으로 부터의 독립	전문성 교육감 후보자의 전문성, 전문적 관리의 원칙	정치적 중립성 정당, 정치적 편향 배제
주민직선제	◎	◎	○	◎
제한적 주민직선제	○	◎	○	◎
단위학교 교육감 선출위원회(단)제	○	◎	◎	◎
정당 공천제	◎	○	◎	×
정당 추천제	◎	○	◎	×
공동 등록제	◎	×	◎	○
시·도지사 러닝메이트제	◎	×	◎	×
시·도지사 임명제	○	×	◎	○
시·도의회 임명제	○	×	◎	○
공개모집 초빙제	×	△	△	△
시·도별 선택제(자율결정제)	△	△	△	△

◎ 강한 보장, ○ 약한 보장, × 미보장, △ 미정

4. 주요 갈등과 쟁점

1) 지방교육자치 법규 제 · 개정 과정에서의 갈등과 쟁점

지방교육자치제가 발달하면서 지방자치단체가 제정하는 교육자치 법규[55]도 점차 증가하고 있다. 황준성 등(2014: 63)에 의하면, 2014년 5월 13일 기준으로 현재 효력을 발하고 있는 시 · 도의 지방교육자치 법규는 조례가 973건(46.0%), 교육규칙이 1,144건(54.0%)으로 총 2,117건이며, 법령의 범위 안에서 지방의회가 제정하는 조례보다 교육감이 법령 또는 조례가 위임한 범위 안에서 제정하는 교육규칙이 약 8%(171건) 정도 더 높은 비율을 차지하고 있다. 그러나 시 · 도별로 보면, 경기, 광주 및 제주도의 경우 조례의 수가 교육규칙의 수보다 많았다.[56]

지방자치 법규가 증가하면서 교육감, 지방의회의 정책 입안 및 입법 활동이 교육부 및 교육부 장관의 기본 정책과 상충될 경우 기관 분쟁 및 입법 분쟁으로 이어지기도 한다.[57] 황준성 등(2014)은 교육감과 교육부(장관) 간, 교육부(장관)와 지방의회 간의 분쟁 등 국가와 지방자치단체 사이의 법적 분쟁을 다룬 대법원과 헌법재판소 판례(국가와 지방자치단체의 권한쟁의 중 지방교육자치 법규와 관련되는 사례)를 14가지로 요약한 바 있다(〈부록 표 4-1〉 참고).

이들 판례를 통해서 볼 때, 지방교육자치 법규 제 · 개정에서 주요 논란, 쟁점은 중앙정부와 교육감, 중앙정부와 지방의회 간 관장 사무 구분, 직무 이행 명령과 불복, 재의결 요구 등 입법 절차적 문제에서 찾을 수 있다.[58] 교육감 직선제가 시행되면서 교육감과 교육부(장관) 사이에 특정 사안(사무)에 대한 의견이 상이할 경우 국가와 지방자치단체 간 사무의 구분이 불명확하여 갈등과 다툼이 빈번하게 나타나는 경향이 있다.

이는 특히 교원 인사 및 교권 관련 사안에서 더욱 두드러진다. 교육부(장관)의 교육감에 대한 교원 징계 결의 요구 및 직무 이행 명령을 교육감이 거부함으로써 갈등이 생기고 있다.[59] 대체로 우리나라 법원은 교원의 징계, 교원능력개발평가에 따른 추진 계획의 감독, 학교 생활기록부의 작성 및 관리 권한 등은 국가사무로 보고 있으며, 재정적 영역 및 시설 지원 등은 자치사무로서 보는 경향이 있다.[60] 교육감의 행정 행위는 지방교육자치 법규에 근거하여 이루어진다는 점에서 향후 교육감과 중앙정부, 교육감과 지방의회 간 지방교육자치 법규 제·개정과 관련한 긴장과 갈등은 지속될 것이다. 이를 해소하기 위해서는 기본적으로 국가와 지방자치단체 사무의 배분, 일반자치사무와 교육자치사무의 범위를 보다 명확하게 할 필요가 있다.

2) 교육감과 지방자치단체장 간 연계·협력과 갈등

1991년 「교육자치법」 제정 이후 교육자치(기관)와 일반자치(기관)의 통합 논의는 지속적으로 제기되고 있다. 고전(2004: 8)은 행정자치부와 행정학계를 중심으로 교육자치의 분리·운영에 따른 비효율성 문제가 지속적으로 제기되어 왔으며, 행정 효율성 증대 및 지방자치단체장의 책임 행정을 내세운 통합론과 교육의 정치적 중립성 및 전문성을 강조한 분리론이 대립하고 있는 것으로 지적한 바 있다.

이러한 통합론과 분리론의 대립은 교육감 직선제가 시행되고 있는 현재에도 지속되고 있으며, 사실상 더 심화되고 있다. 교육감 직선제 시행 이후 선거제도의 문제를 들어 교육자치기관을 일반자치기관에 통합해야 한다는 주장이 일반 행정학계, 시·도지사 협의회, 정치권 등을 중심으로 더 강하게 제기되고 있다.

일반자치와 교육자치의 분리론과 통합론이 대립되고 있는 가운데 교육감과 지방자치단체장 간 연계·협력의 필요성도 제기되고 있다. 특히 2010년 이후 지방의회 통합형 교육위원회가 설치되고 교육감 주민직선제가 본격적으로 시행되면서 양 기관장이 협력하여야 할 명분과 필요성은 보다 커지고 있다.[61] 교육감이 주민직선으로 선출될 경우 민주적 정당성의 확보 측면에서 시·도지사와 동일한 대표성을 갖게 되고 지역 현안에 대하여 양 기관장이 협력할 장치가 필요하기 때문이다. 2006년 12월 「교육자치법」 개정으로 두 기관의 연계·협력체제로서 지방교육행정 협의회가 도입된 것은 이를 잘 반영한다.[62]

2007~2008년에 지방교육행정 협의회 운영 사례를 분석한 박수정과 김용(2009:

369-371)은 지방교육행정 협의회 설치의 의의와 성과를 다음의 6가지로 제안한 바 있다. 첫째, 지방교육행정 협의회는 교육감과 시·도지사 간 공식적 협의의 장으로서 두 기관의 협력이 강하게 요청되는 제도적인 환경이 마련되었다는 점(협의의 제도화), 둘째, 교육청과 지방자치단체의 상호 이해가 증진되고 협의의 횟수와 내용이 더 많아진 점, 셋째, 지방교육행정 협의회의 가시적이고 실질적인 성과로서 교육경비 지원 확대(지방자치단체로부터 비법정 전입금 지원 등), 넷째, 지방자치단체의 교육 관련 사업을 효율적으로 수행(교육청의 협조 유인), 다섯째, 지방교육행정 협의회 구성을 촉진한 점(시·도에 따라 기초자치단체 수준의 협의회 구성·운영됨), 여섯째, 지역 언론, 지방의회, 학부모, 시민단체의 교육 협력에 대한 관심 증대 및 촉진의 계기가 된 점 등이다.

그러나 2007년 부산에서 지방교육행정 협의회 조례가 최초로 제정되기는 하였으나 각 시·도별로 지방교육행정 협의회의 구성·운영을 위한 조례의 제정은 2010년 기준으로 활발하게 이루지고 있다고 보기 어렵다.[63] 2011년 4월 기준으로 지방교육행정 협의회를 구성·운영하는 지방자치단체는 서울, 부산, 울산, 대전, 강원, 경북, 경남, 전북, 제주 등 9개에 불과하였다.[64] 지방교육행정 협의회 운영의 한계로는 교육감과 시·도지사 간 정책 안건에 대한 입장 차이가 크다는 점, 양자 간에 실질적인 협의가 곤란하다는 점(사전 실무진 협의가 중요), 양 기관의 공통 관심사(정책 안건) 발굴이 어렵다는 점 등이 제기되고 있다.[65]

이러한 문제에 대응하여 노기호(2015)는 교육감과 시·도지사 간 연계·협력을 도모할 수 있는 정책적 방안으로 다음의 5가지를 제안하고 있다. 첫째, 지나치게 중앙정부에 의존하고 있는 교육재정을 지방자치단체에서 확보할 수 있는 방안을 마련한다. 둘째, 교육감과 시·도지사 및 지방의회 상호 간의 협력·지원을 확대하는 동시에 지방교육자치에 대한 정치적 책임을 부과할 수 있는 방안을 개발한다. 셋째, 교육감과의 교육의원(시·도의회 교육위원회 소속 의원)의 자격요건은 지방교육행정과 재정의 효율성 및 책임성을 강화하고 교육의 공공성과 교육 수요자의 욕구를 충족할 수 있도록 개선한다. 넷째, 현재 운영 중인 지방교육행정 협의회의 기능을 활용하여 시·도지사와 교육감 간의 연계·협력을 강화한다. 다섯째, 2008년도에 시행된 바 있으나 지금은 기능이 약화된 교육 협력관 제도를 활성화하고 부교육감과 행정 부지사의 협력체제를 구축하여 활용한다.

3) 지방(교육감)과 중앙정부(교육부 장관) 간 권한과 책임 분담

교육감은 지방의 교육·학예에 관한 사무의 집행기관으로 교육감의 관장 사무는 국가의 위임사무와 지방사무로 크게 구분된다. 교육감은 「교육자치법」 제19조[66]에서 정한 국가 행정 사무를 위임 처리하는 수탁기관이자 지방교육 자치사무를 처리하는 독립된 기관이라는 이중적 지위에 있다. 그러나 국가 위임사무와 자치사무의 구분이 언제나 명확한 것은 아니다. 이는 현행 법령상 국가 위임사무와 자치사무의 구분이 모호하고, 지방교육자치, 교육감 직선제를 시행하면서도 교육감에 대한 중앙정부(교육부 장관)의 행정적·권력적 통제가 지속되고 있고, 중앙정부에 비해 공교육에 관한 교육감의 권한이 상대적으로 작다는 점 등 다양한 요인에 기인한다.

중앙정부와 교육감 간의 갈등은 대체로 국가 위임사무와 자치사무, 교육감의 행위가 재량 행위인가 기속 행위인가의 구분 및 경계가 모호함에 따라 발생하는 경향이 있다. 이에 따라 일부에서는 사무 배분(국가 위임사무, 자치사무) 기준에 대한 법 규정이 모호하기 때문에 중앙(교육부 장관)과 지방(교육감) 간의 법적 분쟁과 갈등은 필연적이라고 지적하기도 한다.[67]

중앙(교육부 장관)과 지방(교육감) 간 갈등 사례를 분석한 결과 김창우와 김규태(2014)는 그 특징을 크게 2가지로 요약하였다. 첫째, 교육감의 행정 행위에 대한 불명확한 법규 내용과 그에 대한 교육부 장관과 교육감의 인식 차이는 양자 간 갈등의 원인이 되고 있다. 둘째, 중앙(교육부 장관)과 지방(교육감) 간 갈등 사례 발생 시 중앙정부는 1차적으로는 행정적 관여를 통해 해결하고자 하나 최근에는 법령 개정 등을 통한 입법적 관여, 소송 제기 등을 통한 사법적 관여가 확대되는 경향을 보이고 있다.[68]

교육감 직선제 도입으로 교육감의 주민 대표성이 강화됨에 따라 자치사무, 교육감의 재량 행위의 범위는 점차 확대되고 있다. 이러한 지방 분권 시대에 지역의 특수성, 교육자치 보장을 위해 국가의 관여는 신중할 필요가 있다. 국가 중심의 지방 교육 통제 방식을 지양하여 국가 차원의 기획이 필요한 사무 이외에는 권한을 대폭적으로 지방에 이양하는 입법적 개선이 필요하다.[69] 그러나 동시에 국가는 전체 공교육의 통일성을 기하기 위해 적정 수준의 관여를 할 필요가 있다. 공교육에 대한 지방자치권과 국가교육권(교육 입법권, 교육 행정권, 교육 감독권 등)의 견제와 균형이 요구된다.

5. 개선 방향

지방교육자치제도에서 교육감은 당해 지방자치단체의 교육 발전을 좌우하는 행정(집행기관)의 정점에 위치해 있다. 즉, 교육감 제도는 「헌법」에 명시하고 있는 교육의 자주성·전문성·정치적 중립성의 원칙을 실현하고 지방교육자치에서 주민 통제의 원리를 보장하기 위한 핵심적인 제도이다. 교육감은 2010년 이후 전국 동시지방선거를 통해 지방자치단체장인 시·도지사와 동일하게 지역주민의 직접선거를 통해 선출되면서 종래 논란이 되었던 주민 대표성 문제를 해소하고 지방의 교육·학예에 관한 사무에서 교육감의 민주적 정당성을 확보하고 있다.[70] 교육감의 법적 지위와 권한이 보다 안정화되고 강화된 것이라 할 수 있다.

교육감은 「교육자치법」을 통해서 17개 관장 사무를 처리하는 권한을 가지고 있을 뿐 아니라 국가 행정사무를 위임받아 집행한다. 소속 국가공무원 및 지방공무원에 대한 광범위한 인사관리권도 교육감의 주요 권한이다. 교육감은 관할 지방자치단체의 공립 유·초·중등학교 교직원, 시·도교육청과 하급 교육행정기관인 교육지원청 소속 직원에 관한 광범위한 인사권을 가지고 있으며, 이를 두고 '제왕적 권력'이라고 칭하기도 한다.[71]

김혜연과 김성열(2016: 27)은 이러한 교육감의 위상을 크게 4가지로 정리하고 있는데, 이는 한편으로 교육감의 지위로서 보다 강화되어야 할 미래 방향이라고 볼 수 있다. 첫째, 교육감은 중앙정부에 의한 획일적인 지시와 통제를 지양하고 지방의 실정과 특수성을 고려하여 지방 교육을 위한 정책을 수립하는 중심 주체로서 지방 분권의 원리를 실현하는 제도적 기반이다. 둘째, 지역주민들이 교육감을 직접 선출함에 따라 교육감은 주민 통제의 원리를 실현하는 구체적 제도 중 하나이다. 셋째, 교육감은 교육행정이 일반행정으로부터 분리·독립되도록 하는 교육감독 및 관리 기구로서 교육이 어떤 정치적·파당적 또는 개인적 편견의 선전이나 주입의 방편이나 수단으로 이용되지 않도록 한다. 넷째, 교육감은 교육에 대한 깊은 이해와 고도의 행정 기술을 갖춤으로써 교육과 교육행정의 독자성과 특수성 그리고 전문성을 존중하도록 하는 전문적 관리의 원리를 실현하는 기반이다.

또한 교육감은 중앙의 교육부 장관과 교육 분권을 통해 역할 분담을 해야 할 위치에 있으며, 지방자치단체 내에서는 일반자치의 집행기관인 시·도지사와 연계·협력할 것이 요구되고 있다. 지방자치단체의 교육·학예에 관한 사무의 심사·의결기관으로서 교육위원회제도는 2014년 7월 이후 폐지되어 시·도의회의 상임위원회로 존속하고 있다. 이는 교육감이 관할 사무를 시행하기 위해 시·도의회의 승인, 지원, 협력이 보다 중요해졌음을 의미한다.

아울러 교육감이 관장하는 교육·학예에 관한 사무의 범위는 중앙정부와 일반자치와의 상대적 관계에서 논란이 되기도 한다. 관련하여 대법원 판례도 찾을 수 있다. 1994년의 대법원 판례에 의하면 교육감의 관장 사무(「교육자치법」 제20조)에 대해 지방자치단체의 장은 규칙을 발할 수 없다. 즉, 교육감은 관할 지역 내 교육·학예에 관한 행정사무를 독자적으로 관장하기 때문에 일반지방자치단체의 장이 교육감의 고유 업무에 관한 자치 법규의 입법 과정에 관여하는 것은 교육감의 고유 권한을 침해하는 것이어서 위법한 것이 된다.[72] 그러나 2013년 대법원 판례에서는 중·고등학교 학생의 수업료 및 입학금 그 자체에 관한 사무는 교육감의 사무이지만, 주민 자녀의 수업료 및 입학금에 관한 부담을 경감시키는 것은 주민복지 및 청소년 보호에 관한 사항으로서 각 지방자치단체의 사무로 볼 수 있다고 판결하고 있다.[73] 무상급식이나 누리과정 예산 부담 주체와 관련한 논쟁에서 드러나듯이, 교육감이 관장하는 지방의 교육·학예에 관한 사무의 범위, 재정 부담, 책무성 부담의 주체는 논란의 여지가 있다.

교육감 선출과 관련하여, 2010년 지방선거 이후 교육감을 주민직선으로 선출하게 됨에 따라 그간 논란이 되었던 교육감의 주민 대표성이 보장되고 있으나 교육부 장관, 시·도지사, 교육감 간 교육·학에 관한 사무의 결정·집행과 관련한 갈등은 여전히 상존한다. 이는 한편으로 지방분권과 교육분권이 진행될수록 지방자치단체의 교육을 발전시키기 위한 교육감의 교육 리더십, 교육감의 역할과 기능이 보다 중요해짐을 의미한다.

미주

1 기채는 국가나 공공단체(지방자치단체)가 공채를 모집하는 것으로 교육·학예에 관한
  사무 집행을 위해 공채 발행을 통한 재원을 조달하는 행위를 말한다.

2 황준성 외(2014: 14, 22).

3 황준성 외(2014: 24).

4 하봉운 외(2016: 29).

5 법령상 재의(再議)는 이미 결정한 사항을 같은 기관이 다시 심사하거나 의결하는 것을
  말하며, 제소(提訴)는 소송을 제기하는 것이다.

6 고전(2014: 9).

7 고전(2014: 11).

8 고전(2014: 10).

9 중앙선거관리위원회 홈페이지(http://info.nec.go.kr/electioninfo/electionInfo_report.
  xhtml)

10 고전(2014: 10).

11 고전(2014: 11).

12 여기서 교육감 선출제도의 역사적 변천은 1991년의 「교육자치법」 제정 이후로 한정한다.
   1991년 이전의 교육감 선출제도의 변화는 이 책의 제3장을 참고할 수 있다.

13 송기창(2015)은 교육감 선출방식(간선제, 직선제), 교육감의 자격을 기준으로 1991년
   교육자치법 제정 이후 교육감 제도의 변천을 세 시기로 구분하고 있다(1991~2010년,
   2010~2014년, 2014~현재). 반면, 김영환 등(2011), 김혜연과 김성열(2016)은 교육감
   선출제도의 변화를 교육감 선출방식, 선거권자, 교육감의 자격 등을 기준으로 크게 네
   시기로 구분하였다(1991~1996년, 1997~1999년, 2000~2006년, 2007년~현재). 이
   절의 교육감 선출제도 변화는 후자의 구분을 따른 것이다.

14 김혜연, 김성열(2016: 32).

15 고전 외(2014: 1).

16 김혜연, 김성열(2016: 32).

17 송기창(2015: 114-115).

18 송기창(2015: 115).

19 김혜연, 김성열(2016: 33).

20 김혜연, 김성열(2016: 34).

21 송기창, 박소영(2011).

22 최영출(2013: 246).

23 김영환 외(2011).

24 김영환 외(2011: 162-163).

25 고전 외(2014); 김영환 외(2011: 167-184); 김혜숙 외(2011: 50-54); 김혜연, 김성열(2016); 최영출 외(2011: 60).

26 김영환 외(2011); 송기창(2009: 37).

27 김영환 외(2011: 182).

28 김영환 외(2011: 171).

29 김영환 외(2011: 171).

30 이종근(2015).

31 김영환 외(2011: 174).

32 김영환 외(2011: 176-180).

33 김영환 외(2011: 176).

34 헌법재판소 2002. 3. 28. 2000헌마283, 225.

35 김영환 외(2011: 181).

36 손희권(2004).

37 헌법재판소에서는 교육의 목적을 국민 개개인의 타고난 소질을 계발하여 인격을 완성하게 하고 자립생활을 할 능력을 증진시킴으로써 인간다운 생활을 누릴 수 있게 하는 데 있다고 보고 있다(헌법재판소 1991. 7. 22. 89헌가106 「사립학교법」 제55조, 제58조 제1항 제4호에 관한 위헌심판; 헌법재판소 2001. 11. 29. 2000헌마278 「초·중등교육법」 제31조 등 위헌 확인; 김영환 외, 2011: 12).

38 김영환 외(2011: 14).

39 김영환 외(2011: 15).

40 김영환 외(2011: 16).

41 헌법재판소 1992. 11. 12. 19889헌마88; 김혜연, 김성열(2016: 36); 김영환 외(2011: 2).

42 김혜연, 김성열(2016: 35).

43 김혜연, 김성열(2016: 43).

44 권영성(2010: 269); 김영환 외(2011: 21−22).

45 권영성(2010: 269).

46 김혜연, 김성열(2016: 43).

47 김영환 외(2011).

48 김영환 외(2011: 26).

49 김혜연과 김성열(2016)은 교육의 정치적 중립성을 참정권과 연계하여 논의하고 있으나, 엄밀히 말하여 교육의 정치적 중립성과 공무 담임권, 교육감 직선제와 참정권(국민이 국가의 의사 형성이나 정책 결정에 직접 참여하거나, 선거인단·투표인단의 일원으로서 선거 또는 투표에 참여하는 것)을 상호 연계되는 쟁점으로 논의하는 것이 보다 타당하다. 교육의 정치적 중립성 보장을 위해 교육감 후보자의 자격으로 비정당원 요건을 두는 것은 공무 담임권을 침해할 여지가 일부 있기 때문이다.

50 지방선거와 동시에 교육감 선거가 이루어지면서 지방선거의 후보자와 동일한 기호를 부여받은 교육감 후보자가 유리하거나 불리하다는 등 기호의 영향을 받게 되어 유권자의 투표 의사가 왜곡될 수 있다는 것이다. 2007년 17대 대통령 선거와 동시에 실시된 4개 시·도교육감 선거(울산, 충북, 경남, 제주)에서 대통령 당선자와 동일한 기호를 배정받은 교육감 후보자가 당선되면서 이러한 우려가 제기된 바 있다(김영환 외, 2011).

51 고전(2010); 박명호, 이익주(2015: 224−225); 장덕호 외(2010: 36).

52 헌법재판소 2002. 3. 28. 2000헌마283, 225.

53 헌법재판소 2002. 3. 28. 2000헌마283, 226.

54 박명호, 이익주(2015).

55 지방교육자치 법규는 교육과 관련된 지방자치단체의 고유 또는 위임사무의 수행을 위하여 지방교육자치단체가 보유한 자치입법권의 책임 아래 제정된 조례와 규칙을 총칭하는 개념이다(황준성 외, 2014: 20).

56 황준성 외(2014: 64).

57 나민주 외(2015: 81).

58 황준성 외(2014: 99−100).

59 황준성 외(2014: 101).

60 황준성 외(2014: 102).

61 나민주 외(2015: 82).

62 나민주 외(2015: 82); 이일용(2011: 64).

63 나민주 외(2015: 82).

64 이인회 외(2011).

65 이일용(2011: 72).

66 「교육자치법」 제19조는 "국가 행정사무 중 시·도에 위임하여 시행하는 사무로서 교육·학예에 관한 사무는 교육감에게 위임하여 행한다. 다만, 법령에 다른 규정이 있는 경우에는 그러하지 아니하다."라고 규정하고 있다.

67 고전(2011); 안주열(2015); 조석훈(2010).

68 교육감에 대한 국가의 관여를 김동희(2013)는 입법적 관여(법률제·개정, 행정입법), 사법적 관여(법원, 행정심판), 행정적 관여(교육부 장관의 명령) 등으로 구분하고 있으며, 김창우와 김규태(2014)도 이를 따르고 있다.

69 임현(2012: 334).

70 나민주 외(2015).

71 나민주 외(2015: 51).

72 대법원판례 1994. 4. 26. 1993추175.

73 대법원판례 2013. 4. 11. 2012추22.

고전(2004). 지방자치와 교육자치의 발전·연계 방안. 경기논단, 6(2), 7-30.

고전(2010). 교육감 선거제도의 규범적 타당성 및 사실적 실효성 진단 연구. 교육법학연구, 22(2), 1-22.

고전(2011). 교원능력개발평가 법제화의 쟁점과 과제. 교육행정학연구, 29(4), 125-144.

고전(2014). 2014 교육감 주민직선 결과 및 쟁점 분석. 교육법학연구, 26(3), 1-25.

고전, 음선필, 이덕난, 정재훈, 박종성(2014). 교육감 선거제도 개선 방안 분석(수시현안 정책연구 RI 2013-4). 충북: 한국지방교육연구소.

권영성(2010). 헌법학원론. 서울: 법문사.

김동희(2013). 행정법(Ⅱ). 서울: 박영사.

김영환, 김성배, 기현석(2011). 교육감 선출제도의 개선방안에 관한 공법학적 연구. 2011년 교육과학기술부 정책연구개발사업. 교육과학기술부.

김창우(2014). 교육감의 행정행위와 책무성 유형에 대한 쟁점 탐색과 교육당사자의 인식 분석. 계명대학교 박사학위논문.

김창우, 김규태(2015). 교육감의 행정행위와 책무성에 대한 학부모와 교원의 인식 분석. 교육정치학연구, 22(1), 1-27.

김혜숙, 김종성, 장덕호, 조석훈, 홍종현(2011). 지방교육자치제도 개선방안 연구(RR2011-02-1). 서울: 한국교육개발원.

김혜연, 김성열(2016). 교육감 선출제도의 쟁점 분석 -헌법재판소의 결정례를 중심으로-. 교육법학연구, 28(3), 25-53.

나민주 외(2015). 지방교육자치의 성과와 과제(연구보고 2015-1). 충북: 한국지방교육연구소.

노기호(2015). 지방자치단체장과 교육감의 연계, 협력 방안. 법과 정책연구, 15(3), 911-942.

박명호, 이익주(2015). 한국형(型) 교육감 선임제도의 모색을 위한 시론(試論). 정치정보연구, 18(1), 215-237.

박수정, 김용(2009). 지방교육행정협의회의 현황과 발전과제. 교육행정학연구, 27(4), 369-371.

손희권(2004). 교육의 자주성에 대한 헌법재판소 판례 분석. 교육행정학연구, 22(3).

송기창(2009). 현행 교육감 직선제에 대한 평가와 과제(OR 2009-04). 서울: 한국교육개발원.

송기창(2015). 지방교육자치제에 대한 역사적 고찰과 미래 방향 모색. 교육행정학연구, 33(2), 105-127.

송기창, 박소영(2011). 2010년 교육감 및 교육의원 선거의 기호 효과에 관한 연구. 교육행정학연구, 29(2), 239-260.

안주열(2015). 교육감의 법적 지위에 관한 고찰: 교육부 장관과의 관계를 중심으로. 국가법연구, 11(1), 11-18.

이인회, 하봉운, 이혜정, 김숙이, 김석, 하태완, 홍석우(2011). 교육자치와 일반 자치단체 간 협력 강화 방안 연구(RI2011-2). 충북: 한국지방교육연구소.

이일용(2011). 지방교육자치와 일반자치의 연계협력 활성화 방안. 한국교육문제연구, 29(2), 59-81.

이종근(2015). 헌법원리에 비추어 본 교육감 직선제의 문제점과 제(諸)대안의 적실성 검토. 교육법학연구, 27(3), 151-184.

임현(2012). 교육감의 권한과 통제에 관한 법적 문제. 토지공법연구, 제56집, 331-347.

장귀덕, 김왕준(2015). 지방교육자치제의 헌법적 본질 관점에서 본 교육감-교육부 장관의 갈등 조정에 관한 연구. 교육법학연구, 27(3), 209-238.

장덕호, 정영수, 이일용, 주동범, 하동운, 양성관, 김정희, 정성수(2010). 민선교육감시대의 지방교육자치 발전을 위한 과제(OR2010-06). 서울: 한국교육개발원.

조석훈(2010). 교육 부문에서 국가와 지방자치단체의 관계 분석. 교육행정학연구, 28(3), 101-131.

최영출(2013). 현행 교육감 선출제도의 주요쟁점과 성향일치도 분석. 한국비교정부학보, 17(2), 243-261.

최영출, 박수정, 김민희, 오세희(2011). 이해관계자 AHP 분석을 통한 교육감 선출제도의 대안 탐색. 지방정부연구, 15(1), 51-73.

하봉운, 김성기, 장덕호, 이진만, 전성훈, 김미선(2016). 교육분야 국가 및 자치사무에 관한 연구. 경기도교육청. 미발간보고서.

한국교육개발원(2014. 6. 10.). 6·4전국 동시 지방선거 시·도교육감 당선자의 주요 공약 현황. 교육정책포럼, 제252호. 서울: 한국교육개발원.

황준성, 임소현, 고전, 이덕난(2014). 지방교육자치 법규 입법현황 및 개선방안 연구(RR 2014-06). 서울: 한국교육개발원.

헌법재판소 1992. 11. 12. 89헌마88, 739-775.

헌법재판소 2002. 3. 28. 2000헌마283, 211-226.

헌법재판소 2015. 11. 26. 2014헌마662, 382-389.

중앙선거관리위원회　http://info.nec.go.kr/electioninfo/electionInfo_report.xhtml

〈부록 표 4-1〉 국가와 지방자치단체 간 법적 분쟁 관련 대법원 및 헌법재판소 판례

판례번호	주요 쟁점	판결(결정)요지
대법원 판례		
1996. 9. 20. 선고 95누7994	• 공립초등학교의 설치·폐지에 관한 권한의 소재 주체 • 상위 법률(「도서벽지교육진흥법」)에 의하여 지정된 도서벽지학교를 지방의회가 조례로 폐지할 수 있는지 여부	• 공립학교는 공공시설로서 그 설치·폐지에 관한 사항은 다른 법령에 규정이 없는 경우 조례로 가능 • 「도서벽지교육진흥법」의 취지는 시설설비와 교원을 타에 우선하여 조치하고 그 경비를 지원한다는 것뿐이고, 이러한 사정만으로 상위 법률 혹은 교육부 장관이 그 학교에 대한 폐지 권한이 있다고 볼 수 없음
1996. 11. 29. 선고 96추84	• 학교급식시설의 지원에 관한 사무가 기초단체의 사무인지 여부 • 학교급식시설의 지원 대상학교를 확대하는 조례안이 법령에 저촉되지 아니한다고 본 사례	• 학교급식의 실시에 관한 사항은 지방자치단체의 사무로서 특히 학교급식시설의 지원에 관한 사무는 학교급식의 실시에 관한 사무에 해당하지 않음 • 학교급식시설의 지원에 관하여 규정하고 있는 조례안은 「지방재정교부금법」에 위반되지 아니함
2013. 6. 27. 선고 2009추206	• 담당 교육청 소속 국가공무원인 교사에 대한 교육감의 징계의결요구 사무가 국가 위임사무인지 여부	• 「지방교육자치에 관한 법률」과 「지방자치법」의 문언과 직무이행명령 제도의 취지(기관에 위임된 국가사무의 통일적 실현을 강제하고자 하는 점)을 고려하면 국가 위임사무란 교육감 등에 위임된 기관위임 국가사무를 의미함 • 교육공무원의 징계사무는 국민 전체의 이익을 위하여 통일적으로 처리되어야 할 성격의 사무로서 국가공무원인 교사에 대한 징계는 국가사무이고 그 일부인 징계의결요구 역시 국가사무에 해당한다고 보는 것이 타당

〈부록 표 4-1〉 국가와 지방자치단체 간 법적 분쟁 관련 대법원 및 헌법재판소 판례(계속)

판례번호	주요 쟁점	판결(결정)요지
2013. 5. 23. 선고 2011추56	• 법령상 지방자치단체의 장이 처리하도록 하고 있는 사무가 자치사무인지 기관위임사무인지를 판단하는 방법 • 구「교원 등의 연수에 관한 규정」에 따른 교원능력개발평가가 국가사무로서 각 시·도 교육감에게 위임된 기관사무인지 여부	• 관련 법령의 규정 형식과 취지를 우선 고려하여야 하고 그 밖에 그 사무의 성질이 전국적으로 통일적인 처리가 요구되는 사무인지, 그에 관한 경비부담과 최종적인 책임귀속의 주체가 누구인지 등도 함께 고려 필요 • 교원능력개발평가는 국가나 지방자치단체로 하여금 교원의 연수에 관한 계획을 수립할 것을 규정한 조항, 교육공무원이 연수받을 수 있는 조항 등「교육공무원법」의 규정에 따른 연수를 위한 기본적 사항을 규정함을 목적으로 하고 있는 교육연수규정에 근거한 기관위임사무임
2013. 12. 23. 선고 2011추63	• 교육부 장관이 교육감에 대하여 할 수 있는 직무이행명령의 대상사무인 국가 위임사무의 의미	• 교육공무원 징계사무의 성격, 그 권한의 위임에 관한「교육공무원법」의 규정 형식과 내용 등에 비추어 보면, 국가공무원인 교사에 대한 징계는 국가사무이고, 그 일부인 징계의결요구 역시 국가사무에 해당한다고 봄이 타당, 따라서 교육감이 담당 교육청 소속 국가공무원인 교사에 대하여 하는 징계의결요구 사무는 국가 위임사무임(대법원 2013. 6. 27. 선고 2009추206판결 참조)
2013. 6. 27. 선고 2011도797	• 교육감이 수사기관으로부터 교육공무원의 징계사유를 통보받고도 징계요구를 하지 아니하여 주무부 장관으로부터 직무이행명령을 받으나 그에 대한 이의의 소를 제기한 경우, 징계사유를 통보받은 날로부터 1개월 내에 징계 요구를 하지 않았다는 사정만으로 직무를 유기한 것에 해당하는지 여부	• 주무부 장관의 직무이행명령에 이의의 소를 제기한 경우에는 수사기관 등으로부터 통보받은 자료 등을 보아 징계사유에 해당함이 객관적으로 명백한 경우 등 특별한 사정이 없는 한 징계사유를 통보받은 날로부터 1개월 내에 징계요구를 하지 않았다는 것만으로 곧바로 직무유기로 볼 수 없음
2013. 11. 28. 선고 2012추15	• '서울특별시 학생인권 조례 제정 조례안' 관련하여 서울특별시교육감 권한대행이 해당 조례안에 대하여 재의결을 요구, 이후 교육감이 업무에 복귀 후 재의결요구 철회, 주무부 장관은 교육감에게 재의요구를 지시하였으나 교육감은 조례를 공포하였을 때 조례의 효력 여부	• 교육부 장관이 시·도의회의 의결사항에 대하여 대법원에 직접 제소하기 위해서는 교육감이 그 의결사항을 이송받은 날부터 20일 이내에 시·도의회에 재의를 요구할 것을 교육감에게 요청하였음에도 교육감이 재의요구 요청을 이행하지 아니한 경우에는 효력을 상실하나, 본 사건에서는 20일이 경과하여 학생인권조례의 효력은 발생

〈부록 표 4-1〉국가와 지방자치단체 간 법적 분쟁 관련 대법원 및 헌법재판소 판례(계속)

판례번호	주요 쟁점	판결(결정)요지
2014. 2. 27. 선고 2012추145	• '서울특별시 교권보호와 교육활동 지원에 관한 조례안'은 국가사무에 관하여 법령의 위임 없이 조례로 정한 것으로 조례제정권의 한계를 벗어나 위법하다고 본 사례 • 자치사무와 기관위임사무 구분방법	• 관련 법령의 규정 형식과 취지를 우선 고려하여야 할 뿐 아니라, 그 사무의 성질이 전국적으로 통일적인 처리가 요구되는 사무인지 여부 혹은 그에 관한 경비부담과 최종적인 책임 귀속의 주체 등을 고려하여 판단
2014. 2. 27. 선고 2012추183	• 학교의 장이 행하는 학교생활기록의 작성에 관한 사무의 성질 및 교육감의 학교생활기록부 작성에 관한 지도·감독 사무가 국가사무로서 교육감에게 위임된 기관위임사무인지 여부	• 학교생활기록의 체계적·통일적인 관리가 필요하고, 고등학교의 입학전형과 대학교의 입학전형자료로 활용되므로 학교의 장이 행하는 학교생활기록의 작성에 관한 사무는 국민 전체의 이익을 위하여 통일적으로 처리되어야 할 성격의 사무. 따라서 전국적으로 통일적 처리를 요하는 학교생활기록의 작성에 관한 사무에 대한 감독관청의 지도·감독 사무도 국가사무로서 교육감에 위임된 사무임
헌법재판소 판례		
1998. 10. 15. 결정 96헌바77	• 「헌법재판소법」제68조 제1항에 해당하여 해당 조례안의 위헌심사 여부 • 「헌법재판소법」제68조 제2항에 해당하여 위헌심사 여부	• 「도서지역교육진흥법」의 제3조는 국가는 도서벽지의 의무교육의 진흥을 위하여 타에 우선하여 조치를 취하여야 하며 이에 필요한 제 경비는 타에 우선하여 지급하여야 한다는 '국가의 임무'를 선언한 규정, 그런데 이와 같은 '정의규정' 내지는 '선언규정'인 이 법률 조항 자체에 의하여 청구인들의 자유의 제한, 의무의 부과, 권리 또는 법적 지위의 박탈이 생길 수 없음 • 조례는 「헌법재판소법」제68조 제2항(위헌심사대상)에 해당되지 아니함. 한편, 공공시설의 설치는 지방자치단체가 수행하여야 할 중요한 사업의 하나이고, 또 일반적으로 상당한 액수의 예산조치를 필요로 하는 일이므로 지방자치단체의 가장 기본적인 의사결정 방식인 지방의회의 의결을 거쳐서 제정되는 조례라는 법 형식에 의해 직접적·개별적으로 이루어져야 한다는 취지로 해석됨. 또한 조례에 의하여 설치된 초등학교의 폐지도 원칙적으로 설치조례의 개폐에 의하여 이루어져야 함

⟨부록 표 4-1⟩ 국가와 지방자치단체 간 법적 분쟁 관련 대법원 및 헌법재판소 판례(계속)

판례번호	주요 쟁점	판결(결정)요지
2005. 12. 22. 결정 2004헌라3	• 의무교육 경비의 중앙정부 부담원칙이 헌법상 도출되는지 여부 • 교육재정제도에 관한 「헌법」의 위임과 입법형성권	• 「헌법」 제31조 제2항, 제3항으로부터 직접 의무교육 경비를 중앙정부로서의 국가가 부담하여야 한다는 결론은 도출되지 않으며, 의무교육의 성질상 중앙정부로서의 국가가 모든 비용을 부담하여야 하는 것도 아니므로, 「지방교육자치에 관한 법률」 제39조 제1항이 의무교육 경비에 대한 지방자치단체의 부담 가능성을 예정하고 있다는 점만으로는 「헌법」에 위반되지 않음 • 「헌법」 제31조 제4항, 제6항은 교육제도와 교육재정제도의 형성에 관하여 헌법이 직접 규정한 사항 외에는 입법자에게 위임하고 있으므로, 입법자는 중앙정부와 지방정부의 재정 상황, 의무교육의 수준 등의 여러 가지 요소와 사정을 감안하여 교육 및 교육재정의 충실을 위한 여러 정책적 방안들을 구상하고 그 중의 하나를 선택할 수 있으며, 이에 관한 입법자의 정책적 판단·선택권은 넓게 인정됨
2011. 8. 30. 결정 2010헌라4	• 자율형사립고 지정 취소 사무의 성격	• 교육부 장관이 교육감에게 지시한 '자율형 사립고 지정·고시 취소 시정명령'으로 교육감의 권한행사에 진지한 장애가 초래되었거나 법적 지위가 불리하게 되었다고 볼 수는 있으나, 이미 소에서 교육감의 취소처분의 취소의 소로 인하여 교육감의 취소처분의 효력이 소멸하였기 이에 따른 시정명령 또한 소멸된 것으로 판단됨
2013. 9. 26. 결정 2012헌라1	• 교육·학예에 관한 시·도의회의 의결사항에 대하여 서울특별시교육감이 재의요구를 하였다가 철회한 것이 교육부 장관의 재의요구 요청권한을 침해하는지 여부 • 서울특별시교육감이 조례안 재의요구를 철회하자, 조례안을 이송받고 20일이 경과한 이후 교육부 장관이 조례안 재의요구 요청을 한 경우, 서울특별시교육감이 재의요구를 하지 않은 부작위, 서울특별시교육감이 조례를 공포한 행위가 교육부 장관의 재의요구 요청권한을 침해하는지 여부	• 「지방교육자치에 관한 법률」 제28조 제1항 제1문이 규정한 교육·학예에 관한 시·도의회의 의결사항에 대한 교육감의 재의요구 권한과, 같은 항 제2문이 규정한 교육부 장관의 재의요구 요청 권한은 중복하여 행사될 수 있음 • 20일이 경과한 뒤의 재의요구 요청은 부적법하므로, 부적법한 재의요구 요청이 있다고 하여 서울특별시교육감이 조례안에 대하여 재의요구를 하여야 할 「헌법」이나 법률상의 작위의무가 있다고 볼 수 없음

〈부록 표 4-1〉국가와 지방자치단체 간 법적 분쟁 관련 대법원 및 헌법재판소 판례(계속)

판례번호	주요 쟁점	판결(결정)요지
2013. 12. 26. 결정 2012헌라3 2013헌라1 (병합)	• 시국선언 교사에 관한 교육감의 징계의결 사무의 성격	• 「국가공무원법」등 관계 법령에 의하면 교육감 소속 교육장 등은 모두 국가공무원이고, 그 임용권자는 대통령 내지 교육부 장관인 점, 국가공무원의 임용 등 신분에 관한 사항이 해당 지방자치단체의 특성을 반영하여 각기 다르게 처리된다면 국가공무원이라는 본래의 신분적 의미는 상당 부분 몰각될 수 있는 점 등에 비추어 보면, 국가공무원인 교육장 등에 대한 징계사무는 국가사무라고 보아야 함. 또한 구 「교육공무원법령」등에 따라 교육감 소속 장학관 등의 임용권은 대통령 내지 교육부 장관으로부터 교육감에게 위임되어 있고, 「교육공무원법」상 '임용'은 직위해제, 정직, 해임, 파면까지 포함하고 있는 점 등에 비추어 보면, 교육감 소속 교육장 등에 대한 징계의결요구 내지 그 신청사무 또한 징계사무의 일부로서 대통령, 교육부 장관으로부터 교육감에게 위임된 국가 위임사무임

출처: 황준성 외(2014: 94-97).

제**5**장

교육위원회

교육위원회는 교육감 제도와 함께 지방교육자치제도의 근간을 이루는 제도 중 하나이다. 이 장에서는 교육위원회의 현재 모습을 이해하기 위해 교육위원회의 법적 근거 및 구성 체계 등을 살피고, 위원회의 성격과 교육의원 선출제도의 변천 과정, 교육위원회의 현황 및 관련 쟁점을 제시한다.

📖 1. 교육위원회 제도의 법적 근거

1) 설치 및 구성

　2016년까지 교육위원회의 설치 근거는 「지방교육자치에 관한 법률」(이하 「교육 자치법」)이었다. 이 법에 시·도의회에 교육·학예에 관한 의안과 청원 등을 심사 의결하기 위하여 상임위원회를 둔다는 조항이 일괄 명시되어 있었다. 그러나 2016년 12월 13일 이후 삭제되었고 2017년 현재 16개 시·도는 「지방자치법」에, 제주특별자치도는 「제주특별자치도 설치 및 국제자유도시 조성을 위한 특별법」 (이하 「제주특별법」)에 그 설치 근거가 명시되었다. 즉, 16개 시·도의 교육위원회 는 「지방자치법」 제56조에 의해 조례로 정하는 바에 따라 지방의회에 설치되며, 소관 의안과 청원 등을 심사·처리하는 상임위원회[1]로 설치된다. 그러나 교육(상 임)위원회를 의무적으로 설치해야 하는 규정이 없기 때문에 지방의회의 필요에 따라 얼마든지 설치 또는 폐지될 수 있다는 점이 우려사항으로 남아 있다. 제주특별자치도는 「제주특별법」 제63조, 「지방자치법」 제56조에도 불구하고 도의회에 교육·과학·기술·체육과 그 밖의 학예에 관한 소관 사항을 심의·의결하기 위해 상임위원회로 교육위원회를 둔다고 명시하고 있다.

16개 시·도의 교육(상임)위원회는 「지방자치법」 제56조 제3항에 의거하여 본회의에서 시·도의회 의원 중 선임하여 구성하며, 제주특별자치도는 「제주특별법」 제64조에 따라 교육위원회는 9명으로 구성하되, 별도 선출된 교육의원 5인을 포함한다.

2) 교육위원회의 권한

교육위원회는 법제도적으로 심의·의결과 교육에 관한 조례제정 권한, 교육행정에 대한 시정 요청 및 감사권을 갖는 의사결정체이다. 과거에는 「교육자치법」에 교육위원회의 권한이 11개의 조항으로 명시되어 있었으나, 현재는 모두 삭제되었다.[2] 현재는 「제주특별법」 제68조에만 별도 명시되어 있다. 그 외 시·도는 「지방자치법」에 명시된 지방의회의 권한으로 대체하여 이해한다. 「지방자치법」 제58조에는 지방의회 소속 위원회의 권한에 대해 그 소관에 속하는 의안과 청원 등 또는 지방의회가 위임한 특정한 안건을 심사하는 것으로 명시하고 있다. 교육위원회의 권한적용범위는 교육청 소관 사항으로 조례에 명시되어 있다.[3] 교육위원회의 권한은 제39조에 의결사항이 명시되어 있고, 동법 제40조와 41조에는 지방자치단체의 장에게 관련 서류를 요구하고, 행정사무를 감사하며 조사할 수 있는 권한이 명시되어 있다(〈표 5-1〉 참조).

👥 〈표 5-1〉 교육위원회의 권한

구분	내용
제39조 의결 사항	1. 조례의 제정·개정 및 폐지 2. 예산의 심의·확정 3. 결산의 승인 4. 법령에 규정된 것을 제외한 사용료·수수료·분담금·지방세 또는 가입금의 부과와 징수 5. 기금의 설치·운용 6. 대통령령으로 정하는 중요 재산의 취득·처분 7. 대통령령으로 정하는 공공시설의 설치·처분 8. 법령과 조례에 규정된 것을 제외한 예산 외의 의무부담이나 권리의 포기 9. 청원의 수리와 처리 10. 외국 지방자치단체와의 교류협력에 관한 사항 11. 그 밖에 법령에 따라 그 권한에 속하는 사항
제40조 서류제출요구	① 본회의나 위원회는 그 의결로 안건의 심의와 직접 관련된 서류의 제출을 해당 지방자치단체의 장에게 요구할 수 있다.
제41조 행정사무 감사 권 및 조사권	① 지방의회는 매년 1회 그 지방자치단체의 사무에 대하여 시·도에서는 14일의 범위에서, 시·군 및 자치구에서는 9일의 범위에서 감사를 실시하고, 지방자치단체의 사무 중 특정 사안에 관하여 본회의 의결로 본회의나 위원회에서 조사하게 할 수 있다.

출처: 지방자치법(2017. 4. 18. 일부개정).

3) 교육의원 선출방식 및 자격기준

(1) 선출방식

현재 별도의 교육의원[4] 선출방식은 없고, 시·도의회 의원 중 선임 또는 개선한다. 다만, 제주특별자치도는 「제주특별법」에 규정된 교육자치 관련 규정에 따라 교육위원을 선출한다. 그 외 시·도의 교육위원은 교섭단체 소속의원 수에 비례하여 각 교섭단체 대표의원의 요청으로 의장과 협의한 후 본회의에서 선임 또는 개선한다. 비교섭단체의 의원은 해당 의원의 의견을 들어 의장이 선임 또는 개선한다. 제주특별자치도의 경우, 동법 제64조에 근거 9명으로 교육위원회를 구성하되, 도의회 의원 4명과 「지방자치법」 제31조 및 「공직선거법」의 지역선거구 시·도의회 의원 선거에 관한 규정에 따라 별도로 선출한 도의회 의원인 교육위원 5명으로 구성한다.

(2) 자격기준

선임 또는 개선되는 교육의원의 자격기준은 별도로 제시되어 있지 않다. 다만, 「지방자치법」 제35조의 현직 의원의 겸직 등 금지 사유를 적용받고, 「공직선거법」 제16조와 제19조에 명시된 피선거권 관련 사항을 적용받는 시·도의회 의원의 자격요건으로 교육의원의 자격기준을 가늠해 볼 수 있다.

동법 제16조 제3항에는 선거일 현재 계속하여 60일 이상[5] 해당 지방자치단체의 관할구역에 주민등록이 되어 있는 주민으로서 25세 이상인 국민은 그 지방의회 의원 및 지방자치단체의 장에 대한 피선거권이 있다. 이 기준으로 보면 교육의원이 될 수 있는 사람은 25세 이상인 그 지역주민은 누구나 가능하다. 시·도의회 의원으로 출마할 수 없는 자, 즉 피선거권이 없는 자는 제19조에 명시되어 있는데, 교육의원은 공직자로서 지켜야 특정 법규를 위반한 자가 아닌 경우 교육전문성 여부와 무관하게 누구든 될 수 있다. 주민 대표성 중심의 자격기준이다.

제주특별자치도의 교육의원 선거는 「제주특별법」 제65조에 따라 정당이 후보자를 추천할 수 없고 지역 선거구시·도의회 의원 선거의 무소속 후보자 추천과 등록에 관한 사항을 준용하도록 하여 정치적 중립성을 지킬 수 있는 근거 조항을 만들어 두었다. 또한 교육의원 후보자가 되려는 사람은 동법 제66조에 의거 후보자 등록신청 개시일부터 과거 1년 동안 정당의 당원이 아닌 사람이어야 하며, 개시일 기준 교육 경력과 교육행정 경력 중 어느 하나 또는 합쳐서 5년 이상인 자로 자격 조건을 제시하고 있다. 또한 동법 제67조에 사립학교의 교원이나 「지방자치법」에 정해진 직업에 겸직할 수 없다는 조항을 제시하고 있다.

2. 역사적 변천

1) 위상과 성격

교육위원회는 독립형 의결기구로 출발하였으나, 시행 초기부터 일반행정계의 1구역 1자치 논리에 부딪혀 축소된 지역에 설치할 수밖에 없었고, 지방자치가 정착되기 전까지는 독립형 의결 또는 집행 기구로 존재해 왔다. 그러나 정비된 이후로는 위임형(전심형) 의결기구의 성격을 갖게 되었다. 설치 단위는 초기 비자치제 지역과 광역 및 기초단위를 병행한 적이 잠시 있었지만, 1962년 이후부터는 광역단위에 설치하고 있다(〈표 5-2〉 참조).

〈표 5-2〉 교육위원회의 위상과 성격

구분	독립형			위임형[전심형(前審型)]	
기간	1952~1961	1962	1962~1990	1991~2006 (2010)	2006(2012)~ 현재
성격	의결	의결	합의제집행 (의결기능도 수행)	의결기구	전심형 심의의 결기구
설치단위	비자치제 지역, 광역, 기초	광역, 기초	광역	광역	광역

출처: 송기창(2015), 나민주 외(2015) 참조.

2) 규모 및 구성

교육의원의 규모는 지속적으로 그 규모가 줄었다. 「교육자치법」 제정 당시에는 특별시 및 직할시는 자치구 수만큼, 도 단위는 교육청 수만큼 교육위원을 두었고, 교육위원회별로는 7~25인의 규모로 구성하였다.[6] 이에 따라 1991년 9월부터 1994년 8월까지 활동했던 제1대 교육위원회의 교육위원은 총 224명이었다. 1998년

9월에 선출된 교육위원은 동년 6월 3일 관련 법률이 개정되어 상한선을 15인으로 하면서 146명으로 줄었다. 이후 변동이 없다가, 2006년 12월 20일 「교육자치법」의 전면 개정으로 교육위원회는 제8조의 규정에 따라 별도 선출된 의원(교육의원)과 시·도의회 의원으로 구성되었으며, 교육의원이 과반수가 되도록 구성하였다. 2010년 7월부터 2014년 6월까지 활동한 교육위원회는 139명으로 줄었고, 이 중 교육의원은 77명이었다. 2014년 7월 이후로는 교육의원 일몰제에 의해 추가 선출하지 않는다. 따라서 2017년 현재는 5명의 선출직 교육의원이 제주특별자치도에만 남아 있다. 그 외 시도들은 시·도의회 의원으로만 교육위원회를 구성한다(〈표 5-3〉 참조).

〈표 5-3〉 교육위원회 구성 현황

구분	제1대	제2대	제3대	제4대	제5대	제6대 시·도의원 +(교육의원)	제7대 시·도의원 +(교육의원)
활동기간	1991. 9.~ 1994. 8.	1994. 9.~ 1998. 8.	1998. 9.~ 2002. 8.	2002. 9.~ 2006. 8.	2006. 9.~ 2010. 6.	2010. 7~ 2014. 6.	2014. 7.~ 현재
교육의원 총수	224	235	146	146	146	139(77)	134(5)

출처: 중앙선거관리위원회(2017a).

3) 교육의원 선출방식 및 자격요건

교육의원 선출방식은 간선제에서 직선제로, 직선 후 간선제 방식으로 바뀌어 왔다. 간선제 방식에서는 교육의원을 선출하는 선거인을 제한하였다. 직선제 방식으로 선출할 때는 선거권을 확대하였으나 현재의 직선 후 간선제 방식에서는 지방의회 의원 중 교육위원회 소속 의원을 선임 또는 개선하므로 주민의 선거권이 축소되었다고 볼 수 있다. 교육의원의 자격요건은 점차 완화되었다. 주민의 선거권은 잠시 확대되었다가 현재는 다시 축소되었다. 교육의원의 자격요건을 보면,

교육 경력은 약화되고, 정당 가입 연한은 폐지되는 방향으로 바뀌어 왔다. 자세한 사항은 〈표 5-4〉와 같다.

〈표 5-4〉 교육의원 선출방식 및 자격요건

선출방식	간선제	간선제	직선제	직선 후 간선제
시기	1991. 3.~ 1997. 12.	1997. 12.~ 2006. 12.	2007. 1.~ 2014. 5.	2014. 6.~현재
관계 법령	「교육자치법」	「교육자치법」	「교육자치법」	「지방자치법」 「공직선거법」
방법	광역의회 선출 기초의회 추천	교육위원선거인단 선출	주민직접선거	**의회 의원 중 선임 또는 개선
교육의원 자격***	비정당원 교육(행정) 경력 15년 → 10년	비정당원 2년 교육(행정) 경력 10년	비정당원 1년 교육(행정) 경력 10년 → 5년	제한 없음*
특징	선거권 제한 피선거권 제한 교육 경력 강조 정치 가입 경력 불인정	선거권 제한 피선거권 제한 교육 경력 축소 정당 가입 기간 제시	선거권 확대 피선거권 제한 교육 경력 축소 정당 가입 기간 축소	선거권 축소 피선거권 확대 교육 경력 비제한 정당 가입 경력 비제한

* 제주특별자치도 선출직 교육의원: 비당원 기간 1년, 교육(행정) 경력 5년

** 의회 의원 중 교섭단체 소속의원 수의 비율에 의해 각 교섭단체 대표의원의 요청에 따라 선임 또는 개선. 비교섭단체 의원은 해당 의원의 의견을 들어 의장이 선임. 제주특별자치도는 「제주도특별법」 적용하여 교육의원 별도 선출

*** 지방교육자치제 이전인 1952년 5월부터 1961년 5월까지의 지방의회에서는 교육 및 정치 경력 제한이 없다가, 1961년 6월부터 1963년 12월까지의 지방의회부터 교육(행정) 경력 5년과 비당원 이어야 한다는 규정이 생겼다. 1964년 1월부터 1991년 2월까지는 교육(행정) 경력과 비당원 및 정치단체 비가입을 자격기준으로 하였다.

출처: 송기창(2015)의 내용을 요약하여 도표화함.

3. 교육위원회 현황

1) 교육위원회 구성 현황

교육위원회의 구성 현황을 살펴보기 전에 교육위원회를 포함한 지방의회의 상임위원회 현황을 먼저 살펴보면 다음과 같다. 2016년 11월 기준 17개 광역의회에 총 111개의 상임위원회가 구성되어 있으며, 평균 6.5개가 설치되어 있다. 의회별로 보면 세종시의회가 총 4개로 가장 적은 수의 위원회를 설치했고, 경기도는 최대 11개를 설치하였다. 상임위원회 소속 의원 수는 총 957명이다. 최소 인원으로 구성된 상임위원회는 대구시의회 건설교통위원회 등이 5명으로 구성되어 있으며, 최대 인원은 경기도의회 교육위원회로 총 19명이다.[7]

교육위원회는 「지방자치법」 제56조에 따라 상임위원회를 운영한다. 상임위원회의 위원장은 소속 상임위원 중에서 의장과 부의장 선거에 준하여 본회의에서 무기명투표로 선출한다. 상임위원장은 위원회를 대표하고 의사를 정리하며 질서를 유지하고 사무를 감독하며, 위원회의 의사일정과 개회일시를 부위원장과 협의하여 정한다. 상임위원회에는 교섭단체별로 부위원장 1인을 선임한다. 부위원장은 교섭단체별로 소속의원 중에서 호선하고 위원회에서 이를 승인한다. 부위원장은 위원장이 사고가 있는 경우에 그 직무를 대리하고, 위원회의 의사일정과 개회일시 등을 협의한다.

필요한 경우, 「지방자치법」 제41조에 따라 효율적인 안건 심사를 위하여 위원회 산하에 소위원회를 구성하여 운영하고, 그 구성과 권한, 폐지 등은 위원회 관련 규정을 준용한다. 소위원회는 위원회가 의결로 정한 범위에 한하여 활동하며, 위임받은 범위 외의 사항에 관하여 활동하고자 할 때에는 위원회의 의결을 다시 받아야 한다.

교육위원회의 교육의원 구성 비율은 2010년에 선출된 교육의원이 있을 당시는 전국 평균 55.41%였다. 그러나 2014년 지방선거부터 교육의원을 선출하지 않으면서 교육의원 구성비는 평균 3.55%가 되었다.

<表 5-5> 시 · 도별 교육위원회의 교육의원 구성비

[단위: 명(%)]

구분	제6회 지방선거(2014년)*		제5회 지방선거(2010년)**	
	교육의원	교육위원회 위원	교육의원	교육위원회 위원
계	5(3.55)	141(100.00)	82(55.41)	148(100.00)
서울	–	13(100.00)	8(53.33)	15(100.00)
부산	–	7(100.00)	6(54.55)	11(100.00)
대구	–	5(100.00)	5(55.56)	9(100.00)
인천	–	7(100.00)	5(55.56)	9(100.00)
광주	–	6(100.00)	4(57.14)	7(100.00)
대전	–	5(100.00)	4(57.14)	7(100.00)
울산	–	6(100.00)	4(57.14)	7(100.00)
세종	–	7(100.00)	–	–
경기	–	19(100.00)	7(53.85)	13(100.00)
강원	–	9(100.00)	5(55.56)	9(100.00)
충북	–	6(100.00)	4(57.14)	7(100.00)
충남	–	8(100.00)	5(55.56)	9(100.00)
전북	–	7(100.00)	5(55.56)	9(100.00)
전남	–	10(100.00)	5(55.56)	9(100.00)
경북	–	9(100.00)	5(55.56)	9(100.00)
경남	–	8(100.00)	5(55.56)	9(100.00)
제주	5(55.56)	9(100.00)	5(55.56)	9(100.00)

* 17개 시 · 도별 교육위원회 홈페이지의 교육의원 구성 현황을 토대로 작성함.
** 중앙선거관리위원회 제5회 교육의원선거 당선인 통계 기준

2) 교육의원의 인구학적 특성

교육위원회의 성별 구성비를 보면, 제5회 지방선거에서 당선된 교육의원 전체의 98.78%가 남성이었다. 제6회 지방선거 당선인 중 선임된 교육의원의 경우, 남성이 84.33%, 여성이 15.67%로 여성의 비율이 증가하였다.

👥 〈표 5-6〉 교육위원회 교육의원의 성별 구성비

[단위: 명(%)]

구분	제6회 지방선거(2014년)*			제5회 지방선거(2010년)**		
	계	성		계	성	
		남	여		남	여
합계	133(100.00)	113(84.33)	21(15.67)	82(100.00)	81(98.78)	1(1.22)
서울	13(100.00)	11(84.62)	2(15.38)	8(100.00)	8(100.00)	0(0.00)
부산	7(100.00)	7(100.00)	0(0.00)	6(100.00)	6(100.00)	0(0.00)
대구	5(100.00)	4(80.00)	1(20.00)	5(100.00)	5(100.00)	0(0.00)
인천	6(100.00)	5(83.33)	1(16.67)	5(100.00)	5(100.00)	0(0.00)
광주	5(100.00)	3(60.00)	2(40.00)	4(100.00)	4(100.00)	0(0.00)
대전	5(100.00)	3(60.00)	2(40.00)	4(100.00)	3(75.00)	1(25.00)
울산	6(100.00)	5(83.33)	1(16.67)	4(100.00)	4(100.00)	0(0.00)
세종	7(100.00)	6(85.71)	1(14.29)	−	−	−
경기	15(100.00)	11(73.33)	4(26.67)	7(100.00)	7(100.00)	0(0.00)
강원	8(100.00)	8(100.00)	0(0.00)	5(100.00)	5(100.00)	0(0.00)
충북	6(100.00)	4(66.67)	2(33.33)	4(100.00)	4(100.00)	0(0.00)
충남	8(100.00)	8(100.00)	0(0.00)	5(100.00)	5(100.00)	0(0.00)
전북	7(100.00)	6(85.71)	1(14.29)	5(100.00)	5(100.00)	0(0.00)
전남	9(100.00)	7(77.78)	2(22.22)	5(100.00)	5(100.00)	0(0.00)
경북	9(100.00)	9(100.00)	0(0.00)	5(100.00)	5(100.00)	0(0.00)
경남	8(100.00)	8(100.00)	0(0.00)	5(100.00)	5(100.00)	0(0.00)
제주	9(100.00)	8(88.89)	1(11.11)	5(100.00)	5(100.00)	0(0.00)

* 나민주 외(2015). 교육위원회 인적 구성현황표 기준(2014년 7월)
** 중앙선거관리위원회 제5회 교육의원선거 당선인 통계 기준

선출된 교육의원의 연령별 현황을 살펴보면 60세 이상 70세 미만이 62.20%로 가장 많았다(〈표 5-7〉 참조). 현재 교육의원의 연령별 현황을 파악할 수는 없다. 그러나 시 · 도의회 의원 선거 당선인 현황을 보면, 50세 이상 60세 미만의 당선인 비율이 가장 높고, 다음으로 40세 이상 50세 미만의 당선인 비율이 높은 것으로

나타나 제5회 교육의원 선거 당선인들보다는 연령대가 낮아졌을 것으로 유추해 볼 수 있다(자세한 사항은 〈부록 표 5-1〉 참조).

〈표 5-7〉 제5회 지방선거(교육의원선거) 당선인의 연령별 현황

[단위: 명(%)]

구분	계	40세 미만	40세 이상	50세 이상	60세 이상	70세 이상
합계	82(100.00)	0(0.00)	4(4.88)	23(28.05)	51(62.20)	4(4.88)
서울	8(100.00)	0(0.00)	1(12.50)	2(25.00)	4(50.00)	1(12.50)
부산	6(100.00)	0(0.00)	0(0.00)	3(50.00)	3(50.00)	0(0.00)
대구	5(100.00)	0(0.00)	0(0.00)	1(20.00)	2(40.00)	2(40.00)
인천	5(100.00)	0(0.00)	0(0.00)	1(20.00)	4(80.00)	0(0.00)
광주	4(100.00)	0(0.00)	0(0.00)	1(25.00)	3(75.00)	0(0.00)
대전	4(100.00)	0(0.00)	0(0.00)	0(0.00)	4(100.00)	0(0.00)
울산	4(100.00)	0(0.00)	0(0.00)	2(50.00)	2(50.00)	0(0.00)
세종	–	–	–	–	–	–
경기	7(100.00)	0(0.00)	1(14.29)	4(57.14)	2(28.57)	0(0.00)
강원	5(100.00)	0(0.00)	0(0.00)	0(0.00)	5(100.00)	0(0.00)
충북	4(100.00)	0(0.00)	0(0.00)	0(0.00)	4(100.00)	0(0.00)
충남	5(100.00)	0(0.00)	1(20.00)	2(40.00)	2(40.00)	0(0.00)
전북	5(100.00)	0(0.00)	0(0.00)	1(20.00)	4(80.00)	0(0.00)
전남	5(100.00)	0(0.00)	0(0.00)	1(20.00)	3(60.00)	1(20.00)
경북	5(100.00)	0(0.00)	0(0.00)	0(0.00)	5(100.00)	0(0.00)
경남	5(100.00)	0(0.00)	1(20.00)	2(40.00)	2(40.00)	0(0.00)
제주	5(100.00)	0(0.00)	0(0.00)	3(60.00)	2(40.00)	0(0.00)

* 중앙선거관리위원회 제5회 교육의원선거 당선인 통계 기준

교육의원 선거 당선인의 직업을 살펴보면, 무직과 기타 직업 비율이 70.73%이고, 교육의원 재선 비율은 14.63%, 교육자는 12.20%로 나타났다. 이 결과는 높은 연령별 비율과 연관성이 있어 보인다(〈표 5-8〉 참조). 선임된 교육의원의 직업별 현황을 파악하는 것은 어려웠다.

〈표 5-8〉제5회 지방선거(교육의원선거) 당선인의 직업 비율

[단위: 명(%)]

구분	계	교육의원(재선)	교육자	무직과 기타	그 외 직업
합계	82(100.00)	12(14.63)	10(12.20)	58(70.73)	2(2.44)
서울	8(100.00)	2(25.00)	0(0.00)	5(62.50)	1(12.50)
부산	6(100.00)	0(0.00)	1(16.67)	5(83.33)	0(0.00)
대구	5(100.00)	0(0.00)	2(40.00)	3(60.00)	0(0.00)
인천	5(100.00)	1(20.00)	1(20.00)	3(60.00)	0(0.00)
광주	4(100.00)	0(0.00)	0(0.00)	4(100.00)	0(0.00)
대전	4(100.00)	1(25.00)	1(25.00)	2(50.00)	0(0.00)
울산	4(100.00)	2(50.00)	0(0.00)	2(50.00)	0(0.00)
세종	7(100.00)	3(42.86)	0(0.00)	4(57.14)	0(0.00)
경기	5(100.00)	0(0.00)	1(20.00)	4(80.00)	0(0.00)
강원	4(100.00)	0(0.00)	0(0.00)	4(100.00)	0(0.00)
충북	5(100.00)	1(20.00)	0(0.00)	4(80.00)	0(0.00)
충남	5(100.00)	0(0.00)	1(20.00)	4(80.00)	0(0.00)
전북	5(100.00)	1(20.00)	0(0.00)	4(80.00)	0(0.00)
전남	5(100.00)	1(20.00)	1(20.00)	3(60.00)	0(0.00)
경북	5(100.00)	0(0.00)	2(40.00)	2(40.00)	1(20.00)
경남	5(100.00)	0(0.00)	0(0.00)	5(100.00)	0(0.00)
제주	5(100.00)	0(0.00)	0(0.00)	5(100.00)	0(0.00)

출처: 중앙선거관리위원회(2017b).

2017년 4월 현재 모든 교육의원은 정당에 소속되어 있다. 그러나 과거에는 정치인 비율이 그리 높지 않았다(〈부록 표 5-2〉참조). 교육위원회에서 활동하는 위원의 소속 정당 현황을 살펴보면, 전체 136명 중 자유한국당이 63명으로 가장 많고, 더불어민주당 55명, 국민의당 8명, 바른정당 6명 순이다. 17개 시 · 도 교육위원회에서 자유한국당 소속 위원장이 총 8명으로 가장 많았다. 유일하게 교육위원을 별도로 선출하는 제주특별자치도의 경우 위원장은 교육의원 5인 중 1인이 맡는다.

👥 〈표 5-9〉 제6회 지방선거에 의해 구성된 교육위원회 위원의 정당별 인원수 및 비율 (2017년 4월 기준)

[단위: 명(%)]

구분	계	소속 정당			
		자유한국당	바른정당	더불어민주당	국민의당
합계	136(100.00)	63(46.32)	6(4.41)	55(40.44)	8(5.88)
서울	13(100.00)	2(15.38)	1(7.69)	9*(69.23)	1(7.69)
부산	7(100.00)	6*(85.71)	1(14.29)	0(0.00)	0(0.00)
대구	5(100.00)	4*(80.00)	1(20.00)	0(0.00)	0(0.00)
인천	7(100.00)	3(42.86)	1(14.29)	3*(42.86)	0(0.00)
광주**	6(100.00)	0(0.00)	0(0.00)	3(50.00)	3*(50.00)
대전	5(100.00)	2(40.00)	0(0.00)	3*(60.00)	0(0.00)
울산	6(100.00)	5*(83.33)	0(0.00)	1(16.67)	0(0.00)
세종	7(100.00)	2(28.57)	1(14.29)	4*(57.14)	0(0.00)
경기	19(100.00)	8(42.11)	0(0.00)	11*(57.89)	0(0.00)
강원	9(100.00)	6*(66.67)	1(11.11)	2(22.22)	0(0.00)
충북	6(100.00)	4*(66.67)	0(0.00)	2(33.33)	0(0.00)
충남	8(100.00)	5*(62.50)	0(0.00)	2(25.00)	1(12.50)
전북	7(100.00)	0(0.00)	0(0.00)	5*(71.43)	2(28.57)
전남	10(100.00)	1(10.00)	0(0.00)	9*(90.00)	0(0.00)
경북***	9(100.00)	9*(100.00)	0(0.00)	0(0.00)	0(0.00)
경남	8(100.00)	6*(75.00)	0(0.00)	1(12.50)	1(12.50)
제주****	4(100.00)	0(0.00)	2(50.00)	2(50.00)	0(0.00)

주: 교육의원의 소속 정당은 17개 시·도별 교육위원회 홈페이지의 교육의원 구성 현황을 토대로 작성함(2017. 4. 14. 현재).

* 위원장 포함 정당

** 광주광역시의회: 교육문화위원회로 소관 업무에 문화관광체육실업무 및 산하기관이 포함됨

*** 경상북도의회: 해당 홈페이지에는 출신 지역구만 표시되어 있음

**** 제주특별자치도는 교육위원회 소속 시·도의원의 소속 정당임. 교육의원은 정당의 당원이 아닌 자를 자격기준으로 하여 별도로 5인을 선출함. 교육위원회 정원은 9명임. 제주특별자치도는 교육의원이 교육위원회 위원장임

🔖 4. 교육위원회의 의정 활동

　　교육위원회는 지역주민의 의견을 수렴하여 시·도교육청에 전달하고, 교육청과 산하기관의 사업에 대한 견제 및 감시 역할을 한다. 교육위원회의 주요 활동 사항은 회의, 조례안 제정 및 개정, 안건 동의 및 승인, 안건 건의, 의견 청취 및 청원, 예·결산안 예비심사, 업무보고 청취, 행정사무감사 등의 활동을 수행하며, 그 외 연찬회 개최, 포럼 개최 등의 업무를 수행한다. 교육위원회의 주요 활동 사항은 회의록 등으로 기록을 남기고, 의정백서 등에 종합 정리하여 발간한다. 교육위원회의 주요 업무는 유사하지만, 의정활동의 수준과 활동량 등은 시·도마다 또는 교육의원 선출직 여부에 따라 매우 다양하다.

　　서울특별시의 의정백서와 부산광역시 의안통계에 제시된 교육위원회 주요 활동사항을 정리하면 다음과 같다. 제8대 서울특별시의회(2010. 7.~2014. 6.)의 의정백서(2014: 774)를 보면, 서울특별시교육청 소관 사항에 대해 교육·학예에 관한 조례안 및 청원 등 의안심사, 예·결산안 예비심사, 업무보고 청취, 현장방문 및 행정사무감사 등을 실시하였다. 총 127회의 회의를 개최하고, 조례안 132건, 동의승인안 31건, 건의안 10건, 의견청취 4건, 청원 5건, 예·결산안 49건, 기타 20건을 처리하였다. 서울특별시교육청 및 산하기관 업무 보고는 49회 청취하였고, 4회에 걸친 행정사무감사를 실시하고, 교육행정 전반에 대하여 1,459건을 지적하고 시정 요구 및 건의 조치를 하였다(〈표 5-10〉 참조).

👥 〈표 5-10〉 서울특별시의회 교육위원회의 주요 활동 내용

구분	회의	조례안	동의 승인안	건의안	의견 청취	청원	예·결산안 예비심사	기타*	업무보고 청취	행정사무 감사	계
제8대 (2010. 7.~ 2014. 6.)	127	132	31	10	4	5	49	20	49	4회**	431건

* 연찬회, 포럼, 특별위원회 등
** 4회의 감사를 통해 1,459건의 지적 및 시정 조치함

출처: 서울특별시의회(2014).

　제6대 부산광역시의회 교육위원회도 선출직 교육의원과 선임직 의회 의원으로 구성되었는데, 임기 4년간 조례안 9건, 동의승인안 9건 등 총 103건의 의안을 처리하였다. 시·도의회 의원으로만 구성된 제7대 부산광역시의회 교육위원회에서 처리한 총 84건의 조례안 중 교육위원회에서 원안가결 후 본회의에서 원안가결된 의안이 61건, 본회의에서 수정가결된 의안이 8건이고, 교육위원회에서 부결된 의안 1건, 철회 2건이고, 본회의에서 원안가결된 의안 6건이었다. 그리고 현재 6건이 상정 중에 있다(〈표 5-11〉 참조).

〈표 5-11〉 부산광역시의회 교육위원회 주요 활동 내용

구분	조례안	동의 승인안	건의안	의견청취	청원	예·결산안 예비심사	기타*	계
제6대	94 (91.26)	9 (8.74)	0 (0.00)	0 (0.00)	0 (0.00)	0 (0.00)	0 (0.00)	103 (100.00)
제7대	69 (82.14)	15 (17.86)	0 (0.00)	0 (0.00)	0 (0.00)	0 (0.00)	0 (0.00)	84 (100.00)

* 연찬회, 포럼, 특별위원회 등

출처: 부산광역시의회 의안통계.

5. 교육위원회 관련 쟁점

　교육위원회 제도는 초기부터 다양한 논쟁이 있어 왔으며, 「교육자치법」 개정 시기마다 관련 조항이 수정되었다고 해도 과언이 아닐 정도로 많은 부침을 겪었다.

1) 교육의원의 자격요건과 자질

교육의원의 자격요건에서 중요한 사항은 정당 소속 여부와 교육(행정) 경력, 주민 대표성이었다. 이는 교육의원과 교육위원회의 성격을 결정짓는 매우 중요한 요소들로 매 시기마다 쟁점으로 등장하였다.

(1) 정치적 중립성 부재

「교육자치법」 제정 초기에는 교육(행정) 경력 연한과 정당의 당원이 아니어야 한다는 점을 명시하여 피선거권자의 전문성과 비정치성을 강조하였다. 그러나 정치성과 교육전문성 관련 연한은 개정시기마다 줄어들었고, 현재는 정당 및 교육(행정) 경력 관련 요건이 삭제되어, 「공직선거법」에 저촉되지 않는 경우와 같이 최소한의 규정만을 두고 있다.

교육계에서는 정당 가입 요건을 둔 것은 「헌법」상 교육의 정치적 중립성 규정을 적용한 것이므로 유지해야 한다는 입장이 지배적이다. 그러나 일각에서는 정당비가입 요건은 교육자치 요건이지 지방자치와는 별개라는 주장이 제기되고 있다.[8] 즉, 최근에는 정치적 중립 개념의 모호성, 의정활동의 정치성 등을 들어 정치중립에 대해 다른 시각들이 제기되고 있다. 지방교육행정기관 활동의 정치성에는 눈을 감은 채로 교육위원회 구성의 정치적 중립성만을 요구하는 것은 의미가 없다고 비판한다.[9]

정당의 당원이 아니어야 한다는 규정에 대해 "지방의회 역시 정당정치의 연장선상에 있고, 교육의원의 수는 소속 지방의회 전체 10% 내외에 불과하기 때문에 결국 교육 관련 안건을 처리하고자 하는 경우에는 정치적인 영향을 필연적으로 받을 수밖에 없다."는 점을 들어 관련 조항이 오히려 교육의원들에 대한 차별 규정이라는 견해도 있다.[10]

2010년부터 2014년까지 정당에 가입하지 않은 교육의원과 정당 가입 지방의원들 모두 '정치적인' 사안을 둘러싸고 교육의원 역시 지방의원과 매우 유사한 행태를 보이는 것이 관찰되었다고 지적하며, 교육의원들도 나름의 정치적 입장을 가

지고 행동한다고 밝히고 있다.[11]

이들 주장은, 첫째, 교육의원이 정당에 소속될 경우, 교육적 판단보다 정당의 판단을 따를 소지가 매우 높고, 둘째, 비정당원이라 하더라도 개인의 교육적 판단보다 정치적 견해에 따라 판단할 소지가 높으며, 셋째, 정당정치의 산물이라 할 수 있는 의회에서 의결되는 모든 사항은 그것이 교육문제라 하더라도 결국 정치적 영향을 받을 수밖에 없다는 정도로 요약된다.

(2) 교육전문성 부재

교육 관련 경력 제한은 교육전문성의 최소 요건이라는 점을 들어 교육의원의 자격기준을 강화해야 한다는 교육계 주장과 '교육자 자치'가 될 확률이 높으므로 교육(행정)경력기준을 약화해야 한다는 일반행정계의 주장이 충돌하였다. 교육위원회 구성 초기에는 전문적 관리와 정치적 중립성을 중시하는 교육계의 입장을 반영하여 교육(행정) 경력을 갖춘 사람으로 구성하였다. 그러나 현재는 전문성 요건이 사라졌다.[12]

전자는 교육위원회 활동을 분석하여 교육의원들이 더 우수한 의정 활동을 한다고 주장한다. 제주도 교육위원회 운영을 실증 분석한 결과, 입법 활동이나 주민대표 기능 등의 면에서 교육의원들의 성과가 두드러졌고,[13] 부산시 교육위원회 사례 연구 결과 지방의원에 비하여 교육의원이 입법활동, 예ㆍ결산심사, 주민대표 등 여러 가지 면에서 우수한 의정 활동을 하였다.[14] 제8대 서울특별시의회 교육위원회의 활동(2010. 7.~2014. 6.)을 개관한 결과도 유사하였다. 위원회의 주요 활동으로 회의 참석 및 주관, 조례 제ㆍ개정, 행정사무감사, 예ㆍ결산 심사, 청원, 기타 활동으로 내부 특별위원회 구성을 통한 활동 및 공청회, 토론회, 세미나 등을 들고 있으며, 선출된 교육의원들에 의해 교육위원회가 내실 있게 이루어졌다고 밝히고 있다.[15]

그러나 후자를 주장하는 사람들은 교육 경력이 교육전문성을 갖고 의정활동 한다는 것을 보장하지는 않는다는 점을 지적한다. 2010년 7월부터 2년간 운영된 전국 6개 시ㆍ도의 교육위원회 활동을 분석한 결과, 예ㆍ결산심의와 본회의 출석 및 발언 등의 면에서 교육의원이 지방의원보다 우수했으나 교육전문성에 의해 좌우되는 지방의회의 대표적인 입법활동인 조례의 제정에 있어서는 교육의원의 발의 및 가결 건수가 비교육의원보다 적었다. 교육의원들이 교육에 대한 전문적 지식을 갖고는 있지만, 법제적인 면의 내용이나 절차 등에 활용하지 못해 비교육의원보다 가결률이 낮다고 추정하며 교육계 주장의 타당성이 약하다고 지적한다.[16]

일부 교육학자들도 이 점을 문제로 지적한다. 교육(행정) 경력이 교육전문성 여부를 판단하는 대리변수 역할을 하고 있지만, 경력이 교육전문성을 보장해 주지 않으므로 경력중심의 선출은 문제가 있다.[17]

교육전문성을 교육 또는 교육행정 경력으로 치환하는 것은 한계가 있지만, 교육전문성은 중요한 교육의원의 자질 중 하나이며, 이들의 전문성은 교육위원회, 더나아가 지방의회의 기능과 관련이 있다. 따라서 어떤 방식으로든 교육 분야에 대한 의사결정을 할 수 있을 정도의 전문성을 갖추기 위해 노력해야 한다. 이는 비단 교육의원만의 문제는 아니다. 지방의회 의원들의 전문성 부족 문제는 지방자치 정착의 선결과제 중 하나이다.

지방의원과 상임위원회 전문성 부재 문제를 제기한 연구들을 보면, 정책개발활동 및 대안 제시 활동의 문제점에는 전문성 부족이 심각한 것으로 나타났다.[18]

상임위원회의 전문성이 지방의회의 주민대표기능(여론 수렴 및 반영, 주민·지역 갈등 해결), 입법기능(조례 제정 및 개폐, 의회 운영 활동), 견제감시기능(행정사무 감사·조사, 시정 질문 및 토의), 정책기능(정책사업 제안, 예산 심의·결산승인)에 영향을 미친다는 연구도 있다.[19]

행정자치부 위원회 제도 운영의 근거를 보면 교육 경력을 가진 자, 교육문제에 대해 판단을 할 수 있는 소견을 가진 자로 구성되는 것이 바람직하다.[20] 또한 우리의 교육위원회 성격이 전심형 의결기구라는 점을 감안할 때도 전문성을 갖추는 것은 의미가 있다.[21]

(3) 주민에 대한 교육 대표성 부재

'주민 대표성' 문제를 쟁점화한 것은 일반행정계이다. 교육자들과 일부 지역인사에 의해 교육위원을 선발하는 간선제 방식이 주민 대표성이 부족한 선출방식이므로, 일반인이 선출하도록 하여 교육위원의 주민 대표성을 확보하자는 논리였다. 또한 '주민에 가까운 행정'이라는 자치행정의 이상에 반하므로 기초자치단체 수준에서 교육자치를 해야 한다고 주장하였다.[22] 지방교육자치의 실질적인 효과를 위해 기초자치단체 단위로 내려가서 설치해야 한다는 주장이다.[23]

첫째, 교육(행정) 경력 중심의 교육위원 선발은 교육을 둘러싼 다양한 이해를 반영하는 데 한계가 있다고 지적한다. 교육자 중심의 교육위원 구성은 다양한 이익집단의 주장과 요구에 부응하는 다원주의에 부합하지 않는 제도로 교육수요자들의 이해보다는 교육계의 이익 반영에 치중하여 '교육자 자치'라는 비판이 있다.[24] 그러나 선출 및 행정 과정에 교사들이 참여하지 않아 진정한 교육자치라고 하기도 어려운 실정이었다. 지역주민과 교사가 교육자치의 권력관계에서 배제되면서 지방교육의 공공책임성을 확보하기 어려운 구조이므로, 정치적 책임 소재를 명확히 할 수 있도록 지역주민과 교사의 참여가 필요하다는 주장이다.[25]

이에 대해 고전(2003)은 형식적 대표성 향상을 위해 주민직선으로 교육위원을 선출하지 말고, 학교운영위원회로 구성된 선거인단 투표방식을 수정·보완하자고 주장하였다. 학교운영위원회 구성의 민주적 정당성을 개선하는 방향으로 단위학교를 지원하는 지방교육행정 시스템 구축이 바람직하다는 의견이었다. 송기창(2006)도 주민 대표성보다 교육 대표성을 강화해야 한다고 강조한다.

둘째, 일반 주민의 교육전문성 부재 문제이다. 주민직선제 논의 당시 송기창(2006: 195-196)은 교육위원회의 교육정책 의사결정이 교육 관련성과 교육전문성을 모두 가진 자에 의해 이루어져야 함을 강조하며, 교육 관련성과 전문성이 모두 높은 교원은 반드시 참여해야 할 집단이지만 교육 관련성과 전문성이 모두 부족한 일반 주민은 참여시킬 필요가 없는 집단으로 규정하고 있다.

또한 송기창(2006: 197-198)은 교육이 지역주민의 관심사이기 때문에 주민 대표성을 미국처럼 확보해야 한다는 주장에 반박한다. 미국은 교육구에서 교육재원 충당을 하여 직접 주민에게 재산세를 징수하기 때문에 지방 수준의 교육정책에 따라 주민들의 재산세율이 달라진다. 이런 구조에서는 당연히 주민이 교육이 어떻게 운영되는지에 대해 관심을 갖게 된다. 그러나 우리는 이와 다른 세법 구조와 통치 구조를 갖고 있다. 따라서 교육 대표성이 더 중요하고 필요하다.[26] 또한 시· 도의회가 주민 대표성을 갖고 있으므로 교육위원회는 교육 대표성, 즉 교육전문 성이 더 중요한 가치를 가져야 한다. 교육위원회 심의·의결사항 중 시·도의회 에 이송하지 않고 교육위원회 의결로 종결하는 사항들은 대부분 교육전문성을 필 요로 하는 사항들이기 때문이다. 성병창(2016)은 의원들이 진보 성향의 교육감 견 제보다 주민의 교육적 요구를 반영하기 위해 더 노력해야 함을 강조한다.

물론 비정당원이며 교육자인 의원들이라고 모두 교육대표성을 갖는 것은 아니 다. 과거 선출직 교육위원 대부분이 60대 이상의 교장 경력을 지닌 남성으로만 구 성되어 여성, 젊은 세대, 교사 또는 학부모 및 학생의 시각을 반영하지 못했기 때 문이다.

이제는 교육 경력과 정당 소속 여부와 투표자 범위보다 실제 주민의 교육적 요 구를 대변할 수 있는 요건을 갖추었는가를 확인하고, 검증하는 시스템 개발이 필 요하다.

2) 간선제 선출방식의 한계

교육의원의 선출(임)방식은 크게 의회 선출, 선거인단 선거, 주민직접선거, 의 회 선임(개선) 방식으로 바뀌어 왔다. 선거 제도가 바뀔 때마다 제기된 주요 쟁점 은 주민 대표성 보장 여부였다.

과거 교육위원 선거인단에 의한 선출방식에 대해 주민 대표성이 떨어진다는 문 제를 들어 헌법 소원을 제기한 사건이 있었다. 학교운영위원회 구성원은 지역주 민을 대표하는 대의기관이 아님에도 이들이 교육위원을 선출하도록 하는 것이 헌 법상 주민자치의 원칙에 위배되어 지역주민의 자치권과 선거권을 침해한다는 것 이 청구인들의 주장이었다. 이 사건에 대해 2002년 3월 28일에 헌법재판소는 교 육자치의 특성과 현실적 여건을 고려했을 때 정당화될 수 있으며, 지역주민은 누 구든지 지역위원으로 선출되어 교육위원 선거권을 부여받는 길이 열려 있으므로 비합리적이고 자의적인 차별이 아니라는 판결을 내렸다.

그런데 이에 대해 이기우(2002)는 학교운영위원회에 의해 대표되는 주민과 그렇지 못한 주민 간의 불평등, 학교운영위원회 설치기관과 비설치기관 관계자 간의 불평등, 학교 간 불평등 문제를 들어 주민 대표성이 떨어지는 방식이라고 주장하였다.[27] 이러한 방식으로 선출된 교육위원회는 지역주민에 대한 대표성을 확보하지 못해 중간자적 성격의 기관이 되기 때문에 이러한 방식의 선거제도는 과도기적 제도라는 주장이 있었다.[28]

이후 주민 대표성을 강화하는 방식의 주민직접선거 방식이 도입되었다. 그러나 이 방식은 형식적으로는 주민 대표성을 확보하지만, 실질적인 대표성을 확보하지 못한다는 비판을 받았다. 즉, 형식적 대표성 향상을 위해 주민직선으로 전환하기보다 간선제 방식의 부작용을 최소화하기 위해 학교운영위원회 구성의 민주적 정당성을 개선해야 한다는 견해도 있었고,[29] 지역위원들이 주민의 선출과정을 거치지 않았지만, 교육에 대해 관심을 갖고 있는 지역인사가 학교운영위원회에 참여하기 때문에 지역주민의 대표성을 보완한 장치를 갖고 있다는 견해도 있었다.[30]

이러한 문제를 최소화하기 위해 현재는 시·도의회 의원을 주민직선으로 선출하고, 이후 지방의회 의원 중에서 선임 또는 개선하고 있다. 이러한 선거 방식은 일면 효율적인 방식으로 타당해 보인다. 그러나 주민직선 후 교육의원을 선임하는 것은 과거의 간선제 방식과 유사하게 교육적 측면에서의 주민 대표성을 제한한다. 즉, 시·도의회 의원에 의한 교육의원 선임은 주민 대표성은 확보했을지 모르지만, 교육 대표성을 확보하지 않은 이들이 전문 상임위원회의 위원을 선정한다는 데 문제가 있다. 특히 교육위원회를 구성할 때 위원의 구성비는 정당의 의석 수에 비례한다. 철저히 교육과 무관한 선임이 이루어진다. 이는 교육위원회 활동의 전문성 문제와 결부되어 새로운 쟁점이 되고 있다.

3) 교육위원회 활동의 전문성

교육의원 개인의 전문적 자격요인 못지않게 중요한 것이 교육위원회 활동의 전문성이다. 교육위원회는 소관 업무인 의안 또는 청원 등에 대해 책임 있는 심사를 진행할 뿐만 아니라, 예산을 심의·결산하고 승인할 수 있는 전문성을 갖추어야 한다. 교육위원회가 소관 분야 사안들에 대해 잘 파악하지 못하고, 예산과 결산에 관한 지식과 기술, 경험 등이 없다면, 형식적인 역할만 수행할 수밖에 없다. 2014년부터 2016년 3월 14일까지의 부산광역시의회의 교육 관련 조례 제정 현황을 분석한 결과 총 42건의 조례 중 의원 발의가 18건이었으며, 이 중 수정 가결 안건이 2건이었다.[31] 발의 안건 대비 가결률은 11%에 그치고 있다. 수치만으로 확정 짓기는 어렵지만, 중요 의정 활동 중 하나인 조례 제정의 낮은 가결률은 교육위원회 활동의 전문성 강화 필요성을 대변한다고 볼 수 있다.

교육위원회가 안건 발의를 위해 발현하는 전문성의 방향에 따라 안건들이 발의되고 의결된다. 교육위원회의 의정 활동 특성에 따라 의안의 성격이 달라진다. 2006년 10월부터 2010년 6월 말까지 서울시 교육위원회의 의안 발의 개수는 32개였는데, 대부분 「학교급식법」 개정, 문화예술 진흥, 문화재단 건립, 체육시설 설치 등의 하드웨어 부문에 초점을 맞추고 있다. 2010년 7월 이후 발의된 17건의 안건은 혁신학교 조례안, 학생인권옹호, 학교폭력 가해학생에 대한 조치, 국가수준 학업성취도 평가 표집 실시 촉구, 교권보호조례안, 교원의 권리 보호와 교육활동 지원, 시설의 개방 및 이용, 학교성과급제도 전면 재검토 등 교육 내부적인 문제 해결에 초점을 맞춘 발의내용들이 많았다.[32]

지역의 교육 및 학예에 관한 문제를 적극적으로 찾아 의안을 발의하고, 관련 예산을 심사할 수 있도록 교육위원회 활동의 전문성 향상을 위해 노력해야 한다. 위원회를 설치하는 이유는 지방행정이 복잡하고 전문적인 성격을 띠고 있어 해당 분야의 전문 지식을 갖고 있는 위원회에서 의안을 먼저 심사토록 하여 의안 처리의 전문성과 능률성을 제고하기 위함이다.[33] 교육위원회가 전문성을 갖추고 있지 못하다면, 전결 기구로서의 의미가 없어질 뿐만 아니라 제대로 된 견제 기능도 하기 어렵다.

4) 교육위원회의 성격 및 설치 단위

교육위원회 제도의 핵심 쟁점 중 하나는 그 성격과 위상에 관한 것이다. 의회 독립형 의결기구 설치를 주장하는 입장과 의회의 상임위원회로 통합해야 한다는 견해가 팽팽하게 맞섰다. 주민직선으로 선출된 교육위원들과 교육계 일부는 독립된 의결기구 전환을 주장했고, 지방의원과 행정학계 그리고 일부 교육계는 후자의 입장이었다.

정부혁신지방분권위원회가 광역자치단체의 이중적 심의, 의결구조에 따른 운영의 비효율성과 주민 대표성 미흡을 들어 교육상임위원회 통합안을 제시하고 공청회를 열었는데, 지방자치단체, 교육부, 학부모 및 일반주민들은 의결기구 통합안에 찬성했고, 교육계만 반대했다.[34]

독립 및 통합 주장의 근거를 명확히 구분하기는 쉽지 않다. 상대편의 주장에 같은 이유로 분리 또는 통합해야 한다고 재반박하는 경우도 발생하기 때문이다. 먼저 주장한 집단을 기준으로 주장의 근거를 분리하면 다음과 같다. 독립 주장의 주요 근거는 교육문제 의결권자의 정치 중립성과 의결·집행 기구의 위상 불일치 문제를, 통합 주장의 주요 근거는 기능 중복의 문제, 주민 대표성의 부재 문제를 들고 있다. 여기서는 교육위원회의 기능과 위상에 대한 주장만 정리하고, 교육의원과 관련된 정치중립성, 교육전문성, 주민 대표성 관련 주장은 교육의원 선출 관련 논의에서 제시한다.

정부 혁신분권위원회 공청회에서 교육계는 자주적인 의결기관이 될 수 없다는 점, 시의원의 교육전문성이 부족하고, 주민의 '표'를 의식해 교육예산으로 선거운동을 할 가능성이 있다는 점, 자치단체의 재정자립도가 열악한 현실에서 무리한 통합은 중앙정부의 교육투자 책임 회의의 빌미를 제공한다는 점에서 통합을 반대하였다.[35]

통합론자들은 기능 중복의 문제를 제기하며 통합을 주장하였다. 1995년에 「교육자치법」을 개정하여 시·도교육청 예산을 시·도교육위원회의 심의만 거쳐 본회의에 상정하는 것은 시·도의회의 고유 권한 침해라는 주장이다. 시·도 교육예산에 대한 심의−승인권이 시·도의회에 있기 때문에 교육위원회가 교육청에 대해 갖는 권한이 별로 없으며, 교육청에 대한 특별감사권도 시·도의회에 있어 교육위원회의 일반행정사무 감사권은 중복이라는 주장이다. 시·도의회의 권한 과 정치력이 강하기 때문에 통합하는 것이 실질적인 교육위원회의 권한 확대를 위해서도 중요하다는 입장이다.[36]

이에 대해 독립론자들은 오히려 분리·독립되어 있던 교육위원회를 합치면서 기능 중복 문제가 발생했다는 점을 지적한다. 즉, 교육계는 이중 심의 구조 개선 을 위해 교육위원회를 독립된 의결기구로 설치해야 한다는 입장이다.

도의회로부터 분리·독립되어 있던 교육위원회가 2006년 12월 시·도의회와 통합하면서 1차적으로 독립적 지위를 인정받는 교육감과의 위상 문제가 발생했 다. 일부 사항은 시·도의회 본 회의의 의결을 거치지만, 대부분의 사안에 대해 교육위원회의 의결을 본회의 의결로 대신한다는 조항을 제11조에 명시하면서 반 발을 무마하기 위해 노력했다. 그러나 오히려 이로 인해 지방교육자치기구들 간 의 균형이 상실되었다.

2014년 7월 교육의원일몰제가 적용되면서 교육위원회가 「지방자치법」의 적용 을 받는 일반 상임위원회로 변경되면 교육위원회의 위상이 더 낮아질 것이라는 우려도 있었다.[37] 주요 관할 사무 영역인 교육청과 산하기관이 일반행정 체제에서 분리·독립되어 있음에도 견제 기구가 의회에 통합된다는 점도 위상이 맞지 않는 다는 점도 문제였다.

교육위원회가 시·도의회로 통합된 현재는 '너무 강한 집행부'와 '너무 무기력 한 교육위원회'라 제대로 된 견제를 하기 어려워졌다.[38] 교육위원회는 「교육자치 법」 제13조에 따라 교육감의 관장 사무와 관련된 교육정책과 교육제도 운영에 관 한 사항을 심의의결할 수 없게 되어 있어, 진정한 견제 세력이 되기 어렵다. 「교육 자치법」 제29조 제1항은 「지방자치법」 제100조 제1항의 예에 따라 교육위원회나 지방의회의 의결사항에 대한 교육감의 선결처분권을 인정하며, 교육위원회나 지 방의회의 의결에 대해 교육감이 재의요구권을 가짐으로써 대법원 판결까지 효력 이 정지되는 등 교육위원회의 의결효과를 지나치게 제한하여 진정한 견제의 기능이 작동하지 못하고 있다.

통합하여 심의 의결 절차를 간소화하기 위해 시 · 도의회로 권한을 통합하였으나, 여전히 위임형 의결기구로서 상당수의 안건을 교육위원회에서 처리하고 있다. 실질적으로 효율성이 제고되었는지 의문이다. 전문성 없는 위원들로 구성된 상임위원회에 의해 지방의회의 전문성이 오히려 약화된 것은 아닌지 검토해 볼 필요가 있다.

6. 개선 방향

미래 방향은 현재의 제도를 최적화하여 지방교육자치 본연의 목적을 달성하기 위한 단기 목표와 지방교육자치 본연의 목적 달성을 위해 제도를 전면 개편하는 장기적 미래 방향이 있을 것이다. 장기적인 개선 방향은 이 책의 마지막 장에서 제시하므로 여기서는 현 제도 내에서의 단기 방향을 제시하고자 한다.

첫째, 교육위원회 구성 방식을 검토할 필요가 있다. 현재 교육위원회의 구성은 정당에 비례하여 구성되어 있다. 정당을 정치적 이념과 이해를 공유하는 사람들이 그들의 이념과 정책을 실현하기 위한 결사체라고 할 때, 입법적 관점에서 분점 정부(단체장과 지방의회 다수 당의 당적이 다른 정부)는 정치적 이념과 정책 선호가 서로 다른 정당이 입법권을 공유하게 되면 이를 둘러싼 정당 간의 갈등이 발생하게 될 가능성이 크다.[39] 교육감과 지방의회 다수 당의 정치적 성향이 다른 경우도 유사한 상황이 발생할 가능성이 높다. 지방의회는 정당정치의 산물이다. 그러나 위원회는 교육전문성을 갖춘 사람 또는 최소한 교육 문제에 관심이 있는 사람으로 구성되어야 한다. 따라서 정당 비율 구성보다 교육전문성을 갖춘 사람을 일정 정도 확보하기 위해 노력해야 할 것이다.

둘째, 교육의원의 전문성을 확보하기 위해 제도를 개선할 필요가 있다.

교육위원회 소속 의원은 교육 분야에 대한 전문적 기술 및 정치적 문제 해결 능력과 함께 지역 주민의 교육문제 해결에 대한 책임의식을 가져야 한다. 과거에는 교육(행정) 경력으로 능력을 유추하여 해석이 가능했다. 현재는 별도의 자격 요건이 없어 이들의 활동을 토대로 전문성 여부를 판단할 수밖에 없다. 따라서 주민의 교육을 대표하는 활동을 하는지, 지나치게 정치적 견해만을 앞세우는 것은 아닌지 교육의원 개개인의 활동을 모니터링하고 투명하게 공개하여 보다 적합한 교육의원이 선임되도록 할 필요가 있다. 시민단체 모니터링 확대뿐만 아니라 교육위원 활동 지원을 위한 교육 및 연수 기회 확대, 교육전문의원 보강 등 교육의원의 전문성 확보 방안도 제도적으로 마련할 필요가 있다.

셋째, 교육위원회를 활성화시키기 위해 노력해야 한다.

고전적인 정치행정이론에서는 집행부에만 전문성이 요구되는 것이라 여겨 왔지만, 오늘날에는 입법부에서도 여러 목표와 가치관의 갈등을 해결하기 위해 조정·타협·통합의 전문능력이 요구되고 있다.[40] 현재와 같은 상임위원회 중심 의회제도는 소관 분야에 전문능력을 갖춘 상임위원회 의원들이 본회의 안건을 사전에 심사하여 의안 처리의 전문성과 능률성 향상이 핵심이다. 이러한 관점에서 보면, 상임위원회의 전문성은 지방의회의 성패를 좌우하는 가장 핵심적인 요인이 된다고 할 수 있다. 지방의회의 활동은 상임위원회의 역할이 핵심이며, 상임위원회의 전문성을 높이는 것이 지방의회의 기능을 충실히 수행하는 데 가장 효율적인 수단이다.[41] 상임위원회는 양적·질적으로 복잡하고 다양하게 분기(分岐)된 주민수요에 대응함에 있어서는 본회의보다 상임위원회가 더욱 유용하며, 상임위원회의 전문적인 활동을 통해 지방의회는 주어진 본래의 기능을 더욱 충실히 그리고 효과적으로 수행할 수 있게 된다.[42]

따라서 교육위원회를 활성화하기 위해 노력해야 한다. 활성화 방안은 다음과 같다.[43] 주민대표 기능은 주민의견을 수렴하여 그것을 의정활동에 반영하는 것이 핵심이다. 먼저, 주민의견수렴을 위해서 상임위원회 내에 전담 인력을 두거나 그와 연계된 외부 창구를 마련하는 것이 대안이 될 수 있다. 또한 주민과 지역의 갈등을 해결하기 위한 법적·행정적 지식을 함양하고, 다방면에서 주민에게 접근하고 문제를 함께 해결하려는 노력을 기울여야 한다. 입법기능의 활성화를 위해서는 조례안의 발의 및 수정 등에 관심을 갖고 지역주민의 욕구에 민감하게 대응하는 자세가 필요하다. 전반적인 법률 지식과 입법 과정에 대한 지식과 경험뿐만 아니라 각 상임위원회의 소관 분야에 해당되는 전문지식을 함양해야 한다. 또한 해당 조례가 지역주민과 지역사회에 미칠 영향력을 판단할 수 있는 능력이 있어야 하며, 지방의회의 운영원리에 대한 이해와 경험을 갖추도록 노력해야 한다. 견제감시 기능을 원활히 수행하려면 우선 행정 전반에 대한 이해가 필요하다. 이러한 이해를 바탕으로 각 상임위원회는 소관 분야의 행정에 대한 연구·조사 역량을 키워야 하며, 각계각층의 전문가들과 자주 접촉하여 전문지식을 습득하는 노력이 필요하다. 특히 상임위원회의 구성원들 간에 상시적인 토론·연찬 등을 통해 효과적인 견제·감시활동이 이루어지도록 적극적인 자세를 가져야 한다.

미주

1 서울특별시의 경우 기본 조례(제6419호, 2017. 3. 9. 개정 시행) 제31조에 해당 위원회의 소관에 속하는 의안과 청원 등을 심사 처리하는 직무를 행한다고 명시되어 있다.

2 1991년 3월 8일 「지방교육자치법」 제정 당시 총 9개의 권한 사항이 명시되었고, 개정과정에서(2015년 6월 22일) '기채안' 관련 사항과 '외국 지방자치단체와의 교류·협력에 관한 사항'이 추가되어 총 11개 조항으로 늘어났다. 2015년 명시되었던 권한을 보면 다음과 같다. 1. 조례안, 2. 예산안 및 결산, 3. 특별부과금·사용료·수수료·분담금 및 가입금의 부과와 징수에 관한 사항, 4. 기채안(起債案), 5. 기금의 설치·운용에 관한 사항, 6. 대통령령으로 정하는 중요재산의 취득·처분에 관한 사항, 7. 대통령령으로 정하는 공공시설의 설치·관리 및 처분에 관한 사항, 8. 법령과 조례에 규정된 것을 제외한 예산 외의 의무부담이나 권리의 포기에 관한 사항, 9. 청원의 수리와 처리, 10. 외국 지방자치단체와의 교류·협력에 관한 사항, 11. 그 밖에 법령과 시·도 조례에 따라 그 권한에 속하는 사항

3 예: 서울시의 교육위원회는 조례 제33조 의거 서울특별시교육청 소관에 속하는 사항으로 규정하고 있다.

4 16개 시·도 교육위원회는 교육의원으로 명명하고, 「제주특별법」에 의해 선출되는 자는 교육위원으로 명명한다.

5 공무로 외국에 파견되어 선거일 전 60일 후에 귀국한 자는 선거인명부 작성기준일부터 계속하여 선거일까지임. 이 경우 60일의 기간은 그 지방자치단체의 설치·폐지·분할·합병 또는 구역 변경(제28조 각 호의 어느 하나에 따른 구역 변경을 포함한다)에 의하여 중단되지 아니함. 지방자치단체의 사무소 소재지가 다른 지방자치단체의 관할 구역에 있어 해당 지방자치단체의 장의 주민등록이 다른 지방자치단체의 관할 구역에 있게 된 때에는 해당 지방자치단체의 관할 구역에 주민등록이 되어 있는 것으로 봄.

6 나민주 외(2015: 117).

7 행정자치부(2017: 4-5).

8 신현석, 이은구(1997: 55–56).

9 나민주 외(2015: 129).

10 김재호, 이원상(2014: 22–23).

11 김용(2013).

12 나민주 외(2015: 129).

13 백혜선(2014).

14 이상철, 주철안, 윤은미(2013).

15 김용(2013).

16 지충남, 선봉규(2013: 255–256).

17 송기창(2006: 200–201).

18 고경훈(2015: 15–18).

19 정병렬, 조민경, 김렬(2015).

20 행정자치부(2001).

21 나민주 외(2015).

22 이기우(2014).

23 이기우(2014).

24 김경회(2012: 85).

25 신현석, 이은구(1997: 54–55).

26 송기창(2004: 252).

27 이기우(2002).

28 엄기형(2004: 7): 송기창(2006)에서 재인용.

29 고전(2003).

30 송기창(2006: 197).

31 성병창(2016: 63).

32 신하영, 이미영(2012).

33 행정자치부(2001: 121).

34 서영인(2007).

35 서영인(2007).

36 신현석, 이은구(1997: 55–56).

37 김용일(2013: 9–11).

38 나민주 외(2015: 136–137).

39 이한수(2012: 179–180); Weaver & Rockman (1993): 박순종, 최병대(2016)에서 재인용.

40 Finer (1949: 382): 정병렬, 조민경, 김렬(2015)에서 재인용.

41 노찬백(2006: 398-399).

42 박순종, 최병대(2016).

43 정병렬, 조민경, 김렬(2015).

참고문헌

고경훈(2015). 의정활동 평가에 관한 연구. 한국사회와 행정연구, 26(3), 1-23.

고전(1998). 교육위원회 구성의 원리 탐구와 실제 분석-민주성과 전문성 면에서 본 제1, 2, 3기 교육위원회. 교육정치학연구, 5(2), 123-150.

고전(2003). 교육위원 선출방법의 적합성 분석. 교육행정학연구, 21(4), 45-68.

고전(2014). 한국교육위원회의 역할 분석 및 미래 방향. 한국교육자치제에 대한 성찰과 미래 방향 탐색. 2014년 한국교육행정학회 제170차 춘계학술대회.

김경회(2012). 교육위원회 제도의 성과와 과제 발표에 대한 토론.

김용(2013). 지방의회 통합형 교육위원회의 활동 및 그 특징 분석. 교육행정학연구, 31(3), 175-203.

김용(2015). 교육위원회 제도의 성과와 과제. 지방교육경영학회자료집.

김용일(1996). 지방의회와 교육위원회의 권한을 둘러싼 갈등 사례연구. 교육행정학연구, 14(2), 255-279.

김용일(1997). 교육위원회 구성에서 정당 관여의 문제에 관한 고찰. 교육정치학연구, 4(5), 93-118.

김용일(2010). 교육의원선거 관련 법률개정과정 분석 연구. 교육행정학연구, 28(4), 187-207.

김용일(2013). 교육의원선거 일몰제 도입에 관한 비판적 고찰. 교육정치학연구, 20(2), 1-20.

김재호, 이원상(2014). 지방교육자치기관으로서 교육위원회에 관한 소고 - 현행 교육위원회 제도의 폐지를 중심으로. 지방자치법연구, 14(1), 3-36.

김찬동, 최진혁(2016). 교육자치의 제도개혁방향: 교육행정기관구성을 중심으로. 지방정부연구, 20(2), 393-414.

나민주, 고전, 김병주, 김성기, 김용, 박수정, 서재영, 송기창, 최원석(2015). 지방교육자치의 성과와 과제. 한국지방교육연구소.

노찬백(2006). 지방의회의 위원회 운영에 관한 연구. 한국동북아논총, 41, 397-425.

대구광역시교육청(2016). 2016 대구행복역량교육 주요 업무. 제243회 대구광역시의회 임시회 주요 업무 보고자료. 대구광역시의회 사무처 2016. 7.

박기관(2016). 광역의회 의정활동의 성과평가와 과제: 강원도의회의 시계열적 분석을 중심으로. 한국행정논집, 28(3), 389-414.

박세훈, 조미애, 김가인(2012). 교육감 및 교육의원 선출제도의 쟁점과 발전 과제. 교육종합연구, 10(3), 145-164.

박순종, 최병대(2016). 정책의 법제화 소요기간 영향요인분석: 지방정부의 조례안 발의 이후 정치적 과정을 중심으로. 한국행정학보, 50(4), 355-387.

박호근(2016). 지방의회 내 정당 간 관계의 정치학. 2016 한국교육정치학회 춘계학술대회 자료집. 79-89. 2016. 5. 20.

부산광역시의회 의정백서.

백혜선(2014). 제주특별자치도의회 교육위원회 구성·운영에 관한 실증 연구. 제주대학교 대학원 교육학 박사학위논문.

서영인(2007). 노무현 정부의 「지방교육자치에 관한 법률」 개정 과정에서 나타난 쟁점 분석. 교육정치학연구, 14(1), 147-172.

서울특별시의회(2014). 제8대 서울특별시의회 의정백서.

성병창(2016). 교육감과 지방의회 관계의 정치학. 2016 한국교육정치학회 춘계학술대회. 지방교육행정의 정치학. 2016. 5. 20.

송기창(1996). 교육자치와 일반지방자치의 역사적 관계 고찰. 교육행정학연구, 14(4), 104-153.

송기창(2004). 지방교육자치와 지방자치의 통합 논리에 대한 비판적 고찰, 교육행정학연구, 22(4), 231-262.

송기창(2005). 지방교육자치제도의 개선 방향. 올바른 지방교육자치제도 확립을 위한 공청회 자료집.

송기창(2006). 교육위원 제도의 쟁점과 과제. 교육행정학연구, 24(4), 187-209.

송기창(2007). 참여정부의 지방교육자치 구조개편에 대한 평가. 교육행정학연구, 25(2), 235-255.

송기창(2014). 한국교육자치제에 대한 성찰과 미래 방향. 한국교육자치제에 대한 성찰과 미래 방향 탐색. 2014년 한국교육행정학회 제170차 춘계학술대회.

송기창(2015). 지방교육자치제에 대한 역사적 고찰과 미래 방향 모색. 교육행정학연구, 33(2), 105-127.

송기창(2016). 지방교육자치구조 개편의 정치학적 쟁점 분석. 한국교육정치학회 제28차 학술대회.

송기창, 박소영(2011). 2010년 교육감 및 교육의원 선거의 기호효과에 관한 연구. 교육행정학연구, 29(2), 67-89.

신하영, 이미영(2012). 교육위원회의 참여적 의사결정 특징 분석. 교육정치학연구, 19(4), 61-87.

신현석(2014). 교육자치와 일반자치의 관계 분석 및 미래 방향. 한국교육자치제에 대한 성찰과 미래 방향 탐색. 2014년 한국교육행정학회 제170차 춘계학술대회.

신현석, 이은구(1997). 지방수준에서의 'GOVERNANCE' 문제와 교육. 교육정치학연구, 4(1), 43-71.

엄기형(2004). 교육자치제도의 개선방안 검토. 지방교육자치제도 개선을 위한 교육감 선거제도 개선방안 토론회(2004. 9. 17.). 열린우리당 구논회의원실.

이기우(2001). 지방교육행정기관과 일반행정기관의 관계에 대한 비판적 검토. 한국지방자치학회보, 13(2), 67-81.

이기우(2002). 교육위원 및 교육감 선거방식에 관한 헌법재판소 결정의 문제점과 해결방안. 한국지방자치연구, 4(1).

이기우(2004). 지방교육자치제도 개선방안. 정부혁신지방분권위원회, 지방교육자치제도개선 토론회 자료집(2004. 10. 20.).

이기우(2010). 지방교육행정체제의 개편 방향. 제도와 경제, 4(1), 57-74.

이기우(2014). 지방행정기관과 지방교육행정기관의 관계에 관한 토론 요지. 2014년 한국교육행정학회 춘계학술대회. 한국교육행정학회. 2014. 4. 26.

이동엽, 김혜숙(2011). 역사적 제도주의 관점에서의 우리나라 교육위원회 제도 변화 원인 분석. 교육정치학연구, 18(1), 83-109.

이상철, 주철안, 윤은미(2013). 시·도교육위원회 소속 의원의 의정 활동 분석: 부산광역시의회 교육위원회 의원을 중심으로. 교육행정학연구, 31(3), 1-24.

이영희, 이명균(2010). 지방의회 의정활동 평가: 성남시 광주시 하남시를 중심으로. 한국정책과학회보, 14(2), 179-209.

정병렬, 조민경, 김렬(2015). 지방의회 기능과 상임위원회 전문성 간의 관계. 한국지방자치연구, 16(4), 157-176.

중앙선거관리위원회(2017a). 역대 당선인 현황.

중앙선거관리위원회(2017b). 제5회 교육의원선거 당선인 직업별 현황 통계.

중앙선거관리위원회(2017c). 제6회 시·도의회 의원 선거 당선인 통계 기준.

중앙선거관리위원회(2017d). 시·도의회 당선인 직업별 통계 현황.

지충남, 선봉규(2013). 통합형교육위원회의 의정활동에 대한 평가: 광역 시·도 교육위원회를 중심으로. 지방정부연구, 17(1), 233-263.

최창의(2016). 지방의회에 대한 교육이익집단 활동의 정치학. 2016 한국교육정치학회 춘계학술대회. 지방교육행정의 정치학. 2016. 5. 20.

허훈(2010). 지방의원 전문성 향상을 위한 연수실태와 발전방안. 한국지방자치학보, 22(2), 149-168.

행정자치부(2001). 지방의회 100문100답. 행정자치부 자치운영과.

행정자치부(2017). 제7기 후반기 지방의회 현황(2016. 7. ~2018. 6.)

법제처 http://www.law.go.kr

부산광역시의회 http://council.busan.go.kr

서울특별시의회 http://www.smc.seoul.kr

중앙선거관리위원회 http://info.nec.go.kr

〈부록 표 5-1〉 제6회 시·도의회 의원 선거 당선인 연령별 현황

(단위: 명, %)

구분	계		30세 미만		30세 이상		40세 이상		50세 이상		60세 이상		70세 이상	
	명	비율	명	비율	명	비율	명	비율	명	비율	명	비율	명	비율
합계	705	100.0	1	0.14	16	2.27	206	29.22	367	52.06	112	15.89	3	0.43
서울	96	100.0	0	0.00	1	1.04	35	36.46	47	48.96	13	13.54	0	0.00
부산	42	100.0	0	0.00	2	4.76	11	26.19	24	57.14	5	11.90	0	0.00
대구	27	100.0	0	0.00	2	7.41	3	11.11	14	51.85	8	29.63	0	0.00
인천	31	100.0	0	0.00	1	3.23	10	32.26	10	32.26	10	32.26	0	0.00
광주	19	100.0	0	0.00	0	0.00	8	42.11	11	57.89	0	0.00	0	0.00
대전	19	100.0	0	0.00	0	0.00	7	36.84	10	52.63	2	10.53	0	0.00
울산	19	100.0	0	0.00	0	0.00	6	31.58	11	57.89	2	10.53	0	0.00
세종	13	100.0	1	7.69	2	15.38	2	15.38	6	46.15	1	7.69	1	7.69
경기	116	100.0	0	0.00	4	3.45	45	38.79	60	51.72	7	6.03	0	0.00
강원	40	100.0	0	0.00	1	2.50	8	20.00	26	65.00	5	12.50	0	0.00
충북	28	100.0	0	0.00	0	0.00	6	21.43	17	60.71	5	17.86	0	0.00
충남	36	100.0	0	0.00	1	2.78	6	16.67	13	36.11	15	41.67	1	2.78
전북	34	100.0	0	0.00	2	5.88	16	47.06	10	29.41	6	17.65	0	0.00
전남	52	100.0	0	0.00	0	0.00	9	17.31	32	61.54	10	19.23	1	1.92
경북	54	100.0	0	0.00	0	0.00	14	25.93	31	57.41	9	16.67	0	0.00
경남	50	100.0	0	0.00	0	0.00	12	24.00	30	60.00	8	16.00	0	0.00
제주	29	100.0	0	0.00	0	0.00	8	27.59	15	51.72	6	20.69	0	0.00

출처: 중앙선거관리위원회(2017c).

〈부록 표 5-2〉 역대 시·도의회 선거 당선인 중 정치인과 교육자 직업 비율

(단위: %)

구분	6회		5회		4회		3회		2회		1회	
	정치인	교육자	정치인	교육자	정치인	교육자	정치인	교육자	정치인	교육자	정치인	교육자
합계	36.45	1.42	30.15	2.35	25.8	2.44	19.05	2.30	16.56	0.81	19.09	0.81
서울	31.25	2.08	32.29	3.13	20.83	1.04	19.57	0	29.79	1.06	36.84	1.06
부산	30.95	4.76	23.81	2.38	9.52	9.52	17.5	2.5	22.73	4.55	9.09	4.55
대구	37.04	0	11.54	11.54	15.38	3.85	0	0	19.23	0	5.41	0
인천	58.06	0	26.67	6.67	30	0	15.38	7.69	19.23	0	18.75	0
광주	52.63	0	36.84	0	12.5	0	25	0	35.71	0	43.48	0
대전	31.58	0	26.32	0	31.25	0	25	6.25	0	0	0.00	0
울산	36.84	0	21.05	0	25	0	12.5	12.5	0	0	–	0
세종	46.15	0	–	–	–	–	–	–	–	–	–	–
경기	39.66	0.86	41.07	2.68	40.74	1.85	35.11	4.26	17.05	2.27	23.58	2.27
강원	27.5	0	23.68	2.63	38.89	0	5.13	0	2.38	0	5.77	0
충북	32.14	0	32.14	0	7.14	0	8.33	0	12.5	0	0.00	0
충남	19.44	2.78	38.89	0	32.35	2.94	15.63	6.25	9.38	0	21.82	0
전북	52.94	5.88	32.35	0	26.47	5.88	31.25	0	20.59	0	38.46	0
전남	50	0	33.33	1.96	43.48	2.17	23.91	0	16	0	29.41	0
경북	31.48	1.85	30.77	3.85	12	0	5.88	1.96	1.85	0	7.14	0
경남	26	2	24.49	0	22.92	6.25	17.78	2.22	21.74	0	4.71	0
제주	34.48	0	10.34	0	13.79	3.45	18.75	0	7.14	0	5.88	0

출처: 중앙선거관리위원회(2017d).

제**6**장

지방교육행정조직

지방교육행정기관은 특별시·광역시·특별자치시·도 및 특별자치도(이하 시·도)의 교육·학예에 관한 사무를 담당하기 위해 설치된 행정기관으로 그 관할권의 범위가 일정 지역에 한정되는 기관이다. 법적으로는 중앙교육행정기관과 구분되는 실체이지만, 행정적·재정적으로는 상호작용하며, 때로는 협력과 갈등을 반복하고 있다. 이 장에서는 지방교육행정조직의 법적 기반, 구조와 규모 등의 현황과 관련 쟁점에 대해 살펴보고, 미래 개선 방향을 제시하고자 한다.

1. 법적 근거

1) 설치 및 구성

　지방교육행정기관의 범위는 1991년에 제정된「지방교육자치에 관한 법률」(이하「교육자치법」) 제30조부터 제34조까지의 규정에 그 범위와 역할이 규정되어 있었으나, 현재는「지방교육행정기관의 행정기구와 정원기준 등에 관한 규정」(이하「기구정원규정」) 제2조에 명시되어 있다. 이 규정에 의하면, '지방교육행정기관'은 특별시·광역시·특별자치시·도 및 특별자치도(이하 '시·도')의 교육·학예에 관한 사무를 담당하기 위해 설치된 행정기관으로 그 관할권이 미치는 범위가 일정 지역에 한정되는 기관을 의미한다. '시·도교육청'은 교육감을 보조하는 기관 및 교육감 소속으로 설치된 기관을 말한다. 이 중 '본청'은 시·도교육청의 기관 중

직속기관 등을 제외하고 교육감을 직접 보조하는 기관이다. '교육지원청'은 시·도의 교육·학예에 관한 사무를 분장하기 위하여 1개 또는 2개 이상의 시·군·자치구를 관할구역으로 하여 설치된 「교육자치법」 제34조에 따른 하급교육행정기관을 말한다. '직속기관'은 각급 학교를 제외한 본청 소속의 법 제32조에 따른 교육기관을 의미한다. '교육지원청 소속 기관'이란 각급 학교를 제외한 교육지원청 소속의 법 제32조에 따른 교육기관이다. '각급 학교'는 「초·중등교육법」 제2조에 따른 학교 및 「유아교육법」 제2조 제2호에 따른 유치원이다. '보조기관'은 지방교육행정기관의 의사 또는 판단의 결정이나 표시를 보조함으로써 행정기관의 목적 달성에 공헌하는 기관이다. '보좌기관'은 지방교육행정기관이 그 기능을 원활하게 수행할 수 있도록 그 기관장이나 보조기관을 보좌함으로써 행정기관의 목적 달성에 공헌하는 기관을 말한다.

2) 조직 및 운영, 정원기준

지방교육행정기관의 행정기구 조직 및 운영에 관한 사항과 지방공무원의 정원기준 등에 관해 필요한 사항은 「기구정원규정」[1]에 의해 그 구조와 범위 등이 결정된다. 지방교육행정기관은 시·도의 교육·학예에 관한 사무를 분장하기 위하여 1개 또는 2개 이상의 시 군 및 자치구를 관할 구역으로 하는 하급교육행정기관으로 교육지원청을 둘 수 있다. 교육지원청의 관할 구역과 명칭은 대통령령으로 정하며, 교육지원청에 교육장을 두되, 장학관으로 보하고, 그 임용에 관한 필요 사항과 교육지원청의 조직과 운영 등에 관하여 필요한 사항 등은 대통령령으로 정한다.[2]

지방교육행정기관 중 본청(시·도교육청)의 조직 구성과 사무분장은 「기구정원규정」 제6조와 제8조에 의해 해당 시·도의 조례로 정하며, 실·국의 설치는 법령이 정한 기준에 따라 서울은 4실·국 이내, 부산은 2개, 경기도는 5개, 그 밖의 특별자치시 및 광역시, 도교육청은 인구와 학생 수를 기준으로 3개 또는 2개로 정한다. 교육지원청의 설치 기준은 제11조 교육지원청기구의 설치기준을 따르며, 교육지원청 국·과·센터의 설치, 국장·과장·센터장의 직급 및 그 사무분장은 해당 시·도의 교육규칙으로 정한다. 인구수와 학생 수를 기준으로 최대 2국부터, 최소 2과(담당관) 1센터로 설치한다.

시·도교육청의 지방공무원 정원의 총수는 시·도의 조례로 정하는데 그 대상은 법 제29조의3 제1항에 따른다. 시·도의회 사무처 정원과 본청, 교육지원청, 직속기관, 교육지원청, 소속기관 및 공립의 각급학교 정원(제3호에 따른 정원은 제외한다), 교육전문직이 있다. 서울특별시교육감 소속 지방공무원 정원 조례[3]를 예로 들어 보면, 교육감 소속 지방공무원 정원의 총수는 7,179명이며, 서울특별시의회 사무처 정원 5명, 본청·교육지원청·직속기관 및 공립의 각급학교 정원(제3호에 따른 공무원의 정원은 제외한다) 6,714명, 교육전문직원 정원 460명으로 정하고 있다.

2. 현황

지방교육행정조직의 현황을 보면, 2017년 현재 전국에는 총 17개 시·도교육청과 176개의 교육지원청, 14개의 교육연구원, 10개의 과학교육원, 17개의 교원연수원과 학생교육원, 195개의 공공도서관과 교육문화회관, 영어체험학습센터, 학생수련원 등의 기관 136개가 설치되어 있다. 시·도별 세부 사항은 〈표 6-1〉과 같다.

〈표 6-1〉 지방교육행정조직 현황

(단위: 개)

구분	시·도 교육청	교육 지원청	교육 연구원	과학 교육원	교원 연수원	학생 교육원	공공 도서관	기타 기관
계	17	176	14	10	17	17	195	136
서울	1	11	1	1	1	1	21	4
부산	1	5	1	1	1	–	11	5
대구	1	4	1	1	1	1	9	4
인천	1	5	1	–	1	2	8	4

〈표 6-1〉 지방교육행정조직 현황(계속)

(단위: 개)

구분	시 · 도 교육청	교육 지원청	교육 연구원	과학 교육원	교원 연수원	학생 교육원	공공 도서관	기타 기관
광주	1	2	–	1	1	1	2	6
대전	1	2	1	–	1	1	–	5
울산	1	2	1	–	1	1	4	3
세종	1	–	1	–	–	–	–	–
경기	1	25	–	1	3	–	11	15
강원	1	17	1	–	1	1	22	9
충북	1	10	1	–	1	3	12	11
충남	1	14	1	1	1	1	15	8
전북	1	14	–	1	1	2	7	20
전남	1	22	1	1	–	1	18	7
경북	1	23	1	1	1	1	26	8
경남	1	18	1	1	2	1	24	21
제주	1	2	1	–	–	–	5	6

주: 기타 기관은 교육문화회관, 영어체험학습센터, 학생수련원 등을 포함.

출처: 교육통계서비스 홈페이지(http://kess.kedi.re.kr).

지방교육행정조직 현황을 서울시교육청을 예로 들어 구조화하면 [그림 6-1]과 같다.

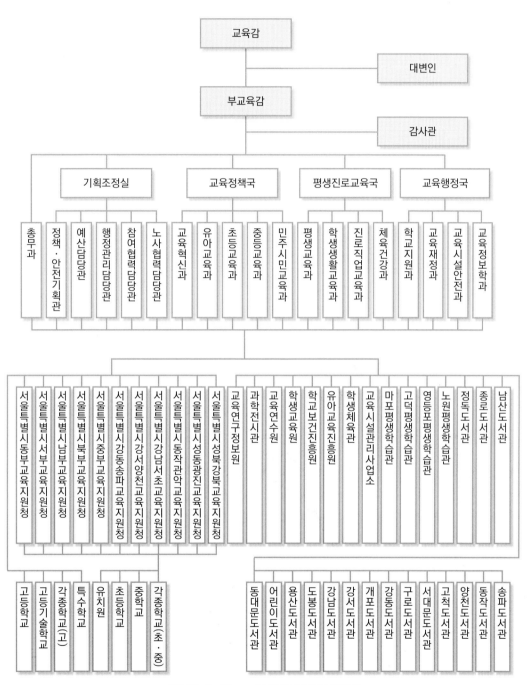

[그림 6-1] ◆◆ 교육청 조직도(예시)

출처: 서울특별시교육청 홈페이지(http://www.sen.go.kr; 2017. 7. 11. 기준).

「기구정원규정」에는 교육감이 지방교육행정기관 기구와 정원의 관리 목표와 총액인건비제 운영, 기구설치 시 고려 사항 및 일반요건, 한시기구의 설치 운영에 관한 내용이 제시되어 있다. 기본적으로 교육감이 기능의 중복성, 업무량, 현장지원의 적합성 등을 고려하여 자율성과 책임성이 조화되도록 행정기구와 지방공무원의 정원을 관리한다.

1) 시·도교육청의 운영 현황

시·도교육청(본청)은 총 17개로 2017년 현재 8개 광역시와 9개 도에 설치, 운영되고 있다. 시·도의 교육·학예에 관한 사무의 집행기관으로서 시·도교육청의 운영 권한은 교육감에게 있다. 따라서 시·도교육청의 사무는 곧 교육감의 관장 사무라고 할 수 있다.

「교육자치법」에 제시된 교육감의 관장 사무는 조례안 및 예·결산안의 작성 및 제출, 교육규칙 제정, 학교 등의 설치, 이전 및 폐지, 교육과정 운영 및 소속 공무원의 인사관리 등에 관한 사항 등이다(자세한 사항은 제4장 참조).

본청의 구조는 「기구정원규정」에 명시되어 있는데, 본청에 두는 실·국의 수는 인구 및 학생 수를 기준으로 한다. 시·도별 설치 기준은 〈표 6-2〉와 같다. 실과 국의 명칭과 사무분장은 중앙교육행정조직과 지방교육행정조직 간의 연계성 등을 고려하여 합리적으로 정해야 한다. 본청에 두는 과·담당관의 설치와 사무분장 등에 관한 사항은 해당 시·도의 교육규칙으로 정한다. 또한 본청에는 「공공감사에 관한 법률」 제5조에 따라 부교육감 직속으로 자체감사 업무를 전담하는 기구를 두어야 한다. 실과 국의 수가 가장 많은 교육청은 경기도 교육청으로 최대 5개를 둘 수 있다.

👥 〈표 6-2〉 본청 실 · 국의 설치 기준

구분		실국의 수
서울특별시교육청		4실 · 국 이내
부산광역시교육청		2실 · 국 이내
경기도교육청		5실 · 국 이내
그 밖의 특별자치시 · 광역시 교육청	인구: 400만 명 이상 학생: 80만 명 이상	3실 · 국 이내
	그 밖의 경우	2실 · 국 이내
그 밖의 도교육청	인구: 300만 명 이상 학생: 60만 명 이상	3실 · 국 이내
	그 밖의 경우	2실 · 국 이내

주: 1. 실 · 국의 수를 산정할 때 해당 보조기관의 직급에 상응하는 정원을 실 · 국의 명칭이 아닌 기구의 정원으로 유지하고 있는 경우에는 이 표의 수에 포함하여 산정한다.

　 2. 학생 수는 각급학교의 해당 연도 4월 1일 기준 학생 수를 말하고, 인구수는 주민등록표상의 해당 연도 4월 1일 기준 인구수를 말하며, 학생 수와 인구수를 모두 충족하여야 한다.

출처: 「지방교육행정기관의 정원기준 등에 관한 규정」[별표 1]
본청 실 · 국의 설치 기준(제8조 제1항 관련) 2017. 5. 8. 일부개정, 2017. 6. 14. 시행.

시 · 도교육청의 기능은 크게 학무 및 장학 기능과 일반 학사 및 관리 기능으로 구분될 수 있다. 전자는 교육 및 교육현장과 관련성이 높으며, 교육전문직들이 주로 담당한다. 후자는 일반직공무원들이 주로 담당하며, 인사 · 시설 · 재무 등 조직관리 및 경영 등과 관련성이 높다.

👥 〈표 6-3〉 시 · 도교육청의 기능

단위기능		하위 기능
학무 및 장학 기능	초등교육	초등교육, 유아교육, 특수 교육 등의 정책 기획
	중등교육	중등교육, 장학기획, 생활지도 등의 정책 기획
	평생교육	평생교육기획, 방과후교육, 특별활동, 평생교육지도
	과학정보	과학교육, 영재교육, 과학교육지원, 교육정보화 등

《표 6-3》 시 · 도교육청의 기능(계속)

단위기능		하위 기능
일반학사 및 관리 기능	교원정책	초등인사, 중등인사, 교원연수 등
	학교운영지원	학교설립기획, 학교운영지원, 학생 수용 등
	재무	경리, 예산, 재산관리, 계약관리, 법무 등
	총무	총부, 인사, 공무원단체, 국제협력 등
	기획관리	행정관리, 의회협력, 행정정보기획 등
	감사	감사, 공보 등
	혁신복지	혁신기획, 학교혁신, 교육복지지원 등
	학교체육 보건	체육교육, 청소년, 학교보건, 학교급식 등
	교육시설	시설기획, 사학시설, 일반시설 관리 등

출처: 나민주 외(2015a: 146).

2) 보조기관 및 소속 교육기관의 운영 현황

교육감은 그 소속하에 국가공무원으로 보하는 부교육감 1인을 두되, 대통령령이 정하는 바에 따라 「국가공무원법」 제2조의 2의 규정에 따른 고위공무원단에 속하는 일반직공무원이나 장학관을 보한다.[4] 「기구정원규정」 제9조에 따르면, 본청에 두는 부교육감, 실장, 국장, 과장 및 담당관 등의 보조 및 보좌 기관의 직급 기준 표는 《표 6-4》와 같으며, 본청에 두는 해당 기관의 직급 등은 해당 시 · 도의 교육규칙으로 정한다. 「교육자치법」 제30조 제5항에 따르면, 교육감 소속 하에 보조기관을 두되, 그 설치 · 운영 등에 관하여 필요한 사항은 대통령령이[5] 정한 범위 안에서 조례로 정한다.

👥 〈표 6-4〉 본청에 두는 보조(좌)기관의 직급기준 등

구분	부교육감	실장	국장	과장 · 담당관
서울특별시 교육청	고위공무원단에 속하는 일반직공무원 또는 장학관	고위공무원단에 속하는 일반직공무원	장학관 또는 3급 일반직 지방공무원	장학관 또는 4급 일반직 지방공무원
부산광역시 교육청	고위공무원단에 속하는 일반직공무원 또는 장학관		장학관 또는 3급 일반직 지방공무원	장학관 또는 4급 일반직 지방공무원
경기도 교육청	제1부교육감 및 제2부교육감: 고위공무원단에 속하는 일반직공무원 또는 장학관	고위공무원단에 속하는 일반직공무원	장학관 또는 3급 일반직 지방공무원	장학관 또는 4급 일반직 지방공무원
그 밖의 특별자치시 · 광역시 · 도 교육청	고위공무원단에 속하는 일반직공무원 또는 장학관		장학관 또는 3급 일반직 지방공무원	장학관 또는 4급 일반직 지방공무원

주: 1. 이 표의 과장 · 담당관의 직급기준에도 불구하고 기획업무를 담당하는 1명의 담당관은 3급 또는 4급 일반직 지방공무원으로 보(補)할 수 있으며, 과 · 담당관 단위의 기획업무기구의 장 밑에는 1명(경기도교육청은 2명)의 4급 일반직 지방공무원을 둘 수 있다.

2. 서울특별시교육청의 과장 및 담당관 중 1명은 3급 또는 4급 일반직 지방공무원으로 보할 수 있으며, 과장 또는 담당관 밑에 4명의 범위에서 4급 일반직 지방공무원을 추가로 둘 수 있다.

3. 서울특별시교육청 외의 교육청은 과장 또는 담당관 밑에 2명(경기도교육청의 경우에는 5명)의 범위에서 4급 일반직 지방공무원을 둘 수 있다. 이 경우 해당 교육청의 4급 일반직 지방공무원 총수에 변동이 없어야 한다.

4. 위 표의 직급기준에도 불구하고 제8조 제2항에 따른 감사기구는 과 · 담당관 단위의 기구로 한다. 이 경우 서울특별시교육청, 부산광역시교육청 및 경기도교육청의 감사기구의 장은 3급 상당 임기제공무원으로, 그 밖의 시 · 도교육청의 감사기구의 장은 3급 또는 4급 상당 임기제공무원으로 보할 수 있으며, 감사기구의 장 밑에는 1명(경기도교육청은 2명)의 4급 일반직 지방공무원을 둘 수 있다.

출처: 「지방교육행정기관의 행정기구와 정원기준 등에 관한 규정」 [별표 2] 본청에 두는 보조 · 보좌기관의 직급 기준 등(개정 2017. 5. 8.)

부교육감은 당해 시·도의 교육감이 추천한 자를 교육부 장관의 제청으로 국무총리를 거쳐 대통령이 임명한다. 부교육감은 교육감을 보좌하여 사무를 처리한다. 부교육감은 인구 800만 명 이상이고 학생 170만 명 이상인 시·도는 2인을 둘 수 있다. 2인을 두는 경우에 사무분장에 관한 사항도 대통령령으로 정하며, 이 경우 그중 1인이 특정 지역의 사무를 담당하게 할 수 있다.

「교육자치법」 제30조 제1항에 따라 2명의 부교육감을 두는 시·도의 경우에 각 부교육감의 사무분장은 〈표 6-5〉와 같다. 다만, 교육감은 교육행정 업무의 효율과 주민 편의를 위하여 필요하다고 인정하는 일부 사무에 대해서는 각 부교육감의 사무분장을 달리 정할 수 있다. 현재 경기도만 부교육감 2인 체제이다.

〈표 6-5〉 부교육감 2인 체제에서의 업무분장(경기도 사례)

구분	제1부교육감	제2부교육감
경기도	제2부교육감이 관장하는 지역을 제외한 지역의 교육사무에 관한 교육감 보좌	의정부시·동두천시·고양시·구리시·남양주시·파주시·양주시·포천시·연천군·가평군 지역의 교육사무에 관한 교육감 보좌

주: 시·도 전체의 통일성을 유지할 필요성이 있거나 지역적으로 구분하기 곤란한 사무는 제1부교육감의 사무로 하되, 제1부교육감이 그 사무를 처리하는 때에는 미리 제2부교육감과 협의를 거쳐야 한다.

출처: 「교육자치법」 제30조 제1항.

3) 하급교육행정기관(교육지원청) 운영 현황

(1) 기본 구조

시·도교육청의 하급교육행정기관인 교육지원청은 본청과 유기적 관계를 형성하며, 학교현장을 지원한다. 교육지원청은 2017년 현재 176개이며, 지원청 수가 가장 많은 시·도는 경기도로 총 25개이고, 광주, 대전, 울산, 제주도는 각 2개씩으로 교육지원청 수가 가장 적다. 시·도별 지원청 수는 〈표 6-1〉에 제시되어 있다.

　　교육지원청의 관할 구역과 명칭 및 위치는「지방교육자치에 관한 법률 시행령」
제5조에 명시되어 있으며, 학교교육의 효과적인 지원이 필요한 예외적인 경우에
는 특정 교육지원청을 지정하여 다른 교육지원청 사무의 일부를 처리하게 할 수
있다. 교육감은 학교 교육의 효과적인 지원 및 교육지원청의 효율적인 운영을 위
하여 필요한 경우에는 소속 교육지원청의 통합을 교육부 장관에게 요청할 수 있
다. 통합교육지원청은 기초자치단체가 통합되어 2개 이상의 기초자치단체를 관
할하게 된 교육지원청을 말한다.[6] 통합교육지원청은 총 8개로 자세한 내용은 〈표
6-6〉과 같다.[7]

〈표 6-6〉 통합교육지원청 현황

지역	통합교육지원청명	직제	관할구역
강원	속초양양교육지원청	2과	속초시, 양양군
경기	군포의왕교육지원청	2과	군포시, 의왕시
광주	광주서부교육지원청	2국 6과	서구, 남구, 광산구
대전	대전서부교육지원청	2국 6과	서구, 유성구
충남	논산계룡교육지원청	3과 1센터	논산시, 계룡시
충북	청주교육지원청	2국 6과	청주시*
부산	남부교육지원청	2국 6과	동부교육지원청+남부교육지원청**
제주	제주교육지원청	2국 6과	제주시***

* 청주시와 청원군이 통합되면서 청주·청원교육지원청을 통합함
** 동부교육지원청을 남부교육지원청과 통합하여 일원화함
*** 제주특별자치도 출범 당시, 시·군 통합에 따라 제주교육지원청과 북제주교육지원청을 통합함
　　　　출처: 오세희 외(2014)의 〈표 Ⅲ-2〉를 편집한 나민주 외(2015d: 10)의 자료를 재편집함.

　　교육지원청의 국·과(담당관)·센터의 설치 및 국장·과장(담당관)·센터장의
사무분장은 해당 시·도의 교육규칙으로 정한다. 이 항에도 불구하고 교육지원청
에 설치하는 국·과의 명칭은 국은 지원관으로, 과는 팀으로 각각 달리 정할 수 있
으며, 국·과로 본다. 직속기관 등의 하부조직 설치 규정에 따르면, 조직과 공무

원의 직급은 시·도교육청 간 균형이 유지되도록 해야 하며, 직속기관과 교육지원청 소속 기관장의 직급, 하부조직 및 그 사무분장에 관한 사항은 해당 시·도의 조례 또는 조례의 위임에 따른 교육규칙으로 정한다.[8]

교육지원청의 조직과 운영 등에 관하여 필요한 사항은 대통령령으로 정한다. 대통령인 「기구정원규정」 제11조에 교육지원청 기구의 설치 기준 등이 명시되어 있다. 인구 50만 명 이상·학생 6만 명 이상에서는 2국을 두고, 인구 50만 명 미만 30만 명 이상·학생 6만 명 미만 4만 명 이상인 곳은 4과(담당관) 2센터를, 인구 30만 명 미만 15만 명 이상·학생 4만 명 미만 2만 명 이상은 3과(담당관) 2센터를 둔다. 인구 15만 명 미만 10만 명 이상·학생 2만 명 미만 1만 명 이상인 곳은 2과(담당관) 2센터를, 인구 10만 명 미만·학생 1만 명 미만에서는 2과(담당관) 1센터를 두도록 하고 있다. 이를 정리하면 〈표 6-7〉과 같다.

〈표 6-7〉 교육지원청 기구의 설치 기준

구분		국	과·담당관·센터
인구 50만 명 이상	학생 6만 명 이상	2국	
인구 50만 명 미만 30만 명 이상	학생 6만 명 미만 4만 명 이상	-	4과(담당관) 2센터
인구 30만 명 미만 15만 명 이상	학생 4만 명 미만 2만 명 이상	-	3과(담당관) 2센터
인구 15만 명 미만 10만 명 이상	학생 2만 명 미만 1만 명 이상	-	2과(담당관) 2센터
인구 10만 명 미만	학생 1만 명 미만	-	2과(담당관) 1센터

출처: 「기구정원규정」 제11조.

교육지원청에는 교육장을 두되 장학관으로 보하고, 임용 관련 사항은 대통령령으로 정한다.

교육장은 시·도의 교육·학예에 관한 사무 중 교육감으로부터 다음 각 호의 사무를 위임받아 분장한다. 공·사립의 유치원·초등학교·중학교·공민학교·고등공민학교 및 이에 준하는 각종학교의 운영·관리에 관한 지도·감독을 하며, 그 밖에 조례[9]로 정하는 사무를 위임받아 분장한다.[10]

(2) 기능

오랜 교육자치의 시행에도 불구하고, 지역교육청이 관리·감독 위주의 업무 수행에 머물고 있다는 판단에 따라 2010년경부터 지역교육청의 기능 개편의 필요성이 제기되었다. 당시 교육과학기술부(현 교육부)는 개편의 근거로 다음의 몇 가지 사유를 들었다. 첫째, 지역교육청의 단위학교에 대한 현장 서비스 기능이 미약하여, 날로 고도화·다양화되는 현장의 교육수요에 대응하는 데 한계가 있다. 또한 학생, 학부모 등 교육수요자의 학교교육 참여 욕구는 증가하고 있는 반면, 이에 대한 지원 기능은 미비한 편이다. 둘째, 전국의 지역교육청이 모두 인구 및 학생 수 기준으로 인원이 배치되고 조직되면서 획일적이고 경직된 구조라는 비판을 받는다. 이로 인해 지역의 여건과 특성에 부합하는 '다양한' 현장 서비스를 제공하기 어렵다.[11]

교육청의 현장 지원 기능을 강화하기 위해 2009년 10월 교육과학기술부는 부산 남구와 울산 강북, 충남 부여, 경기도의 군포·의왕 교육청을 시범 기관으로 지정 운영한 결과를 토대로 2010년 5월 '선진형 지역교육청 기능·조직 개편방안'을 수립하였고, 「지방교육자치법 시행령」을 개정하여 모든 지역교육청을 교육지원청으로 전환하였다.[12] 교육지원청 기능 개편의 주요 내용을 보면 [그림 6-2]와 같다.

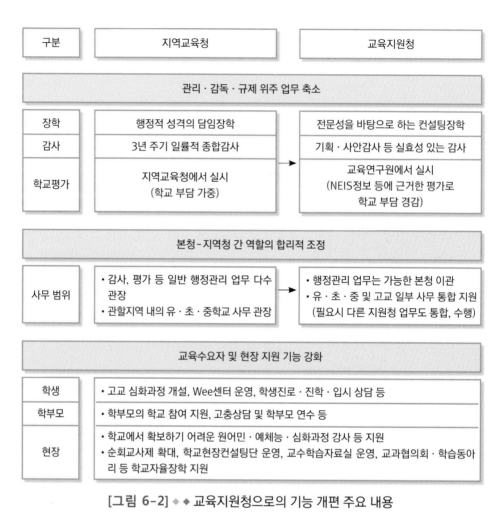

[그림 6-2] ◆ ◆ 교육지원청으로의 기능 개편 주요 내용

출처: 황준성 외(2012: 5).

지방교육행정조직은 2015년 대비 울산광역시교육청과 강원도교육청에 1개 과 (담당관)가 늘고, 세종특별시교육청에 1개 과(담당관)가 줄었으며, 강원도교육청에 직속기관이 1개 늘어났다. 지역별·기관별 증감 현황은 〈표 6-8〉과 같다.

〈표 6-8〉 지방교육행정조직 증감 현황(2016년)

구분	본청 과(담당관) 수(증감)	교육지원청 수(증감)	직속기관 수(증감)
서울	20(0)	11(0)	29(0)
부산	14(0)	5(0)	19(0)
대구	15(0)	4(0)	17(0)
인천	15(0)	5(0)	16(0)
광주	13(0)	2(0)	11(1)
대전	14(0)	2(0)	8(0)
울산	14(1)	2(0)	10(0)
세종	12(−1)	0(0)	1(0)
경기	29*(0)	25(0)	19(0)
강원	14(1)	17(0)	14(1)
충북	13(0)	10(0)	12(0)
충남	15(0)	14(0)	12(0)
경북	15(0)	23(0)	10(0)
경남	15(0)	18(0)	19(0)
전북	12(0)	14(0)	12(0)
전남	16(0)	22(0)	13(0)
제주	−	−	−

* 경기도: 남부교육청(4관 10과 1단), 북부교육청(9과)

주: 1. 증감은 2015년 대비 2016년 기준임

2. 「제주특별자치도 설치 및 국제자유도시 조성을 위한 특별법」 제14조(자치조직권에 관한 특례)에 따라 제주특별자치도교육청은 행정기구와 정원을 도 조례로 자율적으로 정할 수 있도록 특례를 인정하고 있어, 조직분석 대상에서 제외됨

출처: 지방교육재정알리미 홈페이지(http://www.eduinfo.go.kr).

📖 **3**. 지방교육행정조직 분석 및 진단 현황

1) 필요성 및 법적 근거

지방교육자치의 정착으로 교육감 공약 이행 및 주요 정책의 행정 수요가 증가하였다. 시·도교육청은 관련 인력의 증원이 필요하고, 관련 기구의 신설 또는 증설을 요하는 경우가 많아졌다. 반면, 학생 수는 매년 감소 추세로 시·도별 교육 여건 및 지역적 특성을 고려하여 합리적으로 조직 운영을 유도할 필요성이 증대하였다. 또한 기구와 정원 운영에 수반되는 인건비성의 경비 총액을 기준으로 기구와 정원을 자율적으로 관리하는 제도인 총액인건비제도의 실시로 지역의 특성과 교육 여건에 따라 자율적이고 탄력적인 기구 및 인력 운영이 제도적으로 가능해짐과 동시에 그에 따른 책무성도 확인할 필요가 생겼다.[13] 이에 지방교육행정기관의 조직 관리 효율화를 위해 체계적으로 조직을 분석하고 그 결과를 토대로 객관적이고 실효성 있는 수단을 지원할 수 있도록 조직 분석 및 진단이 필요해졌다.[14]

「기구정원규정」 제23조에 따르면, 교육부 장관은 정원의 효율적인 관리·운영을 위하여 교육부령으로 정하는 바에 따라 기구와 정원의 관리·운영 상황을 분석하고, 학교와 학생 수가 감소하는 등 교육행정 수요가 조직 설치 당시에 비해 현저히 줄어들거나 직속기관 등의 설치 당시 목적이나 기능 등을 상실한 경우, 조직이 법령상의 설치 요건에 미달되는 경우, 그 밖에 교육부 장관이 필요하다고 인정하는 경우 등에 대해 지방교육행정기관에 대한 조직 진단을 해야 한다.

교육부 장관은 조직 분석 진단의 결과를 공개할 수 있고, 분석 및 진단의 결과에 따라 필요하다고 인정하는 경우에는 해당 지방교육행정기관에 대하여 조직 개편 등이 포함된 조직관리 개선 계획을 수립하여 시행할 수 있다. 교육부 장관은 기구와 정원의 효율적인 관리·운영을 위하여 필요하면 지방교육행정기관의 행정 수요와 업무량 분석, 기능배분과 정원배정의 적정성 분석·평가 등 정원관리 실태에 관한 감사를 할 수 있으며, 그 결과에 따라 시정할 필요가 있다고 판단되는 경우에는 해당 시·도교육감에 대하여 시정 조치를 명해야 한다.

　또한 조직의 효율적인 운영으로 재정의 건전화를 도모한 지방교육행정기관에 대해서는 행정적·재정적으로 우대할 수 있다. 또한 교육부 장관은 정부의 조직 관리 방향을 고려하여 지방교육행정기관 간의 균형과 규모의 적정화를 위한 조직 관리 등에 관한 지침을 교육감에게 전달할 수 있으며, 교육감은 그 지침에 따라 해당 지방교육행정기관을 그 지방자치단체의 지역적 특성에 맞는 조직으로 관리해야 한다.

　「기구정원규정 시행규칙」제5조에 따르면, 지방교육행정기관에 대한 조직 분석을 해마다 실시하고, 그 결과에 따라 조직 진단 여부를 결정하며, 조직 분석 및 진단을 할 때에는 지방교육행정기관의 규모, 교육행정 수요 및 재정능력 등 지역별 여건을 고려해야 하며 미리 그 세부 계획을 작성하여 해당 지방교육행정기관에 통지해야 한다.

　조직 분석 및 진단 시 중점 분야는, 첫째, 학교와 교육수요자 등을 위한 현장지원 중심으로 조직의 기능 조정이 필요한 분야, 둘째, 조직기능이 유사 또는 중복되거나 기능의 쇠퇴가 예상되는 분야, 셋째, 직속기관 등의 통폐합이 가능한 분야, 넷째, 민간 위탁이 가능한 업무 분야, 다섯째, 조직 간 기능 조정이 필요한 분야, 여섯째, 예산 중 인건비의 비중이 지나치게 큰 조직 분야 등 총 6가지이다. 결과를 공개하는 경우에는 관보 또는 일간신문에 싣거나 인터넷 홈페이지에 게시하는 방법으로 한다.

　조직관리 개선 계획에는, 첫째, 조직 분석·진단 결과 제시된 조직관리 개선 방향, 둘째, 조직 분석·진단 결과를 반영한 기구 개편 및 인력 조정에 관한 사항, 셋째, 조직 분석·진단 결과를 반영하지 못한 사항 및 그 사유와 근거, 넷째, 기구 개편 및 인력 조정에 따라 남는 인력의 활용 및 해소 방안, 다섯째, 그 밖에 기구 및 인력의 효율적 운영에 필요한 사항이 포함되어야 한다.

2) 조직 분석 및 진단의 개요

(1) 목적

조직분석은 지표를 활용하여 조직분석을 실시함으로써 16개 시·도교육청의 조직 및 인력 운영 현황을 점검하고 판단할 수 있는 기초 자료를 구축하고, 기준치를 설정하는 데 있다. 보다 구체적인 목적은, 첫째, 총액인건비제도에 따른 시·도교육청별 조직 및 인력 운영 현황과 재정의 건전성 확인, 둘째, 지방교육행정기관의 효율적인 조직 구조와 인력 운영을 위한 정책 유도, 셋째, 지방교육행정기관 조직 분석·진단 지표를 통한 데이터 기반 연구 토대 구축, 넷째, 지방교육행정기관 조직 및 정원 관리 담당 공무원의 역량 강화 도모, 다섯째, 지방교육행정기관 조직 분석·진단 지표의 개선 및 진단모형 개발 등이다.[15]

(2) 방법

조직 분석 및 진단은 교육부가 한국지방교육연구소에 위탁하여 실시한다. 교육부는 지방교육행정기관 조직 분석·진단에 대한 기본 방향과 계획을 수립하고 분석 결과를 정책에 반영한다. 위탁 실시 기관인 한국지방교육연구소는 지표 개발 및 분석 업무를 수행하며, 지방교육행정기관의 조직관리 운영에 대한 진단 및 컨설팅을 수행한다. 시·도교육청은 지표별 기초 자료를 제출하고, 집합면담평가 등에 협조하며 조직분석 결과를 활용한다.[16]

총액인건비제를 실시하지 않는 제주특별자치도를 제외한 총 16개 시·도교육청이 분석 대상이다.

(3) 내용

조직분석의 내용은 크게 조직 부문과 인력관리 부문으로 구분된다. 조직 부문 지표는 인력 규모의 적정성, 기구 규모의 적정성, 기구 설치 기준 준수율이며, 인력관리 부문은 상위직급 공무원 비율 및 증가율, 인력 운용 계획의 타당성, 학교회계직원 인력관리의 적정성, 총정원 변동률 및 평균 결원율 등으로 구성되어 있다.

기구 설치기준 준수율과 상위직급 공무원 비율 및 증가율, 총정원 변동률 및 평균 증가율만 정량 지표이며, 그 외 지표는 정성적 자료와 정량적 자료를 함께 분석한다. 세부적인 분석 기준은 〈표 6-9〉와 같다.

〈표 6-9〉 지방교육행정기관 조직분석 지표 및 분석 기준

영역	지표 내용	지표성격	분석 기준*
조직 부문	인력 규모의 적정성	정성, 정량	• 인력 규모 운용에 있어 대내외적 요인을 반영하였으면 바람직한 것으로 판단함 • 학교 수, 학생 수, 학급 수 등 행정 수요 변동에 따라 인력 규모를 재구성하려고 노력한 정도를 보고 판단함
	기구 규모의 적정성	정성, 정량	• 조직 설치나 개편 사유가 타당하고 교육적 요구를 적극적으로 반영하며, 기능 간 유사 중복, 쇠퇴 기능 조정 등 조직 운영의 효율성을 기하기 위해 노력한 것을 바람직한 것으로 봄 • 개편 없어도 무방함. 개편이 없을 경우에 설치 및 운영 현황 그 자체를 종합적으로 판단함. • 과 산하에 소수 인원이 담당급을 형성하고 있는 경우 효율성이 떨어지는 것으로 봄
	기구 설치기준 준수율	정량	• 법령상 요건을 충족하고, 적절한 사유에 의한 기구의 설치를 바람직한 것으로 봄 • 교육지원청의 경우 인구나 학생 수에 따라 설치기준이 정해져 있지만 불필요한 조직이나 상위직급 설치의 억제라는 법 취지를 고려하여 '100% 이내'면 적합한 상태로 봄
인력 관리 부문	상위직급 공무원 비율 및 증가율	정량	• 상위직급 비율이나 증가율이 낮을수록 바람직한 것으로 봄
	인력 운용 계획의 타당성	정성	• 인력의 증원 및 감축 사유가 적정하고 그 계획이 합리적일 경우 인력 관리를 적절하게 한 것으로 봄 • 교육부 장관과의 협의사항(검토 결과)을 반영하여 보완하려고 노력하는 것을 바람직한 것으로 봄(2015년 평가에는 제외)

〈표 6-9〉 지방교육행정기관 조직분석 지표 및 분석 기준(계속)

영역	지표 내용	지표성격	분석 기준*
인력 관리 부문	학교회계직원 인력 관리의 적정성	정성, 정량	• 학교회계직원 관리 및 지원을 위해 자체적인 조례 또는 지침 등을 만들어 운영하였는지와 효율적인 인력 관리 운영을 위한 인력관리심의회 및 직종 단순화를 추진한 점을 바람직한 것으로 봄
보조 지표	총정원 변동률 및 평균 결원율	정량	• 학생 수 감소 등을 감안할 때 총정원 증가율이 높을수록 바람직하지 않은 것으로 판단됨 • 3년간 평균 결원율이 높게 지속되면 실질적인 인력 과다 현상으로 조정이 필요한 것으로 판단함

주: 총액인건비제 관련 지표는 지방교육재정 운영성과평가에 포함

출처: 나민주 외(2015b: 9-30).

4. 쟁점

1) 지방교육행정조직 설치 및 운용의 자율적 개편 권한 부족

지역별로 학생 과밀 지역이 나타나기도 하고, 학생 수가 적어도 교육적 요구가 다양한 지역도 있다. 또한 동일한 학생 수라도 관련 면적이 넓어 행정 수요 간 편차가 큰 경우도 있다. 따라서 지역 환경의 변화를 반영하여 조직을 설치하고 개편할 수 있는 자율권이 확대되어야 한다.

(1) 경직된 본청의 실 · 국 설치 기준

모든 조직은 사회 변화와 수요에 맞춰 변화한다. 교육행정조직도 예외는 아니다. 교육환경 및 행정 수요에 따라 규모 및 기능이 탄력적으로 조정될 필요가 있으나 우리 현실은 그렇지 못하다. 법령에 명시된 교육행정조직 인원 산정 및 설치 기준을 따라야 하기 때문에 환경 변화에 조직이 유연하게 대처하기 어렵다.

더구나 현재의 기준은 학생 수와 인구수를 기반으로 한다. 학생 수가 줄어들면, 지원 인력의 수가 줄어드는 것이 맞다고 생각할 수 있다. 그러나 교육정책 수요는 학생 수에 비례하지 않는다. 최근에는 국가의 교육정책뿐만 아니라 지방 수준의 교육정책도 다양해지면서 행정 지원 요구가 증가하고 있다. 2015년 기준으로 국가 수준의 정부 사업 지원을 위해 교육청에 보정한 기준인원 내역을 보면, 학교 신설과 자유학기제를 위해 일반직을, 자유학기제와 거점 특수교육지원센터 및 유아교육 확대, 특별자치시 관련 정책 사업을 위해 전문직을 보강하였다.[17]

또한 지방교육자치의 정착으로 지역마다 강조하는 지방 수준의 교육정책사업이 다르다. 동일한 인구 규모를 갖고 있다 하더라도 지역 특성에 따라 조직 구조를 달리해야 할 때도 있다. 어떤 지역은 혁신학교 정책 사업 관련 지원이 더 필요한 곳도 있고, 어떤 지역은 신도시 건설로 학교 신설 및 전입학 관련 부서가 더 보강되어야 할 수도 있다. 지역적 특성을 반영한 보다 유연한 조직 설치 기준이 필요한 이유이다.

나민주 등(2015c)은 대안으로 학교 수와 교원 수를 산정 방식에 포함할 것을 제안한다. 교육지원청이 제공하는 서비스가 학교와 교원에 의해 수행되므로, 학교와 교원 수도 고려하여 교육행정 수요의 규모를 파악하는 것이 타당하다는 견해이다. 최영출 등(2011)은 법정 설치 기준이 실제에 비해 지나치게 낮게 설정되어 있으므로 기구별 설치 기준을 상향 조정해야 한다고 주장한다. 그러나 나민주 등(2015d)에 따르면 산정 기준을 상향 조정하는 경우, 방만 경영이 될 수 있고 교육청 스스로 효율성을 위해 기구 규모를 적정 수준 이하로 축소 운영하는 것이라면, 그 자체를 인정해 줄 필요도 있다. 산출 기준을 현장에 맞게 조정하는 것과 조직 규모의 확대 및 축소는 구분될 필요가 있다.

(2) 교육지원청 및 센터 설치의 현장 부적합 문제

교육지원청 및 센터 설치의 현장 부적합성 문제에 대한 논쟁도 있다. 현장 지원 및 재정 운용의 효율성을 위해 적정 규모로 교육지원청의 수를 산정해야 한다. 그러나 현행 「기구정원규정」에는 교육지원청 기구 설치 기준에서 인구 및 학생 수의 하한선을 정하지 않고 있다. 따라서 학생 수가 아무리 줄어들어도 교육지원청을 계속 유지할 수 있다. 산정 기준으로 보면, 가장 적은 규모가 학생 수 10,000명 미만이다. 그런데 같은 10,000명 미만의 기준을 적용받는 지역들 간에도 편차가 크다. 학생 수 1,000~2,000명 규모인 교육지원청도 있고, 9,000~10,000명 규모인 교육지원청도 있다. 똑같은 기구 및 인력 산정 기준을 적용받기 때문에 교육행정 인력의 수가 동일하다.

1인당 서비스 대상 학생 수로 환산해 보면, 전자의 경우 1인당 학생 수가 54명인 반면, 후자의 경우 직원 1인당 학생 수가 238명이다. 4.4배 더 많다. 교육행정 서비스의 질적 차이가 발생할 뿐만 아니라, 과소 교육지원청 유지에 따른 재정 낭비도 심각하다.[18] 교육지원청 유지를 위한 합리적인 최소 기준을 설정하고, 교육지원청 간 직원 1인당 교육행정 수요의 편차 문제를 해결하기 위해 노력해야 한다.

더 나아가 교육지원청의 기구 중 센터 설치에 대해서도 신중을 기할 필요가 있다. 현재의 「기구정원규정」에 따르면, 교육지원청에는 과 또는 담당관과 센터를 둘 수 있다(〈표 6-7〉 참조). 조직의 유연성을 증대시키기 위해 센터 설치 규정을 만들었으나, 한편으로는 조직의 비대화 및 운영의 비효율성 증대 가능성도 함께 증가하였다. 센터는 현장에서 발생하는 필요에 대한 대응력을 강화하기 위해 설치되며, 과에 비해 상대적으로 강한 독립성을 갖는다. 실제 필요보다 과도하게 기구를 설치하여 방만하게 운영할 가능성을 내포하고 있다. 일부 연구는 책무성을 상대적으로 강하게 통제할 수 있는 과로 센터를 전환·설치하여 행정 수요의 변동에 대응하는 방안을 제안한다.[19] 그러나 한편으로 조직 유연성이 떨어질 수 있다. 따라서 조직 설치의 유연성을 높이면서도 부서 간 협력이 잘 이루어질 수 있는 방안을 강구할 필요가 있다.

더 나아가 교육청은 학교 현장을 지원하는 기관이다. 현재의 체제가 교육행정 서비스를 효율적으로 제공할 수 있는 조직 구조와 기능인지 재점검할 필요가 있다. 효율적 운영을 저해하지 않는 선에서 실질적인 교육행정 수요를 반영한 보다 유연한 조직 설치 기준을 마련하는 것이 필요하며, 지역적 특성을 고려한 조직 구성이 가능하도록 자율성이 확보되어야 할 필요가 있다.

(3) 교육지원청 통폐합에 따른 문제

일부 지역의 급격한 인구 증가 및 자치단체들의 통폐합으로 인해 교육지원청의 업무환경이 변하고 있다. 통합교육지원청에 대한 연구 결과를 보면, 업무가 과중하고 다양한 지역적 요구 조정이 어려우며, 너무 넓은 지역이 통합되면서 주민 접근성이 어려워지는 등의 문제가 발생한 것을 볼 수 있다. 인구는 적지만 면적이 넓은 지역을 1개 기관이 통합 관리하고 지원하기는 현실적으로 어렵다.[20]

통폐합에 따른 문제를 좀 더 자세히 살펴보면, 첫째, 각종 민원 발생의 빈도 및 양이 증가하면서 직원 1인당 업무량의 과중화 현상을 가져왔다. 이로 인해 신속한 민원처리가 이루어지지 못해 불만이 제기되고 있다.

둘째, 경직된 조직 설치 및 정원 규정으로 인해 적절한 인력 배분 및 충원이 일어나지 못하면서 업무의 효율성이 낮아지고 있다. 사회변화에 적절히 대응하기 위해서는 필요에 따라 관련 부서를 늘리고, 사안이 해결된 경우 폐지하는 등 지역적 특성을 반영하여 조직을 개편할 수 있어야 하지만 그렇지 못하다. 경직된 조직 구조로는 다양한 요구를 수용하는 데 한계가 있다.

셋째, 인구수 확보를 위해 너무 넓은 면적을 통폐합한 지역 등에서 주민 접근성이 떨어지고 있다. 교육행정서비스 수요자의 불만이 증가하고, 교육청과 민원인, 교육청과 학교 간의 의사소통 측면에서도 문제가 발생하고 있다. 또한 지역 특색을 고려하지 못한 업무 진행, 지역교육청 상실에 따른 주민의 박탈감 형성, 예산지원 관련 문제 및 정보 제공 측면에서도 문제가 발생하고 있다. 현재의 조직 설치 및 인력 배치 기준을 개선하여 문제를 해결할 필요가 있다.

2) 중앙 관리와 지방 자율의 충돌

(1) 중앙정부 주도의 교육지원청 기능 개편

2010년 당시 교육지원청의 기능 개편 논의가 중앙정부 주도로 이루어지면서 현장의 의견이 반영되지 못했다는 비판이 일었다. 많은 행정적·재정적 노력이 들어갔음에도 현재는 개편 이전으로 회귀하고 있다.[21] 예를 들면, '과'의 명칭을 대상 중심인 '초등교육과'와 '중등교육과'에서 기능 중심인 '교수–학습지원과' '교육과정 운영과' 등으로 명칭을 변경했는데, 최근의 교육청 조직도를 보면 대부분 '초등교육과' '중등교육과' 등 과거로 회귀하였다(예: [그림 6–1] 참조). 기능적 분화를 통해 업무 담당자들의 협력을 기반으로 전문적 역량을 강화하려는 취지는 나쁘지 않았으나, 장학사들의 실제 업무가 학교급별로 구분되어 있다는 점이 고려되지 못했다.

인사 업무를 보면, 초등교원인사와 중등교원인사의 성격이 다르기 때문에, 한 명의 장학사가 자신이 잘 알지 못하는 초·중·고등학교의 인사 업무를 모두 담당하는 것은 현실적으로도 불가능하고, 인사 원칙에도 맞지 않는다. 주요 업무 중 하나인 장학활동도 초·중등학교의 교육체제가 확연히 다르기 때문에 실질적인 장학이 어렵다. 교육수요자인 학부모 입장에서도 해당 자녀의 문제가 교육과정 운영과 관련된 문제인지, 교수–학습 관련 문제인지 몰라 교육청에 도움을 요청하는 데도 많은 어려움을 겪었다.[22]

지방교육자치의 정착과 학교 자율화를 지원하기 위해 기능 개편을 시도했으나 장학사들은 업무 수행에 불편함을 겪었고, 교사들은 교육지원청이 어떻게 바뀌었는지 모르는 경우가 많았으며, 학부모들도 도움을 제대로 받지 못하였다. 결국 많은 시행착오를 거친 끝에 행정적·재정적 손실을 떠안은 채 과거로 회귀하였다. 성공적 기능 개편을 위해서는 중앙과 지방의 협의가 충분히 이루어져야 한다.

(2) 총액인건비제 운영의 자율성 침해

총액인건비제는 교육청의 인사 관련 재량권을 확대하는 데 의미가 있다. 그러나 한편으로는 방만한 인력 운용 가능성 확대와 시·도별 불균형 문제를 해결하기 위해 어느 정도의 통제도 필요하다. 자칫 승진 욕구를 충족하기 위해 5급 이상 상위 직급을 많이 만드는 경우에 재정 압박을 초래하고, 실무진 부족으로 원활한 업무를 수행하기 어려워 총액인건비제 시행의 본래 취지에 역행하는 결과를 초래할 수 있다. 또한 공무원 외 계약직 근로자들을 학교에서 채용하면서 방만하게 운영되는 경우가 있어 재정낭비 문제가 제기될 수 있다. 이에 교육부는 교육청 조직을 진단 분석하여 방만한 운영이 되지 않도록 유도하고 있다.

그런데 문제는 이러한 유도 과정에서 교육청의 자율사항으로 되어 있는 권한을 제한할 가능성이 제기된다는 점이다. 즉, 총액인건비제의 취지가 해당 지역의 특수한 상황에 맞게 자율적으로 정원을 책정하고 인력을 배치하여 행정 효율성을 달성하는 것인데 그것을 일률적인 지표로 평가하는 것이 타당한가에 대한 문제 제기이다.[23] 교육청들이 소속 상위직급 또는 학교의 계약직 근로자 등의 인력을 확대하거나 축소할 수 있는 권한을 갖고 있음에도 현실적 요구를 반영하지 않고, 타 시·도와의 형평성을 고려하여 인원을 조정할 가능성이 높다. 교육부 입장에서는 조직 진단 및 분석 결과를 토대로 시·도 간 인력 운용의 균형을 맞추기 위해 필요한 조치라고 생각할 수 있으나, 시·도교육청 입장에서는 권한을 제한하는 것이라고 볼 수 있다. 총액인건비제와 조직 진단 및 분석 제도의 본 취지를 살려 자율성을 침해받지 않으면서도 형평성을 고려하기 위한 고민이 필요하다.

3) 지방교육 관계자들과의 충돌: 일반행정 및 의회와의 대치적 관계

지방교육행정조직은 상급교육행정기관, 지방자치단체 및 시·도의회와의 관계 속에서 교육정책을 결정하고 집행한다. 이들 간에 소통이 원활하게 이루어지지 않는다면, 교육정책이 성공적으로 정착하기 어려운 구조이다.

지방자치단체들이 교육 관련 사업을 추진하는 경우가 늘고 있으며, 시·도교육 감은 지방자치단체의 재정적 그리고 행정적 지원 없이는 자체적으로 주요 정책을 전개하기 어렵다.[24] 2011년 10월 26일 서울시장 보궐선거를 하게 된 계기였던 무상급식 관련 갈등 사례가 대표적이다. 갈등의 근본 원인은 복지 이데올로기의 차이에서 기인한 것으로 당선 당시 필요한 집단에 대한 무상급식을 공약으로 제시한 서울시장과 모든 학생에게 무상으로 급식할 것을 공약으로 제시하고 당선된 교육감 사이에 정책적 갈등 관계가 조성되었다. 이 갈등은 서울시 의회의 '친환경 무상급식 지원에 관한 조례안'과 서울시 예산 심의 과정에서 본격적으로 표출되면서 시정협의 중단, 시의회 출석 거부 등의 파행적 운영이 지속되다 결국 주민들에게 결정권을 넘기자는 결정에까지 이르렀다.[25]

시·도의회의 교육위원회도 시·도교육청의 교육정책 결정 및 집행에 영향을 미치는 주요한 기관 중 하나이다. 교육위원회 위원들이 교육감과의 정치적 성향과 일치 또는 불일치 여부에 영향을 받는 게 현실이다.[26] 예를 들어, 2015년 부산 지방의회는 지방의원 총 47명 중 비례대표를 제외한 42명 전원이 여당 성향이었고, 부산교육감은 선거 기간 내내 '종북' 논쟁에 시달리던 진보 성향을 가진 사람이었다. 2015년 12월 21일에 부산참여자치시민연대의 의정모니터단에서 발표한 글을 보면, 교육감과 위원회의 대치적 관계가 잘 드러나 있다.[27]

> "교육위원회는 어느 다른 위원회보다 문제제기가 많은 위원회였다. 행정사무감사뿐만 아니라 임시회, 정기회 등 2015년 모든 회의에서 치열하게 교육청에 대해 견제 활동을 벌여 왔다. (중략) 상임위 활동으로 평가받을 만하다. 그런데 그 이면을 볼 필요가 있다. (중략) 소위 진보 교육감이 장을 맡고 있는 부산시교육청에 대해 교육감이 당선되자마자 날선 비판을 해 왔다. 교육감의 공약을 여지없이 파기시켰고, 각종 사업에 꼬투리를 잡아 왔다. (중략) 부산시민들의 과반수 이상 학부모의 대부분이 찬성하는 중1 의무급식에 대해서도 정책, 교육적인 특면이 아닌 반대를 위한 반대와 정당의 정치적 입장을 반영해 무조건 반대해 폐기해 버리는 오만한 태도도 이번 교육위원회의 큰 오점이라고 할 것이다."

2017년 기준으로 보면, 경북교육청의 교육위원회 구성원은 정원이 1개 정당 소속의원이고, 부산과 대구, 울산, 전남은 정원의 약 90%가 1개 정당 소속 의원이다 (자세한 사항은 제5장의 교육위원회 〈표 5-9〉 참조). 이들이 정치적 견해 차이로 갈등하는 경우 행정적·시간적 낭비로 인해 그 피해는 지역주민에게 전가될 수밖에 없다. 두 사례 모두 협치보다 대치를 선택한 대표적인 사례들이다. 이러한 문제를 해결하기 위한 방안 중 하나로 「교육자치법」 제41조에 지방자치단체의 교육·학예에 관한 사무를 효율적으로 처리하기 위해 지방교육행정협의회를 설치한다고 명시하고, 협의회의 구성과 운영에 관한 사항은 교육감과 시·도지사가 협의하여 조례로 정하도록 하였다. 그러나 제도적 정비에도 불구하고, 실제로는 거의 활동이 이루어지지 않고 있다.

5. 개선 방향

현재 지방교육자치제의 정착을 위해 교육청으로 권한이 이양되는 등 분권화와 자율화가 진행되고 있다. 그러나 한편에서는 시·도 간 형평성을 위해 중앙 통제와 관리도 병행되고 있다. 따라서 지방교육 관련자들과의 협치 역량과 교육청 차원의 자치 역량을 강화하기 위해 노력해야 한다. 또한 중앙 관리 기준이 지역 간 편차를 조정하면서도 지역 현실을 반영할 수 있도록 산정될 필요가 있다. 이를 위해 몇 가지를 제안하면 다음과 같다.

첫째, 법령에 명시된 지방교육행정조직 설치와 운용에 대한 기준을 재설정하고, 교육청 별로 선택권을 부여할 필요가 있다. 인구수와 학생 수에 비례한 교육지원청 배치 및 조직 설치 기준을 현실에 맞게 재설정할 필요가 있다. 학교 수와 교원 수를 고려하여 조직 설치 기준을 현실화하고, 관할 면적을 일정 기준 이하로 제한하여 교육청 통폐합에 따른 문제를 개선할 필요가 있다. 다만, 기구설치 기준 재설정 시 모든 시·도에 똑같은 기준을 적용할 것이 아니라 교육청들이 선택할 수 있도록 자율권을 부여할 필요가 있다. 관리의 통일성을 기하면서도 지역별 차이점을 인정하는 방향의 대안이 만들어져야 한다.

둘째, 지방교육행정 관계자들의 자치 역량 강화를 위해 노력할 필요가 있다. 시·도교육청 업무 담당자들의 잦은 이동으로 업무 역량이 부족한 경우가 있다. 예를 들면, 교육감 소관 업무로 되어 있는 고등학교 입학전형 업무 담당자들이 전형 실시 전 담당자와 실제 전형 과정 업무 담당자가 달라 학교 현장의 문제가 매년 반복되고 있다. 지방교육 자치 역량 강화를 위해서는 정책 기획 및 추진 역량, 관리 및 관계 형성 역량, 팀조직 역량, 전문 지식 및 지적 자질의 향상에 주력할 필요가 있다.[28] 자신이 맡은 정책 사업에 대해 완벽하게 이해하고 정책을 추진해야 한다. 지방 수준의 정책 사안을 파악하고, 문제해결을 위한 정책적 방안을 만들 수 있어야 한다.

셋째, 업무 담당자들은 협치 역량을 강화할 필요가 있다. 지방교육행정기관은 종적으로는 중앙교육행정기관인 교육부와 연결되어 있고, 횡적으로는 교육위원회 및 지방자치단체들과 연계하여 업무를 수행한다. 지방교육행정기관은 학교 현장과 지역의 교육적 요구에 맞는 정책과 함께, 국가교육정책의 효과성까지 제고해야 하는 기관이다. 독단적인 의사결정이나 집행을 하는 경우 많은 어려움을 겪을 수 있다. 각자의 입장과 대의명분만을 주장하는 경우 그 피해는 고스란히 지역 주민과 학교 현장으로 돌아가게 된다. 서로 다른 공약으로 당선된 경우라도, 정책적·정치적으로 대치하기보다 서로의 견해를 존중하고 조율하여 차선의 정책적 대안을 이끌어 내기 위해 노력해야 한다.

넷째, 지역 특색에 맞는 정책을 개발할 수 있도록 정책연구개발 체제를 구축하고, 정책집행 현황을 모니터링하는 체제를 구축할 필요가 있다. 지방 수준의 정책 집행 체제는 갖추어졌으나 지역 특색과 교육적 요구를 반영한 합리적인 정책 개발 및 평가의 과정은 부족하다. 일부 시·도에서 시행하는 정책기획관실 운영 및 교육연구정보원을 활용한 정책 개발도 하나의 방법이 될 수 있으며, 서울과 경기도, 강원도, 부산 등과 같이 지방교육정책 수립을 위해 학교 및 학생 데이터를 별도로 수집하여 자체 정책을 개발하고 모니터링하며, 평가를 통해 새로운 정책을 수립하는 방안도 고려해 볼 수 있다.[29]

미주

1 「지방교육행정기관의 행정기구와 정원기준 등에 관한 규정」(대통령령 제27668호)

2 「지방교육자치에 관한 법률」 제3절 하급교육행정기관 제34조(하급교육행정기관의 설치 등)

3 「서울특별시조례」 제6417호, 2017. 1. 15. 일부 개정 시행

4 「지방교육자치에 관한 법률」 제30조

5 「지방교육행정기관의 행정기구와 정원기준 등에 관한 규정」

6 오세희 외(2014); 나민주 외(2015d: 10)에서 재인용.

7 나민주 외(2015d: 10).

8 「지방교육행정기관의 행정기구와 정원기준 등에 관한 규정」 제12조.

9 서울특별시교육감행정권한의 위임에 관한 조례(서울특별시조례 제6538호, 2016. 12. 29.) 참조.

10 「교육자치법」 제35조.

11 교육과학기술부(2010a: 2-3).

12 교육과학기술부(2010a).

13 행정자치부(2006); 김민희(2011a)에서 재인용.

14 나민주 외(2015b: 1).

15 나민주 외(2014a: 1-2).

16 나민주 외(2015b: 6).

17 나민주 외(2015d: 12-13).

18 나민주 외(2015d: 60).

19 나민주 외(2015d: 64).

20 오세희 외(2014).

21 김민희(2011a).

22 나민주 외(2015a: 160-169); 나민주 외(2013: 197-235).

[23] 나민주 외(2015a: 160-169); 나민주 외(2013: 197-235).

[24] 성병창(2015: 153).

[25] 김경회(2013).

[26] 성병창(2015: 153).

[27] 성병창(2016: 60-61).

[28] 나민주 외(2014b: 요약문 1-2).

[29] 성병창(2015: 157).

교육과학기술부(2010a). 선진형 지역교육청 기능 및 조직 개편방안: "지역교육청"에서 "교육지원청"으로. 교육과학기술부. 2010. 5.

교육과학기술부(2010b). 2011년 업무보고. 창의인재와 선진과학기술로 여는 미래 대한민국. 교육과학기술부. 2010. 12. 17.

김경회(2013). 무상급식을 둘러싼 서울특별시장과 교육감 간의 갈등 분석. 교육정치학연구, 19(1), 1-28.

김민희(2011a). 지방교육행정기관 총액인건비제도 시범 운영 평가에 관한 연구. 교육정치학연구, 18(2), 83-107.

김민희(2011b). 시 · 도교육감 소속 직속기관 정원관리 실태 분석 및 개선방안. 교육재정경제연구, 20(3), 1-22.

김숙이, 금창호, 김민희, 김일혁(2012). 미래형 지방교육행정 조직 · 운영 방안 연구. 한국지방교육연구소.

나민주, 김왕준, 박수정, 오세희, 우명숙, 이덕난, 정재훈(2013). 교육지원청 기능개편 실태 분석. 한국지방교육연구소.

나민주, 김성기, 오세희, 이광현, 정채훈, 최수영(2014a). 2014 지방교육행정기관 조직 분석 · 진단. 한국지방교육연구소.

나민주, 박상완, 박수정, 정재훈, 최수영(2014b). 지방교육 자치역량 강화방안 연구: 교육전문직원 및 교육행정공무원을 중심으로. 한국지방교육연구소.

나민주, 고전, 김병주, 김성기, 김용, 박수정, 서재영, 송기창, 최원석(2015a). 지방교육자치의 성과와 과제. 한국지방교육연구소.

나민주, 김성기, 고경훈, 김민희, 하봉운, 서재영, 최원석(2015b). 2015 지방교육행정기관 조직 분석 · 진단. 연구보고 2015-4. 한국지방교육연구소.

나민주, 이길재, 서재영, 최원석, 고경훈(2015c). 총액인건비 기준인원 산식 개발 연구. 한국지방교육연구소.

나민주, 최원석, 서재영, 김민희(2015d). 교육행정 수요 변화를 반영한 교육지원청 조직 합리화 방안. 한국지방교육연구소.

박소영, 김정현(2016). 중학교 성취평가제 정책 집행 과정 특성 분석. 교육행정학연구, 34(5), 463-485.

성병창(2015). 시·도교육청 차원의 교육정책 개발과 조정. 교육정치학연구, 22(4), 141-162.

성병창(2016). 교육감과 지방의회 관계의 정치학. 한국교육정치학회 춘계학술대회 자료집. 49-69.

오세희, 주현준, 김민희, 박상완, 정재훈(2014). 교육지원청 효율적 행정서비스 제공을 위한 개선방안 연구. 한국지방교육연구소.

정부혁신지방분권위원회(2005). 총액인건비제도 도입 방안.

진동섭, 이윤식, 김재웅(2014). 교육행정 및 학교경영의 이해(제2판 수정). 경기: 교육과학사.

최영출, 김민희, 박수정(2011). 지역교육청 기구 설치 재설계 방안. 한국자치행정학보, 25(2), 55-75.

황준성, 김성기, 조옥경, 유기웅, 박주형(2012). 지역교육청조직 기능개편 우수사례 및 요구 분석 연구. 한국교육개발원. 현안보고 9, (20-6).

황준성, 이덕난(2012). 이명박 정부 5년간의 지방교육행정체제 개편의 현황 및 과제: 지역교육청을 중심으로. 한국교육개발원.

교육부 http://www.moe.go.kr
교육통계서비스 http://kess.kedi.re.kr
법제처 http://www.law.go.kr
서울특별시교육청 http://www.sen.go.kr
지방교육재정알리미 http://www.eduinfo.go.kr
한국지방교육연구소 http://klei.cbnu.ac.kr

제**7**장

지방교육사무

지방교육자치제가 확대되면서 교육사무의 구분과 배분 방식, 교육사무에 관한 권한과 책임을 두고 국가(교육부 장관)와 지방자치단체(교육감) 간 긴장과 갈등이 커지고 있다. 학교 생활기록부 기재 내용 결정, 자율형 사립고등학교 지정·취소, 누리과정 및 무상급식 관련 예산 부담 등에 대해 교육부 장관과 교육감 간 법적 분쟁과 갈등은 이를 잘 보여 준다. 현행 「지방교육자치에 관한 법률」(이하 「교육자치법」)은 교육사무에 관한 국가와 지방의 권한과 책임을 명확하게 규정하고 있지 않으며, 대부분의 교육사무가 국가와 지방의 공동사무로 규정되어 있음에 따라 이러한 갈등은 지속될 것으로 전망되고 있다. 이 장에서는 국가와 지방 간 교육사무의 구분 기준 및 현황, 교육사무를 둘러싼 권한 다툼 등의 갈등 사례 및 시사점 분석, 교육사무 구분의 미래 방향 등을 제시한다.

1. 지방자치단체 사무의 유형과 사무 배분 원칙

1) 지방자치단체 사무의 유형

    지방자치단체의 사무의 유형과 성격은 헌법적 원리의 실현이라는 규범적 차원과 법령 및 판례를 근거로 한 실질적 차원으로 구분할 수 있다.[1] 국가와 지방자치단체의 사무 구분에 관한 국내 선행연구들은 대체로 관련 법령이나 판례 분석, 중앙정부 사무의 지방 이전 실태 등 후자에 근거하여 사무의 주체가 누구인가를 기준으로 사무를 구분하는 실질적 구분 방식을 취하고 있다.[2] 최봉석 등(2015: 9)은 국가와 지방자치단체 간의 사무 배분은 「헌법」에 의해 보장된 지방자치의 내용을 구체화하는 규범적 과제이며 국가에 의한 시혜적 권한 배분이 아니라 국가와 지방 간 대등한 협력 관계에서 권한이 배분된다는 관점에서 접근해야 한다고 보고 있다.

선행연구에 의하면, 지방자치단체의 사무는 국가사무, 위임사무, 자치사무, 공동사무 등 크게 네 가지로 구분할 수 있다. 여기서 국가사무는 국가가 직접 처리하는 사무로서 특별히 법률의 규정에 의하여 처리하도록 한 것 이외에는 지방자치단체가 단독으로 처리할 수 없는 사무로,[3] 국가 전체에 해당되는 시책 사업이 주를 이룬다. 위임사무는 본래 지방자치단체의 사무가 아니지만 법령이나 국가의 위임을 받아 지방자치단체에 속하게 된 사무를 말한다. 위임사무는 주로 전국적인 이해관계를 가지며 사무 처리의 경제성이나 국민 편의 등을 위해 중앙정부가 지방자치기관에 위임하여 처리하며 소요되는 경비는 국가가 전액 부담하는 것이 원칙이다.[4] 위임사무는 다시 중앙정부가 지방자치단체의 기관장에게 위임하여 처리하는 기관 위임사무와 지방의 보건소 운영이나 재해 구호사업 등 지방과 국가의 이해관계가 연계된 사무를 말하는 단체 위임사무로 구분할 수 있다.

자치사무는 자치단체의 존립목적 및 주민의 공공복리에 속하는 사무로서 사무 처리 권한과 책임이 각 지방자치단체에 속해 있으며, 필요한 경비는 해당 지방자치단체가 전액 부담하며 지방의회의 감독을 받는 사무를 말한다.[5] 중앙정부의 통제도 위임사무에 비해 최소화된다.[6] 공동사무는 법령에서 국가와 지방자치단체 모두에 대해 사무 처리 권한을 규정한 사무를 말한다. 즉, 법률에서 복수의 사무 처리 혹은 권한 주체를 규정한 경우에 인정된다.[7] 이는 법령상 공식적으로 인정되는 지방자치단체 사무의 종류는 아니며 실무상의 개념이다.

김필두와 강기홍(2009)은 국가와 지방자치단체 간의 사무 배분은 입법자에 의하여 이루어지므로 특정 사무가 국가사무인지 또는 지방사무인지는 '법령상의 표현'에 의하여 구분할 수 있다고 보고 사무 유형을 크게 국가사무, 기관 위임사무, 자치사무로 구분하고 있다. 법령의 표현에 의하여 국가와 지방자치단체가 함께 처리하는 것으로 규정된 사무는 국가와 지방의 공동사무라 할 수 있다.

지방자치단체 사무의 유형을 정리하면 〈표 7-1〉과 같다.

〈표 7-1〉 국가사무와 지방자치단체 사무의 유형

구분	국가사무	자치사무	위임사무	공동사무
사무의 성격	법령에 의하여 국가 위임 없이 직접 처리하는 사무	지방자치단체 관할 구역의 자치사무	법령에 의하여 지방자치단체의 장에게 위임된 사무	하나의 법률에서 국가 기관과 지방자치단체가 함께 동일한 사무를 처리하는 권한 규정
법령상의 표현	법령에 다음과 같이 규정된 사무 • 국가/장관/청장/대통령은 ~을 한다.	법령에 위임된 근거 없이 다음과 같이 규정된 사무 • 시·도지사/시장·군수/구청장/지방자치단체는 ~을 하여야 한다.	법령에 다음과 같이 규정된 사무 • 법령의 위임에 의해 지방자치단체장은 ~을 한다. • 지방자치단체장에게 ~을 위임한다.	법령에 다음과 같이 규정된 사무 • 국가/지방자치단체는 ~을 할 수 있다. • 교육부 장관/교육감은 ~을 한다.
사무의 범위	위와 같이 국가사무로 규정한 사무 중 국가가 직접 처리하는 것으로 규정된 사무	• 법령에 명확한 규정 없이 지방자치단체가 시행하고 있는 사무 • 법령에 근거 없이 조례나 규칙에 의하여 시행하고 있는 사무	지방자치단체가 처리하는 사무 중 법령에 국가사무로 규정된 것 중 단체 위임사무로 규정한 사무를 제외한 사무	법령상에 공식적으로 인정된 사무의 종류가 아닌 실무상 개념

출처: 김필두, 강기홍(2009: 40), 최봉석 외(2015: 31)를 수정·인용한 나민주 외(2016: 16)를 토대로 사무 구분의 기준을 추가하고 일부 내용을 수정함.

한편, 이달곤 등(2012), 김병준(2014)은 지방자치단체의 사무를 자치사무, 기관 위임사무, 단체 위임사무로 구분하고 있다. 여기서 기관 위임사무는 〈표 7-1〉의 위임사무에, 단체 위임사무는 공동사무에 대응된다. 우리나라 대법원은 '조례 제정권'

의 범위와 관련하여 3가지 사무에 차이가 있는 것으로 본다.[8] 즉, 대법원은 「지방자치법」 제9조 "지방자치단체는 관할 구역의 자치사무와 법령에 따라 지방자치단체에 속하는 사무를 처리한다."에 근거한 자치사무는 지방자치단체의 고유사무로 보며, 개별 법령에 의하여 자치단체에 위임된 것을 단체 위임사무로 파악한다. 이러한 자치사무와 단체 위임사무는 지방자치단체의 조례 제정이 가능한 것으로 본다. 그러나 국가사무로서 지방자치단체의 장에게 위임된 기관 위임사무의 경우는 조례 제정의 범위 밖이라고 본다. 지방자치단체 사무를 사무의 성질, 법적 형식, 지방의회 관여, 경비 부담 주체, 국가 감독 측면에서 구분하면 〈표 7-2〉와 같다.

〈표 7-2〉 지방자치단체의 사무 구분

사무 유형	자치사무(고유사무)	단체 위임사무	기관 위임사무
사무의 성질	자치단체의 권한과 책임하에 이루어지는 고유사무	• 법령으로 자치단체에 개별적으로 위임된 사무 • 국가적 이해와 지방적 이해가 동시에 걸린 사무	• 법령으로 자치단체장에게 처리를 위임한 사무 • 지방적 이해가 없고 전국적 통일이 필요한 사무
법적 형식	조례·규칙	조례	규칙
지방의회 관여	완전 관여	부분적 관여	제한적 관여(국회가 직접 감사하기로 한 사무 외에 가능)
경비 부담 주체	자체 재원	일부 또는 전액 국가보조	전액 국비 부담
국가 감독	최소한의 국가감독	제한된 범위 내의 국가감독	강력한 국가감독

출처: 이달곤 외(2012: 141).

자치사무의 유형별 비중을 보면, 자치사무가 50~60%, 기관 위임사무가 30~40%, 단체 위임사무가 10% 정도를 차지하고 있다.[9] 그러나 자치사무와 위임사무의 구분이 명확하지 않고 정확한 실태가 파악된 것은 아니라는 점에서 이는 개략적인 수치로 볼 수 있다.

2) 사무 배분 원칙

지방 분권, 지방자치제 시행에 따른 국가와 지방 간 사무 배분에 관한 원칙은 대체로 「지방자치법」과 「지방분권 및 지방행정체제개편에 관한 특별법」(이하 「지방분권법」)에 근거하여 도출되고 있다.[10] 김병준(2014)은 사무 배분의 원칙으로 비경합의 원칙, 보충성의 원칙, 효율성의 원칙, 포괄성의 원칙, 충분 재정의 원칙 등을 제시하고 있다. 최봉석 등(2015)은 「지방자치법」에서 기초지방자치단체 우선의 원칙(현지성의 원칙), 불경합의 원칙을, 「지방분권법」 제9조에서 사무의 중복 배분 배제의 원칙, 보충성의 원칙, 포괄적 사무 배분의 원칙, 민간의 행정 참여 기회 확대의 원칙 등을 도출하고 있다. 최봉석 등(2015: 9-12)이 제시한 사무 배분의 원칙을 간략하게 정리하면 다음과 같다.

(1) 현지성의 원칙(기초지방자치단체 우선의 원칙)

사무를 민주적으로 처리하기 위하여 가능한 한 사무를 주민과 가까운 기초 지방자치단체에 많이 배분해야 한다는 원칙이다. 즉, 지역사회(주민)의 문제의 진단과 예방, 해결 방안의 모색은 현지의 지방자치단체 중심으로 이루어져야 한다는 것이다. 이 원칙은 국가보다는 광역 지방자치단체가 사무를 처리하도록 한다는 데까지 적용될 수 있다. 「지방분권법」 제9조 제2항의 지역주민과 밀접한 관련이 있는 사무는 원칙적으로 시·군 및 자치구의 사무로, 시·군·구가 처리하기 어려운 사무는 특별시·광역시·도 및 특별자치도의 사무로, 시·도가 처리하기 어려운 사무는 국가의 사무로 각각 배분해야 한다는 원칙에서 그 근거를 찾을 수 있다.

(2) 행정 책임 명확화의 원칙(비경합의 원칙)

행정 사무는 기능에 따라 동일한 성격의 기능이 총체적으로 배분되어야 하며 상호 기능이 중복적으로 배분되지 않아야 한다는 원칙이다. 이는 '비경합의 원칙'이라고도 하는데, 국가와 지방자치단체가 사무 처리 시 서로 경합하지 않도록 사무 소관 및 처리에 있어 권한과 책임, 경비 부담에 대해 명확하게 정해야 한다는 것

이다. 우리나라의 경우, 국가는 전국적인 이해관계가 있는 사무를 담당하고, 지방
자치단체는 지역적인 이해관계가 있는 사무를 담당하도록 구분하고 자주적인 책
임과 결정 아래 사무를 처리할 수 있도록 하고 있다. 관련 법적 근거로는 「지방분
권법」 제9조 제1항의 "국가는 지방자치단체가 행정을 종합적 · 자율적으로 수행할
수 있도록 국가와 지방자치단체 간 또는 지방자치단체 상호 간의 사무를 주민의
편익 증진, 집행의 효과 등을 고려하여 서로 중복되지 아니하도록 배분하여야 한
다."라는 것에서 찾을 수 있다.

(3) 행정 능률의 원칙

국가와 지방자치단체 중 누가 사무를 수행할 것인가를 정함에 있어서 사무 처리
에 필요한 능력이나 규모, 주민 편의를 고려하여 최소 비용으로 최대 효과를 얻을
수 있는 주체에게 사무를 적합하게 배분해야 한다는 원칙이다. 행정 능률의 원칙
이 준수될 경우 외부 경제 혹은 외부 불경제의 발생으로 인한 비효율성을 제거할
수 있다.

(4) 전권한성의 원칙

지역적 사무에 대한 지방자치단체의 자기 책임적 수행, 즉 지방자치단체의 사무
영역에 대한 보장이 이루어져야 한다는 원칙이다. 지방자치단체는 법률에 의한
제한이 없는 한 모든 지역적 사무를 특별한 권한 명의 없이도 자신의 것으로 삼을
수 있는 권리를 가진다. 이러한 전권한성의 원칙은 법률에 의거하여 지역 공동체
의 모든 사무를 법률의 범위 내에서 자기 책임하에 결정할 수 있도록 보장해 주어
지역 단위에서의 민주주의를 실현하고 특정 행정 계층에서의 권력의 집중화를 방
지하는 데 목적이 있다.

(5) 보충성의 원칙

국가의 사무를 우선적으로 확정하고 그 나머지를 지방자치단체의 사무로 배분
하는 하향식 사무 배분 방식으로 국가의 사무가 지나치게 비대해지고 광역 지방

자치단체의 사무와 기초 지방자치단체의 사무가 빈약해지는 문제점을 미연에 방지하기 위해 적용되는 원칙이다. 보충성의 원칙은 수직적 권력 분립의 실현에 그 가치를 두고 있으며「헌법」에서부터 비롯되는 당위적 원리라고 할 수 있다. 이에 의하면, 국가의 기능은 지방자치단체의 기능을 뒷받침해 주는 데 그쳐야지 지방자치단체의 기능을 무시하고 이를 자신의 기능으로 흡수하는 것은 허용하지 않는다.

(6) 법률 유보의 원칙

지방자치는「헌법」상 허용하고 있는 지방자치에 대한 법률 유보에 따라야 하며, 법률의 범위 내에서 보장된다는 원칙이다. 또한 지방자치제도에 대한 본질적인 내용 보장에 있어서 핵심 영역의 보호 및 비례 원칙에 의하여 본질적인 한계도 존재한다. 즉, 지방자치제도에 대한 입법자의 입법 형성의 자유 보장과 더불어 입법 활동에 대한 한계 설정도 필요하다. 이에 따라 지방자치의 보장에 있어 법률 유보는 양면적인 기능을 가진다고 할 수 있다.

2. 지방교육사무 관련 선행연구

지방교육사무에 관한 연구는 주로 지방교육자치제도의 성격, 교육감의 지위와 권한, 교육감과 교육부 장관 간 권한 다툼 등을 분석한 연구에서 다루어져 왔다. 그러나 지방교육사무의 성격, 유형, 범위, 사무 배분 실태 등 교육사무를 중점적으로 분석한 선행연구들은 제한적이다. 최근에는 교육감과 중앙정부 간의 사무 권한을 두고 갈등이 심화됨에 따라 관련 연구도 점차 늘어나는 추세이다.[11]

지방교육자치제 관련 연구 중 교육사무 배분을 직·간접적으로 다룬 연구로는 2000년대 초중반에 발표된 박재윤 등(2004), 김홍주 등(2005), 정영수 등(2009) 등이 있다. 이들 연구에서는 교육사무라 하지 않고 '교육행정 권한'이라고 표현하고 있으며, 최근 연구로는 황준성(2015)이 있다. 이는 국가(교육부)나 지방교육행정기관의 교육사무 이행을 교육행정 권한, 교육행정 사무로 본 것이라 할 수 있다.

박재윤 등(2004)의 연구는 교육 분야의 행정권한 구조를 개선하기 위한 것으로 행정 권한의 위임과 이양의 개념과 이론을 분석하고 교육행정 권한 문제 영역으로 교수-학습(학업성적 관리, 교육과정, 수업권 등), 교원 인사(모든 교육공무원이 국가 관할로 제도화되어 있음, 학교교육 관할권과 인사 관할권과의 불일치, 고위 교육공무원 임용권의 중앙 집권체제 등), 학교운영(학교운영위원회와 학교장과의 법적 관계 모호, 학교 설치에 대한 관 주도의 권한 행사 등) 분야의 주요 문제와 개선 방안을 도출하였다. 또한 이 연구에서는 국가와 지방자치단체 간 교육행정 권한의 구분 기준의 법률적 관점을 논의하면서, 국가 전체로서 통일성이 요구되는 사무를 국가의 직접 행정 사무로, 국가 행정에 속하는 사무라 하더라도 지역적 특수성이 강하거나 자치단체가 처리하는 것이 보다 적합한 사무를 국가의 간접 행정 사무라고 하여 이를 자치행정의 대상 사무로 보고 있다. 그러나 여기서 지역적 특수성이 강하다거나 자치단체가 처리하는 것이 보다 적합한 사무가 무엇인가에 대한 명확한 원칙, 기준을 제시하고 있지는 않다.

김홍주 등(2005)은 교육행정체제 혁신 방안으로 지역교육청(교육지원청), 시·도교육청, 교육부의 기능 재정립, 교육행정 권한 배분 기준의 설정, 교육부의 (사무) 권한을 시·도교육청과 지역교육청(교육지원청)으로의 이관 확대, 교육부의 (사무) 권한 재조정 등을 제안하였다. 먼저, 중앙의 교육부는 전국 수준에서 각 지방교육체제가 통일을 기해야 하는 사항의 기준 설정과 지방 간 교육발전 균형 조정, 국가적 수준에서 시행하고자 하는 공교육 혁신에 대한 프로그램 개발 및 확산 지원, 유·초·중등교육 및 교육기관, 교원, 교육행정기관에 관한 주기적 모니터링 및 평가, 지방에 대한 교육 혁신 컨설팅 지원, 교육 혁신에 관련된 국내외 정보 및 통계 수집과 공급, 전국 지방교육정보 네트워크 운영과 그 허브 기지로서의 기능 발휘 등을 중심으로 권한을 조정해야 한다고 하였다. 또 시·도교육청은 유·초·중등교육에 대한 종합적 지방교육정책 개발 및 기획, 광역 단위의 통일적 기준 설정과 지역 간 교육의 균형발전 조정, 교원의 질 제고를 위한 평가 및 연수, 지역교육청(교육지원청)에 대한 주기적 모니터링, 평가와 해당 기관 지원, 지방 교육정보 네트워크 운영과 허브 기지로서의 기능 발휘 등을 제안하였다.

정영수 등(2009)은 중앙 종속적인 지방교육행정체제 관점에서 탈피하여 지방교육행정의 주체적 관점에서 교육에 대한 권한 소재가 본질적으로 지방에 있다고 보고 교육행정 권한 배분에서 시·도는 유·초·중등교육에 관한 사무 중 국가와 학교의 권한과 의무에 속하지 않는 사항에 대하여 포괄적인 권한과 의무를 지니는 것으로 분석하였다. 또한 이 연구에서는 법령상 국가와 지방의 사무를 핵심 기능을 중심으로 〈표 7-3〉과 같이 구분하고 있다.

〈표 7-3〉 국가와 지방의 핵심 기능

국가(교육부)	지방(시·도교육청)
1. 기본 국가교육제도의 수립 및 법령 제·개정이 필요한 사항	1. 지역의 기본교육체제 수립 운영(제도, 기준, 기본방침, 절차, 요건, 원칙 등)
2. 국가 표준(기준) 또는 전국적 통일 기준 설정이 필요한 사항	2. 지역의 특성을 살린 교육발전 및 학교교육 지원계획의 수립·시행
3. 국가의 의무 이행에 관한 사항	3. 각급 학교 및 기관·시설의 설립과 효과적 운영을 위한 지원
4. 학생의 보건 및 안전에 관한 사항	4. 학생의 권익과 복지 증진을 위한 제반 조건의 구축
5. 지역 간 교육격차 해소 및 균형 발전을 위해 필요한 사항	5. 교원과 직원의 임용, 배치, 교육훈련 등 인적 자원 개발 및 관리
6. 국제법 준수 또는 국제협력에 따른 정부 의무 이행 사항	6. 교육예산의 적정한 편성 및 집행
7. 전국적 통계, 정보의 수집이 필요한 사항	7. 교육여건의 확보 및 최적화를 위한 조치
8. 국가 차원의 정책으로 추진되어야 할 사항	8. 학교의 활동에 대한 지도·조언·평가·감사
9. 지방교육재정 지원 및 교육여건 확보에 관한 사항	9. 주민을 위한 평생교육 진흥
10. 국가공무원의 정원 관리에 관한 사항	10. 국가시책 추진에 대한 협조 및 지역교육 발전을 위한 네트워크 촉진
11. 유·초·중등교육 발전을 위하여 교육감 또는 지방자치단체장이 요청하는 사항	11. 주민에 대한 교육정책 바로 알리기 및 신뢰관계 형성
	12. 기타 법령과 조례에 의하여 규정된 권한과 의무

출처: 정영수 외(2009: 13, 20).

교육사무 구분에서 다소 새로운 접근 방식을 취한 연구로는 김홍주(2008)를 들수 있다. 이 연구는 교육행정 및 학교경영 주체 간 기능 재정립이라는 관점에서 교육행정기관 간 및 교육행정기관과 학교 간 권한 배분의 원칙과 기준을 구체적으로 제시하였다. 특히 이 연구에서는 중앙과 지방 간 권한 배분을 위해 지방 교육 발전을 위한 지원 및 지방분권 강화라는 원칙하에 반드시 교육부 장관이 가져야 할 권한을 먼저 설정하고 그 이외의 권한은 최대한 교육감에게 이양한다는 네거티브 방식의 접근을 제안하였다. 김홍주(2008)가 제시한 중앙과 지방 권한 이관의 원칙과 기준은 〈표 7-4〉와 같다.

한편, 교육사무 배분을 교육부 장관과 교육감의 권한 충돌 면에서 분석한 연구로는 송기춘(2012), 김창우와 김규태(2014), 김상은(2015), 장귀덕과 김왕준(2015), 안주열(2015) 등을 들 수 있다. 이 중 송기춘(2012)은 교육감의 교육행정에 관한 권한 중 국가와의 관계에서 문제될 수 있는 권한의 범위와 한계에 대해 사례 중심으로 고찰하고 지방자치 발전을 위한 과제를 제시하고 있다. 김창우와 김규태(2014)는 사무 유형, 행정 행위, 책무성을 기준으로 교육감과 교육부 장관 간의 갈등 사례를 법학적·행정학적으로 분석하여 교육감의 행정 행위와 책무성 유형을 명확히 정립하고자 하였다.

김상은(2015)은 교육감 직선제 이후 증가하고 있는 교육부 장관과 교육감 간의 권한 충돌의 원인을 분석하고 해결 방안을 모색하고자 하였다. 이 연구에서는 교육감이 지방자치단체 기관 및 국가 행정기관으로서 이중적 지위를 갖는 것으로 보고, 교육감의 권한 행사에 대한 국가의 감독과 권한 충돌에 따른 쟁점을 토대로 현행 지방교육자치제도의 문제점 및 개선 방안을 제시하였다. 장귀덕과 김왕준(2015)은 지방교육자치의 본질과 교육감의 법적 성질 및 지위에 대한 검토를 통해 교육감과 중앙정부의 갈등에 관한 법적 쟁점을 분석하고, 법적·제도적 갈등조정 체제, 개선 방안을 제시하고 있다. 안주열(2015)은 교육부 장관과의 관계에서 교육감의 법적 지위를 분석하고 교육부 장관과 교육감 간 갈등의 원인을 규명하고자 하였다. 이 연구에서는 교육부 장관과 교육감 간의 사무 배분, 자치사무의 모호성, 교육부 장관의 부령 제정에 의한 지방교육행정에의 개입, 교육부 장관의 포

👥 〈표 7-4〉 중앙-지방 권한 이관의 원칙과 기준

단위	이관 원칙	이관 기준
중앙(교육부장관) → 지방(교육감)	• 지방교육 지원 위주의 교육행정 기능과 역할 재정립 • 지방교육 분권 강화	• 국가 수준의 공교육으로서 전국적 수준에서 통일을 기해야 하는 의무교육제도의 결정 및 정부가 인증하는 각종 학력 및 자격증 표준 설정권 • 국가 기본 학제의 표준 설정 권한 • 시 · 도 간 공교육 균형 발전 및 교육기회 균등화를 위한 지원 및 조정 권한 • 국가적 차원의 공교육 개혁 프로그램 개발 및 지원 권한 • 지방교육에 대한 주기적 모니터링 및 평가와 지원 권한 • 각종 교육개혁에 관련된 국내외 정보 및 각종 교육통계 수집 및 보급 권한 • 전국 지방교육정보 네트워크 운영과 그 허브기지 운영 권한: 이 외의 권한은 지방으로 이양(네거티브 방식)
지방(교육감) → 학교(교장)	• 학교 지원 위주의 교육행정 기능과 역할 재정립 • 학교 자율권 강화	• 시 · 도의 광역 단위로 동일한 기준에 따라 통일을 유지할 필요가 있는 공교육 운영 권한 • 유 · 초 · 중등교육 및 평생교육에 대한 당해 지방교육 종합발전 계획 및 기준, 정책결정과 교육조례 및 규칙 제정 권한 • 각급 학교 설립과 학교 간 교육 균형발전 지원 및 조정, 자원-재정 배분 권한 • 학교에 대한 주기적 모니터링과 책무성 평가 권한 • 교원의 양적 · 질적 관리와 능력개발을 위한 프로그램 개발 및 교원평가의 전문적 연수 권한 • 학교 간 교육정보 공유 및 상호 협력 네트워크 운영과 그 허브기지 기능 발휘 권한 • 각종 평생교육기관(사설학원 포함)의 관리 권한 • 기타 각급 학교의 개별적 책임으로 귀속시키기 부적절한 권한: 이 외의 권한은 학교로 위임(네거티브 방식)

출처: 김흥주 외(2008: 32-33)에서 학교(교장) → 학교운영위원회를 제외하고
중앙 → 지방, 지방 → 학교로의 권한 이관 부분만 발췌함.

괄적 권한 행사 등을 주요 요인으로 제시하고 있다. 이에 관련하여 황준성(2015) 은 중앙과 지방 간 행정권한 경합 및 충돌의 문제가 나타나는 이유로 중앙과 지방 각각의 정부 기능이 명확하게 분리되지 않은 지방자치제도, 중앙 및 지방의 공동 사무를 많이 규정해 온 관계 법령의 태도 등이라 분석하고 있다.

최근 교육사무를 중점적으로 다룬 연구로는 나민주 등(2016)을 들 수 있다. 이 연구에서는 지방교육자치 법령(교육부령)과 자치법규(조례, 규칙)에 나타난 사무 구분을 명확히 하고, 판례를 통해 확립된 사무 구분 기준을 검토하여 국가사무와 자치사무를 구분하는 실제적인 접근법을 취하고 있다는 점에서 선행연구와 차별 화되고 있다.

교육사무 구분, 배분에 관한 선행연구들은 전반적으로 관련 법령을 토대로 교육 사무를 구분하고 있으며, 특히 교육부 장관과의 관계에서 교육감의 권한과 책임 구분, 교육부 장관과 교육감 간 교육사무를 둘러싼 갈등 사례를 토대로 지방교육 자치제도 개선, 갈등 해소를 위한 과제 등을 제안하고 있다.

3. 국가교육사무와 지방자치단체 교육사무

우리나라에서 교육사무는 국가(교육부 장관)와 지방자치단체(교육감)가 분담하 고 있다. 또한 우리나라는 일반자치와 교육자치를 분리·시행하고 있어 지방자치 단체의 교육·학예에 관한 사무는 원칙적으로 교육감이 담당한다. 다만 교육·학 예에 관한 사무 자체와 그 지원에 관한 사무를 구분하여 지원에 관한 사무는 일반 지방자치단체의 장이 담당할 수 있도록 하고 있다.[12] 지방자치단체의 교육·학예 에 관한 사무는 일반 자치사무와 마찬가지로 국가 위임사무(시·도교육감에게 위임 된 국가사무, 이하 '국가 교육사무'라 함)와 자치사무(지방교육자치기관의 사무, 이하 '지 방 교육사무'라 함)로 구분해 볼 수 있다.

「교육자치법」제정 시 국가교육사무와 지방교육사무를 명확하게 규정하지 않았 고 지방교육자치제 확대 이후에도 국가교육과정, 교원인사, 교육재정 관련 사무는 중앙정부가 관할하고 있음에 따라 실제 교육제도 운영, 교육정책 시행 과정에서 국가교육사무와 지방교육사무의 구분과 범위를 한정하는 것은 쉽지 않다. 이에 따라 교육사무를 둘러싸고 국가와 지방 간 권한과 책임 소재에 관한 다툼, 갈등이 지속적으로 야기되고 있다. 무상급식, 자율형 사립고등학교 설립, 누리과정 예산 등을 둘러싸고 일부 시·도에서 시·도지사와 교육감 간 갈등 사례는 이를 잘 보여 준다.[13]

한편, 헌법재판소는 국가와 지방자치단체 간 권한쟁의심판사건을 통하여 국가사무와 자치사무 구분에 대한 입장을 드러내고 있다. 예를 들어, 「감사원법」에 따라 지방자치단체의 자치사무에 대하여 합목적성 감사를 할 수 있는지와 교육감 소속 교육장 등에 대한 징계의결 요구 내지 그 신청 사무 등에 대하여 판단하면서 국가사무와 자치사무를 구분하고 있다.[14] 교육사무의 관할권을 직·간접적으로 시사하고 있는 관련 법령을 중심으로 국가의 교육사무와 지방의 교육사무를 구분해 보면 다음과 같다.

1) 지방교육자치제도 발달에 따른 교육사무의 지방 이전 경과

(1) 국가교육사무의 지방 이전

지방교육자치제도의 발달, 지방분권 개혁을 통해 교육사무에 대한 국가와 지방 간 권한과 역할 분담이 이루어져 왔으며, 이 과정은 지금도 계속되고 있다. 그러나 교육사무의 관할 주체를 늘 명확하게 구분할 수 있는 것은 아니다. 일부 사무에 대해서는 국가와 지방이 상호 관할권을 주장하는가 하면(예: 학생 평가), 일부 사무에 대해서는 부담 및 책임 전가 현상(예: 누리과정 운영)이 나타나고 있다. 교육사무에 관한 중앙과 지방의 권한, 역할 분담이 추진된 과정을 통해 사무 구분의 기준, 중앙과 지방의 교육사무의 범위, 영역을 확인해 볼 수 있다.

1991년 「교육자치법」 제정에도 불구하고 중앙정부의 교육에 관한 권한과 책임은 강하게 유지되어 왔으며, 지방의 자율성은 중앙정부가 허용하는 범위 내에서 보장되었다고 할 수 있다. 이러한 한정적인 지방분권은 교육 부문에만 국한된 것은 아니었다. 국가사무의 본격적인 지방 이양은 1999년에 「중앙행정권한의 지방 이양촉진 등에 관한 법률」(이하 「지방 이양촉진법」)이 제정된 이후 보다 본격적으로 추진되었다(「지방 이양촉진법」은 「지방분권촉진에 관한 특별법」 개정으로 2008년 8월 30일에 폐지됨).

「지방 이양촉진법」은 중앙행정기관의 권한 중 주민의 복리증진과 지역의 발전에 이바지할 수 있는 권한을 지방자치단체에 최대한 이양함과 아울러 지방자치단체 간에 사무를 합리적으로 배분하여 지방자치단체의 자율성을 제고하고 국민생활의 편익을 도모할 목적으로 제정되었다. 이후 지방분권을 위한 정부 차원의 노력은 김대중 정부에서 '지방 이양추진위원회', 노무현 정부에서 「지방분권특별법」(2004. 1. 16.)에 의거한 정부혁신지방분권위원회, 이명박 정부에서 「지방분권촉진에 관한 특별법」(2008. 2. 29.)에 의거한 지방분권촉진위원회, 그리고 박근혜 정부에서 「지방분권 및 지방행정체제 개편에 관한 특별법」(2013. 5.)에 의거한 지방자치발전위원회를 거치면서 지속적으로 이루어졌다.[15]

지방분권개혁, 중앙행정권한의 지방 이양촉진과 더불어 교육 부문에서는 지방자치단체의 권한을 단위학교로 이양하는 학교 자율화 정책이 추진되었다. 2008년 4월 15일에 교육과학기술부(현 교육부)가 발표한 학교 자율화 추진 계획에 의하면, 초·중등교육 분야의 교육사무에 대한 중앙의 권한은 학업성취도 최저 기준 설정과 같은 국가기준 설정 등 계획·조정 기능을 제외하고 원칙적으로 시·도로(교육감에게) 이양하며,[16] 나아가 단위학교가 실질적으로 자율권을 행사할 수 있도록 한다. 이러한 학교 자율화 계획은 기본적으로 국가의 교육사무를 지방자치단체에 이전하는 교육사무에 관한 권한 배분을 포함하고 있다.

역대 정부별로 교육사무의 지방 이양은 지속적으로 추진되었다. 1999년부터 2012년까지 지방 이양을 완료하였거나 이명박 정부의 지방분권촉진위원회 등이 의결하여 이양이 확정된 교육부 소관 사무는 총 141개이다.[17] 국가에서 지방자치단체로 이양이 된 교육사무로는 교사 자격, 영재교육, 자율학교, 교원 배치, 폐교재산, 학교 급식, 학교환경 위생정화구역, 학력 인정, 학생 및 기관 평가, 지방 공무원 정원, 특성화중·고등학교, 초·중등교육과정, 고등학교 입학전형, 학교 폭

력, 인정도서, 외국 교육기관 설립 관련, 학점 인정, 학교 시설, 산학 협력, 교육정
보 공개, 교원 자격 수여, 학교운영위원회 등이 있다.

(2) 국가교육사무의 미이양과 그 사유 및 이에 대한 평가

1999년 이후 국가교육사무의 지방 이전은 정부의 지방분권 정책에 힘입어 지속
적으로 추진되어 왔다. 그러나 지방 이전의 정도와 범위는 교육사무의 영역에 따
라 차이가 있다. 이에 따라 실제로 지방 이양이 완료된 사무, 지방 이전이 결정되
었으나 현재 미이양 상태로 남아 있는 교육사무가 있다. 박근혜 정부에 들어서도
지방자치발전위원회가 새롭게 지방 이양 사무로 제시한 교육사무가 있으나 대략
37개 사무는 미이양 상태로 남아 있다.[18] 이는 사실상 교육부가 지방 이전을 거부
하고 있는 데 따른 것으로, 미이양 교육사무의 주요 내용은 〈표 7-5〉와 같다.

〈표 7-5〉 미이양 교육사무

기능명	근거법령	단위사무
영재교육 진흥에 관한 사무	「영재교육 진흥법」 및 시행령	영재학교의 설립·운영, 영재학교의 지정, 영재학교의 지정 취소, 영재학교의 지정 신청에 대한 심의 및 결과 통보
학생 및 기관평가에 관한 사무	「초·중등교육법」 및 시행령	기관평가 및 학교평가 기본계획 수립 및 공표, 지방교육행정기관 및 학교의 평가, 평가결과 공개, 평가 시 설문조사 등의 결과 반영, 학생의 학업성취도 평가
환경위생 유지 관리 기능	「학교보건법」	학교의 환경위생 유지 관리 점검
학교폭력예방 기능	「학교폭력예방 및 대책에 관한 법률」	학교폭력 예방 기본계획 수립, 학교폭력대책기획위원회의 설치
중학구 설정 기능	「초·중등교육법 시행령」	중학구 설정
인정도서의 인정 등에 관한 사무	「교과용도서에 관한 규정」	각급 학교에서 사용할 인정도서의 인정 등 인정기준의 결정, 인정의 취소처분, 내용 수정의 요청, 가격사정, 청문

<표 7-5> 미이양 교육사무(계속)

기능명	근거법령	단위사무
각급 학교에서 사용할 인정도서의 인정 등 기능	「교과용도서에 관한 규정」	인정도서 보고
과학교육진흥 기능	「과학교육 진흥법」	과학 교재 · 교구의 확보를 위한 조치 행사
평생교육 관련 기능	「평생교육법」	학습계좌 도입 운영
산업교육진흥 및 산학협력촉진에 관한 기능	「산업교육진흥 및 산학협력촉진에 관한 법률」	산업교육기관의 특별과정 설치 운영, 계약에 의한 직업교육훈련과정 등의 설치 운영, 산업자문, 실험 실습 시설의 확보, 산학협력 실정 등의 평가 반영, 학교기업, 산업교직원의 겸직 및 휴직 허용, 학자금 융자 계약의 지원 허가
교장, 교감, 원장, 원감 등의 교원자격 검정 등 기능	「초 · 중등교육법」	교장, 교감, 원장, 원감 등의 교원자격 검정
교육 관련 기관 정보공개에 관한 시정권고 등 기능	「교육 관련 기관의 정보공개에 관한 특례법」	시정권고, 시정 또는 변경의 명령, 「초 · 중등교육법」 제63조 제2항에 따른 위반행위의 취소 · 정지명령 또는 학생정원의 감축 등의 조치

출처: 하봉운 외(2016: 65-69)의 표 내용을 축약, 재정리함.

국가 교육사무가 지방으로 미이양된 주된 이유는 교육사무에 따라 차이가 있으나 기본적으로 교육부의 반대에 의한 것으로 미이양 교육사무는 크게 5가지로 구분할 수 있다. 첫째, 산업교육진흥과 관련한 대학의 업무, 둘째, 전국적 영향력이 큰 영재학교에 관한 사무, 셋째, 인정도서에 관한 사무, 넷째, 학교폭력예방과 같이 타 부처와의 협력이 필요한 사무, 다섯째, 국가 수준의 학업성취도의 파악이 필요한 사무 등이다.[19]

박근혜 정부의 지방자치발전위원회도 지방 이양 대상 교육사무로 7가지를 제시한 바 있다. 이는 첫째, 임시교원양성기관 및 임시교원연수기관 설치의 인가, 둘째, 교장 및 원장의 전보 및 임용, 셋째, 사학분쟁조정을 위한 위원회의 설치, 넷째, 학교에 대한 보건교육 실시 및 필요사항 결정, 다섯째, 학교용지부담금 부과 및 징수, 여섯째, 학교용지부담금 독촉장 발급·가산금 부과 및 강제 징수, 일곱째, 학교급식의 위생·안전관리기준 준수 및 향상을 위한 지침 결정 등이다.

이에 대해서도 교육부는 모두 거부 의사를 표명하였는데, 그 사유를 하봉운 등 (2016: 70)은 5가지로 요약하고 있다. 첫째, 교원양성에 관련된 업무는 국가가 관리해야 하고, 둘째, 교장 및 원장의 전보 및 임용권은 신분이 국가직 공무원이므로 지방 이양이 불가하고, 셋째, 사학분쟁은 전국적 차원에서 일관되게 국가가 담당해야 하고, 넷째, 보건에 관한 국가적 차원의 책무성 확보가 필요하며, 다섯째, 학교급식에 관한 국가 차원의 과학적 기준이 필요하다는 점이다. 교육사무의 지방 이양에 대한 교육부의 입장은 국가 교육사무와 지방 교육사무 구분 기준을 간접적으로 보여 준다.

교육사무의 지방 이양을 거부하는 교육부의 입장에 대해 하봉운 등(2016: 74-75)은 5가지 측면에서 평가·해석하고 있다. 첫째, 교육청에 행정적·재정적 부담을 유발할 가능성이 높은 교육사무에 대한 지방 이양 거부(예: 인정도서의 인정 등에 관한 사무)는 도서 개발에 소요되는 전문적 노력과 재정적 소요가 크다는 점, 교육부 차원의 행정적·재정적 대응을 지지하는 현장의 요구를 수용한 것이라 볼 수 있다.

둘째, 학교장·원장 임용 및 전보 권한의 시·도 이양 요구에 대한 거부는 이들이 지방공무원이 아닌 국가공무원이라는 점에 근거를 두고 있으나 다른 국가공무원(교감, 원감, 수석교사, 교사 등)의 인사권은 지방에 이양하였다는 점에서 그 사유가 취약하다고 평가한다. 핵심 교원인 교장 및 원장의 인사에 대한 국가적 통제권을 교육부가 유지하고자 하는 것으로 해석한 것이다.

셋째, 교육부가 교육사무 추진에서 '지방교육자치제도의 정신과는 어긋나게' 교육청과 파트너로서 역할보다 시·도교육청들을 대표하는 위상을 유지하고자 하며, 교육사무에 대한 총괄적 추진기구, 대부(god father)로서의 위상을 확보하고자 하는 것으로 평가하고 있다. 이는 학교폭력예방 기본계획 수립에 있어서 법무부, 여성가족부, 경찰청 등과의 유기적인 협력의 형성과 관련 법제도의 개선을 위해 관련 사무의 지방 이양을 거부하는 것을 두고 하는 평가이다.

넷째, 임시교원양성기관 인가, 사학분쟁조정위원회 설치 등에 관한 교육부의 입장에서 볼 때, 국가적 차원의 통일적 사무 추진의 필요성을 지나치게 강조하는 경향이 있는 것으로 평가한다. 실제적으로 전국적 차원의 통일적 기준이 제대로 적용되고 있지 않은 현실(사학분쟁이 여전히 끊이지 않는 사항 등을 볼 때)을 들어 이러한 교육부 입장의 타당성을 의문시하고 있다.

다섯째, 교육부는 지방 이양으로 인한 행정의 혼란을 지나치게 우려하고 있다고 평가한다. 시·도교육청별로 상이한 기준 및 지침을 설정·적용할 것이라는 우려에 기초하여 지방 이양을 반대하는 것은 시·도교육청 간 협력, 공동 노력이 있을 수 있음을 간과한다는 것이다.

그러나 하봉운 등(2016)의 평가와 관련하여 몇 가지 주장은 상당한 논란이 있을 수 있다. 먼저, 교육사무에 대해 국가와 지방은 파트너이지만 양자 간의 관계에서 국가의 우위를 인정하지 않기 때문이다. 앞에서도 언급하였듯이,「정부조직법」제2조에 의하면, 교육부 장관은 소관사무에 대하여 지방행정의 장을 지휘·감독할 권한을 갖고 있다. 하봉운 등(2016)은 연방 국가와 같은 수준의 지방분권을 전제하고 있는 것으로 보이는데, 지방분권의 수준이나 범위 등에 대해서는 보다 충분한 논의가 필요하다.

아울러, 현실적으로 전국 차원의 통일성을 기하지 못하는 것과 이러한 기준이 필요한가에 대한 논의는 분리되어야 할 것이다. 교육부는 지난 2008년 학교 자율화 계획에서도 국가적 통일성, 기준이 필요한 사무는 교육부가 담당할 필요가 있음을 제시한 바 있다. 검토해야 할 것은 전국적 통일성, 국가적 기준이 요구되는 교육사무가 무엇인가에 대한 원론적인 논의라 할 수 있다.

2) 국가의 교육사무

국가가 관할하는 교육사무는「정부조직법」제2조와 제4장 행정각부의 사무를 규정한 것에서 그 근거를 찾을 수 있다.「정부조직법」은 '국가행정 사무'의 체계적이고 능률적인 수행을 위하여 국가행정기관의 설치·조직과 직무범위의 대강을

정함을 목적으로 한다(제1조). 「정부조직법」 제2조는 중앙행정기관[20]의 설치와 직무범위는 법률로 정하도록 규정하고 있으며, 중앙행정기관의 보조기관의 설치와 사무분장은 법률로 정한 것을 제외하고는 대통령령으로 정하도록 하고 있다.

이에 따라 국가 행정사무 중 교육에 관한 사무(이하 '국가의 교육사무'라 함)는 교육부(장관)가 관장하며(「정부조직법」 제28조) 구체적으로 인적자원개발정책, 학교교육·평생교육, 학술에 관한 사무 등 3가지 분야이다. 단, 아동(영·유아 보육을 포함한다)에 관한 사무는 보건복지부 장관이 관장한다(「정부조직법」 제38조). 또한

〈표 7-6〉 국가의 교육사무 관할 범위 및 법적 근거

구분	조문 내용	비고
「정부조직법」 제2조(중앙행정기관의 설치와 조직 등)	① 중앙행정기관의 설치와 직무 범위는 법률로 정한다. ④ 제3항에 따른 보조기관의 설치와 사무분장은 법률로 정한 것을 제외하고는 대통령령으로 정한다. 다만, 과의 설치와 사무분장은 총리령 또는 부령으로 정할 수 있다.	중앙행정기관의 설치와 직무 범위의 법적 근거
「정부조직법」 제26조(행정각부)	① 대통령의 통할 하에 다음의 행정각부를 둔다. 2. 교육부 ③ 장관은 소관사무에 관하여 지방행정의 장을 지휘·감독한다.	교육사무 관할 중앙행정기관으로 교육부 설치
「정부조직법」 제28조(교육부)	① 교육부 장관은 인적자원개발정책, 학교교육·평생교육, 학술에 관한 사무를 관장한다.	교육부(장관)의 관할 사무
「정부조직법」 제38조 (보건복지부)	① 보건복지부 장관은 보건위생·방역·의정(醫政)·약정(藥政)·생활보호·자활지원·사회보장·아동(영·유아 보육을 포함한다)·노인 및 장애인에 관한 사무를 관장한다.	아동(영·유아 보육)에 관한 사무는 보건복지부가 관장
「행정기관의 조직과 정원에 관한 통칙」 제5조(기능의 배분과 정원의 배정)	① 행정기관의 업무 중 기획·조정 또는 통제기능에 속하는 업무와 전국적으로 통일을 요하는 집행업무는 중앙행정기관에, 기타의 집행업무는 지방행정기관에 배분한다.	중앙과 지방행정기관의 업무 구분에 관한 포괄적 기준

「정부조직법」 제26조는 장관이 소관 사무에 대하여 지방행정의 장을 지휘·감독한다고 규정하고 있음에 따라 교육사무에서 교육부 장관이 지방의 교육감보다 우위에 있다고 할 수 있다. 국가 교육사무의 관할 범위 및 법적 근거를 정리하면 〈표 7-6〉과 같다.

한편, 「교육자치법」 제11조는 자치단체에서 처리할 수 없는 국가사무(국가사무의 처리 제한)를 열거하고 있다. 이러한 사무로는 외교, 국방, 사법, 국세 등 국가의 존립에 필요한 사무, 물가정책, 금융정책 등 전국적으로 통일적 처리를 요하는 사무, 수출입 등 전국적 규모의 사무, 고속국도, 국유림, 우편, 철도 등 전국적 규모나 이와 비슷한 규모의 사무, 근로기준 등 전국적으로 기준을 통일하고 조정하여야 할 필요가 있는 사무, 고도의 기술을 요하는 항공관리, 원자력 개발 등 지방자치단체의 기술과 재정 능력으로 감당하기 어려운 사무 등이다. 이 중 전국적으로 통일적 처리를 요하는 사무라는 요건은, 학교생활기록의 작성에 관한 사무 권한 논란에서 확인할 수 있듯이[21] 국가와 지방 간 교육사무 구분에서 주요 기준으로 활용되고 있다.

3) 지방자치단체의 교육사무

(1) 지방자치단체의 자치사무 중 교육사무

지방자치단체는 관할 구역의 자치사무와 법령에 따라 지방자치단체에 속하는 사무를 처리한다.[22] 지방자치단체가 관할하는 교육사무는 유아원·유치원·초등학교·중학교·고등학교 및 이에 준하는 각종 학교의 설치·운영·지도 등이며, 이러한 지방자치단체의 교육·학예에 관한 사무를 분장하기 위하여 별도의 기관으로 교육감을 두고 있다. 시·도교육감은 각 시·도의 교육·학예에 관한 사무의 집행기관으로 교육감이 관할하는 사무가 곧 지방의 핵심 교육사무라 할 수 있다.

여기에는 예산안의 편성 및 집행, 교육규칙 제정, 학교 및 그 외 교육기관의 설치·이전 및 폐지, 교육과정 운영, 과학·기술교육 및 평생교육 등의 진흥 등의 사무가 포함된다. 또한 특수목적 고등학교와 자율형 사립고등학교 설립·지정, 고등학교 선발 방식(고교평준화 · 비평준화) 결정, 교원 인사와 예산 편성권, 학원 교습시간 제한 등 감독, 무상급식 수준 결정 등 모두가 교육감이 관할하는 사무에 속한다.[23] 지방의 교육사무의 관할 범위 및 법적 근거를 정리하면 〈표 7-7〉과 같다.

〈표 7-7〉 지방의 교육사무 관할 범위 및 법적 근거

구분	조문 내용	비고
「지방자치법」제9조 (지방자치단체의 사무범위)	① 지방자치단체는 관할 구역의 자치사무와 법령에 따라 지방자치단체에 속하는 사무를 처리한다. ② 제1항에 따른 지방자치단체의 사무를 예시하면 다음 각 호와 같다. 다만, 법률에 이와 다른 규정이 있으면 그러하지 아니하다. 5. 교육 · 체육 · 문화 · 예술의 진흥에 관한 사무 가. 유아원 · 유치원 · 초등학교 · 중학교 · 고등학교 및 이에 준하는 각종 학교의 설치 · 운영 · 지도 나. 도서관 · 운동장 · 광장 · 체육관 · 박물관 · 공연장 · 미술관 · 음악당 등 공공교육 · 체육 · 문화시설의 설치 및 관리 (이하 다~마 생략)	「지방자치법」에 규정된 지방자치단체의 사무 중 교육에 관한 사무
「지방자치법」 제121조 (교육 · 과학 및 체육에 관한 기관)	① 지방자치단체의 교육 · 과학 및 체육에 관한 사무를 분장하기 위하여 별도의 기관을 둔다. ② 제1항에 따른 기관의 조직과 운영에 관하여 필요한 사항은 따로 법률*로 정한다. (*「교육자치법」을 말함)	지방 자치사무 중 교육사무의 관할 기관 설치 및 근거 법률 규정
「교육자치법」제2조 (교육 · 학예 사무의 관장)	지방자치단체의 교육 · 과학 · 기술 · 체육 그 밖의 학예(이하 "교육 · 학예"라 한다)에 관한 사무는 특별시 · 광역시 및 도(이하 "시 · 도"라 한다)의 사무로 한다.	지방의 교육사무 관할 지방자치단체의 종류 명시

〈표 7-7〉 지방의 교육사무 관할 범위 및 법적 근거(계속)

구분	조문 내용	비고
「교육자치법」 제18조(교육감)	① 시·도의 교육·학예에 관한 사무의 집행기관으로 시·도에 교육감을 둔다. ② 교육감은 교육·학예에 관한 소관 사무로 인한 소송이나 재산의 등기 등에 대하여 당해 시·도를 대표한다.	지방 교육사무의 집행기관으로서 교육감
「교육자치법」 제19조(국가행정 사무의 위임)	국가행정 사무 중 시·도에 위임하여 시행하는 사무로서 교육·학예에 관한 사무는 교육감에게 위임하여 행한다. 다만, 법령에 다른 규정이 있는 경우에는 그러하지 아니하다.	지방자치단체 내 교육사무의 관할 권(시·도지사 < 교육감)
「교육자치법」 제20조(관장사무)	교육감은 교육·학예에 관한 다음 각 호의 사항에 관한 사무를 관장한다. (이하 1~17호 생략)	교육감의 관장 사무 17가지 열거
「교육자치법」 제26조(사무의 위임·위탁 등)	① 교육감은 조례 또는 교육규칙이 정하는 바에 따라 그 권한에 속하는 사무의 일부를 보조기관, 소속교육기관 또는 하급교육행정기관에 위임할 수 있다. ② 교육감은 교육규칙이 정하는 바에 따라 그 권한에 속하는 사무의 일부를 당해 지방자치단체의 장과 협의하여 구·출장소 또는 읍·면·동의 장에게 위임할 수 있다. 이 경우 교육감은 당해사무의 집행에 관하여 구·출장소 또는 읍·면·동의 장을 지휘·감독할 수 있다. ③ 교육감은 조례 또는 교육규칙이 정하는 바에 따라 그 권한에 속하는 사무 중 조사·검사·검정·관리 등 주민의 권리·의무와 직접 관계되지 아니하는 사무를 법인·단체 또는 그 기관이나 개인에게 위탁할 수 있다.	교육규칙에 의거하여 교육감의 관장 사무의 위임·위탁 가능
「교육자치법」 제34조(하급교육 행정기관의 설치 등)	① 시·도의 교육·학예에 관한 사무를 분장하기 위하여 1개 또는 2개 이상의 시·군 및 자치구를 관할구역으로 하는 하급교육행정기관으로서 교육지원청을 둔다.	하급교육행정기관으로 교육지원청 설치

👥 〈표 7-7〉 지방의 교육사무 관할 범위 및 법적 근거(계속)

구분	조문 내용	비고
「교육자치법」 제35조(교육장의 분장 사무)	교육장은 시·도의 교육·학예에 관한 사무 중 다음 각 호의 사무를 위임받아 분장한다. 1. 공·사립의 유치원·초등학교·중학교·공민학교·고등공민학교 및 이에 준하는 각종 학교의 운영·관리에 관한 지도·감독 2. 그 밖에 조례로 정하는 사무	교육감 → 하급 교육행정기관의 장인 교육장으로 사무 위임
「교육자치법 시행령」 제6조(교육장의 분장사무의 범위)	법 제35조 제1호에 따라 교육장이 위임받아 분장하는 각급 학교의 운영·관리에 관한 지도·감독사무의 범위는 다음 각 호와 같다. (이하 1~8호 생략)	교육감 → 교육장 위임 사무의 세부 항목

출처: 하봉운 외(2016: 30).

(2) 교육감이 관할하는 교육사무

교육감이 관장하는 교육사무의 내용과 교육감의 위임에 의해 하급교육행정기관인 교육장이 관장하는 사무는 〈표 7-8〉과 같이 정리할 수 있다.

👥 〈표 7-8〉 교육감과 교육장의 관장 사무

교육감의 관장 사무(「교육자치법」 제20조)	교육장의 분장 사무(「교육자치법 시행령」 제6조)
1. 조례안의 작성 및 제출에 관한 사항 2. 예산안의 편성 및 제출에 관한 사항 3. 결산서의 작성 및 제출에 관한 사항 4. 교육규칙의 제정에 관한 사항 5. 학교, 그 밖의 교육기관의 설치·이전 및 폐지에 관한 사항 6. 교육과정의 운영에 관한 사항 7. 과학·기술교육의 진흥에 관한 사항 8. 평생교육, 그 밖의 교육·학예진흥에 관한 사항	1. 교수학습활동, 진로지도, 강사 확보·관리 등 교육과정 운영에 관한 사항 2. 과학·기술교육의 진흥에 관한 사항 3. 특수교육, 학교 부적응 학생 교육, 저소득층 학생 지원 등 교육복지에 관한 사항 4. 학교체육·보건·급식 및 학교환경 정화 등 학생의 안전 및 건강에 관한 사항 5. 학생 통학 구역에 관한 사항 6. 학부모의 학교 참여, 연수·상담, 학교운영위원회 운영에 관한 사항

〈표 7-8〉 교육감과 교육장의 관장 사무(계속)

교육감의 관장 사무(「교육자치법」 제20조)	교육장의 분장 사무(「교육자치법 시행령」 제6조)
9. 학교체육·보건 및 학교환경정화에 관한 사항	7. 평생교육 등 교육·학예 진흥에 관한 사항
10. 학생통학구역에 관한 사항	8. 그 밖에 예산안의 편성·집행, 수업료, 입학금 등 각급 학교의 운영·관리에 관한 지도·감독 사항
11. 교육·학예의 시설·설비 및 교구(敎具)에 관한 사항	
12. 재산의 취득·처분에 관한 사항	
13. 특별부과금·사용료·수수료·분담금 및 가입금에 관한 사항	
14. 기채(起債)·차입금 또는 예산 외의 의무부담에 관한 사항	
15. 기금의 설치·운용에 관한 사항	
16. 소속 국가공무원 및 지방공무원의 인사관리에 관한 사항	
17. 그 밖에 당해 시·도의 교육·학예에 관한 사항과 위임된 사항	

　　교육자치법에 규정된 교육감의 관할 사무 이외에 다른 법령에 의해 교육감에게 이양 혹은 위임된 사무들이 있다.[24] 이는 주로 재정, 인사, 학생수용·교육시설 관련 사무 등이다. 예를 들어, 인사권과 관련하여 교육감은 지방교육행정기관과 유초·중등학교 교직원의 정원 관리, 자격, 임용·배치 및 전직·전보, 승진 및 근무성적 평정, 연수, 징계 등에 관한 광범위한 인사권을 가지고 있다. 아울러 교원노조 전임자 허가 권한 및 교직단체와의 교섭·협의권(「교원의 노동조합 설립 및 운영 등에 관한 법률」 제5조 및 제6조) 등을 가지고 있다. 재정 관련 국가 및 자치사무, 학생수용 및 교육시설 관련 사무의 일부도 교육감에게 이양·위임되어 있다. 관련된 법령 내용을 정리하면 〈표 7-9〉와 같다.

<표 7-9> 다른 법률에 의해 교육감에게 이양·위임된 재정 관련 사무

구분		내용	비고
「지방재정법」	제11조	지방채 발행권	지방 자치사무/ 재정
	제13조	보증채무부담 행위권	
	제14조	일시차입권	
	제16조	수입대체경비 직접 사용권	
	제31조	국가의 공공시설에 관한 사용료 징수권	
	제33조	중기지방교육재정계획의 수립권	
	제36조·제45조	예산편성권, 추경예산편성권	
	제46조·제47조	예산 불성립 시의 예산집행권, 예산이체권	
	제48조	예산절약에 따른 성과급 지급권	
	제49조	예산의 전용권	
	제72조	관서의 일상경비 지급권	
「초·중등 교육법」	제10조	수업료 징수에 관한 권한	국가사무/재정
	제30조의2	학교회계 설치와 운영에 관한 권한	
「행정권한의 위임 및 위탁에 관한 규정」	제22조 제1항 제1호	「국유재산법」 및 같은 법 시행령에 따른 국유재산의 관리 및 처분에 관한 사항	국가사무/재정
「초·중등 교육법 시행령」	제51조 제52조	학급당 기준인원 설정에 관한 사항 학교수용계획	국가사무/ 학생수용
「학교시설 사업촉진법」	제4~6조	학교시설사업 시행계획의 승인, 학교시설의 건축, 학교시설 안에서의 행위에 관한 협의 등에 관한 사항	국가사무/학교 시설사업 계획·시행
「학교시설 사업촉진법 시행령」	제12~14조	학교시설의 건축, 학교시설 안에서의 행위에 관한 협의 등에 관한 사항	국가사무/학교 시설사업 시행

출처: 하봉운 외(2016: 33)의 〈표 Ⅱ-12〉, 〈표 Ⅱ-13〉을 통합하고, 학생수용·교육시설 관련 사항과 비고란을 추가함.

이상 국가의 교육사무와 지방의 교육사무 구분, 지방의 교육사무 집행기관인 교육감의 관할 사무 및 이에 관련된 법령, 기타 다른 법령에 의해 교육감에게 이양·

위임된 사무 등을 볼 때, 교육사무의 관할권이 국가와 지방 간 명확하게 구분되지 않고 중첩되는 부분들이 있다. 대부분의 교육사무는 국가와 지방을 공동 책임 주체로 정하고 있는데,「교육자치법」제정 및 시행 과정에서도 이것이 명확하게 정리되지 못하였다. 이는 교육사무를 둘러싼 국가와 지방, 지방자치단체 내 시·도지사와 교육감 간 권한 충돌을 야기하는 요인이 되고 있으며, 이로 인한 긴장과 갈등은 지속될 것으로 보인다. 최근 교육자치제 강화로 행정지침, 협조 등의 형태로 제시되는 교육부의 각종 규제는 점차 완화·축소되고 있으나 중앙정부는 지방교육재정교부금(특별교부금)을 통해 지방의 교육사무를 실질적으로 관할하고 있다.[25] 아울러 행정규제가 아닌 학교평가 등 책무성 기제를 통한 지방자치단체에 대한 국가의 권한은 확대되고 있으며, 이러한 경향은 '책무성'을 중시하는 가치가 중시되는 한 지속될 것으로 보인다.

🔖**4**. 국가와 지방 간 교육사무 권한 갈등과 주요 쟁점

교육감의 주민직선 선출 등 지방교육자치제가 확대되면서 교육사무를 둘러싸고 중앙(교육부 장관)과 지방(교육감) 간의 권한쟁의, 갈등 사례가 빈번하게 나타나고 있다.[26] 황준성(2015)은 중앙과 지방의 기능이 명확하게 분리되지 않은 지방자치제도, 중앙의 교육행정 권한이 상대적으로 우위에 있음에도 중앙 및 지방의 공동사무를 상당수 규정하고 있는 관계 법령의 태도 등으로 중앙과 지방 간 행정권한의 경합 및 충돌 문제가 나타나고 있는 것으로 지적하고 있다. 학생인권조례 제정에 대해 서울·경기·전북 교육감과 교육부 간의 갈등 사례, 교육감의 교육공무원 특별 채용에 대한 교육부의 반대 입장 등은 이러한 권한쟁의와 갈등 사례를 잘 보여 준다. 교육사무에 대한 중앙과 지방 간 갈등 사례와 이를 통해서 드러난 주요 쟁점들을 김창우, 김규태(2014), 하봉운 등(2016)의 연구를 토대로 정리하면 다음과 같다.[27]

1) 지방자치단체의 학생인권조례 제정에 관한 중앙과 지방 간 갈등

지방교육자치제 시행으로 지방 교육사무의 형성과 운영에 있어 지방의회의 권한과 역할이 중요해지고 있다. 지방의회가 제·개정하는 조례는 교육감의 교육사무 집행의 법적 기준 및 근거가 된다. 최근 경기, 광주, 서울, 전북에서 학생인권조례 제정을 둘러싸고 교육부와 교육감 간 갈등을 경험한 바 있으며, 이로 인해 「지방교육자치에 관한 법률」 개정을 통해 지방의회 조례에 대한 교육감과 교육부의 재의 요구에 관한 법적 근거 및 기준이 새롭게 명시되었다. 학생인권조례 제정 사례는 교육부와 교육감 간의 갈등 양상을 보여 주었으나, 경우에 따라 교육감과 지방의회 간에도 교육사무에 관한 조례 제·개정을 둘러싼 갈등이 야기될 수 있음을 시사하고 있다. 여기서는 학생인권조례 제정 과정에서 야기된 중앙과 지방 간 갈등 사례를 중심으로 주요 내용을 검토하고 쟁점을 정리한다.

(1) 학생인권조례 제정 과정

학생인권조례는 경기, 광주, 서울, 전북 등에서 제정·시행되고 있다. 경기도는 전국에서 최초로 2010년 10월 5일에 '경기도 학생인권조례'를 제정하였으며, 광주시는 2011년 10월 28일에 '광주광역시 학생인권 보장 및 증진에 관한 조례'를 공포하여 2012년 1월 1일부터 시행하고 있다. 서울시는 2012년에, 전북은 2013년에 학생인권조례를 제정하였다. 이러한 각 지방의 학생인권조례 제정에 대해 교육부는 그 내용과 법령 위반 등을 문제 삼아 대법원 권한쟁의심판을 청구하였으며, 서울시교육감을 상대로는 헌법재판소에 교육감의 부작위 등이 교육부 장관의 권한을 침해하는 것인지를 심판해 줄 것을 청구하기도 하였다.[28]

학생인권조례 제정을 둘러싸고 중앙과 지방 간 갈등은 몇 가지 쟁점이 표출되었다. 하봉운 등(2016)은 이러한 쟁점을 크게 2가지로 제시하였다. 첫째, 조례 제정이 상위법령에 위반되는지의 여부이다.[29] 학생인권조례는 대체로 학생의 학습권 및 표현의 자유 보장 등에 관한 사항을 규정하고 있으며, 이는 학교규칙으로 정할 사항에 대해 조례가 일률적·획일적으로 규율함에 따라 「초·중등교육법」 및 시행령에서 정하고 있는 학교의 자율성 및 학교 구성원의 학칙제정권을 침해할 여지가 있다. 교육부도 표면적으로는 이를 문제 삼아 학생인권조례 제정을 반대하고 전북의 학생인권조례에 대해 2013년 7월 22일에 대법원에 조례 무효 확인 소송을 제기하였다. 이에 대해 대법원(대법원2013추98)은 전북의 조례 안 규정들이 「헌법」과 관련 법령에 의하여 인정되는 학생의 권리를 확인하거나 구체화하고 그에 필요한 조치를 권고하고 있는 데 불과할 뿐 교사나 학생의 권리와 의무를 새롭게 제한·부과하는 것은 아니라는 점, 상위법령이 보장한 학교의 자율성 및 학교 구성원의 학칙 제정권을 침해하는 것이 아니라는 취지의 판결을 내렸다.[30]

둘째, 장관의 조례 재의요구 요청권한의 성격, 이에 대한 교육감의 이행 여부 등이 쟁점이 된다. 예를 들어, 서울시의 학생인권조례에 대해 교육부는 교육감에게 시의회에 재의요구를 하도록 요청하였으나, 교육감은 교육부의 재의요구 요청을 따르지 않고 조례를 공포하였다. 이에 교육부는 서울시교육감이 교육부의 재의요구 요청을 받고도 재의요구를 하지 아니한 부작위가 교육부의 조례 안에 대한 재의요구 요청 권한을 침해하였다고 주장하고, 교육감을 상대로 헌법재판소에 권한쟁의심판을 청구하였다.

교육부의 권한쟁의심판 청구에 대해 헌법재판소는 2013년 9월 26일 기각 결정을 내렸다.[31] 주요 결정 요지를 정리하면, 시·도의회의 의결사항에 대한 교육감의 재의요구 권한과 교육부 장관의 재의요구 요청 권한은 중복하여 행사될 수 있는 별개의 독립된 권한이며, 교육부 장관의 조례안 재의요구를 하지 않은 서울시교육감의 부작위(기간이 지난 뒤의 교육부의 재의요구 요청은 부적법하며 이러한 재의요구를 교육감이 이행하지 않은 것) 및 서울시교육감이 조례를 공포한 행위는 교육부 장관의 재의요구 요청권한을 침해하지 않는다는 것이다. 이에 따라 교육부의 권한쟁의심판 청구는 기각되었다.

(2) 주요 쟁점 및 시사점

학생인권조례 제정을 둘러싼 중앙과 지방 간 갈등 사례는 지방의회가 제정하는 조례가 상위법령인 「초·중등교육법」에서 정한 학교의 자율성, 학교 구성원의 학칙제정권 침해, 지방의회의 의결사항에 대한 교육감과 교육부 장관의 재의요구 권한의 성격과 이들 간의 관계에 대한 문제를 야기하였다. 결론적으로 각 지방에서 제정한 학생인권조례가 상위법령이나 학교의 자율성, 학교 구성원의 학교규칙 제정권을 침해하지 않을 뿐 아니라 지방의회의 의결사항에 대한 교육감과 교육부 장관의 재의요구 요청권한은 각각 별개의 권한으로 인정되고 있음을 확인하였다.

그러나 한편에서는 지방의회가 조례 제정 권한을 남용하여 학교규칙에 의하여 자치적으로 결정되어야 할 학생 지도권한과 그 방법(예: 체벌, 징계, 두발·복장 등)을 지나치게 제한한 것은 아닌가 하는 의문이 제기될 수 있다.[32] 또한 학생인권조례 제정 사례를 통해 교육부는 교육감이 교육부 장관의 재의요구 요청을 이행하지 않을 수 있으며 이 경우에 대비한다는 점에서, 「교육자치법」을 보완하였다. 즉, 2013년 3월 「교육자치법」 개정을 통해, 교육감이 교육부 장관으로부터 재의요구를 하도록 요청받은 경우에는 시·도의회에 재의를 요구하여야 하며, 교육부 장관은 재의결된 사항이 법령에 위반된다고 판단됨에도 해당 교육감이 소를 제기하지 않은 때에는 해당 교육감에게 제소를 지시하거나 '직접' 제소할 수 있음을 규정하였다(「교육자치법」 제28조 제1항, 제4항). 교육부의 지방의회 및 교육감에 관한 견제 권한을 보다 강화한 것이라 할 수 있다.

이에 대해 하봉운 등(2016: 89)은 지방교육자치의 정신을 근본적으로 훼손하도록 규정한 법률 조항으로 폐지되어야 한다고 평가하고 있다. 관련 내용을 직접 인용해 보면 다음과 같다.

> 교육감이 자율적으로 판단하여 재의요구를 하지 않는 것에 대해 교육부 장관이 재의를 요구하게 요청하고, 심지어 재의결사항에 대해 교육감이 제소하지 않을 때 제소를 지시하는 것은 지방교육자치기관의 수장인 교육감의 전문적 판단을 무시하는 것이라 볼 수 있다. 따라서 만약 교육부 장관이 보았을 때 조례에 문제가 있다고 판단되면 직접 제소할 수 있는 권한을 부여하고 있으므로 조례를 개정할 기회를 갖는다. 따라서 교육감에게 지시를 할 수

있도록 규정한 조항은 폐지되어야 한다고 본다.

종합하면, 학생인권조례를 둘러싼 중앙과 지방 간 갈등은 지방교육사무에 관한 지방의회의 의결사항은 상위법령에 위배되지 않아야 한다는 점, 이를 보장하기 위해 교육부는 지방의회의 의결사항에 대해 교육감에게 재의요구를 하도록 요청할 수 있고 교육감은 교육부 장관의 재의요구 요청을 이행해야 한다는 점, 지방의회의 법령 위반에 대해 교육감이 소를 제기하지 않을 시 제소를 지시하거나 직접 제소할 수 있다는 점을 확인해 준다.

2) 교육공무원 특별 채용(인사권) 과정에서 국가와 지방 간 갈등

교육공무원에 대한 인사권과 관련하여 국가와 지방 간 갈등은 지난 2012년 3월 1일에 서울시교육감이 전직 사립 고등학교 교사인 교육감 정책 보좌관, 해직 교사 등 3명을 공립 중등학교 교사로 특별 채용하고 이에 대해 교육부가 임용 취소를 통보하면서 표면화되었다. 지방교육자치제가 시행되면서 교원 인사 관련 사무의 상당 부분은 교육감으로 이전되었으나 국공립학교 교원은 교육공무원으로서 국가공무원의 신분을 유지하고 있고 신규채용 등 일부 인사 사무는 여전히 국가사무로 남아 있다. 교육공무원 특별 채용을 둘러싼 국가와 지방 간 갈등은 이러한 배경에서 제기되었다.

(1) 교육감의 교육공무원 특별 채용 과정

서울시교육청은 지난 2012년 3월 1일자 공립 중등학교 인사 발령에 당시 서울시교육감의 정책 보좌관, 사립학교 비리 고발로 해직된 교사 등 총 3명을 포함시켰다. 교육부는 이들 교육공무원 특별 채용자에 대한 임용 취소를 교육감에게 통보하였다. 이후 2013년 6월에 서울시교육청은 '교육공무원 특별 채용대상자 임용취소 요구에 대한 조치 결과'를 발표하였고, 교육부는 이를 일부 수용하여 3명 중 1명에 대해서만 임용을 취소하기로 결정하였다. 교육공무원 특별 채용을 둘러싼 교육부와 서울시교육감 간 갈등 사례는 교원 인사에 관한 사무, 특히 '채용'에 관한 관할권이 국가와 지방 간 어디에 있는가의 문제를 새롭게 인식하는 계기가 되었다.

교원인사를 둘러싼 국가와 지방 간 갈등은 또 다른 사건을 계기로도 표출되었다. 2000년 서울 사립고등학교 비리와 관련하여 재단 퇴진 운동을 벌이다 해직된 교사가 2005년 광복절 특별사면으로 복권되었고, 2006년 교육부의 해직 교사 특별 채용 검토 대상자로 선정되었다. 그러나 교사가 재직했던 사립고등학교가 교사의 채용을 거부하여 특별 채용이 어렵게 되자 해당 교사는 서울시교육청에 특별 채용을 요청하였고 교육감이 공립학교에 특별 채용하였다.

이에 대해 교육부는 해당 교사가 (공립학교) 특별 채용 대상자가 아니며 특별 채용이 가능하다 해도 공개 전형을 거치지 않은 만큼 위법하다는 이유로 해당 교사의 임용을 취소하였다. 해당 교사는 교육부의 임용 취소가 부당하다며 교육부 장관을 상대로 임용 취소처분 소송을 제기하였고, 서울행정법원은 2016년 6월 「교육공무원법」에서 특별 채용이 반드시 신규채용처럼 공개전형을 해야 한다고 규정한 것은 아니라고 판결하여 해당 교사가 승소하였다.

(2) 주요 쟁점 및 시사점

교육공무원 특별 채용을 둘러싸고 전개된 국가와 지방 간 갈등 사례는 교원 인사 사무에 있어 권한과 책임을 누가 갖는가, 이와 관련된 쟁점들이 무엇인가를 잘 보여 준다. 서울시교육청의 특별 채용 사례에서 쟁점이 되었던 점은 사립학교 복직 대상자의 경우 사립학교 복직 임용이 원칙인가, 신규 교사와 마찬가지로 공개 전형 절차를 거쳐야 하는가이다.

대체로 교육부는 교원인사 사무에 있어 교육감의 재량권을 좁게 보고 있다. 교육부는 기본적으로 사립학교 해직 교사를 다른 신규 채용 교사와 달리 볼 이유가 없으며 신규 채용 인원 감소 등을 고려할 때 특별 채용의 경우 합리적 사유가 있어야 한다는 점, 특별 채용 과정에서 교육감과 특별한 관계를 가지고 있는 특정인을 내정하거나 우선하는 채용은 현장 교원의 혼란과 사기 저하를 불러일으킬 수 있다는 점 등을 들어 특별 채용 취지가 훼손되는 것을 우려하였다.

반면, 교육감은 사립학교 교직원이 재단비리 고발 등을 사유로 파면·해임 등과 같은 배제징계를 당할 경우 실제적으로 원 재직학교로 원상 회복하기가 어렵기 때문에 이들의 신분을 조속히 회복시키기 위해서는 공립학교 교원으로 특별 채용할 필요가 있다고 본 것이다. 또한 종전에도 사립학교 해직자의 공립학교 특채 전례가 있었으며, 특별 채용 방법으로서 반드시 공개전형을 해야 한다는 의무 규정이 없다는 점 등을 들어 특별 채용 학교의 설립 유형, 방법 등을 교육감 재량 사항으로 보고 있다.

우리나라 법원 또한 「교육공무원법」에서 특별 채용은 신규 채용처럼 반드시 공개전형을 거쳐야 한다고 명시하고 있지 않다는 점, 종래 해직 교사 대부분이 공개 전형 없이 특별 채용된 점 등을 근거로 교육부보다 교육감의 입장을 지지하고 있다.

이러한 일련의 과정을 거친 결과, 교육부는 2016년 1월 6일자로 「교육공무원임용령」 제9조의2(특별 채용의 요건 등)를 개정하여 특별 채용 대상자의 요건을 명세화하고(제1항), 제2항을 신설하여 임용 예정직에 상응하는 연구 실적 또는 근무 실적이 3년 이상인 사람을 임용하는 경우(대학에서 근무하는 교육공무원으로 특별 채용하는 경우는 제외)와 사립학교에 근무하는 교원을 교육공무원으로 임용하는 경우에는 경쟁시험을 통해 공개전형으로 한다고 규정하였다.[33]

이는 「교육공무원법」 제10조(임용의 원칙)에 따라 교육공무원의 균등한 임용기회를 보장한 것이기는 하나, 특별 채용 대상자에 대해 공개 전형을 도입함으로써 교육감의 재량권을 다소 제한한 것이라 할 수 있다. 그러나 한편으로 이러한 제한이 없을 경우 신규 채용은 공개 전형으로 한다는 인사원칙 훼손, 합리적 사유 없이 특별 채용 규모의 증가, 특별 채용 과정에서 교육감의 재량권 남용 등이 있을 수 있다는 점에서 불가피한 것이라고 할 수 있다.

3) 학교폭력 가해 사실의 학생부 기재와 관련한 국가와 지방의 갈등

전라북도에서 발생한 일명 '학교폭력 가해 사실 학생부 기재 거부 사건'은 전북

교육감이 학교폭력 가해 사실의 학생부 기재에 대한 교육부 장관의 요청 및 관련 감사를 거부한 초유의 사태를 불러일으킨 심각한 사안이다.[34] 이 과정에서 학교폭력 가해 사실의 학생부 기재 여부에 관한 결정 권한이 국가와 지방 중 어디에 있으며 그 근거는 무엇인가, 이 사건과 관련하여 교육부가 담당자에 대한 징계의결을 교육감에게 요청할 수 있는가 등이 쟁점이 되었다. 이 과정에서 대법원의 판결과 헌법재판소의 주요 결정이 내려졌으며, 이를 통해 초·중등학교 교육사무의 구분과 교육공무원에 대한 인사사무 권한을 확인할 수 있다.

(1) 전북교육감의 학교폭력 가해 사실의 학생부 기재 거부 과정

교육부는 학교폭력 예방 및 대책의 일환으로 학교폭력 가해 사실을 학생부에 기재하도록 하고 있다. 2012년 6월에 개정된 교육부의 「학교생활기록 작성 및 관리 지침」에 의하면, 학교폭력 가해 사실을 기록한 학교생활기록부 보존 기간은 졸업 후 10년에서 졸업 후 5년으로 줄었으나 가해 사실의 범위는 명료하지 않다. 이에 따라 국가인권위원회에서는 2012년 7월 교육부의 이 지침과 관련하여 학교폭력 기록의 졸업 전 삭제 심의제도나 중간 삭제제도 도입 등 학교생활기록부의 학교폭력 기재가 또 다른 인권침해가 되지 않도록 개정을 권고한 바 있다.

이러한 가운데 2012년 8월에 전북교육감은 관내 각급 학교에 '학교폭력대책자치위원회 조치 결과의 학교생활기록부 기재와 관련하여 기재 대상과 방법을 다음과 같이 안내합니다.'라는 제목의 공문(이하 '기재요령')에서 학교폭력 가해 사실의 기재 대상(범위)을 형사 소년범("법원에서 형사범죄 확정판결을 받은 학생")으로 한정하도록 안내하였다. 가해학생이 형사 소년범이 되는 경우는 매우 드물기 때문에 사실상 학교폭력 가해 사실을 학생부에 기재하지 않도록 한 것이라 할 수 있다.

이에 대응하여 교육부 장관은 전북교육감의 '기재요령'을 직권으로 취소하였으며, 이어 교육부는 전라북도교육청에 대해 1차 감사를 시행하였다.[35] 감사 결과 교육부는 관련 공무원의 징계의결요구 및 징계의결요구 신청 처분을 교육감에게 요구하였으나 전북교육감이 이를 거부하였고, 교육부는 교육감에게 직무이행을 명령하였다. 이어 2012년 12월 교육부는 전북교육청에 대해 2차 감사를 실시하고 교육감에 대해 기관 경고 및 해당자 중징계 의결요구 및 요구신청 처분을 요구하였다. 이에 대해 교육감은 교육부에 재심의 신청을 하였으나 받아들여지지 않자 2013년 4월에 대법원에 교육부의 직무 이행 명령 취소 소송을 제기하였다. 대법원의 판결은 2015년 9월에 선고되었다.[36]

(2) 주요 쟁점 및 시사점

전북교육감의 학교폭력 가해 사실의 학생부 기재 거부 사건은 교육부가 2012년 6월에 「학교생활기록 작성 및 관리지침」을 개정한 이후 2013년 4월까지 비교적 짧은 기간 내에 관할 사무의 범위와 권한을 둘러싸고 국가와 지방 간 첨예한 갈등 대립을 잘 보여 주는 사례이다. 이 과정에서 학교폭력 가해 사실의 기재 범위 결정 등 관련 사무의 관할권, 지방교육행정기관에 근무하는 국가공무원에 대한 인사 사무의 관할권이 핵심 쟁점으로 제기되었다. 이 사건에 대해 하봉운 등(2016: 99)은 크게 5가지 쟁점을 제시하고 대법원의 판결을 정리하였다. 일부 쟁점은 모호하거나 다소 중복되어 여기서는 이를 재정리하여 제시한다.

첫째, 교육청 소속 국가공무원인 도교육청 교육국장 및 그 하급자에 대해 교육부가 교육감에게 징계의결요구를 할 수 있는가, 즉 지방에 근무하는 국가공무원에 대한 징계의결요구권이 국가와 지방 중 어디에 있는가의 문제이다. 대법원은 「지방자치법」 제170조 제1항을 근거로 지방교육행정기관에 근무하는 국가공무원에 대한 징계 및 징계의결요구의 신청 역시 국가사무에 해당한다고 보았다. 따라서 교육부 장관이 교육감에게 이들 공무원에 징계의결요구를 할 수 있다. 시·도교육청에 근무하는 교육전문직은 2014년에 지방직으로 전환되어 현재 이들에 대한 인사 사무는 교육감이 관할한다.[37]

둘째, 학교장의 학교생활기록부 작성에 관한 교육감의 지도·감독 사무가 시·도교육감에게 위임된 국가사무인지 여부이다. 관련하여 대법원은 「초·중등교육법」 제25조 제1항을 주요 근거로 학교생활기록부 작성에 관한 교육감의 지도·감독 사무는 국가사무라는 점이라고 본다. 이에 따라 교육부가 교육부령으로 학교폭력 가해 사실을 학생부에 기록하도록 한 것은 적법하다고 판결하였다. 아울러 대법원은 학교생활기록의 작성에 관한 사무를 국가사무로 보는 근거를 밝히고 있는데, 이는 크게 2가지로 정리할 수 있다.[38] 하나는 학교생활기록의 작성에 관한 사무는 국민 전체의 이익을 위하여 전국적으로 통일적 처리를 요하는 사무라는 점이다. 그 근거로는 학생이 시·도 상호 간 또는 국립학교와 공립·사립 학교 상호 간 전출하는 경우 학교생활기록의 체계적·통일적인 관리가 필요하며, 또 학교생활기록은 상급학교 진학 시 입학전형 자료로 활용된다는 점을 들고 있다. 다른 하나는 전국적으로 통일적 처리를 요하는 학교생활기록의 작성에 관한 사무에 대한 감독관청의 지도·감독 사무도 국민 전체의 이익을 위하여 통일적으로 처리되어야 한다는 점이다.

셋째, 교육감이 학교생활기록 작성 사무에 대한 지도·감독 사무를 자치사무로 보아 집행한 이후 이 사무의 집행 행위를 사유로 해당 공무원에 대한 징계를 할 수 있는가의 여부이다. 국가사무와 지방사무의 구분이 명확하지 않고 관련 선례가 없는 경우 관할 사무 집행에서 국가와 지방 간 갈등이 발생할 소지는 매우 크다고 할 수 있다. 대법원은 학교생활기록의 작성에 관한 사무의 지도·감독이 명확히 국가사무라는 것이 확립되지 않은 상황에서 행해진 공무원의 사무 집행은 상관인 교육감의 지휘·감독에 따라 직무를 수행한 것일 뿐이므로 징계 사유를 구성한다고 보기 어렵다고 판결하였다.

넷째, 시·도교육청 소속 공무원이 교육부 장관의 감사에 협조할 의무를 부담하는지, 이러한 의무를 위반하여 감사를 거부한 행위가 징계사유를 구성하는지 여부이다. 이는 사실 쟁점이기보다는 법적 판단 사항으로서 대법원은 「지방자치단체에 대한 행정감사규정」 제11조(자료제출 요구)를 들어 교육부는 지방교육행정기관의 사무에 대한 감사권을 가지고 있으며, 따라서 교육청에서 그리고 담당 공무원이 교육부의 감사를 거부한 것은 지방자치단체에 대한 행정감사규정을 위반한 것으로 보았다. 즉, 시·도교육청 소속 공무원은 교육부 장관이나 감사활동 수행자의 감사활동에 협조할 의무를 부담한다는 점에서 이러한 법령상 의무를 위반하여 감사를 거부한 공무원의 행위는 징계사유를 구성한다.

다섯째, 교육감이 국가 위임사무를 이행하지 않은 것은 특별한 사정이 없이 국가 위임사무를 이행하지 않은 것으로 「지방자치법」 제170조 제1항에서 정한 국가 위임사무의 관리와 집행을 명백히 게을리하고 있다는 요건을 충족하는지 여부이다. 이와 관련하여 하봉운 등(2016: 99)은 "'특별한 사정'의 의미 및 교육감이 특정 국가 위임사무를 관리·집행할 의무가 있는지에 관하여 교육부 장관과 다른 견해를 취하여 이를 이행하고 있지 아니한 사정이 이에 해당하는지 여부이다."라고 쟁점을 정리하고 있다. 여기서 제기하는 쟁점의 요지는 특별한 사정에 교육부 장관과 교육감의 견해 차이도 해당되는가라고 할 수 있다. 상식적으로 견해 차이를 특별한 사정으로 보기는 어려울 것이다.

대법원도 이러한 취지로 특별한 사정의 의미를 명확히 밝히고 있다. 즉, 특별한 사정이란, 국가 위임사무를 관리·집행할 수 없는 법령상 장애 사유 또는 지방자치단체의 재정상 능력이나 여건의 미비, 인력의 부족 등 사실상의 장애 사유를 뜻한다. 이에 따라 교육감이 특정 국가 위임사무를 관리·집행할 의무가 있는지에 관하여 교육부 장관과 다른 견해를 취한다고 해서 해당 사무를 이행하지 않은 것은 특별한 사정에 해당되지 않는다.

4) 자율형 사립고등학교 지정·취소에 대한 국가와 지방의 갈등

자율형 사립고등학교(이하 자사고) 정책에 대한 교육적·정치적 입장은 이해관계자에 따라 매우 상이하게 나타나고 있다. 특히 정책 결정자인 교육부 장관이나 교육감의 자사고 정책에 대한 입장은 자사고 정책 전반에 큰 영향을 미친다. 우리나라에서 자사고에 대한 지정·취소는 교육감의 권한 사항이다. 자사고의 지정·취소 문제는 교육감의 교체로 관련 정책 방향이 변화되면서 갈등이 표출된 대표적인 사례이다. 전북교육청 소속 자사고의 지정, 취소 과정 그리고 서울시교육청의 자사고 정책 변화에서 드러난 주요 쟁점과 시사점을 제시하면 다음과 같다.

(1) 자율형 사립고 지정·취소의 과정

전라북도의 군산중앙고등학교와 남성고등학교는 2010년 6월에 자사고로 지정되었다. 그러나 그 직후에 새로 취임한 전북교육감은 2010년 8월에 자사고가 고교 평준화에 미치는 악영향과 불평등 교육의 심화 우려, 학교법인이 법정 부담금을 납부할 가능성이 불확실하다는 이유 등을 들어 자사고 지정을 취소하였다. 이에 대해 군산중앙고와 남성고는 교육감의 자사고 지정취소 처분에 대해 취소 소송을 제기하였다.

법원의 1심 판결 결과 원고가 승소하자 전북교육감은 항소를 제기하였고, 항소심에서도 원고 승소 판결이 내려졌다. 법원은 전북교육감의 자율고 지정취소 처분은 재량권의 한계를 일탈해 위법의 소지가 있다고 판시했고, 특히 항소심 재판부는 자사고가 불평등 교육을 심화한다는 교육청의 주장에 대해 자율고의 입학금과 수업료가 일반고에 비해 비싼 것은 사실이나 이는 국가나 지방자치단체로부터 재정보조를 받지 못하는 이상 불가피하다고 판단하였다.

교육부도 자사고 지정취소 처분은 교육감의 재량권 남용이라며 교육청에 시정명령을 하였으며, 이에 대해 전북교육감은 자사고의 지정 취소는 교육감 고유 권한으로 교육부가 시정 명령을 내린 것은 자치권을 침해하는 것으로서 위법하다고 하여 헌법재판소에 권한쟁의심판을 청구하였다. 그러나 헌법재판소는 교육감의 '자사고 지정·고시 취소처분'을 취소하라는 법원의 판결이 확정되어 교육감의 취소처분이 효력을 상실했다는 점을 들어 교과부의 시정명령도 효력을 상실해 권한 침해 상태가 이미 종료되었음을 이유로 각하 처분을 내렸다.

한편, 2014년 6월에 서울시교육청은 자사고 운영성과평가를 완료하였다. 이후 서울시교육감이 새로 취임하였으며, 새로운 평가지표를 추가하여 자사고 재평가를 실시하였다. 그 결과 서울시교육감은 8개 자사고에 대해 자사고 지정취소 처분을 내리고 관련 법에 따라 교육부에 지정취소 협의신청을 하였다. 그러나 교육부는 서울시교육감의 자사고 운영 성과평가와 그 평가결과에 대한 지정취소 결정 등에 위법·부당한 사항이 있다는 이유로 관련 사안을 모두 반려하였다.[39] 교육부는 이전에도 경기도교육감이 안산 동산고등학교의 자사고 지정취소에 대해 자사고 지정 목적 달성이 불가능한 정도에는 이르지 않았다[40]고 보아 부동의한 바 있다.[41]

(2) 주요 쟁점 및 시사점

자사고 정책 방향은 교육감의 교육적 신념, 정치적 성향 등에 상당한 영향을 받게 된다. 자사고 지정 및 취소 문제가 표면화된 것이 대부분 교육감이 교체되면서였다는 점은 이를 잘 보여 준다. 전북교육청과 서울시교육청의 자사고 지정 및 취소 과정에서 확인할 수 있는 쟁점들은 크게 2가지로 요약할 수 있다.

첫째, 자사고 지정 및 취소 시 교육부 장관과 '협의'하도록 하는 이유·근거이다.[42] 교육부는 2014년 10월 16일에 「초·중등교육법 시행령」(제91조의3 제5항)에 따라 교육감이 자사고의 지정을 취소하기 위하여 교육부 장관과 협의하는 경우 교육감이 교육부 장관과의 협의 결과에 법적으로 기속되는지에 대하여 법제처에 법령 해석을 의뢰하였다. 법제처는 같은 해 11월 21일 교육부에 교육감은 교육부 장관과의 협의 결과에 법적으로 기속된다고 해석하였다. 이는 자사고의 지정과 지정취소에 관하여 그 권한이 교육감에게만 일방적으로 주어진 것으로만 볼 수 없으며 교육부 장관과 교육감에게 그 권한의 일부가 분배되어 있는 것으로 보아야 한다는 것을 말한다.[43]

이와 같은 이중적인 통제 장치를 마련하는 근거·이유로 법제처가 언급한 내용을 정리하면 크게 다음 3가지로 요약할 수 있다. 첫째, 자사고 지정 및 취소가 해당 학교의 학생·학부모·교사에 미치는 영향이 중대하다는 점, 둘째, 자사고의 지정 및 취소가 보다 객관적인 기준에 따라 신중하게 이루어지도록 한다는 점, 셋째, 자사고의 자율성을 보장하고 안정적인 운영을 도모하기 위한 것이라는 점 등이다.

아울러 법제처는 고등학교 이하 각급 학교의 교육제도와 과정에 관한 규율과 관련하여 중요한 원칙을 명시하였는데, 하봉운 등(2016: 108−109)이 정리한 바를 인용해 보면 다음과 같다.

> 학교교육제도에 관한 법령(「교육기본법」 제17조 및 제25조,
> 「초·중등교육법」 제23조 제2항 등)의 내용에 비추어 볼 때 고등
> 학교 이하 각급 학교의 교육제도와 과정에 관한 사항은 원칙적
> 으로 법령에 의해 규율되고, 지방교육행정기관인 교육감은 법령

으로 정한 교육제도와 교육부 장관이 정하는 교육과정의 범위에
서 해당 지방자치단체 내의 학교를 지도·감독하는 지위에 있다.
아울러 자사고의 도입 취지에 비추어 볼 때 교육부 장관과 교육
감의 자사고에 대한 지도·감독은 법령의 범위에서 최소한에 그
쳐야 하고, 과도한 지도·감독을 자제함으로써 자사고의 운영상
자율성을 존중하고 보장할 필요가 있다.

둘째, 협의의 성격, 협의가 동의와 같은 절차로 해석되는지의 여부이다. 법제처
는 교육감이 자사고의 지정을 취소하는 경우 미리 교육부 장관과 협의하도록 한
것은 교육부 장관과 교육감에게 분배되어 있는 권한을 행사하는 방식을 정한 것
으로 보아야 하며, 이때 협의의 의미는 단순히 의견을 듣는 절차를 넘어 의견의 일
치가 있어야 함을 의미하는 것으로 보아야 한다고 하였다.[44]

이후 교육부는 2014년 12월에 「초·중등교육법 시행령」 제91조의3을 개정하여
자사고의 지정·취소 시 교육감이 장관의 동의를 받도록 규정하였다. 특목고나
특성화 중학교 지정·취소 시에도 교육감은 장관의 동의를 받도록 하였다. 즉, 시
행령 개정 전에는 자사고 지정·취소 시 교육부 장관과 협의하여야 한다고 했던
것을 교육부 장관의 동의를 받아야 한다고 개정함으로써 단순 의견 청취 수준의
협의가 아니라 승인의 성격을 갖는 동의를 받도록 강제하고 있는 것이다.[45] 이에
대해 하봉운 등(2016: 111-112)은 자사고나 특목고나 특성화 중학교 지정·취소가
학교폭력 가해 사실 기록과 같이 전국적으로 통일을 요하는 사무가 아니라는 점
에서 동의 조항은 종전의 '협의' 조항으로 환원시킬 필요가 있다고 하였다.

5) 누리과정 예산편성 관련 국가와 지방의 갈등

누리과정은 만 3~5세 유아에게 제공하는 공통의 보육·교육과정으로, 유아교
육기관의 유형(유치원·어린이집 등)에 관계없이 모든 유아의 공정한 보육 및 교육
기회 제공을 위해 동일한 내용을 가르치고 동일한 비용을 지원하기 위한 교육·

복지제도이다.[46] 누리과정은 무상급식과 함께 교육재정을 둘러싸고 교육부와 교육감 간 재정 부담의 주체에 대한 논란을 야기한 대표적인 사례이다. 교육부는 누리과정은 지방의 교육사무라고 보고 지방자치단체가 재정을 분담해야 한다고 보는 반면, 교육감은 중앙정부의 시책 사업이므로 국가가 재정부담을 해야 한다고 본다. 누리과정과 같이 새로운 교육사무를 도입하고자 할 경우 재정 부담의 주체, 재원 조달 방법 등이 논란이 될 수 있음을 잘 보여 주는 사례이다.

(1) 누리과정 예산편성에 관한 문제제기 과정

누리과정은 지난 2012년 대선과정에서 박근혜 대통령의 대선공약이었고, 이후 국정과제(무상보육 및 무상교육 확대)로 채택되었으나 재정 부담의 주체가 지속적으로 논란이 되었다. 이는 국가가 누리과정 시행에 따른 새로운 재원을 마련하지 않고 기존 지방교육재정교부금 내에서 사업을 추가하였기 때문이다. 특히 2014년 6월 동시지방선거 이후 새로운 교육감이 취임하면서 2015년 누리과정 예산편성 시부터 중앙과 지방 간 충돌이 발생하였다. 교육감들은 2015년부터 만 3~5세 누리과정 예산을 모두 지방교육재정교부금으로 부담토록 결정한 정부의 '만 3~4세 누리과정 도입계획'(2012년 1월)을 수용할 수 없다는 입장이다. 즉, 중앙정부의 추가 재정지원 없이 지방교육재정교부금으로 누리과정 예산을 편성하는 것은 불가능하다는 입장이다.

이러한 논란이 지속되면서 2014년 11월 28일에는 여당과 야당이 누리과정 예산에 대해 기본적으로 시·도교육청이 부담하되 2015년도 누리과정 지원 확대에 따른 순증분(5,064억 원)을 교육부의 다른 사업예산을 증액하여 우회적 방법으로 지원하기로 합의하였다. 2016년에도 교육부는 어린이집 누리과정 예산을 기획재정부에 요구하지 않고 목적예비비를 통해 우회 지원하기로 하였다.[47]

누리과정 예산편성이 중앙과 지방 간 갈등으로 확산되자 정부는 이를 해소하기 위해 관련 법령을 정비하였다. 즉, 중앙정부는 2015년 10월 「지방재정법 시행령」과 「지방자치단체 교육비특별회계 예산편성 운용에 관한 규칙」을 개정하여 어린이집 누리과정 예산을 전액 시·도교육청의 '의무지출경비'로 편성하도록 하였다.

이러한 법령 개정으로 누리과정을 둘러싼 갈등은 더욱 심화되었다.

2016년 4월 20대 총선 전후에 정부와 여당은 「지방교육재정교부금법」에 따른 보통교부금 재원 중 국세 교육세 분을 분리해 '지방교육정책 지원 특별회계'를 설치하고, 특별회계에서 누리과정, 초등돌봄교실, 방과후 학교 등의 사업예산을 지원하는 내용을 담은 「지방교육정책 지원 특별회계법」 제정을 추진 중에 있다. 반면, 시·도교육감들은 이러한 특별법 제정 시·도는 누리과정 예산을 시행령으로 시·도교육청에 전가하는 것이 법적 한계가 있음을 간접적으로 인정한 것이라는 점, 어린이집 누리과정을 국가에서 전액 책임지겠다는 대선 공약에서 제시된 것이라는 점을 들어 근본적인 재정대책이 마련되어야 한다고 주장하고 있다.[48]

(2) 주요 쟁점 및 시사점

누리과정 예산편성과 관련한 국가와 지방 간 갈등은 어린이집 누리과정 예산을 시·도교육청에서 부담해야 하는 법적 근거, 예산 부담의 주체, 소관 부처 등 다양한 문제를 야기하고 있다. 이를 정리하면, 첫째, 어린이집의 누리과정 예산을 시·도교육청이 부담해야 하는가의 문제이다. 누리과정은 「유아교육법」상의 교육과정과 「영유아보육법」상의 보육과정을 통합한 공통 교육·보육과정으로 어린이집도 누리과정을 운영하는 교육기관으로서의 지위를 갖는다. 그러나 통상 어린이집은 보건복지부가, 유아교육기관은 교육부가 관할하고 있으며, 시·도교육감의 교육·학예에 관한 사무에서 보육은 제외되어 있다. 그럼에도 시·도교육청에서 어린이집의 누리과정 예산을 편성해야 할 의무가 있는가가 쟁점이 된다.

시·도교육감은 보육은 시·도교육감의 교육·학예에 관한 사무가 아닌 보건복지부 소관 사무로 시·도지사 또는 시장·군수·구청장의 관할이라는 점, 또 누리과정 예산 전액을 지방교육재정교부금으로 충당하기로 법령을 개정할 시 중앙정부와 전국 시·도교육감과 협의가 이루어지지 않았다는 점 등을 들어 어린이집 누리과정 예산을 지원할 수 없다는 입장을 보이고 있다.

한편, 「지방교육재정교부금법」에 근거하여 지방자치단체가 설치·경영하는 교육기관 또는 교육행정기관의 범위를 확인해 볼 수 있다. 물론 직접적으로 교육기관의 범위를 명시하고 있는 것은 아니지만 관련 법적 근거를 간접적으로 확인해 볼 수 있다. 관련하여 하봉운 등(2016: 117)은 「교육자치법」 제20조(관장사무)와 제32조(교육기관의 설치)에 의하면 "교육감은 그 소관 사무의 범위 안에서 필요한 때에는 대통령령 또는 조례가 정하는 바에 따라 교육기관을 설치할 수 있다."고 규정하고 있고, 「지방교육재정교부금법 시행령」[별표 1]의 기준재정수요액의 측정항목·측정단위 및 산정기준(제4조 제1항 관련)에서 "시·도교육감 소관 교육기관은 유치원과 (공·사립)초등학교·중학교·고등학교 및 특수학교와 지방교육행정기관으로 유추할 수 있다."라고 규정하고 있다.[49] 그러나 교육부는 최근 [별표 1]을 개정하여 공통 교육·보육과정을 제공받는 유아 수를 산정기준으로 보육료를 지원할 수 있도록 하였다. 이에 대해 하봉운 등(2016: 123)은 어린이집에 관한 사무는 교육감의 소관사무라 할 수 없음에도 시행령 개정을 통해 어린이집 누리과정 소요 예산을 시·도교육청에서 부담토록 한 것은 상위법과의 충돌 및 법률 위반에 해당되며, 지방교육재정이 감당할 수 있는 예산의 범위를 벗어난다는 점 등을 들어 문제가 됨을 지적하였다.

둘째, 2013년 이후 세수 부진으로 계속적인 교부금 결손과 지방교육채 증가의 문제이다. 최근 인구 감소로 전반적으로 세수 규모가 한정되어 있어 교부금 규모는 답보 상태에 머물고 있다.[50] 또 교부금 정산제(「지방교육재정교부금법」 제9조)의 실시로 인해 내국세 결산액이 예산액보다 적을 때는 교부금 감소로 이어져 지방교육채 발행을 촉발하는 결과를 초래하고 있다. 이는 지방교육재정의 총세입 중 지방교육채의 비율이 급격히 증가하고 있는 데에서도 알 수 있다. 시·도교육청의 부채 규모는 2014년 4조 8,6523억 원에서 2015년 10조 6,188억 원으로 급격하게 증가하였다. 이러한 지방교육채의 증가는 세입과 세출 구조 모두에서 지방교육재정을 더욱 악화시키는 잠재적인 요인으로 지방교육채 발행과 관련하여 지방채 발행 요건의 타당성 및 감채기금 마련을 통한 상환재원 확보 관련 규정의 적절성 등이 문제가 되고 있다.[51]

📖 5. 개선 방향

지방교육자치제의 발달과 더불어 교육사무를 둘러싸고 국가와 지방 간 사무권한과 책임의 배분이 논란이 되고 있다. 지방자치단체의 교육사무는 국가 위임사무와 지방의 고유사무로 크게 구분되지만 양자 간의 구분이 명확하지 않거나 법령상 공동사무로 규정하고 있는 경우가 많기 때문이다. 특히 2004년 이후 교육감 직선제가 시행되면서 지방의 교육사무에 대한 더 많은 권한과 자율성을 요구하는 교육감과 중앙정부(교육부 장관) 간 갈등은 다양하게 표출되고 있다.

이러한 문제를 해소하기 위해서는 대부분의 선행연구들에서도 제안하고 있듯이, 첫째, 교육사무에 관한 국가와 지방의 역할과 책임 분담과 이에 따른 국가사무와 지방사무 구분의 기준을 명확하게 정립할 필요가 있다. 이는 공교육에 대한 국가와 지방의 권한과 책임을 어떻게 분담할 것인가라는 근본적인 문제에 대한 논의와 합의를 거쳐 이루어져야 할 것이다. 즉, 국가와 지방 사무 구분의 기준을 정하기 위해서는 지방교육분권, 지방교육자치의 수준과 범위에 대한 검토가 우선되어야 할 것이다. 연방제 국가 수준의 지방교육자치를 지향하는 적극적 분권화를 지향할 것인가 반대로 최소한의 분권화 또는 양자 간의 협력적 분권화를 지향할 것인가[52] 등에 대한 공개적인 논의와 합의가 이루어져야 할 것이다. 이와 관련하여 김병준(2014)은 중앙과 지방이 분권과 통합을 동시에 이루기 위해서는 우리 나름대로 이에 대한 명확한 비전과 대안이 있어야 함을 주장하였다. 특히 입법권과 행정권을 가지고 중앙–지방 관계를 디자인하는 국회와 중앙 각 부처들이 지방교육분권에 대한 명확한 비전과 방향, 대안을 가지는 것이 중요하다고 지적하였다.

둘째, 교육사무 구분의 기준으로서 사무의 성격(성질)보다는 사무의 영역을 활용할 필요가 있을 것이다. 현행 법령과 판례는 국가 전체로서 통일성이 요구되는 사무를 국가의 직접 행정사무로, 지역적 특수성이 강하거나 지방자치단체가 처리하는 것이 보다 적합한 사무를 자치사무로 보고 있다. 이는 사무의 성격에 기초한 사무 구분의 기준으로 구체적인 사무에 따라 다양하게 적용·해석될 여지가 있다. 교육사무를 둘러싸고 중앙정부와 교육감 간 갈등은 대부분 사무의 성격에 대한 이해 및 해석의 차이에 기인한 것이라는 점은 이를 잘 보여 준다. 교육사무의 성격에 대한 법적 해석이 중요해짐에 따라 최근 국가와 지방 간 교육사무에 관한 권한 다툼은 법원의 판결이나 헌법재판소의 결정에 의존하는 경향을 보이고 있다. 이러한 문제를 해소하기 위해서는 교육사무를 성격에 따라 구분하기보다는 영역별로 구분하여(예: 국가교육과정 내용 및 운영 사무, 교원 인사 사무, 교육재정 사무, 방과후 교육 사무, 학교 보건 및 안전 사무 등) 사무에 대한 권한과 책임을 배분할 필요가 있다.

셋째, 국가와 지방 간 사무 구분을 명료하게 하기 위해 일본의 사례와 같이 사무의 구분 자체를 폐지하여 지방자치단체가 수행하는 사무의 대부분을 지방자치단체의 사무로 인정하는 방안을 고려할 수 있다.[53] 장기적으로 중앙정부가 반드시 수행할 필요가 있는 사무는 중앙정부의 지역 일선 행정기관을 통해 중앙정부가 직접 처리하게 할 수 있을 것이다. 교육 부문에서는 부교육감 제도를 활용할 수 있을 것이다. 즉, 부교육감을 지원하는 조직·기능을 강화하여 국가사무는 현재와 같이 교육감에게 위임하기보다 부교육감이 시행하는 방안을 고려해 볼 수 있다.

넷째, 지방 교육사무 구분 및 배분에 있어 보다 근본적·장기적으로 지방자치단체 내 일반자치단체장인 시·도지사와 교육감의 관할 사무를 구분·재배분할 수 있다. 지방자치단체의 교육학예에 관한 사무는 교육감이 관할하도록 되어 있으나 지방자치와 교육자치 간 연계·협력이 요구되고 있고, 학교와 교원의 업무 부담을 해소하고 교원이 보다 본질적인 직무에 종사하도록 하기 위해 현재 학교에서 담당하고 있는 다양한 업무 중 일부를 시·도지사(일반자치기관)에게 이전할 수 있을 것이다. 이러한 사무는 학교교육과정 운영 및 수업, 학생 지도와 직접적인 관련성이 떨어지며 교원이 수행하지 않아도 되는 사무로서 구체적으로 방과후 교육, 학교 보건 및 안전, 누리과정, 급식, 교통 등에 관한 사무가 해당된다고 할 수 있다. 이는 중앙정부 수준에서도 교육부와 타 부처 간 사무 조정이 필요함을 의미한다.

미주

1　최봉석 외(2015).

2　김필두, 강기홍(2009); 나민주 외(2016); 안영훈(2009); 최봉석 외(2015).

3　조성호 외(2009).

4　최봉석 외(2015).

5　조성호 외(2009).

6　이달곤 외(2012).

7　최봉석 외(2015).

8　최봉석 외(2015: 117).

9　이달곤 외(2012: 141).

10　김병준(2014: 371-376); 최봉석 외(2015: 9-13).

11　예를 들어, 하봉운 등(2016), 김경회(2012), 김상은(2015), 장귀덕, 김왕준(2015) 등의
　　연구가 있다.

12　최봉석 외(2015: 131).

13　하봉운 외(2016).

14　최봉석 외(2015: 118).

15　하봉운(2016: 45).

16　하봉운 외(2016: 45).

17　하봉운 외(2016).

18　하봉운 외(2016: 63).

19　하봉운 외(2016: 64).

20　여기서 '중앙행정기관'이라 함은 국가의 행정 사무를 담당하기 위하여 설치된 행정기관
　　으로서 그 관할권의 범위가 전국에 미치는 행정기관을 말한다(「행정기관의 조직과 정
　　원에 관한 통칙」 제2조).

21　하봉운 외(2016).

22 「지방자치법」 제9조.

23 하봉운 외(2016: 29).

24 하봉운 외(2016: 32−34).

25 하봉운 외(2016).

26 권한쟁의심판제도는 국가기관 간 혹은 국가기관과 지방자치단체 간, 지방자치단체 간 권한 존부나 범위에 관해 다툼이 있을 때 헌법재판소가 헌법 해석을 통해 분쟁을 해결하는 제도이다.

27 이 절에서 제시한 중앙과 지방 간 갈등 사례는 김창우, 김규태(2014), 하봉운 등(2016)의 자료를 재정리·재분석한 것이다. 김창우와 김규태(2014)는 교육감 직선제 시행 이후 교육감과 교육부 장관 간 교육문제를 둘러싼 갈등 사례를 9가지로 정리하고 주요 쟁점을 분석하고 있다. 김창우와 김규태(2014)는 각 사례에서 중앙정부 관여의 정당성을 판단하기 위한 준거로 사무 유형(국가 위임사무, 자치사무), 사무 집행의 자율성(기속 행위, 재량 행위), 교육감의 책무성 유형(행정적, 전문적, 도덕적, 고객 지향적, 정치적 책무성) 등 세 기준을 제시하고 있다. 교육감과 교육부 장관 간 교육문제를 둘러싼 쟁점 사례의 주요 내용과 쟁점 판단 기준 등 상세한 내용은 〈부록 표 7−1〉을 참고할 수 있다. 아울러 여기에서는 쟁점(서로 다투는 중심이 되는 점)과 문제를 엄밀하게 구분하지 않았다. 쟁점이라고 하면 다투는 주체와 문제가 명확해야 하나, 여기에서는 다툼이 되는 문제, 해결해야 할 과제를 쟁점으로 보았다.

28 하봉운 외(2016: 80).

29 대법원 판결(대법원 1999. 9. 17. 선고 99추30)에 의하면, 조례는 지방자치단체의 자치사무와 단체 위임사무에 한하며, 법령에 위임되어 있지 않은 한 기관 위임사무에 대하여는 조례를 제정할 수 없다(하봉운 외, 2016: 81).

30 하봉운 외(2016: 86).

31 헌법재판소 2013. 9. 26. 2012 헌라1, 판례집 25−2상, 652−660.

32 하봉운 외(2016: 88−89).

33 하봉운 외(2016: 95).

34 하봉운 외(2016: 106).

35 관련하여 교육부는 2012년 8월 28일부터 2012년 9월 13일까지 전국 시·도교육청에 대해 학교폭력 학교생활기록부 기재 관련 특정감사를 실시하였다.

36 대법원 2015. 9. 10. 선고 2013추517 판결[직무이행명령(2013. 4. 10.) 취소].

37 「지방자치법」 제170조(지방자치단체의 장에 대한 직무이행명령) ① 지방자치단체의 장이 법령의 규정에 따라 그 의무에 속하는 국가 위임사무나 시·도위임사무의 관리와 집행을 명백히 게을리하고 있다고 인정되면 시·도에 대하여는 주무부 장관이,

시·군 및 자치구에 대하여는 시·도지사가 기간을 정하여 서면으로 이행할 사항을 명령할 수 있다.

38 대법원은 공립·사립 학교의 장이 행하는 학교생활기록부 작성에 관한 교육감의 지도·감독 사무는 국립학교의 장이 행하는 학교생활기록부 작성에 관한 교육부 장관의 지도·감독 사무와 마찬가지로 국가사무로서 시·도 교육감에 위임된 사무이다.

39 교육부 보도자료(2014. 9. 5.). 서울특별시교육감의 자사고 재평가에 따른 지정취소 협의신청 모두 반려. 여기서 반려는 협의신청서에 위법·부당한 사항이 포함되면 동의 여부를 검토하지 않고 돌려보내는 것(자사고 지정 협의에 관한 훈령 §9)으로서 위법사항을 시정하여 재신청하는 것이 가능하다(§12). 이에 비해 부동의는 검토 후 교육청의 결정에 대해 동의하지 않는 것(자사고 지정 협의에 관한 훈령 §10의2)을 말한다(하봉운 외, 2016: 108).

40 교육부 보도자료(2014. 8. 14.). 2014년도 자율형 사립고 운영 성과평가 결과 및 안산 동산고 지정취소 부동의 협의결과 발표.

41 하봉운 외(2016: 108).

42 하봉운 외(2016: 108).

43 하봉운 외(2016: 109).

44 하봉운 외(2016: 109).

45 하봉운 외(2016: 110).

46 하봉운 외(2016: 113).

47 여기서 우회 지원이라고 한 것은 직접적으로 누리과정 예산을 편성·지원하지 않고 시·도교육청의 학교환경개선사업 시설비 지원 명목으로 예비비에서 3천억 원을 편성해 학교 재래식 변기 교체, 찜통교실 해소 예산으로 사용하도록 하고, 대신 교육청은 이렇게 해서 여유가 생긴 예산을 누리과정 예산으로 사용토록 한 것을 말한다(하봉운 외, 2016: 113-114).

48 하봉운 외(2016: 114).

49 하봉운 외(2016: 117).

50 하봉운 외(2016: 118).

51 하봉운 외(2016: 119).

52 Mons (2006).

53 김병준(2002).

참고문헌

교육부(2014a). 2014년도 자율형 사립고 운영 성과평가 결과 및 안산 동산고 지정취소 부동의 협의결과 발표. 보도자료(2014. 8. 14.).

교육부(2014b). 서울특별시교육감의 자사고 재평가에 따른 지정취소 협의신청 모두 반려. 보도자료(2014. 9. 5.).

김경회(2012). 무상급식을 둘러싼 서울특별시장과 교육감 간의 갈등 분석. 교육정치학연구, 19(1), 1-28.

김병준(2002). 지방자치 시대의 중앙-지방관계-권한 및 사무 배분 문제를 중심으로. 사회연구, 3(1), 95-115.

김병준(2014). 지방자치론. 서울: 법문사.

김상은(2015). 지방교육자치제도에 관한 행정법적 연구-교육감의 권한과 국가의 감독을 중심으로-. 한양대학교 석사학위논문.

김창우, 김규태(2014). 교육감의 행정 행위와 책무성에 대한 국가의 관여 방식과 기제에 관한 쟁점 분석. 교육정치학연구, 21(3), 1-27.

김필두, 강기홍(2009). 국가-지방 간, 지방자치단체 간 사무 재배분 방안에 관한 연구. 서울: 한국지방행정연구원.

김홍주(2008). 초.중등학교 자율화 정책의 방향과 과제. 한국교육개발원(편). 학교 자율화-성공적 정착을 위한 과제-. KEDI 창립 제36주년 기념 학술세미나 자료집 (연구자료 RRM 2008-2)(pp. 9-58). 서울: 한국교육개발원.

김홍주, 박재윤, 양승실, 김이경, 장수명, 이태상, 이정아, 김왕준, 신지수, 서영인, 이승무(2005). 학교중심 지원체계 구축을 위한 교육행정체제 혁신방안연구 (CR2005-03). 서울: 한국교육개발원.

김홍주, 고전, 김이경(2008). 지방 교육분권 성과 분석 연구 (연구보고 RR 2008-10). 서울: 한국교육개발원.

나민주, 서재영, 김용, 하봉운(2016). 지방 교육사무 구분에 관한 실태분석 (연구보고

2016-4). 충북: 한국지방교육연구소.

박재윤, 유상덕, 김성호, 정준현, 송요원(2004). 교육부문 행정권한 위임 및 이양 실태 조사연구 (CR2004-57). 서울: 한국교육개발원.

송기춘(2012). 교육감의 교육행정 권한의 범위와 한계. 한국교육법연구, 9(1), 103-125.

안영훈(2009). 우리나라 사무 구분 체계 개선 방안 연구. 지방정부연구, 13(1), 149-173.

안주열(2015). 교육감의 법적 지위에 관한 고찰-교육부 장관과의 관계를 중심으로-. 국가법연구, 11(1), 1-21.

이달곤, 하혜수, 정정화, 전주상, 김철회(2012). 지방자치론. 서울: 박영사.

장귀덕, 김왕준(2015). 지방교육자치제의 헌법적 본질 관점에서 본 교육감-교육부 장관의 갈등 조정에 관한 연구. 교육법학연구, 27(3), 209-238.

정영수, 표시열, 김인희, 이인회, 박수정(2009). 중앙과 지방정부의 교육에 관한 권한 배분 및 법제화 방안. 교육행정학연구, 27(1), 1-23.

조성호, 김익식, 안영훈, 이기우, 임승빈, 윤태웅(2009). 중앙과 지방 간 사무재배분 방안 (정책연구 2009-03). 경기: 경기개발연구원.

최봉석, 조성규, 최환용, 박재윤, 김도승, 윤석진, 구지선(2015). 국가와 지방자치단체간의 사무 구분 및 사무조사 연구. 서울: 동국대학교.

하봉운, 김성기, 장덕호, 이진만, 전성훈, 김미선(2016). 교육분야 국가 및 자치사무에 관한 연구. 경기: 경기도교육청.

황준성(2015). 중앙과 지방의 교육행정 권한 배분에 관한 연구. 교육법학연구, 27(1), 245-269.

대법원 2015. 9. 10. 선고 2013추517 판결[직무이행명령(2013. 4. 10.) 취소].

헌법재판소 2013. 9. 26. 2012헌라1, 판례집 25-2상, 652-659.

Mons, N. (2006). *Les nouvelles politiques educatives: La france fait-elle les bons choix?* Paris: PUF.

〈부록 표 7-1〉 교육부 장관과 교육감 간 이견·갈등이 제기된 교육 쟁점 사례

쟁점 사례	주요 내용	대응(결과)
교원능력 개발평가	2010년 7월 전북교육감은 교원능력개발평가제를 폐지하고 자율적 교원평가를 실시하기로 결정 → 2011년 4월 교육부는 전북교육감에게 직무이행 명령 → 전북교육감의 명령 불이행으로 교육부는 2011년 7월 직무유기로 교육감을 검찰에 고소 → 2013년 5월 교원능력개발평가는 국가 위임사무로 교육부의 직무이행명령이 정당하다고 판결	교육부는 2012년 9월 「교원 등의 연수에 관한 규정」 개정으로 교육감이 교원능력개발평가를 매년 실시하도록 함. 국가 위임사무, 재량행위, 사법적·입법적 관여 사례
국가 수준 학업성취도 평가	2010년 7월 전북과 경기 교육감은 국가 수준 학업성취도 평가에 응시하지 않는 학생들에 대해 대체 프로그램 실시 결정 → 교육부 장관은 교육감을 직무유기로 검찰에 고소(→ 직무이행명령 정당)	국가 수준 학업성취도 평가를 매년 실시하도록 법령 개정. 국가 위임사무, 재량행위, 사법적·입법적 관여 사례
전교조 소속 시국선언 교사 징계 처분	2009년 6월 서울에서 전교조 소속 교원들이 시국선언을 발표 → 교육부는 해당 교사에 대해 중징계할 것을 교육감에게 권고, 직무이행명령 → 경기도교육감은 교사에 대한 징계조치 결정을 대법원 판결 후로 연기함에 따라 교육부는 교육감에 대해 직무유기로 검찰에 고소 → 2013년 6월 대법원은 교육감의 직무유기는 무죄이나 교육부의 직무이행명령은 정당하다고 봄(대법원 2013. 6. 27. 2009추206).	국가 공무원인 교원에 대한 인사사무는 국가 위임사무, 기속행위, 사법적 관여 사례
자율형 사립고 인가 취소	2010년 8월 전북교육감이 자율형 사립고 인가취소를 결정 → 교육부는 인가취소를 취소하라는 시정명령/ 해당 학교는 교육감에 대해 인가취소에 대한 소송 제기 → 전북교육감은 권한쟁의심판 청구 → 전북교육감의 인가취소는 부당하다는 판결 내려짐. 전북교육감이 신청한 권한쟁의심판청구는 기각	「초·중등교육법 시행령」 개정으로 교육부 장관과 협의를 거칠 것을 추가. 자치사무, 재량행위, 사법적·입법적 관여 사례
고교 평준화 지역 선정	2010년 10월 강원도교육감이 평준화지역 선정 건의 요청에 대해 교육부가 유보함 → 강원도 교육감의 반발, 지역 여론 조성 → 2011년 3월 교육부는 법령을 개정하여 '교육감이 고등학교 입학전형을 실시하는 지역' 지정 권한을 교육감에게 이양	「초·중등교육법 시행령」 개정으로 교육감의 권한을 제한할 수 있는 조항 추가. 자치사무, 재량행위, 입법적 관여 사례
학생인권 조례 제정 관련	2010년 3월 경기도교육감은 학생인권조례를 도의회에 상정, 도의회에서 통과 → 교육부는 2011년 3월 「초·중등교육법 시행령」을 개정하여 학교규칙 제정은 학교운영위를 통해 정할 수 있도록 하고 학생징계 문구를 포함하도록 하여 학생인권조례와 내용상 충돌 발생 → 교육부는 조례 무효확인 소송을 제기, 「초·중등교육법」 제8조를 개정하여 학교규칙을 학교에서 교육감 승인 없이 정하도록 함	「초·중등교육법」 개정을 통해 단위학교(교장)가 학교규칙을 제·개정하도록 함. 자치사무, 재량행위, 사법적·입법적 관여 사례

〈부록 표 7-1〉교육부 장관과 교육감 간 이견·갈등이 제기된 교육 쟁점 사례(계속)

쟁점 사례	주요 내용	대응(결과)
교육공무원 특별 채용	2012년 2월 서울시교육감은 교원 특별 채용 예정을 공고 → 교육부는 교육감이 교원 특별 채용을 할 수 없으므로 시정명령 내림 → 서울시교육감은 교원특별 채용을 실시하여 교육부에 채용의결 요구 → 교육부는 채용을 승인하지 않고 취소 → 서울시교육감 교체 후 교육부는 일부는 취소하고 일부는 승인함	교육공무원의 신규채용은 공개전형에 의하도록 한「교육공무원법」에 의거 특별 채용에 대해 시정명령. 자치사무, 재량행위, 교육감이 교육부의 직권 취소(행정적 관여) 수용
교권조례	2012년 5월 서울시의회는 교사의 인권을 보호하고자 교권조례를 의결 → 교육부는 교권보호에 대한 상위법이 있음을 이유로 교권조례에 대해 시의회의 재의결을 요청 → 서울시교육감이 이를 미수용 → 교육부는 효력정지 소송 제기	교원에 대한 처우 관련 법률 개정으로 교권조례 제정 방지. 자치사무, 재량행위, 사법적·입법적 관여 사례
학생생활 기록부에 학교폭력 사항 기재	2012년 교육부는 학교폭력 해소 방법의 하나로 학교폭력과 관련된 학생의 징계 등의 내용을 졸업 후 학교생활기록부에 유지하기로 함 → 전북교육감은 학생인권을 침해할 수 있어 형사사건과 관련된 학교폭력 사례를 제외하고 학교생활기록부에 이를 기재하지 않겠다고 하여 교육부와 충돌	헌법재판소와 대법원에 계류 중. 위임사무, 기속행위, 사법적·입법적 관여 사례

출처: 김창우와 김규태(2015: 11-12)의 〈표 3〉, p.17의 〈표 5〉,
p.18의 〈표 6〉을 통합하되 대응(결과)의 설명 부분은 새로 추가함.

제**8**장

지방교육 인사제도

인사행정은 직무와 사람을 어떻게 선별하여 분류하고 배치하며 조직의 성과를 높일 것인가와 관련된 행정행위라고 할 수 있다. 이 장에서 제시하는 지방교육 인사제도는 지방교육행정기관에 소속된 구성원들의 인사와 관련된 운영 실태와 주요 쟁점을 정리하는 것이다. 지방교육 인사제도는 법령 체계 내에서 이루어지기 때문에 필연적으로 중앙정부와의 관계를 전제로 한다. 따라서 중앙정부에서 실시하고 있는 제도적 관련하에 지방교육 인사제도의 주요 내용을 제시한다. 이 장에서는 교육감이 선발, 배치 및 운영 제도의 권한을 가진 지방공무원(일반직), 교육전문직, 학교회계직 등의 인력에 대한 지방교육 인사제도 전반을 소개한다. 지방교육 인사제도 운영 모형, 주요 선행연구 검토를 통해 이론적 논의 및 쟁점 도출, 지금까지의 제도 개선 변화의 흐름을 기술하고, 각 대상별 운용 실태를 분석하며, 향후 지방교육 인사제도의 개선 방향에 대해 논의한다.

1. 지방교육 인사제도 개념 및 운영 모형

1) 인사제도 개념 및 원리

　인사행정이란 조직의 목적 달성을 위하여 유능한 직원을 선발하고 배치하며, 이들의 능력을 최대한 계발하여 조직의 성과를 극대화하기 위한 과정이라고 할 수 있다.[1] 인사행정과 인사제도는 조직관리의 가장 핵심적인 영역이며, 이에 따라 조직의 성패가 좌우된다는 점에서 그 중요성은 아무리 강조해도 지나치지 않다.

인사행정과 제도 운영의 주요 원리, 지배이념 혹은 추구하는 가치는 매우 다양하게 제시되고 있다. 인사행정의 주요 원리는 일반적으로 중앙정부(국가)와 지방정부에서 공통적으로 적용되는 것이지만, 지방정부가 중앙정부와의 권한 관계 속에서 추구해야 하는 가치가 별도로 제시되기도 한다. 이러한 원리를 구현하는 방법은 다양하지만, 일반적으로 인사행정에서 추구되는 원리의 주요 내용을 제시하면 다음과 같다.

먼저, 오석홍(1999)은 4가지 인사제도 모형을 제시하면서 각 모형을 운영하는 주요 공통적인 원리를 민주성과 형평성으로 제시하였다.[2] 인사행정의 민주성이란 누구든지 정치적 기여와 연고관계에 따라 공직에 임용될 수 있도록 공직을 개방하는 것을 의미한다. 공직 임용 시 귀속적 기준을 타파하고 정부관료제가 일부 혜택집단의 고정적 전유물이 되거나 귀족화되는 것을 방지하는 것이다. 예를 들어, 민주적 선거과정을 거쳐 집권한 정당과 정책에 대해 공무원들의 충성심을 확보하는 엽관주의는 인사행정의 민주화 논리에 기반하는 것으로 알려져 있다. 집권자들은 공무원들에 대한 보다 강한 장악력을 기반으로 국민에게 공약한 정책을 구현해 나갈 수 있기 때문에 주권재민의 구현 방안이 된다. 인사행정의 형평성이란 누구나 공직취임에 있어 균등한 기회가 보장되는 것을 의미한다. 임용 시 공개경쟁과 실적기준을 적용하는 것은 이러한 형평성을 반영하는 것이라고 할 수 있다. 인사제도 중 실적주의는 공정한 채용기준을 정하고 공개적인 채용시험을 실시하여 시험에 합격하면 누구나 공무원이 될 수 있도록 하기 때문에 공직취임의 기회균등이라는 민주적 요청에 부합하는 제도로 알려져 있다. 대표관료제도 이와 같은 민주성과 형평성에 대한 갈망을 반영한 모형으로 알려져 있다. 대표관료제는 인종·성별·직업·계층·종교·지역 등 여러 기준에 의해 분류되는 국가 전체의 부문별 인력집단을 고루 흡수하는 대표성을 요건으로 하며, 기대되는 형평성이 아니라 결과로서의 형평성 구현을 강조하는 제도이다. 특히 대표관료제는 개인이 통제할 수 없는 비형평성의 조건을 국가가 개입하여 해소 또는 보상해 주어야 한다는 신념에 기초하고 있기 때문에 공직임용의 형평성을 실질적으로 그리고 결과적으로 보장하는 것이라고 할 수 있다.

강성철 등(2004)은 지방정부 인사행정의 주요 원리를 자율성(독자성), 개방성, 전문성, 공정성, 대표성 등으로 제시하였다.[3] 강성철 등(2004)은 중앙정부와는 독립적으로, 지방정부는 각기 특성이 있고 그 특성을 반영한 인사가 이루어져야 할 필요가 있기 때문에 인사의 원칙과 기술도 다르게 적용되어야 한다는 점을 강조하였다. 강성철 등(2004)에서 제시한 인사행정의 주요 원리는 궁극적으로 조직의 생산성과 인사행정의 능률성을 높이기 위해 상호 연관되어 있다. 즉, 인사행정의 능률성이란 인사행정의 전문화 내지 전문성을 제고함으로써 달성될 수 있는 가치이고, 인사행정의 민주성이란 인사행정의 자율성을 제고함으로써 달성될 수 있는 가치이다. 인사행정의 전문성은 대내적으로 인사행정을 전문화하는 방법과 대외적으로 전문적인 능력을 가진 사람을 충원함으로써 이를 달성할 수 있다. 따라서 인사행정의 능률성은 인사행정의 전문화 내지 전문성, 그리고 인사행정의 개방화 내지 개방성을 제고함으로써 달성될 수 있다. 그리고 인사행정의 민주성은 인사행정의 자율성 내지 기회균등을 통해서 달성될 수 있는바, 자율성은 인사행정을 직접 담당하는 부처나 지방이 자율적 기반을 가지고 인사행정을 수행하는 것이라 할 것이다. 그리고 인사행정의 대표성은 모든 국민에게 공직이 실질적으로 개방되고, 공직취임의 실질적 기회를 제공하여 사회적 형평을 실현하기 위한 대표관료제의 도입과 확대를 통하여 실현할 수 있다는 것이다.

금창호와 권오철(2014)은 지방자치단체 인사관리 원칙을 공정성 측면에서 보다 강조하였다.[4] 공공 분야와 민간 분야를 불문하고 조직관리에서 인사의 공정성 확보는 조직성과를 제고하는 중요한 요소의 하나이며, 인사에서 공정성이 확보되면 조직구성원의 조직몰입과 직무만족이 향상되고 이를 통해 조직의 성과가 높아진다고 보는 원리라고 할 수 있다. 선거를 통해 취임한 지방자치단체장은 승진이나 보직배치, 근무성적평정에서 지지 여부를 기준으로 지방공무원들을 차별화하는 정실이 개입된다고 보는 경향이 강하다. 이러한 정실인사는 지방공무원의 근무의욕 저하 및 지방자치단체의 역량 제고에 현저한 장애요인으로 작용하기 때문에 인사의 공정성은 지방정부의 조직관리 역량을 높이는 데 매우 중요한 원리가 되고 있다. 인사관리에서의 공정성은 1980년대 중반까지는 분배 공정성(distributive justice)에 초점을 두었으나, 이후에는 절차 공정성(procedual justice), 상호작용 공정성(interactional justice) 등으로 확대되고 있다.[5] 인사관리에서 분배 공정성은 승진·전보 등에서 나타나며, 절차적 공정성은 근무성적이나 다면평가 등의 평가체계, 지방인사위원회, 승진·전보 기준으로 나타난다. 상호작용 공정성은 평가 관련 상담체계와 평가결과 공개 및 이의신청 등의 요소로 구성되어 있다.

2) 지방교육 인사제도 근거 법령

2000년대 이후 지방교육 영역에 있어서도 분권화가 급속하게 진행되고 있는데, 인사제도의 변화는 대내외적인 외부 환경과 정치적 변화에 따른 정책 환경 변화에 영향을 받게 된다. 지방교육 영역도 일반자치단체와 마찬가지로 중앙정부 및 대외적 환경변화의 흐름하에서 변화해 오고 있으며, 최근 인사행정의 주요한 용어로는 분권화, 자율화, 책무성이 강조되고 있다. 지방교육행정기관에 소속된 구성원들은 지방공무원, 교육전문직, 학교회계직 등으로 다양하다. 정책 환경이 변화하면서 그간 중앙정부에서 지방교육행정기관 소속 직원의 수와 직급 등을 통제하는 방식에도 자율적 운영으로의 변화가 나타났는데, 그중 대표적인 인사제도가 2010년부터 도입된 '직원 총액인건비제도'라고 할 수 있다. 총액인건비제도 도입으로 인해 지방교육행정기관의 자율적이고 책무성이 높은 인사제도 운영 역량의 필요성이 등장하게 되었다. 교육전문직원 또한 2012년부터 지방직으로 전환되었고, 2010년 이후 급격하게 증가한 학교회계직원은 새로운 인사 구조 및 운영상의 변화를 가져온 주요 요인으로 작용하고 있다.

이 장에서는 지방교육 인사제도의 주요 개념과 원리, 관련 연구동향 지방교육행정기관의 구성원, 즉 지방공무원, 교육전문직 및 학교회계직원으로 구분하여 이들에 대한 주요 운영 실태와 쟁점 등을 분석하고자 한다.[6] 분석결과를 중심으로 향후 지방교육 인사제도의 개선 방향을 논의한다.

지방교육행정기관 소속 구성원 인사제도의 주요 근거 법령은 「교육공무원법」

「지방공무원법」「지방교육자치에 관한 법률」(이하「교육자치법」), 「지방교육행정기
관의 행정기구와 정원기준 등에 관한 규정 및 시행규칙」「기간제 및 단시간근로
자 보호 등에 관한 법률」, 관련 시·도교육청 조례 및 규칙 등이 있다. 지방교육행
정기관 소속 구성원에 대한 인사권한은 대부분 시·도교육감에게 부여되어 있다.
주요 근거 법령에 따른 인사권한 항목을 정리하면 〈표 8-1〉과 같다.

〈표 8-1〉 교육부 장관 대비 시·도교육감의 교육인사권

항목	권한의 소재		비고
	장관	교육감	
정원관리	○	○	시·도교육청별로 배정된 정원을 해당 지역으로 배정하는 권한은 교육감 고유권한
양성	○		
자격	○	○	장관의 권한을 교육감에게 위임
임용 및 배치 전직 및 전보	○	○	대통령 → 장관 → 교육감에게 위임
승진, 근무평정, 평가		○	
보수 및 기타 비용	○	○	기본보수(호봉, 수당)는 국가에서 책정, 기타 수당 등 비용지원은 교육감 권한
연수		○	
징계 및 소청심사		○	대통령이 임용권을 갖는 직위를 제외한 교육공무원의 고충심사 처리
교직단체와의 교섭, 교원지위 향상		○	

출처: 김흥주 외(2008).

〈표 8-1〉에서 보여 주듯이 교육감은 양성을 제외한 나머지 인사 항목에서 권한
을 보유하고 있다. 교육감의 주요 인사권한에 대한 근거 법령을 제시하면 〈표 8-2〉
와 같다.

〈표 8-2〉 지방교육행정기관 소속 구성원 인사제도 근거 법령

법령	주요 내용
「지방교육자치에 관한 법률」	제20조(교육감 관장 사무) 16. 소속 국가공무원 및 지방공무원의 인사관리에 관한 사항 제27조(직원의 임용 등) 교육감은 소속 공무원을 지휘 · 감독하고 법령과 조례 · 교육규칙이 정하는 바에 따라 그 임용 · 교육훈련 · 복무 · 징계 등에 관한 사항을 처리한다. 제33조(공무원의 배치) ① 제30조 제5항의 보조기관과 제32조의 교육기관 및 제34조의 하급교육행정기관에는 제38조의 규정에 따른 해당 시 · 도의 교육비특별회계가 부담하는 경비로써 지방공무원을 두되, 그 정원은 법령이 정한 기준에 따라 조례로 정한다. ② 제30조 제5항의 보조기관과 제32조의 교육기관 및 제34조의 하급교육행정기관에는 제1항 및 「지방자치단체에 두는 국가공무원의 정원에 관한 법률」에 불구하고 대통령령이 정하는 바에 따라 국가공무원을 둘 수 있다.
「교육공무원법」	제1조(목적) 이 법은 교육을 통하여 국민 전체에게 봉사하는 교육공무원의 직무와 책임의 특수성에 비추어 그 자격 · 임용 · 보수 · 연수 및 신분보장 등에 관하여 교육공무원에게 적용할 「국가공무원법」 및 「지방공무원법」에 대한 특례를 규정함을 목적으로 한다. 제2조(정의) ①~⑪ 인사관리 대상, 범위, 주요 인사관리 정의 등 대학을 제외한 교육공무원에 대한 전체 법령
「지방공무원법」	제2장 인사기관 제6조(임용권자), 제6조의2(인사관리 전자화), 제7조(인사위원회의 설치) 등
「지방교육행정기관 및 공립의 각급 학교에 두는 국가공무원의 정원에 관한 규정」 및 시행규칙	제1조(목적) 이 영은 「교육자치법」 제33조 제2항에 따라 특별시 · 광역시 · 특별자치시 · 도 · 특별자치도교육감의 보조기관 · 직속기관 및 하급교육행정기관에 두는 국가공무원과 공립의 각급 학교에 두는 국가공무원의 정원에 관한 사항을 규정함을 목적으로 한다. 제2조(정원), 제3조(정원의 배정 등)

👥 〈표 8-2〉 지방교육행정기관 소속 구성원 인사제도 근거 법령(계속)

법령	주요 내용
「지방교육행정기관의 행정기구와 정원기준 등에 관한 규정」 및 시행규칙	제1조(목적) 이 영은 「교육자치법」 제30조부터 제34조까지의 규정에 따라 지방교육행정기관의 행정기구 조직 및 운영에 관한 사항과 지방공무원의 정원기준 등에 관하여 필요한 사항을 규정함을 목적으로 한다. 제2조(정의), 제3조(기구와 정원의 관리목표), 제4조(총액인건비제 운영), 제9조(보조·보좌기관의 직급기준 등), 제4장(정원) 제13조(정원 책정의 일반기준), 제14조(인력운용계획의 수립·시행), 제15조(정원의 관리), 제15조의2(정원 책정의 승인), 제16조(별정직 정원), 제17조(근속승진에 따른 정원관리), 제18조(한시정원), 제20조(정원의 규정), 제21조(개방형 직위 운영에 따른 직급기준의 특례), 제5장 보칙 제25조(기구와 정원에 관한 조례의 제안과 의결), 제29조(기구와 정원의 관리·운영 현황 공개 등) 등
「기간제 및 단시간 근로자 보호 등에 관한 법률」 및 시행령, 시행규칙	제1조(목적) 이 법은 기간제근로자 및 단시간근로자에 대한 불합리한 차별을 시정하고 기간제근로자 및 단시간근로자의 근로조건 보호를 강화함으로써 노동시장의 건전한 발전에 이바지함을 목적으로 한다.
시·도별 조례	지방공무원 인사규칙, 행정기구 설치 조례, 지방공무원 정원관리 조례, 교육공무직(실무직, 무기계약직, 학교회계직 등) 관련 조례 등

출처: 국가법령정보센터 홈페이지(http://www.law.go.kr).

3) 인사제도 운영 모형

인사제도의 주요 모형, 즉 누가 어떻게 공무원이 되는지를 설명하는 모형은 다음과 같은 4가지 형태로 구분할 수 있다.[7] 첫째, 엽관주의(spoil system)로서, 공직 임용의 귀속적 기준을 타파하고 누구든지 정치적 기여와 연고관계에 따라 공직에 임용될 수 있도록 공직을 개방하는 형태를 말한다. 엽관주의는 공무원 임용이 일부 혜택집단의 고정적 전유물이 되거나 귀족화되어 국민으로부터 멀어지는 세력집단화되는 것을 막을 수 있고, 보다 많은 사람이 정부의 일에 참여할 수 있는 기회를 얻게 되는 장점을 지닌다. 그러나 누구나 공무원이 될 수 있는 문을 열어 놓았다고는 하지만 이 역시 반쪽짜리 문호개방이며, 오히려 심각한 차별을 가져올 수 있는 제도라는 점에서 한계가 있다. '누구나'에 포함되는 사람의 범위는 한정될 수밖에 없기 때문이다.

둘째, 실적주의(merit system)는 공정한 채용기준을 정하고 공개적인 채용시험을 실시하여 규정된 자격을 구비하고 시험에 합격하면 누구나 공무원이 될 수 있도록 하는 체제를 말한다. 실적체제는 행정의 계속성과 전문성을 향상시키고 공무원의 자질 향상과 행정의 생산성 향상에도 기여할 수 있다. 그러나 현실세계에서 실적주의는 인사행정을 소극적 · 부정적 기능으로 전락시키기 쉬우며, 인사행정을 획일화 · 집권화하고 인력 운영의 효율성을 떨어뜨릴 수 있다는 한계를 지닌다. 인사행정과 공무원의 중립화를 강조하다 보면 오히려 행정의 대응성을 약화시킬 수 있으며, 실적주의가 만연한 곳에서는 형식주의가 증폭되는 문제도 나타나고 있다.

셋째, 대표관료제(representative bureaucracy)는 모든 사회집단이 소속 국가의 인구 전체 안에서 차지하는 수적 비율에 맞게 정부관료제의 직위를 차지해야 한다는 원리가 적용되는 모형이다. 대표관료제는 인적 구성 측면이나 정책지향 측면에서 사회 전체의 축도와 같은 것으로 보고 있다. 대표관료제가 추구하는 일차적인 목표는 공직임용의 형평성을 실질적이고 결과적으로 보장하는 데 있는데, 이러한 목표는 실적주의의 한계에 대한 비판으로부터 도출된 것으로 대표관료제의 인적 구성이 사회 각계각층을 비례적으로 대표한다는 것 자체가 민주적 가치에 부합한다. 또한 대표관료제는 사회세력을 고루 정부관료제 안으로 끌어들여 상호견제하게 함으로써 대중통제를 정부관료제에 내장시킬 수 있다는 점에서 행정의 민주화에도 기여하는 장점을 지닌다. 그러나 대표관료제의 실천 과정에서 민주사회의 주요 가치인 실적기준 적용의 침해와 역차별 문제는 극복하기 어려운 한계로 작용하고 있다.

넷째, 직업공무원제(career civil service system)는 정부관료제에 종사하는 것이 공무원의 전 생애에 걸친 직업으로 조직·운영될 수 있도록 하는 인사제도이다. 공직을 명예로운 직업으로 알고 학교를 갓 졸업한 젊은이들이 공직에 들어가 그 안에서 성장하고 상급직에 진출하면서 노동능력이 있는 동안의 전 생애를 보낼 수 있도록 입안된 제도이다. 직업공무원제는 계급제, 폐쇄형 임용원리, 일반능력자주의 그리고 종신고용제에 입각한 제도로서 변화보다는 안정을 지향하는 전통적인 관료제 구성 원리와 요청에 부합하는 모형이라고 할 수 있으며, 직위분류제와 개방형 임용체제 및 전문가주의를 특색으로 하는 인사제도와는 구별된다. 직업공무원제는 공무원 집단의 일체감·단결심·공직에 대한 봉사정신과 충성심 고취, 엄격한 근무규율의 수용, 정부와 공무원들 사이의 온정적 관계 강화 등의 이점이 있다. 그러나 공무원 집단을 환경적 요청에 둔감한 특권집단화할 수 있고 모집 대상의 지나친 제한, 공직의 침체, 행정의 전문화 방해 등과 같은 폐단을 수반하기 때문에 현대 사회에서는 인사개혁의 주요 대상이 되고 있다.

2. 지방교육 인사제도 관련 선행연구

　인사제도는 정부 간 관계와 환경변화에 따라 변화되는 체제이다. 1980년대 이후 영국과 유럽, 일본 등 주요 국가에서는 지방분권을 주요 국가 차원의 과제로 제시하고, 중앙정부와 지방자치단체의 관계를 재검토하여 중앙정부와 지방자치단체의 역할을 시대적 환경에 적합하도록 바꾸기 위한 노력을 진행하였다. 우리나라의 경우에도 집권에서 분권으로, 통치에서 협치와 자치로, 획일에서 다양과 개성으로 지방행정의 패러다임을 변화시키고자 하였다.[8] 이러한 변화는 2003년 7월, 참여정부에서 지방정부의 자치행정 역량 강화를 기본방향으로 하는 지방분권추진 로드맵으로 제시된 바 있다.

　이와 더불어 주요 선진국에서는 하드웨어보다는 소프트웨어 개혁을 중심으로 인사제도를 개혁해 왔다.[9] 예컨대, 폐쇄적인 내부 승진보다는 개방과 경쟁을 통한 인력 수준 제고, 경쟁과 성과평가를 통한 공무원의 실적을 관리하고 공직사회를 개방하여 민간 전문가를 폭넓게 임용함으로써 민간과의 인적 교류를 활발히 하고 있는 것이다. 이러한 성과중심 인력관리를 통해 공무원의 경쟁력을 제고하고 지방정부 생산성을 향상시킴으로써, 궁극적으로 행정 서비스의 질적 향상을 도모하고 있다.

지방정부의 인사행정과 관련된 대외적 환경변화는 민주화와 분권화로 인한 거버넌스 다변화, 기술혁신 진전에 따른 노동환경 변화, 글로벌 경제환경에 따른 국가 간 경쟁심화 등을 들 수 있다.[10] 대내적 환경변화는 고객중심, 성과주의 거버넌스 개념 확산 등 행정 패러다임의 변화, 행정직무의 변화, 차별적 인사관행에 대한 국민 불신 증가, 지역·계층·이념·세대 간 갈등과 변화 욕구 등을 들 수 있다. 이러한 환경변화에 따라 중앙정부에서는 개방형 직위제도 도입, 공직적격성시험(PSAT) 도입, 공무원 보수 현실화, 총액인건비제, 성과연봉제 및 성과상여금제도 도입, 직무분석 실시, 국가인재데이터베이스시스템 등 인사혁신을 추진하였다. 지방정부에서는 전통적인 관료제적 관리운영 방식에서 벗어나 보다 탄력적이고 유연한 기업식 관리운영 방식을 도입하였으며, 개방형 채용체제 임용 확대, 계약제 임용방식 확산 등을 도모하였다. 지방자치단체 역량 강화 차원에서 조직 내부에서 공급자 중심으로 실시되어 온 교육훈련 체계를 조직구성원의 실질적 수요에 부응하는 수요자 중심으로 전환하였고, 교육의 내용과 방법의 혁신을 도모하고 있다. 획일적 평등주의에서 차별적 공평주의로의 보수체계 개편, 근무평정 결과 공개, 전문적 경력관리를 통한 전문 행정가 양성 등도 지금까지 추진되어 온 주요 인사제도 개혁 방안이라고 할 수 있다.

지방교육행정기관 차원에서 시행되는 인사제도와 관련된 선행연구물은 많지 않은 편이다. 지방교육의 분권화 및 자율화 정책 시행, 총액인건비제도 도입 등 공무원 보수체계 개선, 성과중심 근무평정 시스템 도입, 교육훈련 체계 개편 등은 일반자치단체와 유사한 개편 흐름하에서 변화되어 왔다. 그러나 지방교육행정기관은 지방자치단체보다 인사권과 재정권 측면에서 중앙정부에 대한 의존도가 높기 때문에 인사제도 개혁 노력이 상대적으로 어려웠다고 할 수 있다. 또한 일반직 공무원과 교육전문직으로 이원화된 인사관리 시스템의 특수성을 반영한 종합적 인사 시스템 개혁보다는 인사제도 개선을 위한 연구가 별도로 진행되어 왔다.

김홍주 등(2008)의 연구는 지방교육분권 수준을 다양한 영역으로 측정한 종합적 연구라고 할 수 있다.[11] 그중에서도 교원 및 직원인사 분야는 교육재정, 학교교육 제도 다음의 세 번째로 분권이 미흡한 것으로 나타났다. 김홍주 등(2008)의 연구에서는 향후 교육인사 분야의 개선과제로 교육분권의 의미를 살리고 지역의 특색에 따른 다양한 정책을 개발·시행하기 위해서는 다음과 같은 조치가 필요하다고 제언하였다. 먼저, 교육공무원과 일반직 공무원 간 인사 운영의 장점을 상호 반영하되, 이때 이해당사자의 충분한 의견을 수렴하여 부작용을 최소화하여야 한다. 인사제도의 변화는 이해당사자들의 갈등과 사기저하를 유발할 수 있으므로 모든 것을 획일적으로 추진하기보다는 정책 목표는 국가 수준에서 정한다 하더라도 이를 추진하는 과정에서는 시·도가 주도권을 행사할 필요가 있다. 다음으로, 인사 행정 분권화를 추진함에 있어서 교육의 분권화를 통한 교육의 자주성과 특수성을 보장하는 기본적인 방향도 중요하지만, 교육의 질 관리와 효율성 도모에 중점을 둘 필요가 있다. 마지막으로, 교원인사 행정의 분권화를 통하여 지방교육의 발전을 도모하기 위해서는 장기적으로 그 근간이 되는 신규 교사의 양성과정에 시·도교육청이 참여할 수 있는 통로가 마련될 필요가 있다.

김홍주 등(2008)의 연구 결과를 종합해 볼 때, 지방교육행정기관에서의 인사제도는 분권화의 기반하에서 자율성, 전문성 등을 높이기 위한 제도로의 개선이 필요함을 강조하고 있다. 다만 이 연구는 지방공무원보다는 교원을 중심으로 제시되었기 때문에 지방교육행정기관의 인사제도를 포괄하는 결과로 보기는 어렵다는 한계가 있다.

최근 지방교육행정기관의 인사제도 변화를 가져온 주요한 중앙정부 차원의 정책은 주로 2010년 이후에 시행된 것으로 보아야 한다. 지역교육청 기능 개편, 직원 총액인건비제도 전면 도입, 교육전문직의 지방공무원화, 학교회계직의 무기계약직화 및 총액인건비 대상 포함 등이다. 이러한 제도 변화에 따른 실태 및 쟁점 등은 이후 구체적으로 제시한다.

3. 총액인건비제도와 학교회계직원 관리

1) 직원 총액인건비제도

(1) 변천 과정

지방자치단체에서 실시하는 총액인건비제도는 기구·정원 운영에 수반되는 인건비성 경비의 총액을 기준으로 기구와 정원을 자율적으로 관리하는 제도이다.[12] 즉, 총액인건비제도는 지방자치단체가 인건비성 경비로 지출할 수 있는 예산의 총액, 즉 총액인건비를 정하고, 정해진 총액인건비를 기준으로 각 지방자치단체가 정원 및 조직 운영의 자율권을 행사하는 제도를 의미한다.[13]

지방교육행정기관 총액인건비제도는 시·도교육청의 기구·정원 운영 자율권을 부여하는 제도적 기반이다.[14] 정부에서는 지방조직관리의 패러다임을 중앙통제에서 지방 자율결정 시스템으로의 전환하기 위해 조직관리의 주체를 중앙에서 지방으로 이양하고, 지방의회 및 주민에 의한 자율통제를 강화하고 있는데, 이에 따라 지역에서는 다양한 행정 수요에 효과적으로 대응할 수 있는 유연한 시스템을 구축해야 한다. 이를 위해서는 현행 기구·정원 기준의 조직관리(표준정원제) 방식에서 인건비 기준의 자율조직관리(총액인건비제) 방식으로 전환하는 과정이 필요하다.

지방교육행정기관의 총액인건비제도는 교육부가 총액인건비를 산정하고, 이를 기준으로 지방교육행정기관은 법령상 범위 내에서 인건비 예산의 편성·운영과 조직관리를 조례로 자율 운영하며, 지방의회 및 주민참여 등에 의하여 자율적으로 통제되는 시스템이다.[15] 나민주 등(2009)은 지방교육행정기관의 총액인건비제도 추진 배경을 2가지로 정리하고 있다.[16] 첫째, 지방교육행정 조직관리의 패러다임을 중앙통제에서 지방 자율결정 시스템으로의 전환이 필요했고, 둘째, 지역별 다양한 교육행정 수요에 효과적으로 대응할 수 있는 유연한 시스템 구축이 필요했기 때문이다. 이에 따라 현행 기구·정원 기준의 조직관리(표준정원제) 방식에서 인건비 기준의 자율조직관리(총액인건비제) 방식으로 전환이 요구된다는 것이다.[17]

지방교육행정기관 총액인건비제도는 2009년 2월 처음 논의가 시작되었으며, 같은 해 11월 4개 시범교육청(대구, 부산, 충남, 전남)을 선정하여 2011년도까지 시범 운영하였다. 2013년 이후 2017년 현재까지 전국의 16개 교육청(제주특별자치도 제외)에서 지방공무원, 교육전문직, 사립학교직원 및 학교회계직원 총액인건비제도가 전면 실시되고 있다. 지방교육행정기관 총액인건비제도 도입 및 시행 과정을 정리하여 제시하면 〈표 8-3〉과 같다.

〈표 8-3〉 지방교육행정기관 총액인건비제도 도입 및 시행 과정

일정	세부 내용
2009. 2. 26.	'3단계 학교자율화 추진방안(차관 결재)'에 과제 포함
2009. 4. 27.	'VIP 주요현안 보고' 시 학교자율화 추진방안에 포함
2009. 4.~ 2009. 7.	지방교육행정기관 총액인건비제도 도입 정책연구 실시
2009. 6. 11.	학교자율화 추진 방안 발표(시·도교육청 총액인건비제 도입 포함)
2009. 9.	기본계획 수립 및 관련 규정(대통령령) 개정(안) 마련
2009. 9.~11.	시범사업 관련 규정(특례조항) 개정
2009. 11.~12.	시범교육청 선정(4개 교육청: 대구, 부산, 충남, 전남)
2010. 1.	'총액인건비제 추진 협의회' 구성
2010. 3.~7.	총액인건비제 보완사항에 대한 정책연구 추진(시범적용 중 검토·보완 사항 위주)
2010. 1.~ 2011. 12.	총액인건비제 시범 실시
2012. 1.~8.	총액인건비제 시범실시 결과 평가·보완
2012. 2. 29.	총액인건비제 전면도입을 위한 법령(기구·정원규정 및 시행규칙) 전부개정 공포
2013. 1.~	16개 시·도 교육청에 총액인건비제 전면 도입

출처: 최영출 외(2010: 18)에서 발췌하여 수정·보완함.

지방교육행정기관에서 총액인건비제도를 운영할 때의 장점은 다음과 같다.[18]

첫째, 지방교육행정기관의 인사·조직·예산 관리의 역량을 강화할 수 있으며, 행정수요의 변화에 대응하여 유연하고 신축적인 인적 자원 관리체제 구축이 가능하다. 둘째, 기관의 장에게 리더십과 기관 운영의 책임성을 강화할 수 있다. 셋째, 기관의 구성원에게 직급에 대한 보상이 아닌 보상체계의 형평성을 제고함으로써 성과지향적인 조직변화를 유도할 수 있다. 넷째, 지역의 실정 및 상황을 자율적으로 반영할 수 있기 때문에 행정수요 반영의 가능성과 지역별 형평성이 향상될 수 있고, 조직 운영의 효율성이 높아질 수 있다.

반면, 총액인건비제도는 그 취지에 맞게 시행되지 않을 경우 다음과 같은 한계를 지닌다.[19] 첫째, 공무원 수와 계급별·직급별 정원을 자율적으로 결정할 수 있으므로 직급 상향의 인플레이션이 일어날 수 있다. 둘째, 인사 적체가 상대적으로 심하고 계급 간 공무원 비율의 불균형성, 특정 계급에서의 극심한 인사 적체 및 높은 수요가 발생할 수 있어 행정 서비스의 질이 저하될 우려가 있다. 셋째, 예산 중 경직성 경비인 인건비가 차지하는 비중이 상당히 높은 현실을 감안할 때, 총액인건비제도는 중장기적으로 인건비 상승을 유도할 수 있다. 넷째, 기관의 실질적인 정원 감축을 보장하기 어려울 수 있으며, 기관별 총액인건비를 산정하는 데 시간과 비용이 많이 소요된다. 따라서 이러한 한계점을 고려한 총액인건비제도 운영의 설계가 요구된다.

(2) 운영 실태

2017년 예정교부 자료를 중심으로 총액인건비제도의 주요 운영 실태 및 내용을 제시하면 다음과 같다.[20] 먼저, '지방공무원 및 사립학교 행정직원'에 대한 총액인건비제도 운영의 기본 방향은 학생 수 및 학교 수 감소 등 행정수요의 변동을 기준인원에 반영하고, 국가행정수요 외 인력 반영 최소화 등 총액인건비 증액 규모를 최소화하는 데 두고 있다. 총액인건비는 '기준인원×인건비 단가'를 중심으로 산정하되, 직원의 특성에 따른 기준인원은 달리 정하고 있다. 2017년도 인건비 단가는 '전년도 확정교부 단가×처우개선율'로 산정한다.

◆ (지방공무원) 2017년 기준인원 = 전년도(2016년) 기준인원 + 보정인력

　－ 전년도(2016년) 기준인원 = 전년도 교부인원 － 전년도 결원보충·정책수요

　－ 보정인력 = ① 결원보충 + ② 국가정책수요 + ③ 회귀분석결과

◆ (사립 행정직원) 전년도(2016년) 기준인원에 정원 변동인력 보정

　① (결원보충) 우리부에서 승인(사전협의)한 교육훈련, 직무파견 등에 따른 인력 반영

　　※ 공로연수, 자체연수 등 미반영

　② (국가정책수요) 법령 개정, 국가교육정책 추진에 필요한 인력 반영

　　※ 학교안전 및 사고예방 관련 인력, 의무교육 대상자 관리 등

　③ (회귀분석 반영) 학생 및 학교 수 변동분의 회귀분석 결과 반영

◆ 2017년 인건비 단가 = 전년도(2016년) 확정교부 단가 × 처우개선율

　－ 처우개선율(5.33%) = 호봉승급분(1.83%) + 공무원 보수인상률(3.5%)

　　※ 2017년 인건비 단가는 전년도(2016년) 인건비 단가에 처우개선율을 반영해 산정하도록 기 확정(3년 주기로 단가 보정 예정, 2015. 10.)

출처: 교육부(2016).

둘째, 학교회계직원의 경우, 지방공무원 및 사립학교 직원과 달리 유사 업무를 수행하고 있는 교무행정 보조인력(교무·과학·전산보조)의 통합 산정을 통해 인력 운영 효율화 유도, 시·도교육청 공통으로 지급하고 있는 인건비 항목을 최대한 반영하여 총액인건비 산정의 정합성 제고, 시·도교육청이 상시적·지속적으로 운영하고 있는 학교회계직원의 안정적 예산 확보를 위해 총액인건비 교부율 확대 등을 총액인건비 제도 운영의 기본방향으로 정하고 있다. 총액인건비 기준인원 산정, 인건비 총액 산정 기준 및 기준, 단위비용 등도 차별적으로 산정하고 있다.

◆ 총액인건비: 교육청 조직관리 기준이 되는 인건비

- (기준인원 × 인건비 단가) + 처우개선비(기본급의 3.5%) + 2017년 장기근무가산금 증액분(대상인원 × 2016년 대비 증가분) + 국회 부대의견에 따른 인상분*

  * 명절상여금 연 60만 원 증가(연 40만 원 → 100만 원)

  영양사 면허가산수당 월 63,500원 증가(월 20,000원 → 83,500원)

◆ 기준재정수요: 보통교부금에 반영하여 교부하는 인건비

  • 총액인건비 × 교부율*(100%)

  * 교부율 변경: (2016년) 70% → (2017년) 100%

◆ 기준인원 = 산정인원* − 수익자부담인원(무상급식, 고교 학부모회직원 등)

  * 학생 및 학교(급) 수를 반영한 총액인건비 기준인원 산식에 따라 산출

  • (돌봄전담사 별도 산정) 돌봄전담사 인건비는 특별회계(방과후학교 및 초등돌봄교실 운영지원비)에 포함하여 별도 산정

  • (교무행정 보조인력 통합 산정) 교무·과학·전산보조 구분하여 산정하던 기존 산식을 통합하여 단일기준으로 변경

◆ 단위비용 = 전년도 학교회계직원 수(근무유형별 인원비례 기준) × 평균급여

※ 평균급여 반영항목 = ① 기본급 + ② 수당 + ③ 법정부담금

- ① 기본급: 근무유형별 평균 근무연수 보수액
- ② 수당: 교통보조비, 기술정보수당, 특수업무수당, 위험근무수당, 자격가산금, 장기근무가산금, 명절휴가보전비(연 40만 원), 맞춤형복지비(연 30만 원), 급식비(월 8만 원), 가족수당, 자녀학비보조수당

※ 시·도교육청별 지급 금액이 상이한 수당 등은 제외

- ③ 법정부담금: 퇴직적립금, 4대보험(국민연금, 고용보험, 산재보험, 의료보험) 기관부담금

◆ 2017년 단위비용은 교육청 공통으로 지급하고 있는 급식비 및 가족수당, 자녀학비보조수당 추가 반영하고 지난해 기본급 인상율 3%, 장기근무가산금 상한액 인상 등으로 전년대비 2,800천 원 증가(20,834천 원 → 23,634천 원)

〈학교회계직원 단위비용 산출내역〉

(단위: 천 원)

구분	상시전일근무		방학중 비근무		시간제근무		단위*
전체 인원	인원(비율)	1인당 평균급여	인원(비율)	1인당 평균급여	인원(비율)	1인당 평균급여	비용
122,825	46,150 (37.6%)	27,810	67,317 (54.8%)	22,369	9,358 (7.6%)	12,140	23,634

* 단위비용 = (상시전일근무 인원 × 1인당 평균급여)+(방학중 비근무 인원 × 1인당 평균급여)+(시간제근무 인원 × 1인당 평균급여) / 전체 인원

출처: 교육부(2016).

교육청 직원 총액인건비제도 시행 시 기타 고려해야 할 사항은 다음과 같다. 첫째, 인력 운영 시 시 · 도교육청 정원과 인건비 예산은 총액인건비 범위 내에서 자율적으로 편성 및 운영한다.

- '일반 지방공무원'과 '교육전문직원' 간 인건비 통합 운영 가능
- 증원 최소화 및 불필요한 인력의 감축(유사 · 중복기능 통 · 폐합, 기능 쇠퇴 분야, 직속기관 통 · 폐합 등 발굴 · 감축)으로 효율적 인력 운영

둘째, 지방교육행정기관의 인력 운용에 대한 책무성을 강화한다. 총액인건비의 효율적 집행 및 적정 인력 유지 노력을 유도하기 위하여 조직분석을 실시하고 총액인건비 초과 집행 시 페널티를 부여한다(2018년부터). 총액인건비 집행실적은 재정성과평가에 반영하고 조직운영의 적정성 및 효율성 관점에서 조직 · 인력 전반을 분석한다. 페널티의 총액인건비 직접 반영은 조직 안정성 저해 우려가 있어 페널티(초과분의 50%)는 기준재정수요에 반영하여 재정부담을 부과하는 방안을 모색한다. 다만, 학교회계직 총액인건비 페널티 부여기준은 교육청 의견수렴 후 결정한다.[21]

2) 학교회계직 정원 관리

학교회계직이란 학교 업무를 지원하기 위하여 학교장이 채용한 인력을 의미한다.[22] 이들은 2004년 이전까지는 조리원, 과학실험보조원 등의 다양한 명칭으로 불리고 있었는데, 2004년 공공부문 비정규직 종합대책이 추진되면서 '학교비정규직' 또는 '학교회계직'이라는 명칭으로 통합되었다. 학교회계직이라는 명칭에서 '학교회계'란 2000년 「초 · 중등교육법」 제30조의2에 '학교회계의 설치' 법령이 포함되면서 단위학교의 교육과정 운영에 필요한 세입 · 세출을 의미한다. 따라서 학교회계직은 '각급 학교에서 교육 및 행정업무 등을 지원 또는 보조하기 위해 필요한 근로를 제공하고 학교회계에서 보수를 받는 자로서 공무원이 아닌 자'로 규정

할 수 있다.[23] 현재 학교회계직은 공무원이 아닌 근로자이므로 「근로기준법」 「기간제 및 단시간근로자 보호 등에 관한 법률」 「노동조합 및 노동관계조정법」에 따라 근로3권(단결권, 단체교섭권, 단체행동권)을 보장받는다.

우리나라 교육 분야에서 무기계약직이 등장하게 된 배경은 인건비 절감이나 노동 관련 법상의 제약을 회피하기 위해 도입한 일반 기업체와는 달리, 학교 행정업무의 경감 및 효율적인 운영을 위한 것이었다.[24] 처음에는 중·고등학교에서 육성회의 이름으로 육성회직을 채용하였는데, 이들이 현재의 학부모회직원으로 남아 있다. 이후, 과학교육의 질적 개선과 탐구·실험 중심의 수업강화를 위해 1983년 2월 28일에 전국 시·도 과학 기술담당과장회의에서 「발명진흥법」의 규정에 근거를 두고 다양한 과학행사 업무를 보조하기 위한 과학실험보조를 만들어 학교 현장에 배치하기 시작하였다. 한편, 초·중학교에 국민기초체력 향상을 위하여 학교급식제도를 도입함에 따라 조리종사원의 수요가 급증하면서 교육기관의 비정규직 근로자 수가 갑자기 증가되는 원인이 되었다.

그 이후 IMF 외환위기로 인해 청년실업자가 급격히 발생함에 따라 정부에서는 '고학력 미취업자 실업대책'의 일환으로 교육정보화 지원인력으로 단기간 계약에 의한 전산보조원을 채용하였으며, 2000년대에는 '교원안전망 구축 및 교원업무경감 대책'이 발표되면서, 당시 교원의 업무로 인식되던 학사 관련 업무들이 행정실로 상당수 이관됨에 따라 행정보조와 교무업무보조가 채용되었다. 이러한 정부정책에 따른 인력 배치 이외에도, 각 시·도교육청 또는 개별 학교 단위에서 필요에 따라 자율적으로 체육순회코치, 일용직 영양사, 조리보조원, 청소원, 사서보조원, 행정보조원 등을 채용하여 해마다 새로운 직종의 비정규직이 배치되어 활용되고 있다.[25] 이 외에도 특별교부금에 의한 국가시책사업이 확대되면서 관련 인력[예: 교육복지사(예전 지역사회전문가), Wee센터 전문상담사, 학습보조인턴교사, 돌봄교사 등]의 채용이 증가하였다. 특별교부금의 대다수 인건비 사업은 사업기간을 명확히 하지 않은 채 지속적으로 시행하여 학교회계직원을 대규모 양산해 왔고, 2009년부터 2012년까지 4년 동안 시·도교육청 학교회계직 등이 96,937명에서 55,672명(약 36.5%) 이상 증가한 약 14만여 명으로 나타나고 있다.[26]

4. 지방교육행정기관 소속 구성원 인사제도 운영 실태 및 쟁점

이 절에서는 지방공무원, 교육전문직, 학교회계직원으로 구분하여 각각의 주요 운영 실태와 관련 쟁점을 제시하고자 한다. 이렇게 구분한 이유는 총액인건비 지급 기준이 다를 뿐 아니라, 각각의 역할, 기능, 주요 쟁점 사안이 상이하기 때문이다.

1) 일반직 지방공무원 운영 실태 및 쟁점

지방교육 공시자료를 통해 연도별, 시·도교육청별 교직원 현황을 분석한 결과 (〈표 8-4〉 참조), 2015년 현재 전국 교직원 수는 총 56만 3,393명으로 2011년의 54만 4,093명보다 약 2만여 명 증가하였다.

〈표 8-4〉 시·도교육청 소속 구성원 규모

항목 구분	2011년	2012년	2013년	2014년	2015년
합계(A+B+C+D)	544,083	553,370	558,826	566,586	563,393
교원(A)	467,194	475,091	480,756	486,426	486,993
교육전문직원(B)	4,192	4,265	4,312	4,488	3,935
지방공무원(C)	62,141	63,165	62,627	64,770	64,516
사립학교직원(D)	10,556	10,849	11,131	10,902	9,506

출처: 지방교육재정알리미 홈페이지(http://www.eduinfo.go.kr).

교육감이 관리하는 지방공무원은 일반직과 정무직·별정직으로 구분된다. 교육감 소속 지방공무원의 직종, 직급, 직렬별 정원표를 경기도교육청 사례를 들어 제시하면 〈부록 표 8-1〉과 같다. 일반직의 경우 직급은 9급부터 3급까지 분포되어 있으며, 각 직급별 직렬은 교육행정, 사서, 공업, 시설, 공업·시설, 보건, 의무, 방송통신, 식품위생, 조무·방호 등으로 매우 다양하다. 전문경력관, 연구관 외에

별정직과 특정직은 유사급 상당으로 직렬이 제시되고 있다. 각 직급별·직렬별 정원은 도교육청(직속기관 포함), 교육지원청(소속기관 포함) 및 각급 학교에 배치된다. 경기도교육청의 경우, 2016년 현재 총 지방공무원 수는 12,420명인데 이 중 각급 학교에 배치된 인력이 8,770여 명으로 가장 많고, 교육지원청 2,228명, 도교육청 1,422명으로 나타났다.

현재 일반직 공무원에 대해서는 직원 총액인건비제도를 운용 중이다. 직원 총액인건비 시범운영 시기인 2010년 당시에는, 시범운영 기간이 짧고 정책 집행과정에서 구성원들의 인식 부족, 교육청의 준비 부족 등으로 총액인건비제도의 취지에 맞는 운영이 매우 어려운 점이 발견되었다.[27] 또한 진단지표 적용 시 수정·보완해야 할 세부 지표의 내용이 나타나기도 하였다. 시범교육청에서는 중기인력 운용계획이 지방교육재정계획 및 조직개편과 연관성 있게 세워지지 못하고 있는 점도 한계로 나타났는데, 제도 시행을 둘러싸고 시·도의회와의 갈등, 내부 구성원들 간의 인식이 부족했기 때문이었다. 그럼에도 불구하고 지방교육행정기관에서는 시행 기간이 길지 않아 총액인건비제도 적용 이후 직급 상향, 기구 남설 등의 일반적으로 우려하는 부작용은 크게 드러나지 않았다.

2년간의 시범운영 기간을 거쳐 2012년부터 전체 교육청으로 직원 총액인건비제도가 전면 시행되고 있다. 당초 우려했던 여러 문제점이 나타나고 있다고 보기는 어렵지만, 여전히 4급 이상 직급에 대한 교육부의 승인 권한을 둘러싸고 총액인건비 시행의 취지에 맞지 않는다는 지적은 여전히 제기되고 있다. 즉 시·도교육청의 인력 운용상의 자율권이 침해되고 있다는 것이다. 교육부에서는 매년 교육청 기구 및 인력에 대한 조직분석을 실시하고 결과가 미흡한 하위 교육청에 대해서는 정밀 조직진단도 실시하고 있다.[28] 그러나 재정 분권이 없는 지방교육행정기관의 경우 총액인건비제도의 취지를 살려 합리적·자율적인 인력 운용에는 한계가 크게 나타나고 있다.

일반직원 관련 인사제도와 관련된 주요 쟁점은 승진 및 전보, 평가체계, 그리고 인사위원회 운영을 둘러싼 공정성 차원에서 나타나고 있다. 이선화(2007)는 서울시교육청의 교육행정직 공무원을 대상으로 인사제도의 공정성이 조직몰입에 미치는 영향을 분석하였다.[29] 서울특별시교육청 산하 교육행정직 공무원들의 인사 공정성에 대한 인식을 조사한 결과 상당히 부정적으로 인식하고 있었으며, 혈연·지연·학연 등 정실요인을 불공정의 가장 큰 이유로 답하였다. 특히 학교에 배치된 일반행정직의 경우 인사 공정성이 매우 낮다고 인식하고 있으며, 이러한 인식은 구성원들의 조직몰입에도 의미 있는 영향을 미치고 있기 때문에 교육청 내부 인사방식의 개선이 시급함을 제언하였다.

박영신(2006)은 인적자원관리의 관점에서 충남교육청 소속 지방공무원의 인사관리 문제점 등을 분석하였다.[30] 연구 결과에 의하면, 지방교육행정기관의 전략적 인사관리 실태는 전반적으로 미흡한 것으로 나타났다. 첫째, 조직의 목표와 전략 수립의 미흡이다. 충남교육청의 경우 업무계획은 당시 교육인적자원부의 지침(초·중등 교육계획)에 거의 의존하여 업무계획이 수립되며, 행정 자료의 성격이 강하며 충남교육청의 비전을 충실히 제시하지 못하고 있다. 둘째, 인적자원계획의 미수립이다. 법적 근거조차 없는 인적자원계획은 단기적 1년 단위 인사운영기본계획으로 수립되어 운영되고 있으며, 장기적 인적자원계획은 지방교육행정기관 수준에서는 아직 여건이 부족한 것으로 나타났다. 셋째, 인적자원관리의 미흡이다. 그동안 전통적 인사관리에서 지적되었던 문제점들이 지방교육행정기관에서도 그대로 나타나고 있었다. 대표적으로 직무분석 결여, 근무성적평정 비합리성, 교육훈련의 문제점 등이다. 그런데 이선화와 박영신의 연구는 지방교육행정기관의 분권화, 자율화 등이 진행되기 이전에 수행되었기 때문에 교육청 인사관리 제도의 현재 실태를 보여 주는 데는 한계가 있다.

김춘호와 안병훈(2014)은 5급 사무관 승진심사를 대상으로 지방공무원 역량 평가 관점에서의 쟁점과 개선방안을 제시하였다.[31] 전남교육청 소속 지방공무원을 대상으로 수행된 승진 역량평가 인식조사 결과에 의하면, 평가 결과 공정성은 3.12점으로 긍정적인 평가가 조금 더 많은 것으로 조사되었다. 직급별로는 5급(3.67), 6급(3.30), 8급(3.00), 7급(2.91) 순으로 높게 나타났으며, 근무기관별로는 본청(3.33), 단위학교(3.14), 지역교육청(3.03), 직속기관(2.70) 순이었다. 경력별로는 25년 이상(4.00), 20년 미만(3.41), 25년 미만(3.33), 15년 미만(2.93), 15년 미만(2.79) 순으로 경력이 많을수록 높게 나타났는데, 이러한 차이는 역량평가에 대한 관심도와 이해 정도 그리고 승진 대상자의 자질과 능력 등 전반적인 역량을 가늠할 수 있는 경력과 연륜의 차이에서 비롯되는 것으로 보인다. 평가의 타당성에 대한 인식은 긍정적 의견(4점 이상, 38.9%)이 부정적 의견(2점 이하, 23.5%)에 비해 15.4% 높게 나타났다. 직급별 평균은 5급(3.89), 8급(3.15), 6급(3.13), 7급(3.11) 순으로 나타났고, 근무기관별로는 단위학교(3.29), 본청(3.17), 지역교육청(3.06), 직속기관(2.80) 순이었으며, 경력별로는 25년 이상(4.33), 20년 미만(3.50), 10년 미만(3.18), 25년 미만(3.17), 15년 미만(2.83) 순으로 나타났으나, 이러한 차이는 유의미하지 않았다.

윤석만(2016)은 서울시교육청에서 시행하고 있는 5급 공무원 심사승진제도가 시행 3년차를 맞이하여 도입 취지에 부합하게 운용되고 있는지 여부를 공무원 인식조사를 통해서 분석하고, 공정하고 합리적인 발전방안을 제시하여 심사승진제도의 안정적인 정착을 도모하고자 하였다.[32] 서울시교육청에서는 시험승진제도로 인한 행정공백과 정신적·육체적 부담을 해소하고 성과와 역량이 우수한 공무원을 선발하기 위해 평가영역과 평가요소를 다양화해야 한다는 의견을 반영하여 기본자격이수제, 역량평가, 근무성적평가를 포함하여 다른 시·도교육청에서는 시행하지 않고 있는 업무실적평가, 다면·청렴도평가를 도입하여 서울시교육청 고유의 독특하고 다각적인 심사승진제도를 시행하고 있다. 새로운 심사승진제도 도입으로 구성원들의 업무몰입도가 향상되고 직무만족도가 높아져 조직의 역량이 강화되고 생산성이 높아지는 등 많은 긍정적인 변화가 있었지만, 한편으로는 공정성과 객관성, 신뢰성 등 과거의 문제점들이 모습을 달리해서 나타나고 있다.

윤석만(2016)은 서울시교육청 5급 심사승진제도 운용실태, 기본자격이수제의 효용성, 역량평가의 타당성, 업무실적평가의 객관성, 근무성적평가의 공정성, 다면·청렴도평가의 신뢰성에 대한 설문조사를 실시해 지방공무원 인식을 조사·분석하였다. 인식조사 결과, 심사대상여부별, 직급별, 경력별로 인식의 차이가 크게 나타났는데, 이는 5급 심사승진자나 고경력자는 평가를 통과했거나 평가위원으로 참여한 경험이 있어 역량평가에 대한 타당성이나 실적평가에 대한 객관성을 높게 평가하였고, 또한 심사승진제도에 대하여 전반적으로 우호적인 성향을 보였으나, 향후 심사예정자나 저경력자는 다양한 영역의 평가를 준비해야 하는 현실적인 부담감과 승진에 근접할수록 업무몰입도가 높고 실적이 많음에도 근무성적평가가 기대한 만큼 나오지 않아 근무성적평가에 대한 공정성이나 업무실적평가의 주관성에 대한 인식의 차이를 보여 이에 대한 대안 마련이 필요한 것으로 나타났다.

지금까지 이루어진 선행연구는 대부분 학위논문 차원에서 이루어진 것이며, 심층적이고 종합적인 관점에서 지방교육행정기관 공무원들의 인사제도 운영에 대한 연구는 수행되지 못하였다고 할 수 있다. 지방자치제도 실시 이후 분권화·자율화 이후 교육감에게 부여된 인사권한이 직원 인사제도 운영과 관련하여 어떠한 문제점을 보이는지, 어떠한 쟁점 사항이 제기되고 있는지, 향후 어떻게 개선해 나가야 할 것인지 등에 대한 연구가 필요하다.

2) 교육전문직 인사제도 운영 실태 및 쟁점

교육전문직은 교육공무원으로서 직렬에 따라 교원과 분리되어 있다. 우리나라 교육전문직제도는 일제강점기와 미군정기를 거쳐 1953년에 도입된 것으로, 그 이후 교육전문직의 자격기준, 선발방식, 임용권 위임 등 운영상의 부분적인 변화가 있었지만 교육전문직제도 자체에는 큰 변화가 없었다.[33] 〈표 8-5〉는 교육전문직 인사제도 변천의 주요 내용을 정리한 것이다.

〈표 8-5〉 교육전문직제도 주요 연혁

시기	주요 내용
일제강점기	• 시학관 운영 – 교육사상 정책 시행 감시·통제, 교사와 학생 검열평가 등
미군정기	• 장학관으로 명칭 변경 – 조직 미정비, 권위주의적 감독 위주 활동

〈표 8-5〉 교육전문직제도 주요 연혁(계속)

시기	주요 내용
1953. 4. 18.	• 「교육공무원법」 제정으로 장학관과 장학사의 법적 기반 마련 　－ 장학관: 7년 이상 교육, 교육행정 경력자 등에게 자격증 수여
1963. 12. 5.	• 자격증 제도 폐지, 공개경쟁 채용 도입 • 교육연구관, 교육연구사 제도 신설
1981. 11. 23.	• 자격 강화(교육 경력 필수요건) • 박사학위 소지자도 장학관 임용 가능
1988. 4. 6.	• 일부 장학관 및 교육연구관의 교육부 장관 임용 가능
2008. 1. 29.	• 일부 장학관 및 교육연구관의 대통령 임용

출처: 전제상 외(2010).

현재 교육전문직의 종별은 장학사, 장학관, 교육연구사, 교육연구관으로 구분되어 있는 그 자격기준은 「교육공무원법」 제9조에 명시되어 있다(〈표 8-6〉 참조).[34]

〈표 8-6〉 교육전문직의 자격기준(「교육공무원법」 제9조 관련)

직명	자격기준
장학관 · 교육연구관	1. 대학 · 사범대학 · 교육대학 졸업자로서 7년 이상의 교육 경력이나 2년 이상의 교육 경력을 포함한 7년 이상의 교육행정 경력 또는 교육연구 경력이 있는 사람 2. 2년제 교육대학 또는 전문대학 졸업자로서 9년 이상의 교육 경력이나 2년 이상의 교육 경력을 포함한 9년 이상의 교육행정 경력 또는 교육연구 경력이 있는 사람 3. 행정고등고시 합격자로서 4년 이상의 교육 경력이나 교육행정 경력 또는 교육연구 경력이 있는 사람 4. 2년 이상의 장학사 · 교육연구사의 경력이 있는 사람 5. 11년 이상의 교육 경력이나 2년 이상의 교육 경력을 포함한 11년 이상의 교육연구 경력이 있는 사람 6. 박사학위를 소지한 사람

〈표 8-6〉 교육전문직의 자격기준(「교육공무원법」 제9조 관련)(계속)

직명	자격기준
장학사·교육 연구사	1. 대학·사범대학·교육대학 졸업자로서 5년 이상의 교육 경력이나 2년 이상의 교육 경력을 포함한 5년 이상의 교육행정 경력 또는 교육연구 경력이 있는 사람 2. 9년 이상의 교육 경력이나 2년 이상의 교육 경력을 포함한 9년 이상의 교육행정 경력 또는 교육연구 경력이 있는 사람

교육전문직 임용 방식은 17개 시·도별로 다소의 차이가 있지만 기본적인 지침은 훈령인 「교육공무원인사관리규정」에 따르고 있다. 「교육공무원인사관리규정」 제14조(교원의 교육전문직공무원으로의 전직)의 내용 가운데 선발에 관한 주요 사항을 정리하면 다음과 같다. 첫째, 교육전문직 선발 방식은 공개경쟁 방식으로 한다. 공개경쟁시험은 기본소양에 관한 평가와 역량평가를 포함해야 하는데, 기본소양평가는 객관식 필기평가 이외의 방법으로 실시해야 한다. 1963년 「교육공무원법」 개정으로 도입된 공개채용 방식은 선발 과정에서 투명성과 객관성을 확보하기 위한 제도적 장치이다. 또한 객관식 필기평가 방식을 제외한 것은 필기시험 준비를 위한 학원 수강, 학교교육활동 소홀, 문제 유출 등 각종 부작용과 비리를 방지하기 위한 조치이다. 둘째, 교육전문직 선발 내용은 기본소양과 역량을 평가한다. 앞서 설명한 바와 같이 공개경쟁 방식에서는 기본소양과 역량평가를 실시해야 한다. 이는 교육전문직으로서 업무 수행을 위해 반드시 갖추어야 할 경력, 인성, 지식 등을 확인하는 것으로 다단계 전형을 통해 이루어진다. 셋째, 교육전문직 선발 주체는 내부와 외부 인사로 구성한다. 교육전문직 선발을 위한 평가를 위한 평가위원 중 1/2는 해당 교육청 소속 교직원이 아닌 외부위원으로 위촉하도록 규정하고 있다. 평가위원회 구성에 있어 일정 부분 외부위원을 포함시키도록 한 것은 그동안 교육전문직 선발의 공정성과 투명성을 높이기 위한 조치이다. 2015년 현재 17개 시·도교육청별 교육전문직 선발 전형 방식을 제시하면 〈표 8-7〉과 같다.

〈표 8-7〉 시 · 도교육청별 교육전문직 선발 전형 방식(2015년 기준)

구분	교육 경력	전형방법	비고	선발주체
서울	12년 이상	• 서류심사 • 1차-교직실무 및 전문성 • 2차-현장근무 실태평가, 장학능력 · 심층능력 평가	• 서울 근무 5년 이상 • 2011 한시적 위탁 • 임기제장학사	선발위원회 구성
부산	12년 이상	• 서류심사 • 1차-기획력, 논술 • 2차-심층면접, 현장실사		선발위원회 구성
대구	15년 이상	• 1차-서류심사 • 2차-기본소양평가(서술시험)/역량 평가(실기시험), 다면평가	• 대구 근무 3년 이상	선발위원회 구성
인천	12년 이상	• 서류심사 • 1차-필기시험(소양평가/논술) • 2차-실적, 직무수행평가, 면접시험	• 인천 근무 8년 이상	선발위원회 구성
광주	15년 이상	• 1차-서류심사, 장학역량평가 • 2차-현장다면평가, 실무역량평가	• 광주 근무 5년 이상	선발위원회 구성
대전	17년 이상	• 1차-서류심사, 소양평가(직무수행 계획서, 논술, 수업설계) • 2차-역량평가		선발위원회 구성
울산	10년 이상	• 서류심사 • 1차-소양평가(논술/장학기획력) • 2차-역량평가(면접/현장)	• 울산 근무 5년 이상	선발위원회 구성
세종	17년 이상	• 서류심사 • 1차-소양평가(논술/기획) • 2차-역량평가(면접/현장)	• 세종 근무 1년 이상 • 임기제장학사	선발위원회 구성
경기	12년 이상	• 1차-교직교양/기획능력/논술 • 2차-수업코칭/상호토의/토론 • 3차-근무 평가	• 경기 근무 5년 이상	선발위원회 구성

👥 〈표 8-7〉 시 · 도교육청별 교육전문직 선발 전형 방식(2015년 기준)(계속)

구분	교육 경력	전형방법	비고	선발주체
강원	15년 이상	• 1차−서류심사, 논술, 기획능력 • 2차−역량평가(심층면접, 현장실사)		선발위원회 구성
충북	실경력* 12년 이상	• 서류심사 • 1차−기획능력, 논술 • 2차−심층면접, 현장조사 다면평가	• 충북 근무 5년 이상	선발위원회 구성
충남	20년 이상	• 서류심사 • 1차−소양평가(논술) • 2차−역량평가(토의/토론/수업컨설팅)	• 충남 근무 5년 이상 • 임기제장학사	선발위원회 구성
전북	13년 이상	• 서류심사 • 1차−논술/정책보고서작성 • 2차−역량평가(수업개선컨설팅/학교컨설팅역량)		선발위원회 구성
전남	실경력** 12년 이상	• 1차−소양평가(서류심사, 기획력, 문제해결력)현장실사 • 2차−역량평가(직무수행능력평가, 인성평가)	• 전남 근무 5년 이상 • 2013년부터 위탁실시	선발위원회 구성
경북	15년 이상	• 1차−서류심사, 소양평가(논술, 자질소양) • 2차−역량평가[기획력/컨설팅능력(면접)]	면접위원: 100% 외부위원위촉	선발위원회 구성
경남	15년 이상	• 서류심사 • 1차−기획력/논술평가 • 2차−심층면접/현장실사		선발위원회 구성
제주	15년 이상	• 1차−서류심사, 논술평가 • 2차−역량평가(현장/기획능력/면접)	• 제주 근무 5년 이상	선발위원회 구성

* 교육 실경력: 임용 전 · 후 군경력, 휴직, 파견, 기간제 경력 등을 제외한 실제 학생지도 경력

** 교육 실경력은 정규교원으로 실제 근무한 기간을 말하며 휴직 · 연수 · 파견기간은 제외[단, 교육행정기관, 교육연구기관 등에 업무 관련 및 전남교원영어연수(JLP) 연수 파견기간은 포함]

출처: 각 시 · 도교육청 홈페이지.

2016년 현재 시·도교육청별 교육전문직원 현황은 〈표 8-8〉과 같다. 교육전문직은 전체 국/공/사립정규교원 대비 1.15% 정도 차지하고 있다. 현재 교육전문직은 총액인건비 대상으로 지방공무원으로 전환되어 교육전문직과 교원 간의 전직은 국가공무원과 지방공무원 간의 이동으로 이루어지고 있다.

〈표 8-8〉 시·도교육청별 교육전문직원 현황   (2016. 4. 9. 기준)

시·도	국/공/사립 정규교원	교육전문직(직위별)		
		소계	장학관(연구관)	장학사(교육연구사)
서울	62,917	460	103	357
부산	22,475	247	65	182
대구	19,516	198	55	143
인천	21,224	194	53	141
광주	12,561	155	45	110
대전	12,533	149	39	110
울산	9,195	133	39	94
세종	2,547	72	15	57
경기	90,537	577	134	443
강원	14,365	318	75	243
충북	13,466	236	63	173
충남	17,642	281	70	211
전북	16,912	297	73	224
전남	17,137	360	92	268
경북	21,362	393	85	308
경남	27,288	367	89	278
소계	381,677			
제주	5,260			
합계	386,937	4,437	1,095	3,342

출처: 한국교육개발원(2016a); 한국지방교육연구소(2016).

교육전문직 인사제도 운영을 둘러싼 주요 쟁점은 양성, 선발, 배치, 역할, 직무 등에 걸쳐 매우 광범위하게 제기되고 있다.

이상철(2012)은 현행 교육전문직 제도의 문제점으로 장학직과 교육연구직이라는 직명 구분의 무의미성과 직급의 단순성, 일회성 임용방식으로 인한 전문성 검증 부족, 양성과정 교육 프로그램의 부실, 교원으로의 전직 교육전문직 전문성 제고를 위한 제도적 과제 허용의 수월성 등과 같은 문제로 인하여 전문적 역량을 심화하는 데 한계가 있다는 점을 지적하였다.[35]

홍창남(2010)은 교육전문직이 수행해야 할 바람직한 역할과 관련된 쟁점을 다음과 같이 제시하였다. 즉, 장학의 개념과 실천의 괴리 문제, 교육전문직의 역할이 관리인지 지원인지의 문제, 교육전문직과 일반직의 역할 갈등 등 측면에서 문제가 있다는 것이다.[36]

주현준(2013)은 교육전문직 선발 과정상에서의 문제점을 다음과 같이 제시하였다.[37] 첫째, 누구를 선발할 것인가라는 측면에서 현행 교육전문직을 지원하는 대다수의 지원자는 교육전문직의 역할과 기능에 대한 관심보다 승진을 위한 기회로 생각하는 경향이 강하다. 이로 인해 인사제도에서 가장 중요한 선발의 기준이 지원동기, 경력, 지식과 기술이라면 지원동기 측면에서 적절한 대상을 선발하기가 어렵다는 것이다. 둘째, 교육전문직 선발내용 및 선발방식의 문제로서, 무엇을 확인하고, 어떻게 평가할 것인가에 대한 것이다. 17개 시·도교육청의 계획서에 나타난 선발내용은 기본 소양과 역량을 포함하고 있다. 기본 소양에서는 인성, 교육관, 리더십, 대인관계 등이 확인되고, 역량으로는 기획력, 논리력, 실무 능력 등을 확인한다. 이는 교육전문직의 역할과 기능을 분석한 선행연구에서 도출된 결과와 상당 부분 일치하는 것으로 볼 수 있다. 그러나 여기에 언급된 선발 내용 가운데 교육전문직 본연의 역할 중 가장 중요하다고 할 수 있는 연구 능력에 대한 언급이 없다. 교육전문직은 학교교육 현상을 체계적으로 연구하고 그 결과를 객관적으로 보고할 수 있는 연구 능력이 뒷받침되어야 하는데, 이 역량에 대한 확인이 이루어지지 않고 있다. 다시 말해, 현재 선발 내용에는 일반직의 사무 능력을 평가하는 내용이 주를 이루고 있다. 현재 법규상으로 교육전문직의 직무에 대한 명확한 규정이 없기 때문에 교육전문직을 본연의 장학업무에 집중하지 못하게 하고, 단위 학교에 대한 지도·감독 등 행정 규제 중심의 업무에 치중하게 만들고 있다. 교육전문직과 일반직 간 직무 구분은 여전히 모호하다. 교육전문직이 수행하고 있는 업무 가운데 상당수가 일반적인 사무관리 업무에 해당된다는 점에 이미 오래전부터 지적된 문제이다. 현장 정보 수집, 연구, 분석, 평가, 보고와 같은 교육전문직 본연의 직무에 충실할 수 있는 구조적인 변화가 절실하다.

셋째, 교육전문직 선발주체로서, 누가 선발할 것인가와 관련된 문제이다. 교육전문직 선발은 해당 시·도교육청이 주관하기 때문에 독점 수준이 상당히 높은 편이다. 또한 시·도교육청이 구성한 '전형위원회'가 출제·채점 등을 담당하기 때문에 재량권도 크다. 이러한 문제를 개선하기 위해서 시·도교육청의 '전형위원회'는 과거 교육청 소속 내부 위원으로 구성된 데서 벗어나 외부 위원을 1/2 이상 포함하고 있고, 일부 시·도에서는 위원장을 외부 위원으로 위촉하고 있다. 또한 외부 위원 선발 과정에서 발생할 수 있는 비리를 막기 위해 인력풀을 구성하여 추첨으로 뽑는 방식을 취하기도 한다. 그리고 일부 시·도에서는 2단계 역량평가에서 '몰입식 집중연수(1주)' 방식의 평가를 외부 인적자원개발(HRD) 전문업체에 위임하기도 한다. 평가위원 구성에 있어 외부 평가자의 비율을 늘리는 방안은 바람직하다고 볼 수 있다. 그러나 선발 자체를 제3의 기관 또는 중앙정부에 일임하는 것은 재고할 여지가 있다. 교육전문직의 지방직화에는 시·도교육청(교육감)의 선발권 강화의 의미가 크다. 따라서 제3의 외부기관이나 국가가 주도한 선발은 지방직화의 취지에 맞지 않는 것이다.

전제상 등(2010)은 교육전문직 인사제도 전반에 걸쳐 다음과 같은 문제와 쟁점이 있다고 제시하였다.[38] 첫째, 교육전문직의 기능과 역할을 수행할 수 있는 적격자를 선발하는 데 미흡하였다. 이 문제는 승진을 희망하는 교원의 지원동기에서 비롯된다. 즉, 교육전문직으로 전직하는 이유가 역할수행에 관심이 있기보다 승진경로로 활용하는 경향이 강하게 나타났다. 그리고 선발 및 임용 과정은 교과 및 수업장학 등 교수(instruction) 전문성이 아닌 필답고사 등을 중심으로 평가되어 수업 중심의 교직풍토를 방해하는 역기능을 나타냈다. 또한 법적 기준과 실제 임용

자격기준이 일치하지 않았다. 실제 각 교육청별로 실시하는 교육전문직 응시자 격의 교육 경력은 10~18년 이상으로 장학사의 법적 자격기준 5년과는 큰 차이가 있다. 장학관(교육연구관)의 경우에는 교육 경력이 없는 박사학위 소지자도 임용할 수 있는 등 자격기준이 지나치게 완화된 경향이 있다. 둘째, 교육전문직의 직무와 역할을 명확하게 규정하지 않았다. 이러한 원인으로 인하여 교육전문직은 전문가로서의 역할 수행이 아닌 잡다한 행정사무 위주의 직무수행으로 과중한 업무에 시달린다. 이는 교육전문직 본연의 업무에 소홀하고 감독 등 규제 중심의 업무에 치중하여 학교현장 중심의 장학활동이 활발히 이루어지지 않는 결과를 초래하게 된다. 셋째, 교육전문직의 전문성을 지속적으로 개발할 수 있는 연수체제가 마련되지 않았다. 교육전문직은 지속적인 자기개발과 연찬이 핵심적으로 요구됨에도 불구하고 교육전문직의 직전교육 및 현직연수 기회가 매우 부족하고 체계적인 연수 프로그램도 부족한 실정이다. 이는 교육전문직의 전문성과 장학활동 결과에 대해 신뢰성을 낮추는 결과를 초래한다.

3) 학교회계직 운영 실태 및 쟁점

학교회계직에 포함되는 인력의 범위에는 무기계약직, 무기계약 미전환직, 단시간 계약직이 모두 포함된다. 이 중에서 무기계약직은 현행 총액인건비제도의 대상이 되고 있으며, 2013년에 처음 실시될 당시에는 교육청에서 공통적으로 운영되고 있는 교무보조 등 13개 직종을 우선 선정·시행하는 방향으로 추진되었다.[39] 2016년 현재 학교회계직원 수(무기계약직 대상)는 총 14만여 명으로, 무기계약 대상 제외 직종, 시간제직원 등을 포함하면 약 38만여 명에 이르는 것으로 나타나고 있다.

〈표 8-9〉 학교회계직원 인원 및 무기계약직 전환 비율 (단위: 명/ 2016. 4. 1. 기준)

구분	합계 (B+C+D+E)	무기 계약직(B)	무기계약 전환대상자(C)	1년 미만 (D)	전환제외 (E)	전환율 (B/A-D-E)
인원(명)	141,173	116,226	1,622	6,966	16,359	98.6%

자료: 교육부(2016).

교육청별 직종별 인원수를 보면 총 14만여 명의 학교회계직원 중 영양사, 조리사, 조리원, 배식보조 등 급식을 담당하는 인력이 전체의 62,625명으로 전체의 44.5%를 차지하고 있다. 그다음으로는 교무보조, 통학차량보조, 과학보조, 전산보조, 사무행정보조 등 교육실무직원이 많은 비중을 차지하고 있다. 전문상담사 및 돌봄전담사 등 복지 및 돌봄 인력도 많은 것으로 나타난다.

〈표 8-10〉 시·도교육청별 학교회계직원 직종별 인원 (단위: 명/ 2016. 4. 1. 기준)

교무보조	과학보조	전산보조	사서보조	사무(행정) 보조	돌봄 전담사	통학차량 보조	영양사
19,454	4,232	1,505	4,462	8,831	3,952	12,050	2,227

조리사	조리원	배식보조	교육 복지사	전문 상담사	기타	합계	
8,069	47,544	4,785	1,645	4,032	3,860	140,634	

자료: 교육부(2016).

교육부에서는 무기계약 대상 학교회계직원에 대해 기준인원 및 기준단가를 산정하여 총액인건비를 각 시·도교육청에 교부하고 있다. 교육부가 산정한 학교회계직원 기준인원 대비 교육청별 현원을 분석한 결과(〈표 8-11〉 참조), 2015년 기준인원은 83,815명이었고 2016년도는 113,287명으로 증가하였다. 이에 대비하여 교육청별 현원은 2015년 141,532명에서 2016년 140,634명으로 감소한 것으로 나타나 현원 대비 학교회계직원 기준인원 비율은 2015년 168.86%에서 2016년 124.14%로 약 24% 포인트 감소하였다.

여전히 대부분의 교육청에서 교육부가 산정한 기준인원 대비 현원 비율은 100% 이상으로 높게 나타나고 있다. 그러나 2015년에 대비하여 2016년도에는 모든 시ㆍ도교육청에서 학교회계직원 기준인원 대비 현원 비율이 감소하고 있는 것으로 나타나 직종통합 등에 따른 학교회계직원 관리가 이루어지고 있음을 알 수 있다.

〈표 8-11〉 학교회계직원 기준인원 준수율

(단위: 명, %)

구분	2015			2016		
	현원	기준인원	비율(%)	현원	기준인원	비율(%)
전국	141,532	83,815	168.86	140,634	113,287	124.14
시지역	58,415	30,404	192.13	58,381	44,464	131.30
도지역	83,117	53,411	155.62	82,253	68,823	119.51
서울	22,671	10,700	211.88	22,859	16,113	141.87
부산	7,937	4,581	173.26	8,106	6,523	124.27
대구	6,865	3,712	184.94	6,849	4,999	137.01
인천	8,355	4,222	197.89	7,693	6,106	125.99
광주	4,392	2,381	184.46	4,390	3,659	119.98
대전	4,022	2,465	163.16	4,063	3,571	113.78
울산	3,488	1,990	175.28	3,375	2,818	119.77
세종	685	353	194.05	1,046	675	154.96
경기	34,453	19,855	173.52	33,679	27,422	122.82
강원	6,480	3,692	175.51	6,872	4,295	160.00
충북	4,962	3,198	155.16	4,908	4,064	120.77
충남	5,443	4,430	122.87	5,691	5,360	106.18
전북	5,986	4,314	136.67	5,821	5,401	107.78
전남	6,836	4,859	140.69	6,587	5,666	116.25
경북	7,918	5,232	151.34	7,665	6,532	117.35
경남	9,312	6,587	141.37	9,263	8,391	110.39
제주	1,727	1,244	138.83	1,767	1,692	104.43

출처: 한국교육개발원(2016b).

시·도교육청별 학교회계직원 재정 운영 현황을 분석한 결과(〈표 8-12〉참조), 2014년 교육부에서 총액인건비로 교부하는 학교회계직 인건비 교부액은 1조 1,464억 원에서 2015년 1조 2,066억 원으로 증가하였다. 반면, 교육청별 학교회계 직원 인건비 결산액은 2014년 2조 5,611억 원에서 2015년 2조 9,010억 원으로 증가하였다. 즉, 교부액 대비 결산액 비중은 2014년 223.41%에서 2015년 240.44%로 증가하여 대부분의 교육청에서 학교회계직 인건비 결산액 비중이 200% 이상으로 나타나 교육청의 인건비 비중 증가에 영향을 미치고 있음을 알 수 있다.

학교회계직원 교부액 대비 결산액 현황을 연도별, 시·도별로 구분하여 분석해 보면 도지역보다 시지역의 학교회계직 결산액 비중이 2014년에 비해 2015년에 더 높아졌음을 알 수 있다. 2015년도에 8개 시교육청은 모두 240% 이상의 교부액대 비 결산액 비중을 보이고 있으며, 그중에서 서울, 광주, 대전, 세종의 비중이 높다. 도교육청의 경우 경남(163.77%)과 전북(183.53%), 제주(190.28%) 교육청의 교부액 대비 결산액 비중이 200% 이하로 나타났고, 충북, 강원, 경기 교육청의 비중이 다 소 높은 것으로 나타났으나 시교육청에 비해서는 교부액 대비 결산액 비중이 낮 았다.

〈표 8-12〉 학교회계직원 재정 운영 현황

(단위: 백만 원, %)

구분	2014			2015		
	교부액	결산액	비율(%)	교부액	결산액	비율(%)
전국	1,146,352	2,561,050	223.41	1,206,558	2,901,029	240.44
시지역	423,051	976,733	230.88	437,725	1,167,692	266.76
도지역	723,301	1,584,317	219.04	768,833	1,733,337	225.45
서울	148,377	327,518	220.73	154,073	424,052	275.23
부산	65,742	142,203	216.30	65,960	158,922	240.94
대구	50,165	123,593	246.37	53,447	137,354	256.99
인천	58,051	124,553	214.56	60,768	148,819	244.89
광주	34,632	87,199	251.79	34,283	104,870	305.89
대전	33,882	92,604	273.31	35,467	99,496	280.53

〈표 8-12〉 학교회계직원 재정 운영 현황(계속)

(단위: 백만 원, %)

구분	2014			2015		
	교부액	결산액	비율(%)	교부액	결산액	비율(%)
울산	28,122	71,447	254.06	28,648	78,560	274.22
세종	4,080	7,616	186.67	5,079	15,619	307.53
경기	265,213	656,520	247.54	285,739	723,568	253.23
강원	48,149	124,388	258.34	53,151	141,708	266.62
충북	47,891	108,003	225.52	46,044	124,383	270.14
충남	59,478	115,064	193.46	63,765	134,775	211.36
전북	59,390	104,267	175.56	62,124	114,019	183.53
전남	66,938	128,643	192.18	69,966	144,418	206.41
경북	72,571	140,885	194.13	75,338	161,146	213.90
경남	88,173	176,948	200.68	94,800	155,249	163.77
제주	15,498	29,599	190.99	17,906	34,071	190.28

출처: 한국교육개발원(2016b).

2015년도 기준으로 시·도교육청에서 제출한 학교회계직 정원관리 현황을 〈부록 표 8-2〉에 간략히 정리하였다. 분석 결과에 의하면, 17개 시·도교육청의 학교회계직원 관리는 모두 직종 및 배치기준 등을 포함하여 조례에 근거하여 체계적으로 이루어지고 있다. 관리대상이 되는 학교회계직원은 각급 학교와 교육행정기관에 배치하고 있는데, 교육청별로 관리대상(직종명, 직종 수) 및 관리방식(통합관리 혹은 개별관리)은 모두 다르게 나타났다. 예컨대, 교육공무직으로 관리하는 경우가 9개 시·도교육청(광주·대전·울산·세종·경기·강원·충남·전북·제주)으로 가장 많았고, 이 외에도 서울·전남은 학교회계직원, 부산·경북은 교육실무직원, 대구는 무기계약 대상 계약제직원, 인천은 근로자(학교회계직원), 충북은 근로자, 경남은 공무원이 아닌 근로자 등으로 각기 다른 직종명으로 관리하고 있는 것으로 나타났다. 관리대상이 되는 직종명은 다르지만 대부분의 교육청에서는 무기계약 직종에 대해서만 관리하고 있으나 전북의 경우 무기계약 전환대상, 한시

정원 등도 포함하고 있어 관리대상 직종도 매우 다양하게 나타났다.

현재까지 관리되고 있는 학교회계직원 직종 수(명칭)는 교육청별로 10~83개(충북의 경우 중복 직종 포함)로 차이가 있었으며, 관리방식도 통합관리(대부분 교무실무사 등으로 불리며, 교무, 과학, 전산 통합)하거나 개별 직종별로 관리하고 있었으며 직종별로 배치기준을 별도로 수립하고 있었다. 개별관리 대상이 되는 직종명칭도 교육청별로 매우 상이한 것으로 나타나 교육청의 관리 기구, 인력 및 관리 비용에도 영향을 미치고 있음을 알 수 있다.

대부분 교육청에서는 학교회계직원의 관리를 개별 사용부서에서 담당하고 있기 때문에 통합 관리의 어려움이 나타나고 있다. 향후 학교회계직원 수는 지속적으로 증가하기 어렵지만, 현재 인력규모인 38만 명에 대한 계약, 고용, 배치, 직종 통합, 보수, 복지, 교육·훈련 등을 통합 관리하는 기구와 인력은 시·도교육청의 조직 운영에 큰 영향을 미칠 것으로 예측할 수 있다.

학교회계직 인사제도를 둘러싼 주요 쟁점을 제시하면 다음과 같다.[40] 첫째, 학교회계직 고용 안정화를 위한 법적 근거 마련 및 교육청의 역할강화 방안이 요구된다. 교육감 직·고용 조례가 제정되었다고 하더라도 현재 경기와 전북 교육청 외에 계약 등을 분명히 명시한 교육청은 많지 않다. 현재 논쟁 중인 학교장 직접 채용에 따른 계약 등의 문제가 발생하고 있기 때문에 학교회계직의 노무관리 사항, 교류(전보) 등 인사관리 사항을 효율적으로 수행하기 어려운 문제 등을 해결하여 고용 불안정 문제를 해결하고 효율적 인사관리를 도모해야 한다. 예를 들어, 교육부에서 제정한 '무기계약직 관리규정 표준(안)'을 참고하여 교육청 차원의 '무기계약직 관리위원회(가칭)'를 통해 교육청별 규정을 별도로 제정하여 관리할 수 있을 것이다. 이러한 법적 안정성 확보 외에도, 확보된 인력의 직종별 관리 체계 정비 또한 요구된다. 현재 무기계약직 직종을 전국 시·도교육청별로 종합해 보면 총 60여 개로 세분화되어 있는데, 이럴 경우 계약·채용 등의 관리가 비효율적일 뿐 아니라 계약 당시의 문건에 제시된 특정 업무로 직무범위가 한정되는 문제가 나타날 수 있다. 이를 위해 세분화된 직종을 유사 업무를 담당하는 직종으로 단순화하여 인력관리의 유연성과 고용 안정성을 동시에 제고할 필요성이 있다.

강원, 경북, 전북 등 일부 도지역 교육청에서는 직종통합을 통한 관리 효율화를 도모하고 있다.

둘째, 교육청과 교육지원청, 학교 간 협력모델을 구축하여 지역의 특수성에 따라 학교회계직 관리가 유연하게 운영되어야 한다.[41] 학교회계직원 복무 관리 및 운영에 있어서는 교육청이나 교육지원청에 이러한 관리 업무를 집중 배치하는 것이 예산이 제한적인 상황에서는 효율적일 수 있기 때문이다. 지역적 범위가 넓은 도교육청의 경우에는 거점 교육지원청을 두고 학교회계직 인력 관리 업무를 담당할 수도 있을 것이다. 특히 교육청의 학교회계직원 노조 단체교섭 전문성을 강화해야 한다. 교육부(국립학교) 및 시·도교육청(공립학교)에서 학교비정규직노조와 단체교섭을 실시 중이나, 공무원이 노동관계법령 등을 잘 알지 못해 단체교섭에 한계가 봉착되고 있다. 따라서 현직 공무원에 대한 노동관계법령을 숙지할 수 있도록 제도적 기반을 구축할 필요가 있는데, 교육훈련 과정 및 모의실습 과정 이수, 전문가(노무사) 신규 채용 등을 실시할 수 있을 것이다.

셋째, 시·도교육청 및 학교급 간 학교회계직 배치인력 편차가 큰 것으로 나타난 점을 개선해야 한다. 교무, 행정 등 일상적이고 상시적인 업무를 담당하는 인력의 배치 편차가 크다는 것은 학생들이 받아야 할 직접적인 교육서비스의 질적 차이를 가져올 수 있다. 유치원 및 공·사립학교 간 균형적 배치 등에 대해서도 새로운 배치기준 마련이 요구되며, 중앙정부에서는 학교회계직 총액인건비 산출 시 일부 직종에 대해서는 일정한 배치기준을 적용할 필요가 있다. 대구, 강원 등 일부 교육청에서는 학교별 인력 배치 편차를 줄이기 위해 직종통합, 인력풀제운영, 임용권자 변경, 인력관리심의위원회 등의 운영, 학교회계직 연계배치 등의 노력을 기울이고 있는 것으로 나타났다. 이러한 사례를 공유할 수 있는 협의회를 상시적으로 개최하는 것도 바람직할 것이다.

넷째, 학교회계직에 대한 전문적이고 체계적인 교육훈련(연수) 체계가 필요하다. 현재 학교회계직 근속연수를 보면 2년 미만자가 대부분이라 업무 숙련도가 높지 못한 경우가 많다. 체계적인 교육훈련(연수)이 뒷받침되지 못한다면 경력이 높아질수록 새로운 전문성 개발은 더욱 어려워질 수 있으므로 이들이 담당한 업무에 대한 전문성을 발휘할 수 있는 교육·훈련이 반드시 필요하다. 채용 전 업무연수, 임용 후 실무능력 향상을 위한 보수교육 등을 주기적이고 체계적으로 지원해야 한다. 특히 직종통합이 이루어지게 되면 이러한 실무능력 향상을 위한 연수가 더욱 많아져야 하며, 학교 차원에서는 이들의 연수 기회를 확대하는 데 적극적인 노력을 기울여야 한다.

다섯째, 학교회계직 인건비 부담 체계에 대한 개선이 필요하다. 현재 학교회계직 보수는 교육비특별회계 및 수익자 부담, 기타 지방자치단체 지원 등으로 구성되는데, 70%의 인건비를 담당하는 중앙정부 차원의 지원은 최근 무상급식, 누리과정 등의 예산 확대로 더 이상 부담하기는 어려운 전망이다. 따라서 학교회계직 신규인력 채용은 최대한 억제하고, 인건비 수반 사업 확대 역시 억제하여 현재 수준의 인력에 대한 인건비 지원은 안정적으로 확보할 수 있는 방안을 모색해야 한다. 안정적 인건비 확보를 위해 시·도교육청별 무기계약직 관리 운영 조례에 재원 및 인건비 부담 방안 등을 포함하는 방안도 고려할 수 있다.

여섯째, 학교회계직 인건비 확보와 함께 보수체계 개선, 급식비 등 각종 수당 신설 등이 최근 더욱 쟁점화되고 있다.[42] 현재 학교회계직 보수 차이는 경력과 무관하게 기본급이 동일하기 때문에 장기근무수당, 맞춤형복지비 등의 수당 차이에 기인한다. 또한 근무일수, 수당 항목 및 액수 등도 교육청별로 직종별로 매우 상이하게 나타나고 있다. 가장 이상적인 것은 중앙정부 차원에서 직종별 평균임금의 통일된 체계를 만드는 것인데, 이는 현실적으로 단기간에 시행되기 어렵기 때문에 현재로서는 수당체계를 개편하는 방안이 실현 가능성이 높다. 그럼에도 불구하고 최근 쟁점화되는 각종 수당 신설은 예산 제약으로 인해 실현이 불가능하므로, 현재의 교부금 재원이 아닌 국고 등에 의한 안정적 확보 방안을 마련해야 할 것이다.

일곱째, 중앙정부 차원에서 실시하는 평가를 잘 활용해야 한다. 먼저, 우리나라에서는 2013년도부터 시·도교육청 총액인건비제도가 시행되면서 중앙정부에서 조직 및 인력관리에 대한 조직분석을 실시하고 있다. 학교회계직원 효율적인 인력관리 및 인건비 관리를 체계화할 필요성이 대두되는 상황에서 총액인건비제도의 범위에 포함된 학교회계직에 대해서도 지표가 더욱 강화되어야 할 필요가 있다. 즉, 지방교육행정기관 학교회계직원 조직분석·진단을 강화해야 하는데, 조직분야 지표 및 인건비 관리 지표에 학교회계직을 포함하여 시·도교육청의 효율적인 인력관리를 체계적으로 유도할 필요성이 있다. 중앙정부에서는 지방교육재정의 건전성, 효율성, 책무성 및 적정성 등을 나타내는 지표를 통해 지방교육재정의 건전성 및 효율성을 제고하기 위한 지방교육재정분석을 실시하고 있다. 「지방재정법」 제55조 및 「지방재정법 시행령」 제65조에 의해 시·도교육감은 매년 재정분석보고서를 제출하여야 하고 교육부 장관은 그 내용을 분석하여야 한다. 지방교육재정분석의 중요사항에 대해서는 재정분석 실시 후 3개월 이내 국회 상임위 및 국무회의 보고 의무(「지방재정법」 제55조)가 있으며, 재정분석 지표, 절차 및 방법 등 세부사항은 「지방교육재정 분석·진단 규정(훈령)」에 명시하고 있다. 지방교육재정분석 지표에는 인건비 지급 관련 지표가 포함되어 있으며, 중기 지방교육재정계획 수립 시 이를 반영하도록 권고하고 있다. 이러한 분석을 강화하여 시·도교육청의 효율적 인력관리를 유도하고, 인건비 운영의 계획성과 책무성을 확보해 나가야 할 것이다.

5. 개선 방향

지방교육행정기관 소속 인력에 대한 인사제도는 각 대상별로 매우 다르게 운용되고 있으며, 쟁점 또한 매우 다르게 전개되고 있다. 따라서 여기서는 개별 대상에 대한 제도 개선 방향보다는 지방교육 인사제도라는 큰 틀에서 향후 개선되어야 할 방향을 제시하고자 한다.

첫째, 중앙정부와 지방자치단체 간의 수직적 권한 관계 속에서 볼 때, 교육감이 가지고 있는 교원, 지방공무원, 교육전문직 및 학교회계직원에 대한 인사권한은 매우 포괄적이고 큰 편이다. 따라서 주어진 권한의 범위 내에서 합리적이고 공정한 인사제도를 운영함으로써 지방교육 인사제도 운영의 역량을 높이고 구성원들의 만족도를 제고할 필요가 있다. 선발, 배치, 승진, 전직, 전보, 보수, 연수, 교육·훈련 등 다양한 인사제도 영역에서 구성원들의 의견을 민주적으로 수렴하고, 절차적 정당성을 확보하는 제도를 수립해 나가야 할 것이다.

둘째, 지방교육행정기관 소속 인력의 전문성 강화 노력이 필요하다. 지방자치단체와 지방교육자치단체(교육청)에 소속된 지방공무원들이 다양한 업무 처리를 할 수 있도록 역량을 강화시키는 노력이 진행되고 있는 가운데, 교육감 소속 지방공무원들의 자치 역량 또한 매우 중요하다. 특히 지방공무원 중 교육전문직의 경우에는 '전문직' 본래의 운영 취지에 맞는 기능 부여 및 전문성 강화 노력, 학교회계직의 경우에는 운용의 효율성 강화를 위한 직종통합, 전보체계 구축, 교육훈련 내실화 등이 필요하다. 학교회계직의 경우 교육감 직·고용 체계가 수립된 이후 직종통합, 교육훈련, 전보배치, 보수 개선 등 다양한 영역에서 갈등이 나타나고 있기 때문에 이에 대비하는 합리적 체계가 갖추어질 필요가 있다.

셋째, 직원 총액인건비제도 실시에 있어 총액인건비를 초과하여 운용하는 시·도는 거의 없다. 다만 학교회계직에 대해서는 기준 인력 대비 현원, 총액인건비 교부액 대비 결산액 비중이 여전히 높게 나타나고 있어 이를 관리하는 역량이 필요하다. 중앙정부에서는 총액인건비 취지에 맞도록 인력 운영의 자율성을 더 부여하며, 상위직급 제한 등 여전히 중앙정부가 가지고 있는 권한을 각 시·도로 위임하는 분권화가 진행되어야 한다.

미주

1 윤정일 외(2014).

2 오석홍(1999).

3 강성철 외(2004).

4 금창호, 권오철(2014).

5 김경주(2007); 김지한, 김영우, 권우덕(2010); Folger & Konovsky (1989); Hamans (1961).

6 인사제도의 범위는 인력 수급 계획부터 선발, 채용, 배치, 교육훈련, 승진, 보수, 전직, 전보, 평가 등 매우 광범위하다. 따라서 여기서는 최근 인사제도를 둘러싼 환경변화에 따른 제도개혁의 핵심이 되는 지방교육행정기관 소속 구성원들의 정원관리를 포함한 포괄적 인사제도 중심으로 논의의 범위를 한정하여 제시하였다.

7 오석홍(1999).

8 권경득(2007).

9 강성철 외(2004).

10 김판석, 정홍원(2002).

11 김흥주 외(2008).

12 행정자치부(2006).

13 조선일(2005); 최순영(2007); 하혜수, 양덕순(2007).

14 최영출 외(2010).

15 교육과학기술부(2009).

16 나민주 외(2009).

17 최영출 외(2011).

18 나민주 외(2009).

19 나민주 외(2009).

20 교육부(2016).

21 교육부(2016).

22 김민희(2014): 김민희(2015)에서 재인용.

23 성병창(2012).

24 성병창(2012).

25 성병창(2012).

26 교육부(2013).

27 김민희(2011).

28 교육부(2015).

29 이선화(2007).

30 박영신(2006).

31 김춘호, 안병훈(2014).

32 윤석만(2016).

33 전제상 외(2010).

34 주현준(2013).

35 이상철(2012).

36 홍창남(2010).

37 주현준(2013).

38 전제상 외(2010).

39 교육과학기술부(2012).

40 김민희(2015)에서 재인용.

41 오세희 외(2013).

42 2016년에 더불어민주당 유은혜 의원이 대표 발의한 '교육공무직원의 채용 및 처우에 관한 법률안'에는 교육공무직이라는 새로운 직제 설치, 호봉을 인정하는 보수표를 만들어 단일한 보수기준 체계를 확립하는 것 등의 법안이 포함되었으나, 사회적 갈등이 야기되어 철회하였다.

참고문헌

각 시·도교육청(2016). 학교회계직원 정원관리 자료.

각 시·도교육청 홈페이지(각 연도). 교육전문직 선발전형방식.

강성철, 권경득, 강재호(2004). 한국 지방정부 인사행정의 실태와 개선방안. 한국인사행정학회보, 3(2), 1-36.

경기도교육감 소속 지방공무원 정원 규칙(2016).

교육과학기술부(2009). 직원 총액인건비제 도입 기본계획안. 내부자료.

교육과학기술부(2012). 시·도교육청 총액인건비제도 시행 기본계획.

교육부(2013). 내부자료.

교육부(2015). 시·도교육청 총액인건비제도 시행 기본계획.

교육부(2016). 시·도교육청 총액인건비제도 시행 기본계획.

권경득(2007). 지방정부 인사개혁의 평가와 과제. 한국지방자치학회보, 19(4), 27-46.

금창호, 권오철(2014). 지방자치단체 인사관리의 공정성 확보방안. 한국인사행정학회보, 13(3), 179-197.

김경주(2007). 자치단체 인사행정의 공정성 인식과 조직몰입에 관한 연구. 한국사회와 행정연구, 17(4), 43-64.

김민희(2011). 시도교육감 소속 직속기관 정원관리 실태 분석 및 개선방안. 교육재정경제연구, 20(3), 135-161.

김민희(2014). 지방교육행정기관 무기계약직 운용 실태 및 개선방안. 한국자치행정학보, 28(2), 149-171.

김민희(2015). 학교회계직 운용쟁점 및 개선방안. 한국자치행정학보, 29(1), 65-90.

김지한, 김영우, 권우덕(2010). 리더십이 인사공정성 인식에 미치는 영향 연구: 공공기관을 대상으로. 한국인사행정학회보, 9(2).

김춘호, 안병훈(2014). 지방공무원 역량평가의 발전방안에 관한 연구: 전남교육청을 중심으로. 교육정책연구, 1, 235-252.

김판석(2002). 공무원 핵심역량 강화를 위한 민관과의 교육훈련 협력방안. 한국정책학회
　　보, 11(1), 81-109.

김흥주 외(2008). 지방교육분권 성과 분석 연구. 한국교육개발원.

나민주, 최영출, 김용, 김민희, 이인회, 김민성, 하정윤, 송근현(2009). 지방교육행정기관
　　의 총액인건비제도 도입에 관한 연구. 한국지방교육연구센터.

박영신(2006). 지방교육행정기관의 인사관리 개선방안에 관한 연구: 충청남도 교육청을
　　중심으로. 충남대학교 행정대학원 석사학위논문.

성병창(2012). 학교회계직 인력관리 개선방안. 한국지방교육연구소 이슈페이퍼, 1-64.

오석홍(1999). 인사행정 원리의 이해와 오해. 행정논총, 37(2), 255-270.

오석홍(1999). 인사행정론(제4판). 서울: 박영사.

오세희, 주현준, 김민희, 류춘근, 이상돈(2013). 시·도교육청 지방교육행정공무원 노사관
　　계에 대한 인식 분석 및 전문성 제고 방안. 한국인사행정학회보, 12(2), 55-79.

윤석만(2016). 지방공무원 심사승진제도 발전방안 연구: 서울시교육청 사례를 중심으로.
　　한국교원대학교 교육정책전문대학원 석사학위논문.

윤정일, 송기창, 조동섭, 김병주(2015). 교육행정학원론(5판). 서울: 학지사.

이상철(2012). 교육전문직 전문성 제고를 위한 제도적 과제. 지방교육경영, 16(2), 22-46.

이선화(2007). 인사의 공정성이 조직몰입에 미치는 영향: 서울특별시교육청 공무원을 중
　　심으로. 서울시립대학교 도시과학대학원 석사학위논문.

전제상, 주현준, 정성수(2010). 교육전문직 인사제도 개선방안에 관한 인식 분석: 경상북
　　도를 중심으로. 초등교육연구, 23(4), 331-355.

조선일(2005). 총액인건비제도에 기초한 조직 및 인사관리시스템 구축 방향. 한국인사행정
　　학회보, 7(2), 117-150.

주현준(2013). 교육전문직 선발제도 개선방안 탐색. 지방교육경영, 17(2), 53-70.

최순영(2007). 총액인건비제도의 이론적 근거와 긍정적 기대의 영향 요인. 행정논총,
　　45(4), 275-303.

최영출, 김민희, 김용, 이인회(2010). 시도교육청 총액인건비제도 정착방안 연구. 한국지
　　방교육연구센터.

최영출, 김민희, 이인회(2011). 지방교육행정기관 공무원 정원관리 산식 개발. 교육재정경
　　제연구, 20(2), 1-28.

하혜수, 양덕순(2007). 공무원 정원관리제도의 경로의존성 연구: 지방자치단체의 총액인
　　건비제를 중심으로. 행정논총, 45(2), 127-153.

한국교육개발원(2016a). 교육통계연보.

한국교육개발원(2016b). 지방교육재정 운용성과평가 종합보고서.

한국지방교육연구소(2016). 조직분석보고서.

행정자치부(2006). 2007년 지방 총액인건비제 시행계획. 내부자료.

홍창남(2010). 교육전문직의 역할 재구조화 방향 탐색. 교육행정학연구, 18(2), 205-231.

Folger, R., & Konovsky, M. A. (1989). Effects of procedural and distributive justice on reaction to pay rise decisions. *Academy of Management Journal, 32*(1), 115-139.

Hamans, G. C. (1961). *Social behavior: Its elementary forms.* New York: Harcourt, Brace, and World.

국가법령정보센터　http://www.law.go.kr

지방교육재정알리미　http://www.eduinfo.go.kr

〈부록 표 8-1〉 2016년 경기도교육감 소속 지방공무원 정원 규칙[별표 1](예시)

직종별	직급별	직렬별	총계	도교육청 (직속기관 포함)	교육지원청 (소속기관 포함)	각급 학교
		총계	12,420	1,422	2,228	8,770
정무직		계	1	1	0	0
		소계	1	1	0	0
		교육감	1	1	0	0
일반직		계	11,827	1,175	1,882	8,770
	3급	소계	11	11	0	0
		부이사관	11	11	0	0
	4급	소계	47	38	9	0
		서기관	43	35	8	0
		교육행정·기술	4	3	1	0
	5급	소계	512	124	60	328
		교육행정	450	88	34	328
		행정	9	9	0	0
		사서	13	13	0	0
		공업	2	2	0	0
		시설	5	5	0	0
		공업·시설	21	4	17	0
		보건	0	0	0	0
		의무	1	1	0	0
		식품위생	2	2	0	0
		교육행정·보건·식품위생	9	0	9	0
	6급	소계	2,532	343	390	1,799
		교육행정	1,774	211	182	1,381
		교육행정·별정(비서)	1	1	0	0
		전산	47	24	23	0
		사서	46	37	9	0
		공업	51	15	30	6
		시설	86	17	69	0
		방송통신	1	1		
		보건	16	2	14	0
		간호	2	2	0	0
		식품위생	23	3	20	0
		속기	0	0	0	0
		운전	31	10	11	10
		시설관리	399	10	26	363

〈부록 표 8-1〉 2016년 경기도교육감 소속 지방공무원 정원 규칙[별표 1](예시)(계속)

직종별	직급별	직렬별	총계	도교육청 (직속기관 포함)	교육지원청 (소속기관 포함)	각급 학교
	6급	위생·조리	29	3	0	26
		조무·방호	0	0	0	0
		사무·조무·방호	0	0	0	0
		사무운영	0	0	0	0
		기계운영	11	4	2	5
		전기운영	8	2	0	6
		토목운영	1	1	0	0
		통신운영	0	0	0	0
		농림운영	0	0	0	0
		화공운영	0	0	0	0
		건축운영	1	0	0	1
		열관리운영	5	0	4	1
일반직	7급	소계	3,784	436	839	2,509
		교육행정	2,406	236	562	1,608
		교육행정·전산	0	0	0	0
		교육행정·사서	0	0	0	0
		전산	88	55	33	0
		사서	74	51	23	0
		공업	65	13	43	9
		시설	102	12	90	0
		보건	31	1	30	0
		간호	2	2	0	0
		식품위생	41	11	30	0
		속기	2	2	0	0
		운전	95	9	7	79
		시설관리	765	19	16	730
		위생·조리	59	2	0	57
		농업	2	0	0	2
		조무·방호	0	0	0	0
		사무·조무·방호	0	0	0	0
		사무운영	24	13	0	11
		기계운영	12	5	3	4
		전기운영	4	1	0	3
		토목운영	0	0	0	0
		통신운영	0	0	0	0

〈부록 표 8-1〉 2016년 경기도교육감 소속 지방공무원 정원 규칙[별표 1](예시)(계속)

직종별	직급별	직렬별	총계	도교육청 (직속기관 포함)	교육지원청 (소속기관 포함)	각급 학교
일반직	7급	농림운영	1	1	0	0
		화공운영	3	0	0	3
		건축운영	1	0	0	1
		전화상담운영	1	1	0	0
		열관리운영	6	2	2	2
	8급	소계	4,794	162	570	4,062
		교육행정	2,744	41	401	2,302
		교육행정·전산	0	0	0	0
		전산	32	12	20	0
		사서	40	33	7	0
		공업	44	7	23	14
		시설	40	0	39	1
		보건	3	0	3	0
		간호	3	3	0	0
		식품위생	9	3	6	0
		속기	1	1	0	0
		운전	128	0	7	121
		시설관리	1,590	47	64	1,479
		위생·조리	137	8	0	129
		농업	1	0	0	1
		조무·방호	0	0	0	0
		사무·조무·방호	0	0	0	0
		사무운영	5	1	0	4
		기계운영	8	3	0	5
		전기운영	2	0	0	2
		토목운영	0	0	0	0
		통신운영	0	0	0	0
		농림운영	2	1	0	1
		화공운영	0	0	0	0
		건축운영	1	0	0	1
		열관리운영	4	2	0	2
	9급	소계	124	38	14	72
		교육행정	0	0	0	0
		교육행정·전산	0	0	0	0
		전산	0	0	0	0

〈부록 표 8-1〉 2016년 경기도교육감 소속 지방공무원 정원 규칙[별표 1](예시)(계속)

직종별	직급별	직렬별	총계	도교육청 (직속기관 포함)	교육지원청 (소속기관 포함)	각급 학교
일반직	9급	사서	0	0	0	0
		공업	0	0	0	0
		시설	0	0	0	0
		보건	0	0	0	0
		간호	0	0	0	0
		식품위생	0	0	0	0
		속기	0	0	0	0
		운전	0	0	0	0
		시설관리	0	0	0	0
		위생·조리	0	0	0	0
		조무·방호	0	0	0	0
		사무·조무·방호	0	0	0	0
		사무운영	113	36	10	67
		기계운영	2	0	0	2
		전기운영	2	2	0	0
		토목운영	0	0	0	0
		통신운영	0	0	0	0
		농림운영	2	0	0	2
		화공운영	1	0	0	1
		건축운영	0	0	0	0
		열관리운영	4	0	4	0
		전문경력관계	23	23	0	0
	가	소계	1	1	0	0
		비상계획담당관	1	1	0	0
	나	소계	11	11	0	0
		학생수련지도	7	7	0	0
		필경	1	1	0	0
		홍보·편집요원	1	1	0	0
		교육영상물제작PD	1	1	0	0
		시각장애인재택봉사원	1	1	0	0
	다	소계	11	11	0	0
		학생수련지도	11	11	0	0
연구직		소계	11	1	10	0
		기록연구사	11	1	10	0

〈부록 표 8-1〉2016년 경기도교육감 소속 지방공무원 정원 규칙[별표 1](예시)(계속)

직종별	직급별	직렬별	총계	도교육청 (직속기관 포함)	교육지원청 (소속기관 포함)	각급 학교
별정직		계	2	2	0	0
	5급 상당	소계	1	1	0	0
		비상계획담당관	0	0	0	0
		비서	1	1	0	0
		학생수련지도관	0	0	0	0
	6급 상당	소계	1	1	0	0
		송무담당요원	0	0	0	0
		비서	1	1	0	0
		사진기사	0	0	0	0
		영상물제작감독	0	0	0	0
		필경원	0	0	0	0
		연금담당요원	0	0	0	0
		학생수련지도	0	0	0	0
		진로진학상담지도사	0	0	0	0
	7급 상당	소계	0	0	0	0
		속기사	0	0	0	0
		자료원	0	0	0	0
		필경원	0	0	0	0
		연금담당요원	0	0	0	0
		홍보·편집요원	0	0	0	0
		교육영상물제작PD	0	0	0	0
		영화기사	0	0	0	0
		웹디자이너	0	0	0	0
		시각장애인재택봉사원	0	0	0	0
		시설관리요원	0	0	0	0
		학생수련지도원	0	0	0	0
		사이버학습상담지도사	0	0	0	0
	8급 상당	소계	0	0	0	0
		속기사	0	0	0	0
		기자재관리요원	0	0	0	0
		학생수련지도원	0	0	0	0

〈부록 표 8-1〉 2016년 경기도교육감 소속 지방공무원 정원 규칙[별표 1](예시)(계속)

직종별	직급별	직렬별	총계	도교육청 (직속기관 포함)	교육지원청 (소속기관 포함)	각급 학교
특정직		계	579	243	336	0
	3급 상당	소계	13	4	9	0
		장학관 · 교육연구관	13	4	9	0
	4급 상당	소계	47	22	25	0
		장학관 · 교육연구관	47	22	25	0
	5급 상당	소계	75	41	34	0
		장학관 · 교육연구관	75	41	34	0
		소계	444	176	268	0
		장학사 · 교육연구사	444	176	268	0

출처: 경기도교육감 소속 지방공무원 정원 규칙(2016).

〈부록 표 8-2〉 시 · 도교육청별 학교회계직 정원관리 현황 분석(2015년 기준)

구분	관리 문서명칭(관리직종)	직종 수(대상)
서울	총액인건비 대상 학교회계직원 정원책정 기준 • 통합관리정원: 교무, 과학, 전산, 사서, 학부모회직원, 사무보조 • 개별관리정원: 특수교육보조, 영양, 조리사(원)	총액인건비 대상 13개 직종 중 무기계약 10개 직종
부산	2015 교육실무직원 정수배치기준 • 정원관리직종: 교무실무원, 사무행정실무원, 특수교육실무원, 교육복지사, 방과후전담, 돌봄전담사, 유치원(특수)방과후과정강사, 사서, 영양사, 조리사, 조리원, 전문상담사, 과학실험실무원, 유아교육사, 평생교육사, 무대예술전문인, 수학체험교실 지원인력, 기관운영실무원, 한시정원 • 정원관리 제외 직종: 영어회화전문강사, 도서관개관 연장 실무원	한시정원 포함 총 19개 직종
대구	2015년 각급 학교 및 교육행정기관의 무기계약 대상 계약제직원 직종별 배치기준 및 정원 • 각급 학교 및 교육행정기관 배치: 교무실무사(교무, 과학, 전산, 교무행정실무원, 학부모회직원), 행정실무원(학부모회직원), 특수교육실무원, 발명실무원, 사서, 영양사, 조리사, 조리원, 초등돌봄, 상담사, 상담복지사, 교육복지사, 간호사, 공연홍보마케팅, 과학실무원, 전산실무원, 수련지도원, 평생교육사 • 배치기준 적용 제외(무기계약 대상 제외) 직종: 시설관리직, 청소원, 사감, 전임코치, 통학실무원, 배식원, 공공도서관운영실무원, 교육지원업무실무원, 안내요원(콜센터상담원), 체험학습강사, 취업지원관(코디네이터)	무기계약 대상 총 18개 직종
인천	근로자(학교회계직원) 배치 기준 • 교무행정실무원, 과학실무원, 전산실무원, 행정실무원, 구육성회직원, 영양사, 조리종사원, 특수교육실무원, 특수학급종일제강사, 특수교육진로코디네이터, 치료사, 유치원교육보조원, 유치원방과후과정 강사, 돌봄전담사, 사서(사서실무원), 교육복지사, 통학차량실무원, 당직전담직원	학교회계직원 총 18개 직종
광주	교육공무직원 직종별 정수 및 기관(학교)별 배치 기준 • 통합관리: 급식전담인력(영양사, 조리사, 조리원), 교육업무사(교무실무, 과학실무, 사서), 사무실무사(구육성회직원, 수영장관리), 장애인일자리창출인력[행정보조, 청소보조, 도서관(실)보조, 급식보조] • 개별관리: 행정실무사, 특수학교(특수교육실무사) 외	총 56개 직종
대전	교육공무직원 직종별 배치기준 및 정원 • 정원통합: (교무실무원, 과학실험실무원, 발명실무원, 전산실무원), (행정실무원, 학부모회직원) • 개별관리: 돌봄전담사, 돌봄교실조리원, 특수교육실무원, 특수교육방과후전담사, 치료사, 잡코디네이터, 유치원업무실무원, 유치원방과후과정전담사, 유치원방과후과정업무실무원, 유아교육사, 통학차량실무원, 사서, 원어민코디네이터, 장애교사도우미, 진로체험운영실무원, 영양사, 조리원, 평생교육사, 전문상담사, 수련지도원, 청원경찰, 시설관리직, 청소원, 사감, 교육복지사	총 28개 직종

〈부록 표 8-2〉시·도교육청별 학교회계직 정원관리 현황 분석(2015년 기준)(계속)

구분	관리 문서명칭(관리직종)	직종 수(대상)
울산	교육공무직 직종별 배치기준 • 통합관리: 교육업무실무원(교무, 과학, 전산) • 개별관리: 평생교육사, 치료사, 직업재활사, 임상심리사, 특수교육실무원, 특수통학실무원, 유치원방과후과정반강사, 돌봄전담사, 특수종일반강사, 창의체험활동지원실무원, 영양사, 조리사, 조리원, 환경측정기사, 컨설턴트, 상담사, 전문상담사, 행정실무원(구육성회직원)	총 18개 직종
세종	교육공무직원 배치기준 • 통합관리: 교무행정사(교무행정실무원, 과학실험실무원, 전산실무원) • 개별관리: 사무행정실무원, 특수교육실무원, 영양사, 보조영양사, 조리사, 조리원, 사서, 전문상담사, 교육복지사	총 10개 직종
경기	교육공무직원 직종별 배치기준 • 교육복지조정자, 교육복지사, 행정실무사, 초등보육전담사, 영양사, 조리사, 조리실무사, 유치원방과후전담사, 특수교육지도사, 특수교육종일반강사, 사서, 방과후학교지원센터 전담요원, Wee센터 상담인력, 전환교육지원센터 전담강사, 전환교육지원센터 보조강사	총 15개 직종
강원	2015 교육공무직 배치기준 • 통합관리: 교무행정사(과학, 교무, 전산통합) • 개별관리: 사무행정실무원, 시설관리원, 청소원, 당직전담원, 기숙사사감, 유치원방과후교육사, 발명보조실무원, 통학지도원, 특수교육지도사, 기숙사생활지도원, 장애유아지도사, 직업지도사, 치료사, 영양사, 조리사, 조리원(반일제조리원 포함), 사회복지사, 임상심리사, 전문상담사(Wee, 가급), 평생교육사, 교육복지사, 방과후학교지원가, 통학차량운전원, 학부모지원전문가, 학교도서관 실무사, 초등돌봄전담사, 장애영아지도사, 대안교육전문가, 다문화교육전문가, 학습클리닉전문가	총 32개 직종
충북	근로자 정원 및 배치기준 • 교육행정기관 배치: 35개 직종 • 공립학교 배치: 28개 직종	총 83개 직종 (중복 포함)
충남	교육공무직원 직종별 정원 및 배치기준 • 교무행정실무원, 운전원(특수), 특수교육실무원, 통학차량지도원(특수, 유아, 초), 교무행정사, 방과후학교운영실무원(특수, 일반), 치료사, 유치원돌봄전담사, 교육복지사, 수화통역사, 학교내희망일자리, 시각장애교원보조, 초등돌봄전담사, 영어코디네이터, 학습상담원, 과학실험실무원, 전산실무원, 취업지원관, 영양사, 조리사, 조리원, 운동부코치, 학부모지원전문가, 전문상담사(특수, 일반), 임상심리사, 사회복지사, 청소년지도사, 대안교육전문가, 학교폭력업무지원실무사, 변호사, 행정실무원, 공공도서관야간(주말)근로자	총 36개 직종

〈부록 표 8-2〉 시 · 도교육청별 학교회계직 정원관리 현황 분석(2015년 기준)(계속)

구분	관리 문서명칭(관리직종)	직종 수(대상)
전북	2015년 교육공무직원 직종별 배치기준 • 무기계약전환 대상 직종: 교무실무사, 유치원교무실무사, 과학실무사, 전산실무사, 영양사, 조리종사원(조리사, 조리원), 영양실무사, 급식보조, 특수교육지도사, 특수행정실무사, 특수학생생활지도원, 사서, 사감, 통학버스안전지도사, 교육복지사, 교육복지조정자, 방과후학교지원센터 운영실무사, 학부모지원 전문가, Wee센터(전문상담사, 사회복지사, 임상심리사), 학교폭력전문상담사, 상담사(117센터), 전북동화중 인력, 행정실무사, 수련지도사, 수상안전요원 • 한시정원 직종(무기계약자 현원만 인정): 사무실무사(구학부모회직원 포함), 이외 직종(특수교육지원센터강사 등) • 무기계약전환대상 제외 직종: 시설관리원, 혁신학교 업무도우미, 지역돌봄운영협의회 지원인력, 돌봄교실 전담인력, 방과후보조인력, 직무지도원, 특수교육지원센터 치료사, 취업지원관, 도서실무사, 도서관운영인력, 수영강사	무기계약전환 대상 총 27개 직종
전남	직종별 학교회계직원 현황 및 배치 기준 • 교무행정사, 과학실험보조원, 과학영재교육실무사, 발명교육실무사, PC정비사, (순회)사서, 행정사무원(구육성회), 특수교육실무사, 영양사, 조리사, 조리원, Wee센터(임상심리사, 전문상담사, 클래스전문상담사, 사회복지사), 학부모상담사, 학습클리닉센터전문상담사, 학교도서관업무보조원, 방과후과정기간제근무 기간제교사, 사무 · 행정보조, 시설관리직, 매점관리원, 청소원, 당직전담직원, 기숙사생활지도원, 방과후돌봄교실강사, 방과후지원센터인력, 방과후학교 코디네이터, 통학차량보조원, 특수학교 통학차량실무사, 급식보조(배식원), 교육복지사, 프로젝트조정자, Talk장학생, Talk코디네이터, 다문화학생전담코디네이터, 유아체험교육실무사, 창의적체험활동지원센터 인력, 취업지원관, 취업코디네이터, 특수교육지원센터치료사, 학원단속보조요원, 기타(Wee센터 운전원 포함 30개 직종)	총 43개 직종 (기타 30개 직종 제외)
경북	2015년 교육실무직원 직종별 정원책정 기준 • 무기계약 대상 직종: 교무행정사(교무, 과학, 전산, 유치원, 영재, 발명), 행정실무원(학부모회직원), 특수교육실무사, 영양사, 조리사, 조리원, Wee센터 전문상담인력(임상심리사, 사회복지사, 전문상담사), Wee클래스 전문상담사(117센터), 돌봄전담사, 학교도서관지원사, 치료사, 교육복지사, 특수학교 안전도우미, 과학해설사, 현관도우미 • 무기계약 제외 직종: 인력풀링제, 사업일몰제	무기계약 대상 총 15개 직종
경남	공무원이 아닌 근로자 채용근거 및 배치기준 • 교무행정원, 과학실험원, 전산실무원, 전담사서, 특수행정실무원 등 포함 총 59개 직종	총 59개 직종
제주	교육공무직원(무기계약직종) 정원 배치기준 • 교육지원분야(11개): 교육업무실무원(전산, 과학, 발명), 특수교육실무원, 치료사, 사회복지사, 임상심리사, 전문상담사, 수련지도원, 지역사회교육전문가, 돌봄전담사, 학생상담사, 유아교육사 • 급식지원분야(5개): 영양사, 보조영양사, 조리사, 조리원, 급식보조원 • 행정지원분야(7개): 교육복지프로젝트조정자, 사서실무원, 원어민(Talk)코디네이터, 외국어교육실무원, 행정실무원(구육성회직원), 운전원, 시설관리원	총 23개 직종

출처: 각 시 · 도교육청(2016). 학교회계직원 정원관리 자료.

제**9**장

지방교육재정

1960년대 이후 급속하게 팽창한 한국교육의 성장에는 교육재정의 뒷받침이 있었다. 그러나 양적 팽창에 비하여 교육여건의 질적 개선은 매우 미흡한 상황이다. 지방교육재정은 교육활동을 지원하는 수단이므로 무엇보다 교육목적 달성에 기여해야 한다. 이 장에서는 지방교육재정의 확보·배분·지출·평가 영역에서 주요 가치, 운용실태 및 주요 쟁점 사항을 제시하고 개선 방향을 논의하고자 하였다. 지방교육재정은 국가와 지방자치단체, 수익자 등 다양한 거버넌스가 관련되어 있는 구조하에서 운영되기 때문에 이를 개선하기 위해서는 다양한 주체의 합의와 논의가 필요하다.

1. 지방교육재정 개념과 주요 가치

1) 지방교육재정의 개념

　지방교육재정이란 '국가 및 공공단체가 교육욕구를 충족하기 위해 필요한 수단을 조달하고 관리·사용하는 경제활동, 즉 국가·사회의 공익사업인 교육활동을 지원하기 위해 국가나 공공단체가 필요한 재원을 확보·배분·지출·평가하는 일련의 경제활동'을 의미한다.[1] 지방교육재정을 법적·재원운영적 측면에서 보면 '지방자치단체가 교육기관 및 교육행정기관(그 소속기관을 포함한다)을 설치·경영함에 필요한 재원'으로서, 17개 시·도교육청의 교육비특별회계로 관리되고 있다. 지방교육재정의 부담 주체는 국가, 지방자치단체, 기타(시·도교육청, 학부모 및 민간 등) 등으로, 확보·배분·지출·평가라는 일련의 경제활동 영역으로 구분 된다. 지방교육재정 운영의 주요한 목적은 지방교육의 균형 있는 발전이라고 할 수 있다.

[그림 9-1] ◆◆ 지방교육재정제도 영역 및 추구 원리

2) 주요 가치

(1) 공평성

공평성의 사전적 의미를 살펴보면, "어느 한쪽으로 치우치지 않고 공정하다."[2] 또는 한쪽에 치우치지 않고 고른 성질로 정의된다. 사전적으로 정의되는 공평성 의 의미는 차별을 두지 않고 고르게 대하는 평등의 의미라고 할 수 있으나, 교육재 정에서 정의되는 공평성의 의미는 평등성의 의미를 넘어 공정성의 의미를 포괄한 다.[3] 교육에서 평등성은 교육의 기회균등(equal opportunity of education)을 의미하 는 것으로 상대적 차이에 초점을 둔 양적 개념이다. 그러나 공평성은 자연법 사상 에 기초한 정의의 이념을 근거로 판단되는 질적인 속성을 지닌 개념으로 평등성 에 비해 훨씬 포괄적인 의미를 지닌다.[4] 공평성이 양적으로 균등한 평등성과 정의 적 이념인 공정성을 포함하기 때문에 공평성의 의미에 수직적 공평성, 수평적 공 평성, 교육재정의 중립성 등이 포함된다.

첫째, 수직적 공평성은 여건이 다른 학생들을 다르게 취급하는 일(unequal treatment of unequals)이다. 학생들은 각기 다르다. 따라서 학생들의 각기 다른 모든 특성을 고려하여 다르게 재정을 배분하는 일은 불가능하다. 교육재정을 배분하는 과정에서 어떤 것을 고려해야 하며, 얼마나 고려해야 하는지가 수직적 공평성을 실현하는 핵심과제이다. 누구에게 더 많은 재원을 배분해야 하는가의 기준을 Odden과 Picus(2008)는 학생의 특성, 교육구의 특성, 프로그램의 특성으로 제시하였다.[5]

둘째, 수평적 공평성은 동일한 여건에 있는 학생들을 동일하게 대해야 된다는 원리(equal treatment of equals)로 제일 먼저 대두되었다. 동일한 초등학교, 중학교, 고등학교에 재학할 경우 교육청의 경제적 능력에 관계없이 같은 수준의 교육비를 배분해야 하는 원리이다. 교육부에서 시·도교육청으로 지방교육재정교부금을 교부할 때 적용하는 기준이다. 학교 규모가 유사하고 학교급이 같을 경우, 교육과정운영비 등을 동일하게 배분한다. 이렇게 배분하는 기저에는 초등학교, 중학교, 고등학교 학생들의 여건이 동일하다는 것을 전제하고 있다.

셋째, 재정의 중립성은 학생당 교육비는 교육구의 재정 능력이나 부모의 소득 수준에 관계되지 않아야 한다는 원리이다. 교육구의 재정 능력이 각기 다르기 때문에, 교육구별로 확보하는 교육재원이 각기 다르다. 교육구별로 확보되는 재원이 다르기 때문에 학생들에게 투입되는 비용 역시 다르다. 교육구별로 차이 나는 교육비는「헌법」이 보장하는 기본권과 모든 사람에게 동등하게 보호되는「기회균등보장법」을 위반하는 것이 된다. 따라서 재정의 중립성은 수평적 공평성을 실현하기 위한 기반이다. 재정의 중립성은 지역의 재정 능력이나 가정의 소득 수준과 같은 외적 영역이 학생의 교육에 영향을 주지 않아야 한다는 원리로 국민으로서 건전하게 생활하기 위해서는 국가가 보장하는 일정 수준의 교육을 개인의 경제적 여건이나 지역의 재정 능력에 관계없이 받아야 한다는 원리이다.

(2) 효율성

지방교육재정 운영의 효율성은 투입과 산출의 관계에서 단위당 투입에 대한 산출량을 증가시키는 경제성의 원리를 의미한다.[6] 지방교육재정에서 효율성 준 거는 2가지 측면에서 제고될 수 있다. 즉, 정해진 목표의 산출을 위하여 가능한 한 최소의 노력과 경비를 투입하는 방안을 모색하는 측면인 향상된 효과성(great effectiveness)과, 일정하게 주어진 재화와 노력을 투입하여 가능한 한 최대의 효과 를 가져오려는 노력의 측면인 부가된 생산성(added productivity)이 있다. 지방교육 재정에서의 효율성 가치는 지방교육이 생산적이고 효과적으로 되기 위해서는 그 에 상응하는 교육투자가 병행되어야 하는데, 어떻게 최소의 비용과 노력으로 최 대의 성과를 산출할 수 있는지에 대한 관심으로 나타나게 된다. 그러나 실제 교육 상황은 다음과 같은 여러 가지 이유로 인해 효율성을 증진시키기가 어렵다.[7] 첫 째, 기대상충과 유인체계 결여로서, 교육에 대한 투자는 비교적 명확하게 파악할 수 있지만 그 산출은 무엇인지가 모호하다. 따라서 기대하는 산출물에 대한 합의 도출이 어렵고 일반적인 교육의 목표를 결정하기가 어렵다. 둘째, 평등이나 자유 와의 가치상충 문제가 나타날 수 있다. 교육자원의 배분 과정에서 교육의 효율성 을 증진시키려는 시도와 평등을 극대화하려는 노력은 빈번하게 갈등을 일으키게 된다. 교육에서 자유의 추구 역시 효율성의 가치를 저하시키는 경우가 나타나게 되므로 비효율적 상황이 야기되기도 한다. 셋째, 민간 부문의 유출효과로서, 교육 부문의 인건비는 생산성과 무관하게 증가하게 되고, 따라서 효율성은 저하된다. 교육은 고도의 노동집약적인 부문이기 때문에 많은 노동력과 그에 따르는 인건비 가 필요하지만 이에 대한 재정적 투입이 교육의 효율성과 생산성과는 무관하게 이루어지게 된다.

(3) 적절성

교육재정의 적절성은 국가나 주 또는 교육구가 설정한 최소 수준의 교육에 도달 하도록 재원을 확보하는 원리이다.[8] 교육재정의 공평성이 교육구 간의 격차를 합 리적인 수준까지 줄이려는 노력이라면, 교육재정의 적절성은 국가나 주가 설정한 수준을 달성하기 위해 소요되는 비용을 필수적으로 확보해야 하는 절대적인 개념 이다. 교육재정에서 적절성 개념은 미국에서 1980년대에서 1990년대 사이에 제기되었는데, 적절성에 대한 인식은 1989년 켄터키 대법원의 Rose(1989) 판례를 중심으로 크게 변화하였다. Rose 판결에서 켄터키 대법원은 켄터키 주의 교육과정, 교육지배 구조, 경영체제 등이 켄터키 주의 법에 위배되기 때문에 모든 교육체제를 전면적으로 개편해야 하며, 개편하는 과정에서 다음의 기능을 수행할 수 있는 적절한 교육 프로그램 재원을 확보해야 한다고 하였다. 적절한 프로그램의 내용은 다음과 같다.[9] Rose 판례에서 제시하는 내용이 광범위하고 조직 및 경영까지 포함하고 있지만, 교육재정을 확보하는 과정에서 투입에 중점을 둔 종래의 수평적 공평성의 개념에서 학생이 변화되어야 할 성과에 초점을 둔 적절성의 개념으로 변화한 점이 두드러진 특징이다.

① 학생들이 복잡하고 급격히 변화하는 사회에 필요한 충분한 읽기, 쓰기, 의사소통 능력
② 학생들이 충분히 알고 선택할 수 있도록 정치, 경제, 사회에 관한 충분한 지식
③ 학생들이 국가와 지역사회의 문제를 이해하는 데 필요한 정치 과정에 대한 충분한 지식
④ 학생의 신체적·정신적 건강에 대한 충분한 지식
⑤ 학생들이 문화와 역사를 이해하고 인식할 수 있는 충분한 기초지식
⑥ 학생들이 직업을 현명하게 선택하고 직무 향상을 위해 필요한 충분한 연수
⑦ 학생들이 직업시장이나 타 주의 학생들과 견주어 이길 수 있는 데 필요한 충분한 학문적·직업적 기술

교육재정의 적절성에 대한 논의는 그 후 확대되어 학생들이 달성되어야 할 성취도를 중심으로 개념이 정리되고 있다. Clune(1994)은 "재정을 공평하게 배분하는 것은 중요하지 않다. 배분된 재원이 어떻게 학생들의 성과(outcomes)를 높이도록 하느냐가 더 중요하다. 따라서 앞으로 교육재정의 문제는 학생들이 일정한 수준의 교육목표를 모두가 달성하도록 재원을 배분하고 관리하는 것"이라고 주장하였다.[10]

다음은 설정한 목표를 모두 달성해야 하는 문제이다. 설정한 목표를 모두 달성하는 일은 대단히 어렵다. 특히 목표가 높을 경우에는 더욱 그렇다. 적절성에서 목표를 설정하는 일은 모두 달성하기보다는 달성할 수 있도록 여건을 조성하는 데 중점을 두고 있다.

(4) 건전성

재정 건전성은 세출이 세입을 초과하지 않아 공채발행이나 차입이 없는 상태를 의미한다.[11] 우리나라는 1984년 이후 세입과 세출이 균형을 이루는 건전 재정으로 운영되어 왔으며, 1997년 IMF를 거치면서는 적자재정, 2003년 이후부터는 예산균형재정을 편성하고 있다.

지방자치단체의 재정 건전성이 대두되는 배경에는 지방자치단체가 주도적으로 지역주민의 삶의 질을 확보하는 것을 목표로 하는 지방자치제도가 실시되고 있기 때문이다. 지역주민의 삶의 질을 확보하기 위해서는 대규모의 재원과 투자가 필요한데, 이러한 목표를 달성하기 위해서는 재원확보가 무엇보다 중요한 요소이다. 지방자치단체는 지속적이고 안정성 있게 주민들의 욕구에 대응하기 위하여 안정적이고 자율적인 재원을 확보해야 한다. 이러한 관점에서 지방재정은 재원 확보에 있어서의 안정성과 재원 확보 및 운영에 있어서의 자율성을 동시에 추구하는 것이라고 할 수 있다. 따라서 지방재정을 건전하게 운영하였는가의 여부는 이러한 지방자치단체의 자율성과 책임성의 결과라고 볼 수 있다. 재정 건전성이 확보되지 않으면 재정 규모의 팽창, 채무 누적, 인플레이션 유발 등 다양한 문제점이 발생할 수 있으며, 이는 곧 재정파탄을 초래하게 된다. 따라서 지방자치단체뿐만 아니라 국가적인 차원에서도 건전한 재정운영을 가장 기본적인 원칙으로 하고 있는 것이다.

2. 지방교육재정제도 변천 과정과 근거 법령

1) 변천 과정과 구조

지방교육재정제도는 확보, 배분, 지출, 평가(환류) 등 일련의 활동별로 변천이 이루어져 왔다. 각각의 주요 내용을 제시하면 다음과 같다. 첫째, 지방교육재정의 확보제도를 보면, 지방교육재정교부금제도는 1958년 말 「의무교육재정교부금법」 제정으로 도입된 의무교육재정교부금제도로부터 출발하였다. 「의무교육재정교부금법」은 현행 「지방교육재정교부금법」과 달리 보통교부금의 재원을 명시하지 않고, 보통교부금을 기준재정수요액이 기준재정수입을 초과하는 금액으로 규정하면서 기준재정수입액 산정기준만 제시한 기형적인 형태를 띠고 있었다.[12]

1971년 말에는 「의무교육재정교부금법」과 「지방교육교부세법」을 통합하여 「지방교육재정교부금법」을 제정함으로써 교부금 제도의 일원화를 가져왔다. 지방교육재정교부금제도가 도입되면서 중등교원 봉급 반액에 해당하는 국고보조금이 봉급교부금으로 바뀌었다. 학교에 배분되는 학교운영비도 교당·급당 경비로 전국 모든 학교의 운영비를 계상하여 시·도교육청에 교부하였다. 이렇게 교부한 비용은 일부 수정 절차를 거쳐 관련 기관이나 학교에 그대로 전달되었다. 지방교육재정교부금제도의 도입과 함께 보통교부금은 내국세의 11.8%, 특별교부금은 내국세의 1.18%로 법정교부율이 규정되었으나, 1972년 8·3 긴급금융조치에 의해 교부율의 효력이 정지되었고, 특별교부금의 규모는 국가예산으로 결정되었다.

보통교부금은 내국세 13.0%, 19.4%, 20.0%로 확보되던 기준을 거쳐 2017년 현재는 내국세 총액의 20.27% 및 국세 교육세 전액으로 확보된다. 「지방교육재정교부금법」에 제시된 현행 지방교육재정 확보구조는 [그림 9-2]와 같다. 즉, 현행 지방교육재정의 재원은 국가지원금, 지방자치단체 일반회계 전입금 및 자체수입이며, 국가지원금 중에서는 중앙정부에서 17개 시·도로 교부하는 지방교육재정교부금이 가장 큰 비중을 차지하고 있다.[13]

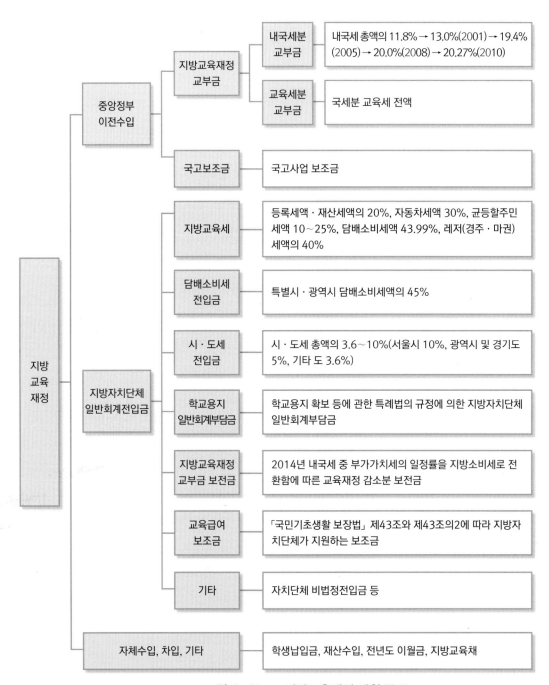

내국세분
교부금 → 내국세 총액의 11.8% → 13.0%(2001) → 19.4% (2005) → 20.0%(2008) → 20.27%(2010)

교육세분
교부금 → 국세분 교육세 전액

지방교육재정
교부금

중앙정부
이전수입

국고보조금 → 국고사업 보조금

지방교육세 → 등록세액·재산세액의 20%, 자동차세액 30%, 균등할주민세액 10~25%, 담배소비세액 43.99%, 레저(경주·마권)세액의 40%

담배소비세
전입금 → 특별시·광역시 담배소비세액의 45%

시·도세
전입금 → 시·도세 총액의 3.6~10%(서울시 10%, 광역시 및 경기도 5%, 기타 도 3.6%)

지방
교육
재정

지방자치단체
일반회계전입금

학교용지
일반회계부담금 → 학교용지 확보 등에 관한 특례법의 규정에 의한 지방자치단체 일반회계부담금

지방교육재정
교부금 보전금 → 2014년 내국세 중 부가가치세의 일정률을 지방소비세로 전환함에 따른 교육재정 감소분 보전금

교육급여
보조금 → 「국민기초생활 보장법」 제43조와 제43조의2에 따라 지방자치단체가 지원하는 보조금

기타 → 자치단체 비법정전입금 등

자체수입, 차입, 기타 → 학생납입금, 재산수입, 전년도 이월금, 지방교육채

[그림 9-2] ◆◆ **지방교육재정 재원 구조**

출처: 김혜자 외(2016): 김지하 외(2016)에서 재인용.

둘째, 지방교육재정 배분은 중앙정부로부터 시·도교육비특별회계로의 재원 배분을 의미한다. 중앙정부의 지방교육재정 배분제도가 갖는 본질적인 의의는 지방에 대한 국가 차원의 조정 기능에 있다. 유·초·중등교육은 지방자치단체가 공급하는 공공서비스임에도 중앙정부가 그 비용의 상당 부분을 국세를 걷어 지방정부에 배분하는 이유는 교육에서의 지역 간 격차 발생이 바람직하지 않기 때문이다.[14] 지방교육재정 배분제도의 목적은 재정 능력이 열악한 지역에 중앙정부가 부족한 재원을 보전하여 교육재정의 불균형으로 인한 교육 격차를 완화하고, 국가 차원에서 일정 수준의 교육을 유지하는 데 필요한 최소한의 재원을 보장하기 위함이다.[15]

지방교육재정교부금은 내국세 총액의 20.27%와 교육세 세입액 전액을 재원으로 한다. 이 재원은 보통교부금과 특별교부금으로 구분하여 각 지방으로 배분된다. 보통교부금은 교육세 세입액 전액과 내국세 총액의 20.27%의 96%에 해당하는 금액으로 구성되며, 나머지 내국세 총액의 20.27%의 4%에 해당하는 금액을 특별교부금으로 배분한다. 지방교육재정교부금제도는 1959년부터 도입된 의무교육재정교부금제도와 1964년도부터 도입된 지방교육교부세제도를 1972년부터 지방교육재정교부금으로 통합하여 운영하고 있다.

지방교육재정교부금은 보통교부금을 중심으로 배분방법에 따라 항목별 배분기(1959~1990년), 교육비 차이도에 의한 총액배분기(1991~2000년), 소요경비 산정에 의한 총액배분기(2001년~현재)로 구분할 수 있다. 이 중 소요경비 산정에 의한 총액배분기는 기준재정수요액을 경상재정수요와 사업재정수요로 구분하여 배분한 시기(2001~2004년), 교육비차이도와 소요경비 산정액을 혼합 적용한 시기(2005~2007년), 측정항목을 세분화하여 기준재정수요액은 산출하는 시기(2008년~현재) 등으로 구분할 수 있다.

지방교육재정 운영(지출)은, 지방교육재정의 건전성 제고를 위해 사전적으로 재정 운영 계획을 수립하고 관리하기 위한 지방교육재정제도와 예산의 집행·운용을 포괄하는 활동이다.[16] 지방교육재정 운영과 관련된 주요 제도는 중기 지방교육재정계획제도, 투자심사제도, 지방채발행한도제도, 주민참여예산제도, 예산의 이월제도 등이며, 주요한 법적 근거는 〈표 9-1〉과 같다.

〈표 9-1〉 지방교육재정 운영 제도의 법적 근거

구분	법적 근거
중기 지방교육재정 계획제도	• 「지방재정법」 제33조 • 「지방재정법 시행령」 제38조의2, 제39조 • 중기 지방교육재정계획 수립 지침 • 교육부 교육비특별회계 예산편성 지침 • 시·도교육청 지방교육재정계획심의위원회 설치 조례
투자심사제도	• 「지방재정법」 제37조 • 「지방재정법 시행령」 제41조 • 지방교육행정기관 재정투자사업 심사규칙 • 지방교육행정기관 재정투자사업 심사지침 • 시·도교육청 재정투자심사위원회 및 재정공시심의위원회 운영 조례
지방채발행 한도 제도	• 「지방자치법」 제115조 • 「지방재정법」 제11조 • 「지방재정법 시행령」 제10조 • 지방채 발행 한도액 설정 및 지방채무관리 등에 관한 예규
주민참여 예산제도	• 「지방재정법」 제39조 • 「지방재정법 시행령」 제46조 • 시·도교육청 주민참여 예산제 운영 조례 및 시행규칙
예산의 이월제도	• 「지방재정법」 제50조 • 「지방자치법」 제128조

넷째, 지방교육재정 환류제도는 지방교육재정 공시제도, 지방교육재정 분석 및 진단제도, 지방교육재정 운용성과평가제도 등으로 구성된다.[17] 먼저, 지방교육재정 공시 또는 공개제도는 구 「지방재정법」 제118조의3이 신설됨으로써 1998년부터 도입되었고, 각 시·도교육청별로 조례가 정하는 바에 따라 회계연도별로 1회 이상의 기회를 통해 세입·세출 예산 집행, 지방채 및 차입금, 공유재산의 증감, 중요 물품의 증감, 기타 재정운영 중요 사항 등을 지역주민에게 공개하도록 법제화

되어 있었다. 그러나 이 당시 재정 운영상황 공개는 시·도교육청별로 자율적으로 이루어짐에 따라 그 공개내용, 공개방법 및 시기가 상이할 수밖에 없었다. 이는 기본적으로 주민에게 시·도교육청별로 비교가 가능하도록 하여 체계적인 정보를 제시하는 데 한계가 있었다.

2006년 개정을 통해 「지방재정법」에 명시적으로 별도의 장과 조항을 규정함으로써 지방재정 공시제도가 본격적으로 도입되었다(「지방재정법」 제60조 및 동법 시행령 제68조). 2006년 개정 「지방재정법」과 시행령에는 공시의 대상, 방법과 시기, 지방교육재정공시심의위원회 설치 등을 규정하여 시·도 조례에 의한 자율적 공시제도 운영이 가져오는 전국적 비교 불가능의 한계가 극복되었다. 그러나 명시적 규정이 신설된 이후에도 일반지방자치단체들에서 공시항목 작성을 위한 편람 제작 등 공시제도를 뒷받침하는 지원을 해 온 것과 달리, 교육부와 시·도교육청 수준에서는 공시제도의 중요성에 대한 인식 부족으로 인해 지방교육재정 공시제도의 추진이 미진하였다.

지방교육재정 공시제도는 2014년 이후 '정부 3.0'의 흐름 속에서 재정 운용의 투명성 제고와 지역주민 및 의회의 통제를 통한 재정책무성을 제고하려는 목적으로 강화되었다. 2014년 5월 「지방재정법」 개정을 통해 지방교육재정 공시제도는 시·도교육청 수준에서 행하는 재정 운용상황 공시와 중앙정부(교육부) 수준에서 행하는 통합공시로 구분되었다. 공시의 시기는 매 회계연도 예·결산의 확정 또는 승인된 후 2개월 내에 각 예·결산서를 기초로 시·도교육청 등의 홈페이지를 활용하여 지역주민에게 지방교육재정 상황을 공시하도록 하고 있다. 반면, 교육부는 시·도교육청들이 제출한 보고서를 토대로 종합적인 분석과 평가를 통해 필수적 지방교육재정 항목들에 대해 구분 및 비교공시를 할 수 있다. 특히 지방교육재정 업무를 전산화하기 위한 시스템 구축과 통합공시의 전산화 노력을 의무화함으로써 지방교육재정 공시제도의 고도화를 시도하고 있다(「지방재정법」 제96조의2 신설).

다음으로 지방교육재정 분석 및 진단제도의 관련 법령은 3가지이다. 「지방재정법」 제10조의 지방교육재정에의 준용 규정에 따라, 동법 제55조에 의하면 교육부 장관은 제54조상의 지방교육재정 운용에 관한 보고서 내용 분석 의무를 가진다. 시·도교육청의 재정운영 보고에 대한 규정은 1988년의 「지방재정법」에 최초 규정되었다. 이 규정은 교육부 장관이 각 시·도교육청의 보고서 내용을 분석한 후, 필요하다고 판단이 되는 경우에 지도할 수 있도록 하였다. 재정운영 보고, 교육부 장관의 분석과 지도 단계는 현재의 지방교육재정 분석 및 진단제도에서 분석의 과정과 유사하다고 할 수 있다.

이후, 1994년 12월에 기존 「지방재정법」 보칙 제12장을 유지하면서, 지방교육재정 분석 및 진단의 근거를 구체적으로 마련하게 된다. 또한 교육부 장관은 현저하게 낙후된 지역 개발 또는 재해로 인한 특별한 재정수요가 발생한 경우, 국가시책 사업과 밀접한 이해관계가 있는 경우 등은 시·도교육청에 특별재정지원을 가능하도록 하였고(제118조의2), 각 시·도교육청 지방교육재정의 상황을 공개하게 함으로써(제118조의3), 지금의 지방교육재정 공시제도의 시작을 알렸다.

2005년 8월의 「지방재정법」 개정은 재정분석 및 공개제도를 법령에서 별도의 장으로 분리·규정하게 되었다. 다만, 지금과는 달리 2005년 개정법은 재정진단을 강행규정이 아닌 재량규정의 형식으로 하였다. 이후, 2011년 3월에 지방교육재정 분석 및 진단의 실효성을 제고하기 위해서 재정분석에 따른 결과 재정 건전성 및 효율성이 현저히 떨어지는 시·도교육청에 대해서 재정진단의 단계를 의무화하였고, 재정위기단체 지정 및 해제, 권고안의 이행의무, 단체의 지방채 발행 제한, 재정건전화계획에 대한 불성실한 조치 경우 불이익 부여 가능규정 등을 추가로 신설하여 지방교육재정분석 결과를 반영하는 과정을 대폭적으로 강화하였다. 그 결과로서 종전 「지방재정법」 제56조의 지방재정분석·진단위원회 설치 및 운영 내용은 지방재정위기관리위원회 설치 및 운영의 조항으로 그 제목과 내용이 전문 개정되었고, 동법 시행령 제66조 제5항 제1호에 근거하여 「지방재정법」 제55조의 재정분석 및 진단에 관한 사항들도 지방재정위기관리위원회가 심의할 수 있도록 개정하게 되었다.

「지방재정법」과 동법 시행령에 더하여 지방교육재정 분석 및 진단제도는 교육부 훈령인 '지방교육재정 분석 및 진단규정'에서 좀 더 자세히 규정하고 있다. 이 규정은 최근 2015년 6월에 재정분석지표의 개정이 있은 후 현재에 이르고 있다. 지방교육재정 분석 및 진단규정은 5개의 장과 19개의 조문, 부칙 등으로 구성되어 있고, 지방교육재정 분석 및 진단의 시행주체, 분석 및 진단의 과정, 재정건전화 계획의 수립과 이행, 결과 공개 및 재정인센티브 부여 등에 대해 자세히 규정하고 있다. 한편,「지방재정법」, 동법 시행령, 교육부 훈령 등에서 나타난 지방교육재정 분석 및 진단제도 내용에 대한 연혁은 〈표 9-2〉와 같이 요약할 수 있다.

〈표 9-2〉 지방교육재정 분석 및 진단제도의 근거 법령과 연혁

법령	개정 시기	주요 내용
「지방재정법」 (법률)	1988. 4. 6.	• 시 · 도교육감의 교육부 장관에 대한 재정 운용에 관한 보고 최초 규정 • 교육부 장관의 보고서 분석 및 필요한 경우에 적절한 지도 가능 규정
	1994. 12. 22.	• 재정진단의 실시 가능성을 최초로 규정 • 지방재정에 대한 특별재정지원과 재정운영 상황의 공개 등을 신설
	2005. 8. 4.	• 지방교육재정 분석 및 진단에 대한 근거 규정을 별도의 장으로 최초로 분리하여 규정 • 재정보고서의 내용에 대한 분석 의무 규정 • 재정진단에 대해서는 권고 규정
	2011. 3. 8.	• 재정진단에 대한 강행규정으로 개정 • 재정위기단체 지정 · 해제, 지방채 발행 제한, 건전화이행 부진에 대한 불이익 부여 가능 규정
	2014. 5. 28.	• 지방교육재정 분석 및 진단 결과를 예산안 첨부 서류로 명문화 • 재정분석의 객관성과 전문성을 확보하기 위하여 대통령령으로 정하는 전문기관에 그 분석을 위탁(법률 수준에서 신설)

👥 〈표 9-2〉 지방교육재정 분석 및 진단제도의 근거 법령과 연혁(계속)

법령	개정 시기	주요 내용
「지방재정법 시행령」 (대통령령)	1988. 5. 7.	• 시 · 도교육감이 보고해야 할 재정보고서의 종류를 규정 (예산, 결산승인, 지방채 발행, 보증채무부담행위, 출자, 지방비 부담, 채무부담행위 보고서, 기타 필요하다고 인정되는 중요사항에 관한 보고서 등)
	1995. 5. 16.	• 보고해야 할 보고서 종류에 지방재정계획보고서, 재정 투 · 융자사업계획에 대한 심사결과보고서 추가 • 재정진단을 실시할 대상 단체에 대한 규정 • 재정진단 결과 필요한 경우 재정건전화 계획 수립, 시행 가능성을 규정
	2005. 12. 30.	• 보고해야 할 보고서 종류에 재무보고서, 채권의 관리현황보고서, 기금운영계획서와 기금결산보고서 추가 • 재정 분석 및 진단의 객관성과 전문성을 확보하기 위하여 관련 전문기관에 위탁 실시 가능
지방교육재정 분석 및 진단 규정 (교육부 훈령)	2010. 6. 23.	• 제정(5장 19조, 부칙, [별표] 지방교육재정 분석지표)
	2011. 5. 2.	• 시 · 도교육감의 지방교육재정보고서 제출 기한을 교육과학기술부장관이 정하는 날까지로 개정(종전은 매년 7월 말까지)
	2012. 5. 17.	• [별표] 지방교육재정 분석지표 개정
	2014. 4. 1.	• [별표] 지방교육재정 분석지표 개정
	2015. 6. 25.	• [별표] 지방교육재정 분석지표 개정

출처: 엄문영(2015: 50).

마지막으로 지방교육재정 운용평가제도는 종전 시 · 도교육청 평가의 일부 항목으로만 실시(〈표 9-3〉 참조)되어 온 재정 운용에 대한 평가를 2015년부터 분리하여 실시한 것으로 관련 근거는 「초 · 중등교육법」 제9조 제2항[18] 및 동법 시행령 제11조 제1항, 제12조 제1항,[19] 제13조, 시 · 도교육청 평가 운영 규정(교육부 훈령) 등이다. 특히 시 · 도교육청 평가 운영 규정을 2015년 2월에 개정하면서 이 규정 제4조 제4항 및 제5항[20]을 신설함으로써 기존의 시 · 도교육청별 평가 이외에 재정 건전화를 위한 평가를 별도로 실시하고, 해당 지방교육재정 운용평가의 시기를 신설 규정하였다. 지방교육재정 운용평가는 지방교육재정분석·진단제도와도 분리되어 2015년과 2016년 2회에 걸쳐 시행되었다.[21]

〈표 9-3〉 시·도교육청 평가 항목 중 재정평가 항목 및 비중

연도	재정 관련 평가항목	비중(%)
2006	재정운영성과 • 예산편성의 합리성, 예산집행의 적절성, 재정운영의 효율성, 재원확보의 안정성 및 다양성	16.7 (100/600)
2007	예산회계관리시스템 도입 및 활용 • 예산회계관리시스템 안착, 학교회계시스템 안착	13.6 (45/330)
2008	(재정평가만 실시)	100
2009	지방교육재정 운영 • 예산편성의 적정성, 재정확보 노력, 재정집행의 효율성	6.8 (68/1000)
2010	교육재정 효율화 • 학교교육예산 운영의 자율성 및 안정성, 외부재원(지방자치단체, 공공기관, 민간) 유치 실적	4.0 (40/1000)
2011	교육재정 효율화 • 외부재원 유치[외부재원유치금액(50%), 전년대비 향상도(50%)], 학교기본운영비 확대[학교회계전출금비율(30%), 학교운영비 비율(70%)]	4.0 (4/100)
2012	지방교육재정 효율화 • 외부재원 유치금액 비율, 유치금액 비율 전년대비 향상도, 학교회계 전출금 비율, 학교운영비 비율	5.0 (5/100)
2013	지방교육재정 효율화 • 학교회계 전출금 비율, 학교운영비 비율	3.0 (3/100)
2014	지방교육 행·재정 효율화 • 지방교육행정 조직 및 인력 운영의 적절성, 지방교육재정의 효율성 및 계획성	5.0 (5/100)
2015	지방교육재정 운용 평가 분리	-

출처: 엄문영(2015).

2) 근거 법령

지방교육재정 중 확보와 관련된 근거 법령은「헌법」과「교육기본법」에 근거를 두고 있다.「헌법」제31조 제6항에서는 "학교교육 및 평생교육을 포함한 교육제도와 그 운영, 교육재정 및 교원의 지위에 관한 기본적인 사항은 법률로 정한다." 라고 규정하여 교육재정에 대한 법정주의를 천명하고 있다.「교육기본법」제7조에서는「헌법」에 규정된 교육재정 법정주의에 대해, 국가와 지방자치단체의 책무, 교육재정의 안정적 확보를 위한 지방교육재정교부금제도 등을 규정하고 있다. 지방교육재정교부금제도는「지방교육재정교부금법」으로 구체화되었다.

[그림 9-3] ◆ ◆ 지방교육재정 근거 법령

출처: 김지하 외(2016)에서 재인용.

　지방교육재정의 확보 및 운영과 관련된 주요 법령은 앞서 제시한 「헌법」「교육기본법」「지방교육재정교부금법」 외에도, 「국세기본법」「교육세법」「지방세법」「지방재정법」「보조금관리에 관한 법률 및 시행령(시행규칙)」「지방자치단체의 교육경비보조에 관한 규정」「국립 초·중등학교 회계규칙」 등 법률, 명령 등으로 분산되어 있다. 지방교육재정 관련 법령 구조를 제시하면 [그림 9-3]과 같다.

　지방교육재정 운영과 관련해서는 앞서 제시한 「헌법」「지방교육자치에 관한 법률」「지방교육재정교부금법」 외에도 「지방재정법」「지방회계법」 등이 있다. 또한 교육부령으로 분류되어 있는 시행규칙으로는 「지방자치단체 교육비특별회계 예산편성운용에 관한 규칙」(교육부령 제76호), 「교육비특별회계 회계기준에 관한 규칙」(교육부령 제65호), 「지방교육행정기관 예산 성과금 운영규칙」(교육부령 제1호), 「지방교육행정기관 재정투자사업 심사규칙」(교육부령 제60호)이 있다. 법령 수준이 아닌 행정기관 구속력을 가지는 행정규칙으로 「지방자치단체 교육비특별회계 세입세출예산과목 구분과 설정에 관한 훈령」(교육부훈령 제142호), 「지방자치단체 교육비특별회계 예산편성 기준경비에 관한 훈령」(교육부훈령 제224호), 「지방채 발행 한도액 설정 및 지방채무관리 등에 관한 예규」(교육부 예규 제10호)가 존재한다. 이 밖에도 시·도 자치법규로서 「주민참여예산제 운영조례」「재정계획심의위원회 운영 조례」「재정투자심사위원회 및 재정공시심의위원회 운영 조례」「보조금 관리 조례」 등이 있다. 교육규칙으로는 「시·도교육청 금고지정 및 운영 규칙」과 「시·도교육청 재무회계 규칙」 등이 있다.

　지방교육재정 평가는 지방교육재정 환류(feedback)제도의 하위 제도 중 하나이다. 지방교육환류제도는 재정의 확보-배분-운용의 모든 과정 속에서 평가의 일정한 가치기준에 근거하여 그 성과를 확인·분석·공유·활용하는 과정이라고 볼 수 있다.[22] 일반적인 교육 행·재정의 단계에서 '환류'는 흔히 '평가'라는 용어로 대치되어 사용되지만, 지방교육재정의 영역에서는 2015년부터 실시된 지방교육재정 운용평가에서 적용한 좁은 의미의 '평가(evaluation)'와 기존 분석 및 진단, 공시제도를 포괄하는 재정 성과 전반에 대한 공개, 공시, 분석 결과의 공유 및 활용까지를 포함한다는 의미에서 보다 넓은 의미를 내포하고 있는 '환류'가 보다 적당한 것으로 보인다. 따라서 좁은 의미의 '평가'라는 용어 대신 넓은 의미의 '환류'라는 용어를 활용함으로써 그 내용적 범위의 확대와 중복을 피하고자 하는 측면이 있다.

우리나라에서 지방교육재정의 평가 또는 환류의 중요성은 1990년대 이후 보편화되었다.[23] 이는 교육정책의 흐름이 선택과 효율, 경제적 가치를 우선순위에 두는 신자유주의적 경향이 지배적인 것으로 변화된 점과도 관련이 있고, 지방교육재정의 연구 분야와 관련해서는 종전의 재원 확보와 배분에 치중했던 것에서 벗어나 효율적 운용과 성과의 관리 측면이 강조된 경향과도 무관하지 않다.[24] 이 밖에 지방교육재정의 환류제도의 중요성은 최근의 지방교육재정 재원 확보 위기와 정부 3.0의 기조에서 나타나듯이 주민참여, 정보공개, 투명한 운용과 재정책무성 강화 등의 흐름과도 같이 맞물리며 점점 강조되고 있는 실정이다.[25]

지방교육재정 환류제도는 지방교육재정 공시제도, 지방교육분석 및 진단제도, 지방교육재정 운용평가제도 등의 주요한 3가지 제도가 포함되어 있다. 각 제도들은 〈표 9-4〉에서 제시하는 바와 같이 법률적으로는 「지방재정법」과 「초·중등교육법」, 동법 시행령들, 행정규칙으로서 교육부 훈령으로 구성되어 규정되고 있다. 3가지 제도 모두 교육부 부령 수준의 시행규칙은 지방교육재정 환류제도를 위해서는 별도로 제정하고 있지는 않다.

👥 〈표 9-4〉 지방교육재정 환류 관련 법령의 구조

구분	공시제도	분석 및 진단제도	운용평가제도
법률	「지방재정법」 • 제5장 재정분석 및 공개 • 제59조(지역통합재정통계의 작성) • 제60조(지방재정 운용상황의 공시) • 제60조의2(통합공시) • 부칙 제13조(지역통합재정통계의 작성 및 지방재정 운용상황 공시 등에 대한 적용례 등) • 제13장 보칙 • 제96조의2(지방재정정보화)	「지방재정법」 • 제5장 재정분석 및 공개 • 제54조(재정 운용에 관한 보고 등) • 제55조(재정분석 및 재정진단 등) • 제55조의2(재정위기단체의 지정 및 해제) • 제55조의3(재정위기단체의 의무 등) • 제55조의4(재정위기단체의 지방채 발행 제한 등) • 제55조의5(재정건전화 이행 부진 지방자치단체에 대한 불이익 부여) • 제56조(지방재정위기관리위원회 설치 및 운영) • 제57조(지방재정분석 또는 진단 결과에 따른 조치 등)	「초·중등교육법」 • 제1장 총칙 • 제9조(학생·기관·학교평가) ②
시행령 (대통령령)	「지방재정법 시행령」 • 제5장 재정분석 및 공개 • 제68조(지방재정 운용상황의 공시방법)	「지방재정법 시행령」 • 제5장 재정분석 및 공개 • 제64조(재정 운용에 관한 보고) • 제65조(재정분석 및 재정진단 등) • 제65조의2(재정위기단체의 지정·해제의 기준 및 절차 등) • 제65조의3(재정건전화계획의 제출시기 등) • 제65조의4(재정투자사업 예산편성의 제한) • 제66조(지방재정위기관리위원회의 구성 및 운영 등)	「초·중등교육법 시행령」 • 제1장 총칙 • 제11조(평가의 대상 구분) ① • 제12조(평가의 기준) ① • 제13조(평가의 절차·공개 등)

〈표 9-4〉 지방교육재정 환류 관련 법령의 구조(계속)

구분	공시제도	분석 및 진단제도	운용평가제도
시행규칙 (부령)	-	-	-
행정규칙 (훈령)	-	지방교육재정 분석 및 진단 규정	시·도교육청 평가 운영 규정
		• 제1장 총칙 • 제2장 지방교육재정 분석 • 제3장 지방교육재정 진단 • 제4장 지방교육재정 건전화계획 • 제5장 보칙	* 별도의 장 구분 없음 • 제1조(목적) • 제2조(정의) • 제3조(평가의 원칙) • 제4조(평가계획 수립 등) • 제5조(평가대상) • 제6조(평가대상 기간) • 제7조(평가지표 구성) • 제8조(평가방법 등) • 제9조(시·도교육청 평가 위원회) • 제10조(분야별 소위원회) • 제11조(수당 등의 지급) • 제12조(의견제출) • 제13조(불공정 행위 발생 시 조치) • 제14조(표창 등) • 제15조(평가결과의 활용) • 제16조(재검토기한)

출처: 엄문영 외(2015).

🔖 **3. 지방교육재정 운용 실태 및 쟁점**[26]

1) 지방교육재정 확보

2016년 현재 지방교육재정 세입재원별 확보실태를 보면(〈표 9-5〉 참조), 총세입 예산액은 2013년 55조에서 2016년 약 62조 정도로 7조 이상 증가하였다. 총세입예산 중에서 중앙정부와 일반자치단체 이전수입 비중은 2013년 91.8%에서 2016년 89.4% 정도로 감소한 반면, 지방교육채는 증가하였다. 이전수입 중에서는 지방교육재정교부금 비중은 2013년 74.3%에서 2016년 69.3%로 감소한 반면, 지방자치단체 이전수입은 2013년 16.9%에서 2016년 18.8%로 증가하였다. 중앙정부 이전수입 중에서는 연도별 보통교부금과 특별교부금 규모는 줄어든 반면, 국고보조금 규모는 다소 늘어나는 경향을 보이고 있다. 지방자치단체 이전수입 중 지방교육세 및 시도세 전입금이 지속적으로 증가한 것으로 나타났다.

👥 **〈표 9-5〉 연도별 지방교육재정 재원별 세입(최종예산) 구성** (단위: 억 원, %)

구분	2013	2014	2015	2016
총세입예산액	550,727	578,283	596,920	619,642
	100	100	100	100
총이전수입	505,509	511,538	508,731	553,667
	91.8	88.5	85.2	89.4
총자체수입	15,208	14,749	13,608	14,210
	2.8	2.6	2.3	2.3
총지방교육채	9,583	38,111	61,318	31,732
	1.7	6.6	10.3	5.1
총기타	20,426	13,885	13,264	20,033
	3.7	2.4	2.2	3.2
이전수입	505,509	511,538	508,731	553,667
	91.8	88.5	85.2	89.4

〈표 9-5〉 연도별 지방교육재정 재원별 세입(최종예산) 구성(계속) (단위: 억 원, %)

구분	2013	2014	2015	2016
중앙정부이전수입	411,710	408,030	399,591	436,027
	74.8	70.6	66.9	70.4
지방교육재정교부금	409,162	406,994	392,754	429,385
	74.3	70.4	65.8	69.3
보통교부금	396,160	394,347	380,185	416,399
	71.9	68.2	63.7	67.2
특별교부금	13,002	12,647	12,568	12,986
	2.4	2.2	2.1	2.1
국고보조금	2,548	1,035	6,837	6,642
	0.5	0.2	1.1	1.1
지방자치단체이전수입	92,984	102,505	108,162	116,216
	16.9	17.7	18.1	18.8
법정이전수입(의무)	83,720	94,835	100,262	107,617
	15.2	16.4	16.8	17.4
지방교육세전입금	54,069	55,927	60,373	63,721
	9.8	9.7	10.1	10.3
담배소비세전입금	5,304	5,514	5,185	5,640
	1	1	0.9	0.9
시도세전입금	19,153	21,214	22,694	24,218
	3.5	3.7	3.8	3.9
학교용지일반 회계부담금	5,194	4,402	3,972	5,955
	0.9	0.8	0.7	1
지방교육재정 교부금보전금	0	7,777	7,830	7,807
	0	1.3	1.3	1.3
교육급여보조금	0	0	209	277
	0	0	0	0
비법정이전수입(재량)	9,264	7,671	7,899	8,598
	1.7	1.3	1.3	1.4

〈표 9-5〉연도별 지방교육재정 재원별 세입(최종예산) 구성(계속) (단위: 억 원, %)

구분	2013	2014	2015	2016
광역자치단체전입금	4,640	2,951	3,914	4,569
	0.8	0.5	0.7	0.7
기초자치단체전입금	4,624	4,720	3,985	4,030
	0.8	0.8	0.7	0.7
기타이전수입	815	1,003	978	1,424
	0.1	0.2	0.2	0.2
민간이전수입	773	927	850	904
	0.1	0.2	0.1	0.1
자치단체간이전수입	41	76	128	520
	0	0	0	0.1
자체수입	15,208	14,749	13,608	14,210
	2.8	2.6	2.3	2.3
입학금 및 수업료	10,584	10,136	9,565	9,777
	1.9	1.8	1.6	1.6
사용료 및 수수료	251	240	230	269
	0	0	0	0
자산수입	1,687	2,272	2,070	1,405
	0.3	0.4	0.3	0.2
이자수입	1,726	941	688	1,054
	0.3	0.2	0.1	0.2
기타수입 등	961	1,160	1,055	1,705
	0.2	0.2	0.2	0.3
지방교육채 및 기타	30,010	51,996	74,582	51,765
	5.4	9	12.5	8.4
지방교육채	9,583	38,111	61,318	31,732
	1.7	6.6	10.3	5.1
기타	20,426	13,885	13,264	20,033
	3.7	2.4	2.2	3.2

👥 〈표 9-5〉 연도별 지방교육재정 재원별 세입(최종예산) 구성(계속)

(단위: 억 원, %)

구분	2013	2014	2015	2016
순세계잉여금	20,406	13,876	13,219	19,621
	3.7	2.4	2.2	3.2
보조금사용잔액	21	8	45	412
	0	0	0	0.1

출처: 지방교육재정알리미 홈페이지(http://www.eduinfo.go.kr).

　지방교육재정 확보와 관련한 쟁점은 크게 규모 추정 쟁점, 제도적 쟁점, 정치적 쟁점, 집행과정적 쟁점 등으로 나타나고 있다. 첫째, 지방교육재정의 확보와 관련하여 가장 중요한 쟁점은 총교육재정 소요 규모를 추정하는 과정과 관련된 것이다. 이때 교육적 필요만큼의 충분한 교육재정이 확보되는 것이 가장 큰 목표가 되며, 충족성 및 자구성 등이 중요한 확보의 원리와 가치로 작용한다.[27] 이러한 재원 규모 추정은 현재뿐만 아니라 미래에 필요한 재원을 추정하는 예측 형식을 지니고 있다. 따라서 정책 입안자 및 연구자들은 필요한 만큼의 교육재정 소요를 추정하고 현재 규모와의 차이를 계산한 후, 향후 더 확보되어야 할 재정 확보 방안을 도출하는 과정을 거치고 있다. 규모 추정 방식으로는 계량 경제모델, 교육적 필요모델, 기획재정부의 교육재정투자 예측 등 지금까지 제시된 교육재정 규모 추정 방식 등이 있다.

　둘째, 제도적 쟁점은 중앙정부 의존도가 심화되는 데서 오는 쟁점이다. 주요 내용은 다음과 같다. ① 현행 지방교육재정은 중앙정부 의존도가 심하고 지방자치단체의 지원이 법적 기준을 넘어서지 못하는 불안정한 세입구조가 지속되고 있다. ② 지방교육재정의 대부분을 차지하는 지방교육재정교부금의 규모가 내국세 수입의 일정 비율에 의해 결정되는 점을 감안할 때, 국내 경기가 위축되는 경우 조세수입 감소로 국가재정 운용에 큰 부담으로 작용하고, 이어서 법령에 근거한 지방교육재정교부금 배정액도 축소가 불가피하여 교육재정이 심각한 위협에 처할 수 있는 상황도 배제할 수 없다. ③ 1958년 교육세 도입, 1982년 교육세 재도입과

1991년 교육세의 영구세 전환 모두 조세확보 전략의 일환이었지만 이후 지속적으로 교육세 폐지에 대한 논쟁이 제기되고 있다.

셋째, 지방교육재정 확보에 있어 정치적 쟁점은 정권 및 정책 변화과정에서 발생하는 쟁점을 의미한다. 이는 주로 대통령, 국회의원, 지방선거(지방자치단체장 및 교육감 등) 등의 정권교체 시기에 발생하는 공약을 이행하는 것으로 나타나게 된다. 교육감 직선제 이후 교육감과 지방자치단체장의 성향 일치도 역시 지방교육재정 확보에 영향을 미치는 것으로 알려져 있으며, 지방재정과 지방교육재정 통합 논의도 정치적 쟁점 사항으로 부각되고 있다.

넷째, 확보된 지방교육재정은 시·도교육비특별회계로 관리되며, 교육현장에 직접 집행되고 있다. 그런데 현행 제도의 집행과정에서 다양한 쟁점이 발생되고 있다.[28] 집행과정에서 나타나는 주요 쟁점 내용을 제시하면 다음과 같다. ① 지방교육재정에서 자체재원의 비중은 10.4% 수준에 불과한 반면, 의무교육 경비에 대한 국가부담 원칙에 따른 지방교육재정교부금과 지방자치단체의 책임 확대에 따른 지방세의 의무적인 지방교육 지원이 법정화되어 있어 수입과 지출 주체의 괴리가 발생하고 있다. 이에 따른 교육자치단체의 도덕적 해이 문제가 발생할 가능성이 높다는 논란 또한 여전하다. ② 교육경비보조에 관한 규정에 따라 교육재정 지원이 제한되는 기초지방자치단체 수가 2014년 78개이며 매년 증가하는 추세이지만, 지원제한 요건에 해당해도 교육재정을 지원한 사례가 있고 지역주민들의 요구 역시 지속되고 있어 논란이 발생하고 있다. ③ 시·도에서 시·도교육청으로의 법정전입금 전입이 지연되어 지방교육예산의 원활한 계획수립 및 집행이 저해되고 있다. 더욱이 법정전입금에 대한 내역을 지방자치단체가 요구하고 있어 자율적인 교육재정 집행의 어려움을 야기하고 있다. ④ 지방자치단체의 학교용지부담금 미지급금이 여전히 많이 남아 있어 재정 확보의 어려움이 있다. 「학교용지확보 등에 관한 특례법」의 규정에 의해 지방자치단체가 학교용지부담금을 부과·징수한 후 이를 바탕으로 학교용지확보경비의 1/2을 지방자치단체 일반회계가 부담하게 되어 있으나, 학교용지부담금 징수 실적이 아직도 저조하고 징수한 학교용지부담금조차 교육비특별회계로 전출하지 않는 사례가 보고되고 있다.[29]

2) 지방교육재정 배분

2008년 이후 보통교부금 기준재정수요 측정항목은 5번 정도의 변화를 거쳐 왔다. 2008~2009년에 9개 측정항목(22개 세부측정항목)은 2014년 이후 14개 측정항목(37개 세부측정항목)으로 확대 · 통합되었다. 자율형 사립고등학교 지정 인센티브, 외부로부터의 교육투자 유치실적, 고등학교 학업중단학생 비율(감소), 특성화 고등학교 체제개편 등 기준재정수요 산정 시 시 · 도교육청의 자체 노력 수요가 계속 추가된 것이 특징적이다.

〈표 9-6〉 2008년도 이후 현재까지 보통교부금 기준재정수요 측정항목의 변화

연번	2008~2009년	2010년	2011년	2012~2013년	2014~2015년
1	교직원인건비	교직원인건비	교직원인건비	교직원인건비	교직원인건비
2	학교 · 교육과정 운영비	학교 · 교육과정 운영비	학교 · 교육과정 운영비	학교 · 교육과정 운영비	학교 · 교육과정 운영비
3	교육행정비	교육행정비	교육행정비	교육행정비	교육행정비
4	학교시설비	학교시설비	학교시설비	교육복지지원비	교육복지지원비
5	유아교육비	유아교육비	유아교육비	학교시설비	학교시설비
6	방과후학교사업비	방과후학교사업비	방과후학교사업비	유아교육비	유아교육비
7	재정결함보전	재정결함보전	재정결함보전	방과후학교사업비	방과후학교사업비
8	학교학급통폐합 지원	학교학급통폐합 지원	학교기본운영비 확대	재정결함보전	재정결함보전
9	학교신설민-관 협력 확대	학교신설민-관 협력 확대	학교학급통폐합 지원	학교기본운영비 확대	
10		자율형 사립고 지정 인센티브	학교신설민-관 협력 확대	학교학급통폐합 지원	학교학급통폐합 지원
11			자율형 사립고 지정 인센티브	학교신설민-관 협력 확대	학교신설민-관 협력 확대
12			경상적 경비절감	자율형 사립고 지정 인센티브	자율형 사립고 지정 인센티브

〈표 9-6〉 2008년도 이후 현재까지 보통교부금 기준재정수요 측정항목의 변화(계속)

연번	2008~2009년	2010년	2011년	2012~2013년	2014~2015년
13			기초학력미달 학생 감소	경상적 경비 절감	
14			고등학교학업 중단학생비율	외부로부터 교육 투자 유치	외부로부터 교육 투자 유치
15				기초학력 미달 학생 감소	
16				사교육비 절감	
17				고등학교 학업 중단학생비율	고등학교 학업 중단학생비율
18				고등학교졸업생 취업제고	
19				특성화고 체제개편 지원	특성화고 체제개편 지원
	9개 측정항목(22개 세부측정항목)	10개 측정항목(27개 세부측정항목)	14개 측정항목(32개 세부측정항목)	19개 측정항목(42개 세부측정항목)	14개 측정항목(37개 세부측정항목)

주: 1. 교육부 보통교부금 각 연도별 국회보고자료, 지방교육재정교부금 시행규칙 참조

   2. 측정항목 수는 실제 교부된 금액을 기준으로 산정함. 세종시 보정, 제주특별자치도는 제외함. 밑줄 그은
항목들은 전년대비 신규로 포함된 수요항목임.

출처: 엄문영 외(2015); 이광현(2015).

👥 〈표 9-7〉 보통교부금의 기준재정수요액 및 기준재정수입액 산정 결과(2012~2016년)

(단위: 억 원, %)

구분		2012		2013		2014		2015		2016	
		금액	비율	금액	비율	금액	비율	금액	비율	금액	비율
제주특별자치도(A)		5,825		6,219		6,182		5,963		6,458	
기준 재정 수요액 (B)	교직원인건비	293,457	65.1	307,461	63.5	316,301	63.9	326,780	68.0	345,920	66.8
	학교·교육과정운영비	72,992	16.2	69,149	14.3	69,434	14.0	75,349	15.7	82,492	15.9
	교육행정비	22,175	4.9	8,311	1.7	9,457	1.9	7,774	1.6	7,362	1.4
	교육복지지원비	−	−	13,049	2.7	12,992	2.6	12,981	2.7	13,922	2.7
	학교시설비	17,227	3.8	26,323	5.4	29,348	5.9	195	0.0	975	0.2
	유아교육사업비	20,608	4.6	32,348	6.7	37,210	7.5	42,258	8.8	43,339	8.4
	방과후학교사업비	6,248	1.4	8,269	1.7	9,366	1.9	4,059	0.8	7,980	1.5
	재정결함보전	6,804	1.5	6,862	1.4	7,371	1.5	7,677	1.6	11,388	2.2
	학교기본운영비확대	894	0.2	1,000	0.2	−	−	−	−	−	−
	학교학급통폐합지원	1,592	0.4	2,506	0.5	2,381	0.5	2,093	0.4	3,300	0.6
	학교신설민−관협력 확대	3	0.0	△10	0.0	△73	0.0	276	0.1	318	0.1
	자사고지정인센티브	510	0.1	480	0.1	490	0.1	490	0.1	460	0.1
	경상적경비절감	349	0.1	347	0.1	−	−	−	−	−	−
	외부로부터교육투자유치	174	0.0	281	0.1	416	0.1	324	0.1	253	0.0
	기초학력미달학생감소	2,708	0.6	3,019	0.6	−	−	−	−	−	−
	사교육비절감	2,607	0.6	2,952	0.6	−	−	−	−	−	−
	고교학업중단학생감소	525	0.1	577	0.1	435	0.1	467	0.1	−	−
	고교졸업생취업제고	400	0.1	782	0.2	−	−	−	−	−	−
	특성화고 체제개편지원	1,830	0.4	330	0.1	△130	0.0	△20	0.0	−	−
	세종특별자치시 보정	−	−	384	0.1	333	0.1	302	0.1	214	0.0
	소계	451,103	100.0	484,420	100.0	495,331	100.0	480,703	100.0	517,923	100.0
기준 재정 수입액 (C)	지방교육세	44,567	51.9	50,236	53.1	53,159	49.5	55,876	52.3	60,738	53.6
	시·도세	16,223	18.9	21,213	22.4	22,330	20.8	19,408	18.2	21,559	19.0
	담배소비세	4,961	5.8	4,016	4.2	4,991	4.7	5,015	4.7	6,103	5.4
	수업료 및 입학금	18,382	21.4	17,175	18.2	17,246	16.1	16,789	15.7	16,265	14.4
	학교용지일반회계부 담금	1,793	2.1	1,894	2.0	1,928	1.8	1,982	1.9	811	0.7

👥 〈표 9-7〉 보통교부금의 기준재정수요액 및 기준재정수입액 산정 결과(2012~2016년)(계속)

(단위: 억 원, %)

구분		2012		2013		2014		2015		2016	
		금액	비율	금액	비율	금액	비율	금액	비율	금액	비율
	지방교육재정교부금 보전금	–	–	–	–	7,656	7.1	7,705	7.2	7,862	6.9
	합계	85,926	100.0	94,534	100.0	107,310	100.0	106,775	100.0	113,338	100.0
감사결과반영(D)						△86		△8		△2	
보통교부금 교부액(A+B−C+D)		371,002		396,105		394,117		380,185		411,041	

출처: 교육부(각 년도).

　지방교육재정 배분과 관련하여 지금까지 제기된 쟁점은 배분의 공평성, 시·도교육청 운용의 자율성, 합리적 배분기준의 난이성, 재원배분의 충족성 등으로 정리될 수 있다.[30] 첫째, 지방교육재정 배분의 공평성 약화이다. 특히 특별시·광역시·경기도에서는 2010년 이후 교육비의 차이가 심해졌다. 둘째, 시·도교육청 재정 운용의 자율성을 침해하고 있다. 지나치게 세분화된 항목에 대해 측정단위와 단위비용을 적용하여 수요액을 산출하는 방식은 교육청으로 하여금 산출기준 자체가 지출에 대한 지침으로 작용하면서 운용의 자율성을 저해한다. 셋째, 합리적 배분기준 산정의 난이성이다. 수요항목별로 측정단위가 다르고 측정방식이 복잡하여 이해가 쉽지 않은 문제점이 있다. 넷째, 중앙정부의 지방교육재정 배분은 시·도교육청의 재정 확보와 연계된다는 점에서 지방교육재정 배분과정에서 중요하게 고려해야 될 기준 중 하나가 충족성이다. 배분된 교부금이 시·도교육청의 재정수요에 따른 필요경비를 적절히 반영하고 있는가의 여부에 대한 논의는 지방교육재정 배분에 있어 중요한 의미를 지닌다. 충족성은 시·도교육청의 자율적 능력이 발휘될 수 있는 규모로 지방교육재정을 배분하는 것을 뜻한다. 즉, 시·도교육청의 자율성을 갖고 자기 책임에 따라 실정에 맞는 계획을 수립·추진할 수 있도록 합당한 규모의 재정을 배분해야 한다.[31] 이와 관련하여 제기되고 있는 문제는 기준재정수요액의 측정단위로서 교직원인건비와 학교·교육과정운영비의 필요경비 반영 여부에 대한 것이다.

3) 지방교육재정 운영

지방교육재정 운영 실태는 시·도교육비특별회계 정책사업별 세출 결산을 중심으로 분석하였다(〈표 9-8〉 참조). 총세출예산액은 2011년 47조에서 2015년 57조 정도로 약 10조 이상 증가하였다. 정책사업 중 인적자원운용비는 매년 52% 정도를 유지하고 있으며, 교육복지지원사업 비중이 2011년 4.4%에서 2015년 19.8% 정도로 증가하였다. 이 외에 나머지 정책사업별 세출은 매년 감소하는 추세를 보이고 있다.

〈표 9-8〉 교육비특별회계 정책사업별 세출 결산(2011~2015년)

(단위: 백만 원, %)

구분	2011	2012	2013	2014	2015
합계	46,814,067	50,433,937	53,295,765	56,789,353	56,597,924
	100.0	100.0	100.0	100.0	100.0
인적자원운용	24,565,032	26,085,166	27,276,652	28,296,657	29,681,777
	52.47	51.72	51.18	49.83	52.44
교수-학습활동지원	3,972,959	4,442,617	3,434,007	3,057,537	2,755,840
	8.49	8.81	6.44	5.38	4.87
교육복지지원	2,061,045	2,939,672	5,016,557	5,577,260	6,105,164
	4.40	5.83	9.41	9.82	10.79
보건/급식/체육활동	1,002,164	1,211,339	1,718,004	1,635,231	1,611,230
	2.14	2.40	3.22	2.88	2.85
학교재정지원관리	8,253,437	9,455,967	9,774,667	9,929,868	10,261,809
	17.63	18.75	18.34	17.49	18.13
학교교육여건개선시설	4,243,016	4,182,933	4,019,810	4,228,088	4,153,144
	9.06	8.29	7.54	7.45	7.34
평생교육	123,656	135,591	129,344	118,456	106,935
	0.26	0.27	0.24	0.21	0.19

〈표 9-8〉 교육비특별회계 정책사업별 세출 결산(2011~2015년)(계속)

(단위: 백만 원, %)

구분	2011	2012	2013	2014	2015
직업교육	42,613	53,292	15,203	8,470	7,767
	0.09	0.11	0.03	0.01	0.01
교육행정일반	382,013	464,407	426,701	528,467	419,394
	0.82	0.92	0.80	0.93	0.74
기관운영관리	437,129	552,790	527,757	451,541	409,556
	0.93	1.10	0.99	0.80	0.72
지방채상환 및 리스료	1,657,067	904,114	950,359	2,952,114	1,077,618
	3.54	1.79	1.78	5.20	1.90
예비비 및 기타	73,935	6,051	6,704	5,663	7,691
	0.16	0.01	0.01	0.01	0.01

주: 1. 2014년 지방교육채 세출결산액에는 99년 발행한 공자기금 지방채 차환액 2조 115억 원 포함
   2. 인적자원운용: 정규직인건비, 비정규직인건비, 교원역량강화, 지방공무원역량강화, 교원인사관리, 지방공무원인사관리, 비정규직인사관리, 교직원복지와사기진작, 교직원단체관리
   3. 교수−학습활동지원: 교육과정개발운영, 학력신장, 수업지원장학활동, 연구시범학교운영, 교과교육연구회운영활성화, 유아교육진흥, 특수교육진흥, 영재교육활성화, 독서교육활성화, 외국어교육, 과학교육활성화지원, 특성화고교육, 학교정보화인프라구축, 체육교육내실화, 특별활동지원, 수련 및 봉사활동, 학생생활지도, 대안교육운영지원, 학생상담활동지원, 진로진학교육, 학력평가, 학교평가관리, 학생선발배정, 교육연구 및 교수−학습지원센터운영, 검정고시관리, 교과교실제운영지원
   4. 교육복지지원: 학비지원, 방과후등교육지원, 급식지원, 정보화지원, 농어촌학교교육여건개선, 교육복지우선지원, 누리과정지원, 교과서지원
   5. 보건/급식/체육활동: 보건관리, 급식관리, 각종체육대회활동
   6. 학교재정지원관리: 학교운영비지원, 사학재정지원
   7. 학교교육여건개선시설: 학생배치시설, 학교일반시설, 교육환경개선시설
   8. 평생교육: 평생교육활성화지원, 독서문화진흥
   9. 직업교육: 직업진로교육
   10. 교육행정일반: 교육정책기획관리, 교육정책홍보, 감사관리, 기관평가, 교육행정혁신, 법무관리, 의정활동지원, 선거관리, 교육행정정보화, 교육행정자료 및 기록물관리, 민원 및 행정서비스관리, 비상대비계획 및 보안, 예결산관리, 재무관리, 학생배치계획, 사학기관지도육성, 학부모 및 주민교육참여확대, 시설사업관리, 국제교육문화교류협력, 특별교육재정수요지원
   11. 기관운영관리: 기본운영비, 교육행정기관시설
   12. 지방채상환 및 리스료: 지방교육채상환, 민간투자사업상환, 일시차입금관리
   13. 예비비 및 기타: 예비비 및 제지출금등, 내부유보금

2008년 이후 시·도교육청의 누적된 지방교육채는 다른 정책사업에 대한 지출을 압박하는 요인으로 작용하고 있다. 2015년 결산을 기준으로 강원의 총채무비율이 106.73%로 가장 높으며, 대구는 자체부담 관리채무 비율이 9.06%로 높게 나타났다.

시·도교육비특별회계 운용 측면에서의 쟁점은 다음과 같다. 첫째, 의존 재원 중심의 세입 구조 및 과도한 경직성 경비를 보이고 있다. 둘째, 과도한 채무 부담이다. 시·도교육청의 채무[지방교육채, 임대형민자사업(BTL) 임대료]는 상환시점에서 당해 연도 지방교육재정교부금에서 상환해야 하기 때문에 지방교육재정 감소를 초래한다. 셋째, 불가피한 이월·불용액 발생 구조를 가지고 있다. 넷째, 중기 지방교육재정 계획이 지방교육재정 관리와 관련된 법령 중, 예산편성기준과의 연계성 강화가 필요하다는 점, 투자 심사에 통과된 사업에 맞추어 예산이 반영되기 때문에 중기지방재정계획상 예측치와 당초 예산과의 차이가 발생되는 원인이 된다는 점, 중기지방교육재정 계획 수립에 있어 의회와 중기지방재정계획 심의의원회의 역할이 약하다는 점 등에서 중기지방교육재정계획제도 상의 문제점도 나타나고 있다. 다섯째, 현행 투자심사제도는 사전검토와 사후평가체계가 미약하다는 점, 투자심사의 세부 기준이 미흡하다는 점, 학교신설 등 교육환경투자를 심사하는 경우에도 수익성은 아니지만 재무적 건전성과 사회적 편익에 대한 점검은 추가될 필요가 있다는 점, 교육부의 사업지침에는 실제 투자에 활용되는 평가기준 및 척도 등은 제외되어 있어 이에 대한 보완이 필요하다는 점이 투자심사 제도의 쟁점으로 제시되고 있다.

〈표 9-9〉 시·도교육청 관리채무 비율(2015년 결산 기준)

(단위: 백만 원, %)

구분	지방교육채무잔액			세입 결산액 (B)	지방교육채 결산액 (C)	보통교부금 재정결함 보전 교부액(D)	총관리 채무비율 A/(B-C) ×100	자체부담 관리채무 비율 b/(B-C- D)×100
	계 (A)=a+b	교부금부담 (a)	자체부담 (b)					
전체	19,422,590	17,532,861	1,889,729	62,494,517	6,126,816	767,713	34.46	3.40
서울	7,197,694	6,126,915	1,070,779	24,524,081	2,420,043	245,387	32.56	4.90
부산	12,224,896	11,405,945	818,950	37,970,436	3,706,773	522,326	35.68	2.43
대구	2,324,359	1,635,372	688,987	8,468,772	815,069	52,476	30.37	9.06
인천	837,404	725,758	111,646	3,812,240	368,508	27,516	24.32	3.27
광주	899,245	817,457	81,789	2,914,755	395,120	30,138	35.69	3.29
대전	974,513	866,076	108,437	3,128,870	256,045	41,925	33.92	3.83
울산	423,083	413,198	9,885	1,865,532	94,771	23,426	23.89	0.57
세종	437,839	414,677	23,162	1,777,032	118,989	23,133	26.41	1.42
경기	498,752	455,514	43,238	1,523,418	90,663	26,070	34.81	3.07
강원	802,499	798,864	3,635	1,033,462	280,878	20,702	106.63	0.50
충북	6,523,747	6,406,096	117,652	13,490,950	1,495,063	358,800	54.38	1.01
충남	493,388	417,980	75,408	2,646,862	218,637	8,530	20.32	3.12
전북	544,906	484,688	60,218	2,366,762	203,033	18,271	25.18	2.81
전남	765,560	702,962	62,598	3,252,799	337,306	23,840	26.26	2.16
경북	678,019	529,323	148,696	2,872,580	242,043	15,140	25.77	5.69
경남	809,600	774,179	35,421	3,617,321	363,629	18,816	24.88	1.09
제주	939,565	828,638	110,927	4,214,658	395,258	28,762	24.60	2.93

주: 제주의 경우 교육부 장관이 제주자치도에 교부하는 보통교부금은 「지방교육재정교부금법」 제5조에도 불구하고 같은 법에 따른 보통교부금 총액의 1만분의 157로 산정하며 측정항목이 없음(「제주특별자치도 설치 및 국제자유도시 조성을 위한 특별법」 제83조)

출처: 한국교육개발원(2016: 71).

여섯째, 지방채 발행 총액 한도제는 지방자치단체의 자율성을 제약하고 재정건
전성을 악화시키고 있어 제도의 순기능에 대한 논란이 있다는 점, 투자심사의 세

부 기준이 미흡하다는 점, 2015년 감사원의 지방교육재정 운용 실태 분석결과에서 지적한 바와 같이, 시·도교육청의 순세계잉여금이 지방채 조기상환에 효율적으로 활용되지 못하는 점 등이 지방교육채의 문제점으로 제시되고 있다. 일곱째, 성과주의 예산제도의 문제점으로는 사업예산과 성과관리의 연계가 부족하고 성과목표를 설명할 수 있는 지표선정이 어렵다는 점이 지적되고 있다.

여덟째, 현재 시·도교육청의 주민참여예산제도는 집단이기주의 조장을 통해 지방재정 운용의 효율성이 떨어질 수 있을 뿐만 아니라 지방의회와 예산편성에 참여하는 주민 간 마찰이 발생할 가능성이 있다. 낮은 시민참여와 다수의 무관심, 주민참여예산위원회의 정체성과 위상 취약(취약한 시민 대표성), 주민참여예산위원회 부재 단체 존재, 주민참여예산의 역할(전체 지방자치단체 예산에 대한 주민의 수요와 거시적 방향 제시 미흡) 취약, 참여예산사업 편중 경향(참여예산 몫으로 할당된 예산을 두고 주민이 직접 사업을 제안하고 전정하는 방식), 참여예산사업 선정을 둘러싼 현안 및 갈등 부상, 참여예산의 개방성(사회적 형평 이슈 소외 등), 참여예산 운영 모니터링 및 평가시스템 취약, 일반자치단체와 교육자치단체의 이원적 참여예산제도 운영 등도 문제점으로 제시되고 있다.

〈표 9-10〉 주민참여예산제도의 실시와 관련된 쟁점 정리

구분	주요 쟁점 사항	관련 원리
대표성 – 구성원의 대표성 – 의사·선호 대표성	• 누가 지역주민을 대표할 것인가의 문제 • 대표성 없는 참여, 불평등 참여 • 주민의 의사, 수요, 선호 대표성 • 주민대표기구(주민참여예산위원회 등) 구성, 기능, 권한 정당성 • 낮은 주민 참여율 • 참여문호의 개방성과 기회의 공평성	• 대표성 • 공정성 • 비용·효과성

〈표 9-10〉 주민참여예산제도의 실시와 관련된 쟁점 정리(계속)

구분	주요 쟁점 사항	관련 원리
참여단계와 수준	• 예산과정 중 어떤 단계와 수준에 참여할 것인가의 문제 • 컨설팅, 권한위임 등 수준문제(단순한 의견 제시, 예산 관여 및 영향력 행사) • 어떤 예산사업을 대상으로 관여(의견, 의사결정)할지의 문제 • 세입예산 등 기타 예산회의 참여 여부 등 • 참여자 전문성 문제	• 공정성 • 공평성
불평등 영향	• 참여자의 자기 이익 추구와 공동체 이익 반영 문제 • 주민의견 수렴 및 반영 관련 문제 • 시민단체 등 주도 주체의 영향 공정성 문제 • 낮고 약한 주민참여, 높고 강한 이익집단 참여의 위험성	• 공정성 • 대표성
자치단체장/공무원 인식 및 행태	• 자치단체장의 인식 및 태도 변화 • 공무원의 인식 및 태도 변화	• 공정성 • 대표성
지방의회 관계	• 제도적 완전분리와 대의민주주의 보완의 선택 • 제도적·형식적 관계와 실질적 관계 설정 문제 • 지방의회의 부정적·소극적 시각 • 지방의회에 대한 부정적, 과도한 압력행사의 위험성	• 대표성 • 공정성

제도운영 비용 등	• 참여예산제도와 관련된 직·간접적 비용
	  − 거래비용, 기회비용
	  − 각종 포럼/위원회, 교육, 학습 관련 비용, 관계 공무원 비용
	  − 공무원의 인식·태도 변화 유도 비용 등
	• (지역) 언론의 지속적 관심 유발
		• 비용효과성

출처: 임성일 외(2015: 51).

아홉째, 예산의 편성 및 집행의 특례규정인 추경예산제도와 예산의 이·전용제도는 시·도교육청의 이월·불용액을 감소시키기 위해 일부 개정이 필요한 사항이다. 열째, 지방교육재정의 편성 및 운용 관련 법령 및 지침 중 개정이 필요한 사항은 교육비특별회계예산편성 지침을 개정하여 예비비 편성금액을 조정할 필요가 있다는 점, 지방자치단체 교육비특별회계 예산편성 운용 규칙을 개정하여 간주처리제도를 명문화할 필요가 있다는 점,「지방교육재정교부금법」제9조에 명시된 교부금 정산 규정에 대한 보완이 필요하다는 점, 교육공무직인건비(학교회계직원)로 총 어느 정도의 예산이 소요되는지 판단이 불가능하다는 점 등이 주요 쟁점으로 제시되고 있다.

4) 지방교육재정 환류

지방교육재정 공시제도는 지방교육재정알리미 서비스(http://www.eduinfo.go.kr)를 통해 정책수요자가 교육청의 재정 운용 상황을 직접 확인할 수 있도록 재정정보 공시 항목을 확대(71개 → 363개)하고 교육청 간 비교공시를 강화하고 있다.

[그림 9-4] ◆◆ 지방교육재정알리미 서비스

출처: 지방교육재정알리미 홈페이지(http://www.eduinfo.go.kr).

지방교육재정 공시포털시스템 개통(2015. 12. 17.)을 통해 무상급식비, 누리과정, 방과후학교, 교육환경개선비 등 주요 재정 집행 현황에 대한 비교 정보가 제공되고 있다([그림 9-4] 참조).

지방교육재정분석·진단제도는 2010년 이후 도입되어 지방교육재정의 건전성과 효율성을 주요 지표를 통해 관리하는 시스템으로 운영되고 있다. 주요 분석결과는 지방교육재정알리미에 공개되어 시·도교육청의 예산편성 시 의회에 제출하는 필수 자료로 활용되고 있다.

〈표 9-11〉 지방교육재정분석지표 비교

분야		2015 분석지표	2016 분석지표
일반현황		없음	① 세입·세출, 예·결산 현황 ② 교육기관 현황 ③ 유치원·어린이집 현황 ④ 교육기관 정·현원 현황 ⑤ 학급당 학생 수 현황 ⑥ 교원 1인당 학생 수 현황 ⑦ 교육취약계층 학생 현황
분석 지표	재정 건전성	① 통합재정수지 비율 ② 실질수지 비율 ③ 관리채무 비율 ④ 관리채무상환 비율 ⑤ 경상일반재원 대비 인건비 비율	① 통합재정수지 비율 ② 실질수지 비율 ③ 관리채무 비율
	재정 효율성	① 예산 총규모 예측 비율(증감률) ② 시설사업 예측 비율(증감률) ③ 지방세(법정) 이전수입 전입 비율(증감률) ④ 학교용지일반회계부담금(법정) 전입 비율(증감률) ⑤ 경상적 자체수입 비율(증감률) ⑥ 자체수입 체납액 축소 비율(증감률)	① 중기지방교육재정규모 예측 비율 ② 주요사업 예측 비율 ③ 지방세(법정) 이전수입 분기별 전입 누계비율(증감률) ④ 학교용지매입비 일반회계부담금(법정) 전입 비율 ⑤ 경상적 자체수입 비율(증감률) ⑥ 자체수입 체납액 비율(증감률)

👥 〈표 9-11〉 지방교육재정분석지표 비교(계속)

분야		2015 분석지표	2016 분석지표
분석 지표	재정 효율성	⑦ 핵심교육서비스 투자 비율(증감률) ⑧ 행정운영경비 비율(증감률) ⑨ 총액인건비 집행 비율(증감률) ⑩ 업무추진비 집행 비율(증감률) ⑪ 민간이전경비 비율(증감률) ⑫ 출연금 비율(증감률) ⑬ 특별교육재정수요지원 집행 비율(증감률) ⑭ 시설비 집행 비율(증감률) ⑮ 중앙투자심사 사업 적정 집행 비율 ⑯ 불용액 비율(증감률)	⑦ 유·초·중등 교육부문 투자 비율(증감률) ⑧ 행정운영경비 비율(증감률) ⑨ 인건비 비율(증감률) ⑩ 업무추진비 집행 비율(증감률) ⑪ 민간이전경비 비율(증감률) ⑫ 특별교육재정수요지원 집행 비율(증감률) ⑬ 시설비 집행 비율(증감률) ⑭ 중앙투자심사사업 적정 집행 비율 ⑮ 불용액 비율(증감률)
지방교육재정 현황(2015) 참고지표 (2016)		① 학급당 학생 수 현황 ② 기간제교원 현황 ③ 학교회계직원 기준인원 준수율 현황 ④ 학교신설 예측 현황 ⑤ 일반자치단체 학생 1인당 교육투자 현황 ⑥ 무상급식 현황 ⑦ 사립학교 법인 법정부담금 부담 현황 ⑧ 학교운영비 배분기준 현황 ⑨ 이월액 현황	① 관리채무상환 비율 ② 일반자치단체 교육투자 현황 ③ 교수−학습활동비지원 정책사업 현황 ④ 교육복지비지원 정책사업 현황 ⑤ 무상급식 현황 ⑥ 안전 관련 예산 집행 현황 ⑦ 교육환경개선비 투자 현황 ⑧ 학교회계전출금 목적사업비 현황 ⑨ 사립학교 법인의 법정부담금 부담 현황 ⑩ 민간위탁금 현황 ⑪ 이월액 현황 ⑫ 신설학교 학생 수 예측 현황 ⑬ 학교회계직원 인건비 현황 ⑭ 교육감 주요 공약 및 특색사업 예산 현황

출처: 교육부·한국교육개발원(2016: 4).

6월	6월	7월	8~10월	10월
기본계획 수립	편람 통보 및 지표 설명회	자체분석 보고서 수합·검증	분석위원 분석실시	종합분석 결과 발표

[그림 9-5] ◆◆ 2016년 지방교육재정 분석 단계

2015년도부터 도입된 지방교육재정 운용성과평가는 기존의 지방교육재정분석·진단제도에서 독립된 평가체제로 운영되는 제도이다. 재원확보 및 배분의 적절성, 재원운영의 효율성 영역별로 세부 지표를 구성하여 지방교육재정의 관리 노력을 평가하며 평가결과에 따른 인센티브가 지급되고 있다.

〈표 9-12〉 지방교육재정 운용성과평가지표 비교

평가 영역	평가 지표	세부 평가지표	배점 2015	배점 2016	배점 증감	평정 방법
1. 재원 확보 및 배분의 적절성(60점)			50*	60		
	1.1. 지방교육재정 확보의 적정성		9	13	4	
		1.1.1. 법정이전수입 전입비율	2	2	–	정량, 상대
		1.1.2. 법정이전수입 전입비율 증감률	2	2	–	정량, 절대
		1.1.3. 학교용지매입비 일반회계 부담금 전입비율	3	3	–	정량, 상대
		1.1.4. 이자수입 비율	2	2	–	정량, 상대
		1.1.5. 비법정전입금(교육경비보조금 제외) 확보실적	–	2	2	정량, 상대
		1.1.6. 지방교육재정 확보 노력 및 향후 계획	–	2	2	정성, 상대
	1.2. 중기지방교육재정계획의 적절성		6	7	1	
		1.2.1 예산 총규모 예측도	3	2	△1	정량, 상대
		1.2.2 인건비 규모 예측도	–	2	2	정량, 상대
		1.2.3. 시설사업 예측도	3	2	△1	정량, 상대
		1.2.4. 중기지방교육재정계획 개선을 위한 노력 및 향후 계획	–	1	1	정성, 상대
	1.3. 주요 의무성 지출사업의 예산 편성 및 집행의 적절성		20	21	1	
		1-3-1. 보통교부금 교부액 대비 예산 편성률	16	16	–	
		유아교육비·보육료 지원	9	9	–	정량, 절대

👥 〈표 9-12〉 지방교육재정 운용성과평가지표 비교(계속)

평가 영역	평가 지표	세부 평가지표	배점			평정 방법
			2015	2016	증감	
		초등돌봄교실	1	2	1	정량, 상대
		교원명예퇴직	3	2	△1	정량, 절대
		교육환경개선비	3	3	–	정량, 상대
		1-3-2. 보통교부금 교부액 대비 예산 집행률	4	3	△1	
		유아교육비·보육료 지원	3	2	△1	정량, 절대
		초등돌봄교실	1	1	–	정량, 절대
		1-3-3. 주요의무성 지출사업 예산 확보를 위한 노력 및 향후 계획	–	2	2	정성, 상대
	1.4. 조직 및 인력 관련 재정 배분의 적절성		15	16	1	
		1.4.1. 총액인건비 집행률	11	9	△2	정량, 절대
		1.4.2. 학교회계직원 기준 인원 준수율	2	2	–	정량, 상대
		1.4.3. 기간제교원 비율	1.4	2	0.6	정량, 상대
		1.4.4. 기간제교원 증감 비율	0.6	1.0	0.4	정량, 절대
		1.4.5. 조직 및 인력 관련 재정배분의 적절성 제고를 위한 노력 및 향후 계획	–	2	2	정성, 상대
	1.5. 기본경비 배분의 적절성		4	3	△1	
		1.5.1. 기본경비 비율	2	1	△1	정량, 절대
		1.5.2. 기본경비 비율 증감분	2	1	△1	정량, 절대
		1.5.3. 기본경비 배분 적절성 제고를 위한 노력 및 향후 계획	–	1	1	정성, 상대
2. 재원운영의 효율성(40점)			50*	40		
	2.1. 신설 및 적정규모 학교 운영·관리의 적정성		9	11	2	
		2.1.1. 개교 3~5년 후 학교별 학교수용률	2	2	–	정량, 상대
		2.1.2. 최근 5년간 학교 통·폐합 실적	5	5	–	정량, 상대
		2.1.3. 최근 5년간 학교신설 대체 이전 실적	2	2	–	정량, 상대
		2.1.4. 신설 및 적정규모 학교 운영을 위한 노력 및 향후 계획	–	2	2	정성, 상대
	2.2. 이·불용액 및 순세계잉여금 관리의 적정성		15	15	–	
		2.2.1. 이월액 비율	6	5	△1	정량, 상대

〈표 9-12〉 지방교육재정 운용성과평가지표 비교(계속)

평가영역	평가지표	세부 평가지표	배점 2015	배점 2016	배점 증감	평정 방법
		2.2.2. 불용액 비율	6	5	△1	정량, 상대
		2.2.3. 순세계잉여금 예산편성 비율	3	3	–	정량, 절대
		2.2.4. 이·불용액 및 순세계잉여금 관리의 적정성 제고를 위한 노력 및 향후 계획	–	2	2	정성, 상대
	2.3. 투자심사사업 관리의 적정성		6	7	1	
		2.3.1. 자체투자심사 사업의 중앙투자심사 통과율	3	3	–	정량, 상대
		2.3.2. 중앙투자심사 승인사업 예·결산 비율 적정 사업 비율	3	3	–	정량, 상대
		2.3.3. 투자심사사업 관리의 적정성 제고를 위한 노력 및 향후 계획	–	1	1	정성, 상대
	2.4. 재정운영의 투명성		6	7	1	
		2.4.1. 지방교육재정 운영에 대한 외부 지적 사항 반영 실적	2	2	–	정성, 상대
		2.4.2. 주민참여예산제도 운영 현황	2	2	–	정성, 절대
		2.4.3. 지방교육재정 정보공개 현황	2	2	–	정성, 절대
		2.4.4. 재정운영 투명성 제고를 위한 노력 및 향후 계획	–	1	1	정성, 상대
3. 지방교육재정 운용의 건전성 및 효율성 제고를 위한 우수 사례 (가점 5점)			10	(5)***	△5	정성, 절대
예비평가지표** 1. 세입 예산편성의 정합성 및 세출 단위사업 편성의 정합성						
	1-1. 자치단체 간 이전수입 편성의 정합성					
	1-2. 사용료수입 편성의 정합성					
	1-3. 급식지원 사업 편성의 정합성					
	1-4. 사립학교 인건비재정결함보조 편성의 정합성					
예비평가지표 2. 안전 관련 예산 집행 현황						
	2.1 안전 관련 예산의 집행 현황					

* 지방교육재정 확보실적지표(9점)는 재정운영의 효율성 영역에서 재원확보 및 배분의 적절성 영역으로 조정함
** 예비평가지표는 평가결과를 제시하되, 총점에는 산입하지 않음
*** 2개 영역별 우수사례지표(각 5점)는 1개의 우수사례지표로 통합하되, 가점지표로 전환하여 가점 5점으로 조정함

출처: 김민희 외(2017).

지방교육재정분석 및 평가제도를 둘러싼 주요 쟁점은 다음과 같다. 첫째, 지표의 표준화와 지방교육재정의 특수성 간 갈등 측면이다. 종전 지방교육재정 분석 제도에서 다룬 지표나 항목들은 지방교육재정의 특수성이 반영되어 시·도교육청이나 관심이 있는 주민에게는 상대적으로 유용한 측면이 있었지만, 현행 제도에서는 지나치게 항목과 지표를 표준화하는 과정에서 불필요한 행정업무 부담이 과중되었거나 교육 영역에서 제시할 필요가 없는 지표까지도 추가된 것이 있다는 의견이 있었다. 둘째, 환류 내용의 내실화가 필요하다. 셋째, 환류 결과의 적용도를 제고할 필요가 있다. 지방교육재정 환류제도에 있어 지방재정과 대비되는 가장 큰 요소는 재정진단과 건전화계획의 수립 실적이 전무하다는 것이다. 넷째, 현행 3가지 환류제도가 얼마나 긍정적인 측면에서 우수한 교육청 사례를 소개하고, 해당 지표에 대해 부진한 교육청이 이를 벤치마킹할 수 있는 제도적 기회를 마련해 주고 있느냐 하는 점이다. 보다 긍정적 기류를 확산하고 컨설팅 과정이나 결과의 적용도를 높이기 위한 제도적 장치가 마련되지 않은 점은 개선이 필요하다. 다섯째, 운영의 선진화 및 고도화가 필요하다.

4. 개선 방향

저출산, 학령인구 감소 등으로 나타나는 지방교육재정의 위기를 개선하기 위한 주요 방향을 제시하면 다음과 같다. 첫째, 현재 지방교육재정의 구조를 보면, 중앙정부에서 이전하는 재원(지방교육재정교부금 및 국고보조금 등) 비중이 약 70% 정도를 차지한다. 이는 지방교육자치 구조하에서 의존재원이 매우 크기 때문에 재정자치권 측면에서는 수직적 권한이 잘 이루어진다고 보기 어렵다. 2016년 누리과정 예산편성을 둘러싼 교육부와 시·도교육감 간의 갈등은 단적인 예라고 할 수 있다. 지방교육재정교부금 중 보통교부금 산정을 위한 기준재정수요액의 측정 항목이 매우 세분화되어 있다는 점도 교부금의 목적에 부합하지 않으며 시·도교육청의 자율적 재정권한을 축소하는 결과를 가져오고 있다. 따라서 현재의 중앙과 지방 간 지방교육재정 이전 구조가 변화되지 않는다면 지방교육자치권을 확보하기는 어려우며 자체 재원 확보 권한이 없는 시·도교육청의 재정 압박이 더욱 커질 수 있다. 따라서 중앙정부에서는 교육권 보장을 위한 재정 확보 책무를 지녀야 하며, 시·도교육청은 한정된 재정 내에서 효율적인 재정 운영 역량을 키워 나가는 노력이 필요하다.

둘째, 국가와 지방, 수익자 간 적절한 재정 분담 거버넌스가 구축되어야 한다. 앞서 제시한 바와 같이 국가 지원(지방교육재정교부금)의 비중이 높은 상황에서는 시·도의 자율적 재정 운영 범위는 매우 제한적이다. 세입권한이 없는 지방교육행정기관의 경우에는 전적으로 국가와 지방자치단체 의존도가 높기 때문에 이러한 구조를 개선하기 위해서는 국세와 지방세 조정, 지방자치단체의 역할 강화 노력이 필요하다. 특히 수익자부담비중이 다른 OECD 가입 국가에 비해 매우 높은 우리나라의 경우, 의무교육 단계에서의 점진적 무상화, 수익자 부담 경비 축소를 위한 국가 및 지방자치단체 지원 확대 등의 논의가 필요하다.

셋째, 지방교육재정의 주요 가치는 적정성으로 이동해야 한다. 지금까지 지방교육재정은 충분성, 배분의 공정성 등의 가치를 구현하기 위한 노력을 진행해 왔지만, 향후에는 학생 1인당 적정 교육비 지원 등 적정성을 중심으로 하는 논의가 필요하다. 공평하고 균등한 교육기회를 제공받기 위해 학생 1인당 어느 정도의 교육비가 필요한지에 대한 표준교육비 산정, 배분 공식 개선, 교육비 지출의 자율성 등은 함께 논의되어야 할 영역이다. 이러한 측면에서 최근 제기되고 있는 학생 수 감소라는 틀에 갇힌 지방교육재정 축소 논의는 바람직하지 않다. 학생 수가 줄어도 교육환경 개선, 특수교육, 다문화 교육 등 재정투자의 사각지대 지원과 새로운 교수-학습방법 적용 등을 실현하기 위해서는 여전히 재원은 부족한 상황이기 때문이다.[32] 또한 교육기본권 보장 차원에서 시·도교육청 간 학생 1인당 교육비 격차가 심화되지 않도록 해야 할 것이다.

1 윤정일 외(2015).

2 신기철, 신용철(1990: 3535).

3 최준렬(2013)에서 재인용.

4 반상진(2001: 201-202).

5 Odden & Picus (2008).

6 한유경(2002).

7 Guthrie, James, et al. (1997).

8 Downes & Stiefel (2008): 최준렬(2013)에서 재인용.

9 Odden & Picus (2008).

10 Clune (1994).

11 이성근 외(2016).

12 천세영 외(2006: 50).

13 김혜자 외(2016).

14 김태일(2013).

15 송기창(2006); 최준렬 외(2008: 8).

16 김지하 외(2016).

17 엄문영 외(2015).

18 제9조(학생·기관·학교 평가) ② 교육부 장관은 교육행정을 효율적으로 수행하기 위하여 특별시·광역시·특별자치시·도·특별자치도 교육청과 그 관할하는 학교를 평가할 수 있다. 〈개정 2013. 3. 23.〉

19 제12조(평가의 기준) ① 시·도교육청평가 및 교육지원청 평가는 다음 각 호의 사항을 기준으로 실시한다.

1. 예산의 편성 및 운용

2. 학교 및 교육기관의 설치·운영

3. 학교 교육 지원 및 교육성과

4. 학생 및 교원의 교육 복지

5. 그 밖에 지방자치단체의 교육행정에 관한 사항으로서 교육부 장관 또는 교육감이 필요하다고 인정하는 사항

20 제4조(평가계획 수립 등) ④ 교육부 장관은 제1항 및 제2항에도 불구하고 「초·중등교육법 시행령」 제12조 제1항 제1호 및 제5호 중 시·도교육청의 조직 효율화 및 재정 건전화를 위한 평가를 별도로 실시할 수 있다.

⑤ 제4항에 따라 평가를 실시하는 경우에는 기본계획을 평가 해당 연도 2월 28일까지 수립하여 시·도교육감에게 통보하고, 매년 9월 30일까지 평가를 실시하여 그 결과를 공표한다.

21 교육부(2015, 2016); 송기창 외(2016); 김민희 외(2017).

22 엄문영 외(2015).

23 윤정일 외(2015: 361).

24 반상진 외(2014); 윤정일 외(2015).

25 엄문영(2015a, 2015b).

26 이 절의 내용은 엄문영 등(2015)과 김지하 등(2016)의 주요 내용을 요약, 정리한 것임. 주요 실태는 최근의 현황을 중심으로 정리함.

27 윤정일(1998).

28 김혜자 외(2016); 공은배 외(2008).

29 한국교육개발원(2015).

30 김지하 외(2016).

31 이종재 외(2012: 562).

32 김병주(2016); 나민주(2016).

참고문헌

공은배, 박소영, 송기창, 윤홍주(2008). 지방교육재정제도 발전방안 연구. 서울: 한국교육
　　개발원.

교육부(각 연도). 지방교육재정 보통교부금 교부 보고.

교육부(2015). 지방교육재정 운용성과평가 기본계획.

교육부(2016). 지방교육재정 운용성과평가 기본계획.

교육부(2016). 지방교육재정분석 기본계획.

김민희, 송기창, 엄문영, 이현국(2017). 지방교육재정 분석과 운영 성과평가 지표 연계성
　　강화방안 연구. 서울: 한국교육개발원.

김병주(2014). 지방교육재정 실태 및 재정수요증대 요인과 대책. 한국교육재정경제학회
　　추계학술대회(2014. 9. 26.).

김병주(2016). 우리나라 초중등 교육투자 성과와 과제. 2016년 지방교육재정 정책포럼 발표
　　자료집. 서울: 한국교육개발원.

김지하, 김용남, 이선호, 송기창, 김민희, 오범호(2016). 교육환경변화에 따른 지방교육재
　　정제도 재구축 방안 연구. 서울: 한국교육개발원.

김태일(2013). 국가는 내 돈을 어떻게 쓰는가. 경기: 웅진씽크빅.

김혜자, 엄문영, 김민희, 하봉운, 이현국(2016). 지방교육재정 관련 법령 개선방안 연구.
　　서울: 한국교육개발원.

나민주(2016). 행복교육을 위한 지방교육재정 개혁 아젠다. 2016년 지방교육재정 정책포
　　럼 토론자료.

반상진(2001). 교육재정의 공평성. 교육재정경제학회 편. 교육재정경제학 백과사전. 서울:
　　하우동설.

반상진, 김민희, 김병주, 나민주, 송기창, 우명숙, 주철안, 천세영, 최준렬, 하봉운, 한유경
　　(2014). 교육재정학. 서울: 학지사.

송기창(2006). 지방교육재정교부금법의 운용성과와 개정 방향. 교육재정경제연구, 15(2),

119-152.

송기창, 김민희, 남수경, 오범호(2016). 지방교육재정 운영성과 평가방법 및 평가지표 개선방안 연구. 서울: 한국교육개발원.

신기철, 신용철 편저(1990). 새우리말 큰사전. 서울: 삼성출판사.

엄문영(2015a). 지방교육재정 분석 및 진단제도의 현황과 발전방안. 교육재정경제연구, 24(4), 97-127.

엄문영(2015b). 지방교육재정 환류의 현안과 제도적 개선 방안. 지방교육재정의 현안과 제도적 개선 모색. 한국교육개발원 정책포럼 자료집.

엄문영, 김민희, 오범호, 이선호, 김혜자(2015). 교육복지투자 방향 재설정을 위한 탐색적 연구. 교육재정경제연구, 24(3), 39-64.

윤정일, 송기창, 김병주, 나민주(2015). 신교육재정학. 서울: 학지사.

이광현(2015). 학생 수 중심의 지방교육재정교부방식 개선 방향 및 과제. 한국교육개발원 지방교육재정특임센터. 지방교육재정 정책포럼 발표자료집.

이성근, 고수정, 서준교(2016). 지방재정의 건전성에 영향을 미치는 요인에 관한 연구. 지방정부연구, 19(4), 25-42.

이종재, 이차영, 김용, 송경오(2012). 한국교육행정론. 경기: 교육과학사.

임성일 외(2015). 주민참여예산제도 활성화 방안. 한국지방행정연구원.

천세영, 김병주, 박정수, 윤홍주, 최준렬(2006). 지방교육재정 혁신구조 전략연구. 교육인적자원부·한국교육학술정보원.

최준렬(2013). 교육재정 배분의 공평성·적절성 개념과 측정방법의 적용 가능성 탐색. 교육재정경제연구, 22(4), 1-33.

최준렬, 윤홍주, 박동선, 이선호, 윤희성, 양원영, 이유경(2008). 지방교육재정 총액배분에 관한 연구. 교육과학기술부.

한국교육개발원(2015). 지방교육재정분석 종합보고서.

한국교육개발원(2016). 지방교육재정분석 종합보고서.

한유경(2002). 국민의 정부 교육재정운영정책 평가. 교육재정경제연구, 11(2), 1-32.

Clune, W. H. (December 1994). The shift from equity to adequacy in school finance. *Educational Policy, 8*(4), 376-394.

Guthrie, James, et al. (1997). *A proposed cost-based block grant model for Wyoming school finance*. Davis, CA: Management Analysis and Planning Associates.

Odden, A. R., & Picus, L. O. (2008). *School finance: A policy perspective* (4th ed.).

New York: McGraw−Hill Companies, Inc.

지방교육재정알리미   http://www.eduinfo.go.kr

제**10**장

지방교육 정책 및 사업

2010년 출범한 제1기 주민직선에 의한 민선교육감들은 경기도, 서울지역을 중심으로 학교혁신과 혁신학교, 무상급식, 학생인권조례 등 지방의 교육정책 의제들을 형성하고 추진함으로써 본격적인 지방교육자치의 시대를 열었다. 물론 이들이 추진하고 있는 정책 의제들을 둘러싸고 많은 사회적 논란에 휩싸이기도 하였고 중앙정부와의 정책갈등을 보이기도 하였다. 그럼에도 일부 지역에서 추진된 정책방안은 그 성과를 인정받고 타 시·도에서 적극적으로 추진되는 양상 또한 나타나고 있다.

이 장에서는 시·도교육청에서 추진하고 있는 지방교육 정책 및 사업에 대해 살펴본다. 우선, 17개 시·도교육청별 교육정책 중점 사항을 교육부의 교육정책 추진 방향과 간략히 비교 분석하고, 각 시·도교육청별 공통점과 특징을 살펴본다. 둘째, 지방교육 정책 및 사업의 예로, 학교혁신 정책 및 사업, 혁신교육지구 사업, 학교 내 교사학습공동체 학점화 정책, 학생인권조례 제정 등을 소개한다.

1. 교육청의 교육정책 중점 사항

시·도교육청은 직선 교육감을 선출하면서 독자적인 교육정책을 추진하는 경향을 보인다. 그럼에도 대체로 중앙정부의 교육정책과 일정 정도 일관된 교육정책 흐름 속에서 교육부의 정책과 유사한 정책 사업들을 추진하고 있다. 교육부의 2017 주요 업무계획을 살펴보면, [그림 10-1]과 같이 모두가 성장하는 행복교육,

미래를 이끌어 가는 창의인재를 교육부 교육정책 비전으로 제시하고 있다. 이러한 교육정책비전을 구현하기 위해 4차 산업혁명 대비, 양극화 해소, 저출산 극복을 추진과제로 설정하고 있다.[1]

4차 산업혁명에 대비한 창의융합 인재 양성을 위한 교육·연구 혁신, 양극화 해소 차원에서 모두에게 기회와 희망을 주는 교육실현, 저출산 극복을 위한 유치원-대학까지 걱정 없이 키울 수 있는 교육을 제시하고 있다. 교육개혁 완수 및 현장 안착 차원에서는 자유학기제, 2015 개정 교육과정 등이 초·중등교육정책 분야에서 강조되고 있다.

구체적으로 이러한 교육부의 교육정책 방향과 시·도교육청 정책 방향을 비교해 보면, 중앙 수준에서 강조되고 있는 행복교육, 창의인재 등은 시·도교육청의 교육정책에서도 여전히 강조되고 있다. 특히 주목할 점은 중앙정부 차원에서 핵심 국정과제로 추진되고 있는 자유학기제의 경우 일부 시·도교육청에서 확대 실시되고 있다. 서울의 경우 서울형 자유학기제, 경기도의 경우 자유학년제(2017년) 등이 추진되고 있다. 한편, 중앙정부 교육정책과 차별적으로 시·도교육정책에서 강조되고 있는 교육정책 키워드들이 보이는데, 혁신교육, 민주교육, 교육행정 혁신 등에 대한 정책들이다(〈부록 표 10-1〉 참조).

모두가 **성장**하는 **행복**교육
미래를 이끌어 가는 **창의**인재

4차 산업혁명 대비	양극화 해소	저출산 극복
창의융합 인재 양성을 위한 교육·연구 혁신	**모두에게 기회와 희망을 주는 교육**	**유치원-대학까지 걱정 없이 키울 수 있는 교육**
• 흥미와 적성을 살리는 수업기회 확대 • 지능정보사회 대비 맞춤형 교육 제공 • 교육·연구혁신을 통한 대학 역량 강화 • 대학의 지식, 기술을 활용한 가치 창출 • 재정지원 사업 개편을 통한 대학 자율성 확대	• 모든 학생의 학습권 보장 • 취약계층별 맞춤형 지원 • 적극적 차별 해소 정책 확대	• 믿고 맡길 수 있는 유아·초등교육 • 교육비 부담 없이 키울 수 있는 교육 • 건강하고 안전한 학교환경 구축

교육개혁 완수 및 현장 안착

• 자유학기-일반학기 연계 연구·시범학교 운영
• 2015 개정 교육과정에 따른 교실수업 혁신
• 2주기 대학구조개혁평가 방안 수립
• 사회맞춤형학과 본격 추진
• 산학일체형 도제학교 확대
• 선취업 후진학 지원사업 통계·개편

[그림 10-1] ◆◆ 2017년 교육부 교육정책 비전 및 추진과제

출처: 교육부(2017).

2017년 교육청 업무계획을 중심으로 시·도교육청의 주요 교육정책을 살펴본 바에 따르면, 교육청마다 행복교육을 강조하는 층위에 차이를 보인다. 대체로 많은 교육청이 교육 방향 및 비전 차원에서 행복 또는 행복교육이라는 키워드를 강조하고 있다. 다만, 경기도교육청, 강원도교육청, 경상북도교육청, 경상남도교육

청, 제주도교육청의 경우 교육비전의 하위 범주에서 행복이라는 키워드가 중요하게 다루어지고 있다.

중점과제와 관련하여 대체적으로 초·중등교육, 교육복지 및 안전, 교육협력, 교육행정 등 4가지 영역을 중심으로 제안되고 있다. 초·중등교육 차원에서 고등학교 교육력 제고, 교육과정, 혁신학교 등의 과제들이 논의되고 있으며, 교육복지 및 안전 차원에서 교육격차, 안전한 학교 환경 조성 등의 과제들이 제안되었다. 교육협력 차원에서 마을교육공동체, 혁신교육지구사업 등의 과제들을 포함하고, 교육행정 영역에서 주로 교육행정업무 개선, 공정하고 투명한 교육행정문화, 현장중심의 교육행정문화 등이 과제로 포함되어 있다.

이처럼 시·도교육청 교육정책 중점사업은 교육부의 정책 방향을 일정 정도 따르고 주민직선에 의한 민선교육감 시기를 거치면서 시·도교육청의 특수성 등이 적극적으로 반영되고 있는 특징을 보인다. 특히 경기도교육청에서 2009년 보궐선거로 새로운 교육감이 선출된 이후 실시된 정책들이 일정 정도 성과를 보이면서 다른 시·도교육청으로 확산되는 경향 역시 보였다. 구체적으로 혁신학교 정책, 교육혁신지구 사업, 전문적 학습공동체 사업, 학생인권조례 등이 그 대표적인 예이다.

다음 절부터는 시·도교육청 차원에서 지방교육 정책 및 사업으로 교육부 수준 중앙정부 교육정책 사업과는 차별적으로 시행되고 있는 학교혁신 정책, 교육혁신지구 사업, 학교 내 전문적 학습공동체 학점화 정책, 학생인권조례 등에 대해 구체적으로 살펴본다.

2. 학교혁신 정책 및 사업

학교혁신 정책 및 사업은 대표적으로 혁신학교 정책을 들 수 있다. 혁신학교는 2009년에 경기도에서 출발하여 2011년에는 서울, 광주, 강원, 전북, 전남 교육청에서, 2015년에는 충북교육청을 비롯하여 부산, 인천, 세종, 경남, 제주, 충남 교육청에서 추진하게 되었다.[2] 혁신학교는 교육현장에서 학교현장 변화에 있어 어느 정도 성과를 보이면서 가장 많이 주목받고 있는 정책이다.

그러나 많은 성과에도 불구하고 지역과 학교에 따른 편차가 있지만 비판 또한 제기되고 있다. 하나는 소수 교사들에게 혁신학교 업무 등이 집중되면서 이들 교사들의 피로감과 소진감이 커지고 있다는 점이다.[3] 또 다른 하나는 혁신학교가 특정 학교 유형이 아니라 공교육 모델 학교라는 맥락에서 일반학교들과의 성과 공유가 중요함에도 이러한 노력들이 미흡하다는 점이다. 이러한 맥락에서 혁신학교 전반에 대한 성찰과 실천이 요구된다.[4] 여기서는 경기도, 서울시, 충북 지역의 혁신학교 정책을 추진 근거, 주요 내용 및 운영 모델, 지정 절차 및 평가, 현황을 중심으로 그 내용을 살펴본다.

1) 경기도 혁신학교 정책

경기도 혁신학교는 2009년 주민직선에 의한 민선교육감 선거에서 당선된 김상곤 교육감의 핵심 공약으로 등장하였다. 경기도 혁신학교는 그동안 자율학교와 내부형 교장공모제에 기반을 두어 운영되면서 언론과 학교현장에서 주목받아 온 조현초등학교, 덕양중학교 등 경기도 내 학교혁신 운동의 성과와 경험에 기초를 두고 있다.[5] 이처럼 혁신학교는 교육주체들의 준비된 역량과 내부로부터 변화 동력을 형성한 선도적인 학교에서부터 성공적 사례를 창출함으로써 학교혁신에 대한 새로운 가능성과 희망을 제시하였다.[6]

여기서는 경기도교육청이 2015년 발간한 혁신학교 안내 자료와 2017년 혁신학교 운영 기본계획을 바탕으로 추진 근거, 주요 내용 및 운영 모델, 지정 절차 및 평가, 현황 등을 발췌하여 제시하였다.[7]

(1) 추진 근거

- 「초 · 중등교육법」 제61조 제1항(법률 제13227호, 2015. 9. 28.)
- 「초 · 중등교육법 시행령」 제105조(대통령령 제26551호, 2015. 9. 28.)

• 「자율학교의 지정 및 운영에 관한 훈령」(교육부훈령 제35호, 2014. 2. 25.)
• 「경기도교육청 자율학교 등의 지정 및 운영에 관한 규칙」(경기도교육규칙 제 741호, 2015. 3. 1.)

(2) 주요 내용 및 운영 모델

경기도교육청(2017a)은 "민주적 학교운영 체제를 기반으로 윤리적 생활공동체와 전문적 학습공동체를 형성하고 창의적 교육과정을 운영하여 학생들이 삶의 역량을 기르도록 하는 학교"라고 정의하고 있다. 특히 경기도교육청은 혁신학교를 '혁신의 모델학교'라고 밝히고 있다. 경기도 혁신학교 운영 모델을 제시하면 [그림 10-2]와 같다.

• 민주적 학교운영 체제: 학교 구성원들이 학교교육의 주인으로 서는 기본 원리로, 학교 구성원들이 민주적이고 자발적인 참여 속에서 학교교육 비전을 세우고 교육 공동체가 학교교육력을 높이기 위한 제반 여건을 갖추는 것을 뜻한다.
• 윤리적 생활공동체: 지시와 통제, 경쟁과 변별, 불신과 무관심에 익숙한 학교문화 를 존중과 배려의 신뢰관계로 회복하고 자율적인 규범으로 질서가 유지되도록 하 는 일상적 실천공동체이다.
• 전문적 학습공동체: 교원들의 동료성을 강화하여 협력적인 연구와 실천 과정을 통 해 함께 성장하는 학습공동체이다.
• 창의적 교육과정: 교육과정의 단순한 운영이 아니라 학생들의 창조적이고 주체적 인 삶을 가꾸기 위하여 교육공동체가 함께 참여하여 새로운 배움을 조직하고 운영, 성찰하는 총체적인 교육을 뜻한다.

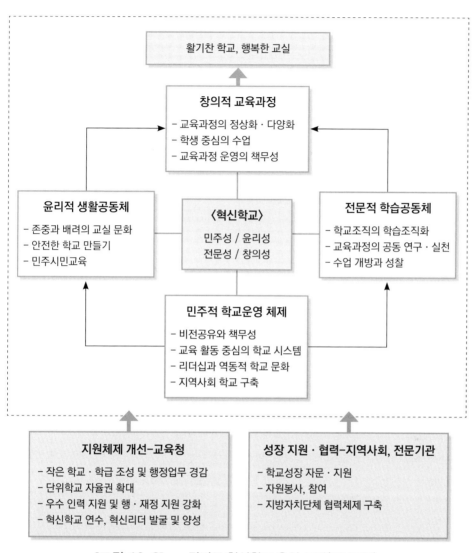

[그림 10-2] ◆◆ 경기도 혁신학교 운영 모델(2017년)

출처: 경기도교육청(2017a).

경기도 혁신학교는 2017년 혁신학교 지정연한, 신규혁신학교 지정, 모범혁신학교 지정, 혁신학교 종합평가, 혁신학교 아카데미 연수 등 제도적 차원의 변화가 있었다. 이를 정리하면 〈표 10-1〉과 같다.

〈표 10-1〉 경기도 혁신학교의 주요 내용(2016년 대비 2017년 변경 내용)

구분	2016	2017
혁신학교 지정연한	• 혁신학교: 4년	• 혁신학교: 4년
	• 재지정: 4년(1회 제한)	• 재지정: 4년(1회 제한)
	• 모범혁신학교: 4년	• 모범혁신학교: 4년(신규혁신학교 지정 이후 혁신학교 운영 기간 최대 12년차까지만 운영 가능)
신규 혁신학교 지정	• 일반지정: 지역 및 권역 학교 급별 혁신학교 지정 비율 18% 미만 지역에 지정학교 수 배정(초·중·고 대상)	• 일반지정: 동일(초·중 대상)
	• 특별지정: 정책적 시범운영이 필요한 학교, 1년의 예비지정학교 운영 후 평가를 통해 본지정	• 특별지정: 동일 ※ 고등학교는 1년의 혁신학교 예비 운영을 거치는 특별 지정만 시행(일반지정 대상에서 제외)
모범 혁신학교 지정	• 종합평가 결과 및 6년차, 8년차 학교를 대상으로 신청을 받아 현장평가단의 심사와 혁신학교추진위원회 심의를 받아 지정	• 혁신학교 6년차 이상 운영학교 또는 명예혁신학교로 거점학교 운영 의지가 있는 학교 중 지역 혁신학교 네트워크와 교육지원청의 추천을 받은 학교를 대상으로 현장평가단의 평가와 혁신학교추진위원회 심의를 받아 지정 ※ 모범혁신학교는 지정 후 2년 이상 거점학교 역할을 수행하여야 함
혁신학교 종합평가	• 시기: 지정 4년차 후반기(8학기)	• 시기: 지정 4년차 전반기(7학기) ※ 자율학교의 지정 및 운영에 관한 훈령(교육부 훈령 35호) 제8조 제4항("위원회 평가는 자율학교 지정기간 종료일로부터 6개월전까지 실시하여야 한다.") 준수
	• 방법 – 1단계: 학교자체평가 – 2단계: 교실개방과 컨퍼런스 운영 – 3단계: 현장평가(대상학교 전체)	• 방법 – 1단계: 학교자체평가 – 2단계: 교실개방과 컨퍼런스 운영 – 3단계: 현장평가(대상학교의 30% 내외)

👥 〈표 10-1〉 경기도 혁신학교의 주요 내용(2016년 대비 2017년 변경 내용)(계속)

구분	2016	2017
혁신학교 종합평가	• 결과처리 　－ 모범혁신학교 　－ 재지정 　－ 재평가	• 결과처리 　－ 재지정(일부 개선학교 지정) 　－ 지정 종료 ※ 개선학교: 개선안을 제출하고 교육지원청과 혁신학교 네트워크의 지원을 받아 개선사항을 실행할 것을 조건으로 재지정하는 학교
혁신학교 아카데미 연수	• 기초과정: 온라인 원격연수(15시간) • 직무연수 　－ 신규 지정교 및 전입교원(학교문화 중심) 　－ 혁신학교 평가교 교원(수업 교육과정 중심) • 혁신학교리더과정: 단위학교 혁신 주도할 리더 육성 • 지역전문가과정: 지역 혁신 주도할 전문가 육성	• 혁신학교리더, 지역전문가과정 인원 및 대상 확대 　－ 혁신학교리더과정: 교사 80명 　　→ 교사 학기당 80명(총 160명) 　－ 지역전문가과정: 교사 20명 　　→ 교사 30명, 교장(감) 30명

출처: 경기도교육청(2017a).

(3) 지정 절차 및 평가

경기도 혁신학교는 [그림 10-3]에서 제시된 바와 같이 혁신학교, 재지정 혁신학교, 모범혁신학교, 명예혁신학교 등의 경로를 밟는다.

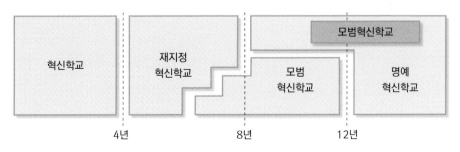

[그림 10-3] ◆◆ 경기도 혁신학교의 유형

출처: 경기도교육청(2017a).

모범혁신학교는 재지정 2년차(혁신학교 6년차) 이상 운영교 또는 명예혁신학교 중 거점학교 운영 의지가 있는 학교 중 지정받은 학교(자율학교)를 말한다. 신규 혁신학교 지정 방법 및 절차는 [그림 10-4]와 같다. 이때 혁신공감학교는 혁신교육에 공감하고 실천하고자 희망하는 모든 학교를 말한다.

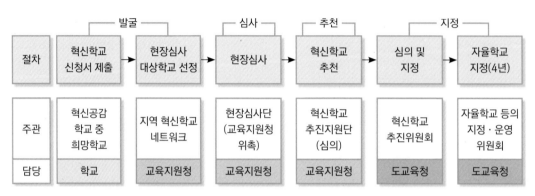

[그림 10-4] ◆ ◆ 신규혁신학교 지정 방법 및 절차

출처: 경기도교육청(2017a).

- 혁신공감학교 지정
  - 교원의 70% 이상 동의를 받아 신청한 학교를 지정
  - 지정일로부터 1년 운영(1년 단위 신청)
  - 교육지원청에서 우수교를 발굴하여 혁신학교로 추천
- 혁신학교 지정
  - 교육지원청의 추천을 받아 혁신학교추진지원단 심의를 거쳐 도교육청에서 지정
  - 지정일로부터 4년 운영

경기도 혁신학교 평가는 자체평가, 성장나눔평가(중간평가), 종합평가로 이루어진다. 평가유형별 대상 및 방법, 평가주체는 〈표 10-2〉와 같다.

👥 〈표 10-2〉 경기도 혁신학교 평가 대상 및 방법

구분	대상 및 방법	평가주체
자체평가	• 대상: 모든 혁신학교 매년 실시 • 방법: 학교평가 공통지표 활용	학교
성장나눔 (중간평가)	• 대상: 혁신학교 2년차 운영학교 대상 • 방법: 학교자체평가, 학교조직문화 진단, 권역별 보고회 및 토론회 혁신학교아카데미 직무연수 학교 단위 참여	학교
종합평가	• 대상: 혁신학교 4년차 운영교(지정기간 종료 6개월 전 실시) • 방법: 학교자체평가, 교실개방 및 컨퍼런스 운영, 현장평가(대상학교의 30% 내외), 혁신학교아카데미 직무연수 학교 단위 참여 　※ 자율학교 위원회 평가와 일원화하여 실시	도교육청

출처: 경기도교육청(2017b: 3).

(4) 현황

경기도 혁신학교는 2017년 3월 1일 현재 총 2,342개교 중 18.6%에 해당하는 초·중·고등학교가 혁신학교 또는 모범혁신학교로 지정·운영되고 있다. 학교 수는 초등학교가 334개교로 가장 많았고, 총 학교 수 대비 지정 학교 수 비율은 중학교가 23.5%로 가장 높았다. 경기도 혁신학교 지정 현황은 〈표 10-3〉과 같다.

👥 〈표 10-3〉 경기도 혁신학교 지정 현황

(2017. 3. 1. 현황)

구분	초	중	고	합계
학교 총수	1,246	626	470	2,342
혁신학교 수	226	141	53	420
모범학교 수	8	6	1	15
비율(%)	18.8	23.5	11.5	18.6

출처: 경기도교육청(2017b: 3).

경기도교육청은 혁신학교의 성과를 외적 차원과 내적 차원으로 나누어 설명하

고 있다.[8] 외적 차원에서는 혁신학교의 증가, 혁신학교의 전국적 확대, 경기혁신 교육에 대한 대내·외적 관심의 증가를 들고 있다. 내적 차원에서는 학생·학부 모·교사 만족도가 증가하였고, 기초학력 미달 비율이 지속적으로 감소하고, 학 부모의 교육활동 참여가 증가하였다고 설명한다. 이러한 성과에도 불구하고 여전 히 많은 논쟁과 과제가 제기되고 있다.

2) 서울형 혁신학교 정책

서울형 혁신학교는 경기도 혁신학교의 성과를 바탕으로 광주, 전북, 전남, 강원 지역과 더불어 2011년부터 도입·추진되었다. 여기서는 2017년 서울형 혁신학교 운영 기본 계획을 바탕으로 서울형 혁신학교 정책의 추진 근거, 운영 모델, 지정 절차 및 평가, 현황 등을 살펴본다.[9]

(1) 추진 근거
- 「초·중등교육법」 제61조 제1항(법률 제13227호, 2015. 9. 28.)
- 「초·중등교육법 시행령」 제105조(대통령령 제26551호, 2015. 9. 28.)
- 「자율학교의 지정 및 운영에 관한 훈령」(교육부 훈령 제35호, 2014. 2. 25.)
- 「서울특별시 혁신학교 조례」(제5772호, 2014. 12. 30.)
- 2014~2018 서울교육방향 및 2017 주요업무계획

(2) 운영 모델
서울시교육청은 서울형 혁신학교를 평등교육과 전인교육을 지향하며, 민주 적·창의적 미래 인재를 육성하는 배움과 돌봄의 행복한 교육공동체라고 규정하 고 있다. 서울형 혁신학교 운영 모형을 제시하면 [그림 10-5]와 같다.

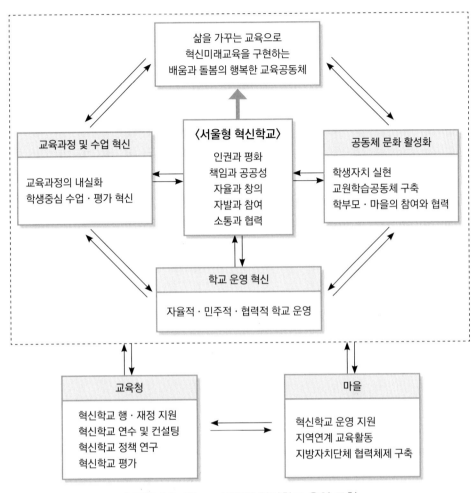

[그림 10-5] ◆◆ 서울형 혁신학교 운영 모형

(3) 지정절차 및 평가

서울형 혁신학교는 서울 관내 공립·사립 초·중·일반고등학교 중 희망학교
가 신청서를 제출하고, 이들 학교에 대해 서류심사, 현장실사를 거쳐 선정심사위
원회가 심의 및 지정하고 있다. 운영 기간은 4년이다. 서울형 혁신학교 지정 절차
는 [그림 10-6]과 같다.

[그림 10-6] ◆◆ 서울형 혁신학교의 지정 절차

　서울형 혁신학교 평가는 전체 혁신학교를 대상으로 실시하는 매년 12월에 실시하는 연차(자체) 평가, 혁신학교 2년차 학교를 대상으로 9~12월에 실시하는 중간평가, 혁신학교 지정 4년차 학교를 대상으로 혁신학교로서 자율학교 지정기한 만료 예정일 6개월 전에 실시하는 종합평가로 이루어진다.

(4) 현황

　서울형 혁신학교는 2017년 현재 초등학교가 111개교, 중학교 33개교, 고등학교 14개교가 지정·운영되고 있다. 서울형 혁신학교 운영 현황을 지정 연도별로 살펴보면 〈표 10-4〉와 같다.

〈표 10-4〉 서울형 혁신학교 지정 연도별 현황　　　　　　　　　　　　　(2017. 3. 현황)

교육 지원청	초등학교				중학교			고등학교			합계
	2014	2015	2016	2017	2015	2016	2017	2015	2016	2017	
동부		2	4	4	3	2			2		17
서부		6	4	2	1	3				1	17
남부		2	6	8	3	1			1		21
북부		4	2	2	1	2		1	1		13
중부		1	2	4		2	1		1		11
강동, 송파		1	2	4	1	1		1	1		11
강서		8	3	1	4				1		17
강남	1	2	2	1	1	1					8
동작, 관악		4	7	2	1		1		1		16

〈표 10-4〉 서울형 혁신학교 지정 연도별 현황(계속)

(2017. 3. 현황)

교육 지원청	초등학교				중학교			고등학교			합계
	2014	2015	2016	2017	2015	2016	2017	2015	2016	2017	
성동, 광진		5	6	2	1					2	16
성북		2	4	1	2	1		1			11
계	1	37(12)	42(16)	31(3)	18(11)	13(6)	2(1)	4(3)	7(6)	3	158
전체 합계	111(31)				33(18)			14(9)			158

출처: 서울특별시교육청(2017).

서울형 혁신학교는 혁신학교 구성원들의 학교만족도, 교육혁신에 대한 인식이 높고, 중등학교 학생들의 학습효능감이 높은 것으로 나타났으며, 수업혁신을 중심으로 학교교육의 본질을 회복하고, 학교 내 참여와 협력의 문화를 중시하는 것으로 보고되었다.[10]

3) 충북 행복씨앗학교 정책

충청북도교육청에서는 2015년부터 '행복씨앗학교'라는 이름으로 혁신학교 정책을 추진하고 있다. 충북 행복씨앗학교는 현장에서 교사들의 실천들이 축적되고 여러 교사의 뜻이 모여 자발적인 운동으로 이루어지기 시작한 것을 정책화하였다기보다 교육청에서 흩어져 있는 교사들의 잠재적 요구를 결집하기 위해 정책화한 특징을 보인다.[11] 여기서는 2014년 충북 혁신학교 추진 계획과 2017년 충북 행복씨앗학교 추진 계획을 바탕으로 추진 근거, 운영 모델, 지정 절차 및 평가, 현황 등을 살펴본다.[12]

(1) 추진 근거
• 충북 혁신학교 추진 계획(기획관-8569, 2014. 9. 17.)

(2) 운영 모델

충북 행복씨앗학교는 '학교 공동체가 협력적인 문화를 형성하고 창의적인 교육 활동을 실현하며, 따뜻한 품성을 가진 역량 있는 민주시민으로 함께 성장하는 공교육 모델 학교'임을 표명하고 있다. 이 학교는 충북형 혁신학교로서, 즐거운 배움과 창의적 교육, 민주적인 학교운영, 책임지는 학교공동체 등 세 가지를 기반으로 한다. 충북 행복씨앗학교 운영 모델을 제시하면 [그림 10-7]과 같다.

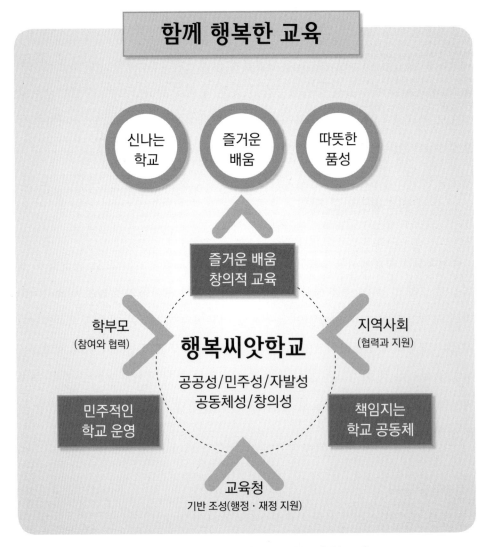

[그림 10-7] ◆◆ 충북 행복씨앗학교 운영 모델

(3) 지정 절차 및 평가

충북 행복씨앗학교는 공모형과 지정형으로 나누어진다. 공모형은 공모신청, 서류심사, 현장실사, 선정·평가위원회 심의, 행복씨앗학교 선정 등의 절차로 이루어진다. 지정형은 지역 및 충북교육청의 필요에 따라 선정·협의를 거쳐 지정하여 운영할 수 있다.

[그림 10-8] ◆◆ 충북 행복씨앗학교 공모형 지정 절차

충북 행복씨앗학교 평가는 자체평가, 중간평가, 종합평가로 구분된다. 자체평가는 학교계획서에 따른 평가 지표를 자체 개발하고 매년 단위학교별 자체평가를 실시한다. 중간평가는 행복씨앗학교 2년차 학교들을 대상으로 전문위탁기관에 의해 수행되는데, 행복씨앗학교의 철학과 가치를 심각하게 훼손하는 학교의 경우는 지정 취소될 수 있다. 종합평가는 행복씨앗학교 4년차 학교들을 대상으로 전문위탁기간에 의해 수행된다. 4년간의 행복씨앗학교 운영 평가뿐만 아니라 재지정 여부를 판단하게 된다.

(4) 현황

충북 행복씨앗학교는 2015년부터 추진되어, 2015년 행복씨앗학교가 10개교 지정되었으며, 2016년에 10개교, 2017년에 10개교가 지정되어 총 30개교가 운영되고 있다. 행복씨앗학교 준비교가 2017년 유치원 1곳을 포함하여 20개가 운영되고 있다. 이들 학교들은 행복씨앗학교 준비과정을 거쳐 행복씨앗학교 공모 과정에 신청하기도 하고 그렇지 않은 경우도 있다. 즉, 행복씨앗학교 준비학교가 반드시 행복씨앗학교 공모에 지원하여야 하는 것은 아니며, 행복씨앗학교 준비학교가 아닌 학교 중에서도 행복씨앗학교 공모에 지원할 수 있다. 충북 행복씨앗학교의 운영 현황은 〈표 10-5〉와 같다.

〈표 10-5〉 충북 행복씨앗학교의 운영 현황

학교급	2015 행복씨앗학교	2016 행복씨앗학교	2017 행복씨앗학교
유	–	–	1
초	6	8	2
중	3	2	6
고	1	–	1
합계	10	10	10

출처: 충북교육청 홈페이지(http://www.cbe.go.kr/site/happyss/sub.php?menukey=3178. 2017. 5. 5. 인출).

충북 행복씨앗학교 운영 성과 평가를 위한 기초 연구(류방란 외, 2015)를 살펴보면, 몇 가지 성과를 확인할 수 있다. 첫째, 학교와 교원들이 자발적으로 수업혁신과 학교문화 변화를 꾀하고 있다. 둘째, 소수 교사집단을 중심으로 출발하여 행복씨앗학교 운영 부장의 지원적 리더십을 바탕으로 학교 구성원들의 동참을 이끌어 내고 있다. 셋째, 학교장 스스로 권한을 교사들과 나누고 지원하는 리더십으로의 변화 양상을 보이고 있다. 넷째, 학교교육에 대한 학교 구성원들의 참여와 소통의 기회가 확대되고 학교 구성원들의 신뢰와 만족도가 점점 높아지고 있다.

3. 혁신교육지구사업

혁신교육지구사업은 명칭이 조금씩 다르지만 2010년 경기도에서 시작하여 서울, 전북, 전남, 강원, 인천, 충북에서 시도되고 있으며, 경남, 부산, 제주에서도 사업 추진을 검토 중이다.[13] 혁신교육지구에 대한 개념은 지역별로 조금씩 차이를 보인다. 이 절에서는 혁신교육지구사업을 경기, 전북 지역 중심으로 살펴본다.[14]

1) 경기도교육청

경기도교육청은 혁신교육지구를 "학교와 지역사회가 적극적으로 소통하고 협력하는 지역교육공동체 구축을 위하여 경기도교육청과 기초지방자치단체가 협약으로 지정한 지역"[15]이라고 설명하고 있다. 혁신교육지구사업과의 연속선상에서 마을교육공동체 사업을 추진하고 있는데, "학교교육력 제고와 지역사회 발전을 위해 학교, 마을, 교육청, 지방자치단체, 시민사회, 주민 등이 협력·지원·연대하는 교육공동체"[16]를 의미한다.

경기도교육청의 혁신교육지구사업은 교육청과 지자체의 협력하는 방식으로 운영되고 있다. 혁신교육지구는 지정기간이 4년이고, 운영 예산의 경우 교육청 20%, 지방자치단체 80%의 비율로 구성되고 있다. 주요 사업은 크게 3가지로 추진되고 있는데, 교육도시모델 구축, 교육인프라 구축, 지역교육공동체 구축 등이다. 경기도 혁신교육지구사업의 주요 내용은 〈표 10-6〉과 같다.

〈표 10-6〉 경기도 혁신교육지구사업의 주요 내용

지정형태/기간	운영예산	주요사업
혁신교육지구 (4년)	교육청 20% 지자체 80%	• 함께 만드는 지역특색 교육도시모델 구축 • 지속가능한 지역사회 교육인프라 구축 • 학교와 마을이 함께하는 지역교육공동체 구축

출처: 김춘성(2016): 최창의 외(2016: 36)에서 재인용.

경기도 혁신교육지구사업은 2011년부터 전국에서 가장 먼저 추진되기 시작하였으며, 2016년부터 시즌 II가 추진되고 있다. 시즌 I과 달리 지역으로 중심축이 많이 이동하고 있는 가운데 마을교육공동체 사업이 별도로 추진되고 있다. 이러한 와중에 혁신학교 정책, 혁신교육지구사업, 마을교육공동체 사업은 상호적 관계에 있기도 하지만, 중복성을 보이기도 하는 상황이다. 경기도 혁신교육지구사업의 성격과 특징은 〈표 10-7〉과 같이 정리할 수 있다.

〈표 10-7〉 경기도 혁신교육지구사업의 성격과 특징

운영 성격	특징
• 혁신교육지구사업은 함께 만드는 지역특색 교육도시모델 구축, 지속가능한 지역사회 교육인프라 구축, 학교와 마을이 함께 만드는 지역교육공동체 구축을 위해 추진된 사업으로, 2011년 전국에서 가장 먼저 추진됨. • 2016년 이전 사업(시즌 I)은 공교육혁신을 중심축으로 하였다면, 2016년부터 추진되는 사업은 혁신교육지구 시즌 II로 명명하며 지역과 함께 구현하는 공교육모델 구현을 중심으로 운영되고 있음. • 혁신교육지구사업의 중심축이 지역으로 이동하고 있는 가운데 마을교육공동체 사업을 별도로 추진하고 있는 것이 특징임. 혁신교육지구사업의 내용이 상당 부분 마을교육공동체의 주요사업과 중첩되어 추진되고 있음.	• 지방자치단체(지역사회)와의 교육협력이 체계적으로 추진됨 • 지방자치단체별로 교육협력 지원센터의 구축이 확산됨 • 마을교육공동체 사업과 중복성이 보임 • 학교혁신을 넘어 교육혁신을 위한 새로운 주체 및 역할 재정립이 진행됨

출처: 김춘성(2016): 최창의 외(2016: 36)에서 재인용.

2) 서울특별시교육청

서울특별시교육청은 혁신교육지구를 "모두에게 신뢰받는 공교육 혁신을 이루기 위해 교육청, 서울시, 자치구, 지역주민이 협력하여 혁신교육정책을 추진하도록 서울시와 교육청이 지정하여 지원하는 자치구"[17]라고 명명하고 있다.

서울시의 혁신교육지구사업 역시 경기도와 마찬가지로 교육청과 지방자치단체가 협력적으로 추진하는 형태이다. 혁신교육지구사업은 크게 3가지 지정 형태, 즉 혁신지구형, 우선지구형, 기반구축형으로 나뉜다. 이러한 유형별로 운영 예산을 차별적으로 지원하고 있는데, 전반적으로 지방자치단체가 교육청보다 많은 재원을 지원하고 있다. 서울시의 혁신교육지구사업은 크게 4가지 사업으로 이루어지고 있다. 첫째, 학교교육 지원 사업, 둘째, 청소년 자치 및 동아리 지원 사업, 셋째, 마을-학교 연계 지원 사업, 넷째, 민·관·학 거버넌스 운영 사업 등이다. 서울시 혁신교육지구사업의 주요 내용은 〈표 10-8〉과 같다.

〈표 10-8〉 서울시 혁신교육지구사업의 주요 내용

지정형태/기간	운영예산	주요사업
혁신지구형 (1/2년)	15억 (시: 5억/교: 5억/자: 5억)	• 학교교육 지원 사업 • 청소년 자치 및 동아리 지원 사업 • 마을－학교 연계 지원 사업 • 민·관·학 거버넌스 운영 사업
우선지구형 (1/2년)	10억 (시: 3억/교: 2억/자: 5억)	
기반구축형 (1년)	3억 (교: 1억/자: 2억)	

출처: 김춘성(2016): 최창의 외(2016: 36)에서 재인용.

　서울시의 혁신교육지구사업은 앞서 살펴본 바와 같이 지방자치단체의 역할이 다른 지역에 비해 훨씬 주도적이라는 특징을 보인다. 이에 대해 김춘성(2016)은 서울특별시교육청 교육감이 자주 바뀌었던 상황과 맞물려 있는 것으로 해석하고 있다. 서울시 혁신교육지구사업의 성격과 특징은 〈표 10-9〉와 같이 정리할 수 있다.

〈표 10-9〉 서울시 혁신교육지구사업의 성격과 특징

운영 성격	특징
• 혁신교육지구사업은 서울시 교육감이 세 번이나 바뀌는 상황과 맞물려 다른 지역과 달리 서울시(지방자치단체)의 주도적인 역할로 운영되고 있음 • 교육청과 지방자치단체의 협력 모델의 성격이 기본 성격이지만, 구체적인 협력 모델의 양상은 다양함 • 운영 모델에 상관없이 모두 마을－학교 연계지원 사업과 민·관·학 거버넌스 운영을 제시하고 있어 마을의 다양한 교육자원 확보와 활용 차원에서 가장 빠른 속도로 추진되고 있음	• 마을교육공동체에 대한 지자체의 의지가 강함 • 마을을 통한 방과후학교 운영의 흐름이 뚜렷함 • 민·관·학 거버넌스 구축을 통한 운영, 평가 시스템 구축

출처: 김춘성(2016): 최창의 외(2016: 36)에서 재인용.

3) 전라북도교육청

전북교육청은 혁신교육지구사업을 "교육청과 지방자치단체 간 새로운 교육협력 모델을 구축하기 위한 사업으로 공교육 혁신으로 미래역량을 갖춘 지역인재를 육성하고, 지역사회의 참여와 협력으로 교육에 대한 인식을 전환하여, 지역사회 및 지역 교육공동체 구성원의 교육만족도를 제고하기 위한 학교-마을 교육공동체 구축 사업"[18]이라고 설명하고 있다.

전라북도는 혁신교육특구라고 명명하고 지정기간을 4년으로 설정하고 있다. 운영예산은 특구별 상황에 따라 차이가 있는데, 지방자치단체가 교육청 부담금보다 최소한 많이 편성하는 것을 기본 원칙으로 하고 있다. 주요 사업은 지역교육 생태계 구축, 공교육 혁신모델, 미래역량 인재육성, 보편적 교육복지 사업 등 4가지 사업으로 구성되어 있다. 전라북도 혁신교육지구사업의 주요 내용은 〈표 10-10〉과 같다.

〈표 10-10〉 전라북도 혁신교육지구사업의 주요 내용

지정형태/기간	운영예산	주요사업
혁신교육특구 (4년)	특구별 상황에 따라 다르게 편성 (교육청 부담금보다 최소한 많게 편성)	• 지역교육 생태계 구축 • 공교육 혁신모델 • 미래역량 인재육성 • 보편적 교육복지

출처: 김춘성(2016): 최창의 외(2016: 36)에서 재인용.

전라북도 혁신교육지구사업은 지정된 혁신교육특구마다 지역별 특성이 강하게 형성된 특징을 보였으며, 완주지구의 경우 다양한 교육협동조합 및 교육주체를 통한 마을교육이 빠른 속도로 전개되는 특징을 보인다. 전라북도 혁신교육지구사업의 성격과 특징을 정리하면 〈표 10-11〉과 같다.

〈표 10-11〉 전라북도 혁신교육지구사업의 성격과 특징

운영 성격	특징
• 혁신교육지구사업은 지역 교육공동체 회복과 지역인재 육성을 목표로 추진되고 있음 • 교육청만의 교육혁신을 지역 교육공동체와 함께하는 교육혁신으로 이어 가기 위한 사업의 성격이 강함 • 사업의 주요 방향을 보면 미래 역량의 인재육성을 위해 요구되는 공교육혁신과 지역교육 생태계 구축이 큰 흐름임 • 운영되는 4개 지역의 지역 특성이 매우 달라서 지역별 추진 사업 내용도 다양하게 형성되어 있음	• 교육청의 학교혁신의 확산과 지역과의 교육협력 모델 구축을 위한 추진 • 정치지형상 지방자치단체(장)의 교육에 대한 인식 부족과 책무성이 약함 • 4개 지구이지만 지역별 특성이 강하게 형성됨 • 완주지구의 경우 다양한 교육협동조합 및 교육주체를 통한 마을교육이 빠른 속도로 전개됨 • 이후 지구운영을 혁신특구, 농어촌교육특구, 다꿈교육특구, 원도심교육특구로 다양하게 운영할 계획

출처: 김춘성(2016): 최창의 외(2016: 36)에서 재인용.

4. 학교 내 전문적 학습공동체 학점화 정책

최근 교사학습공동체는 여러 시 · 도교육청에서 장학, 교사연수 등 교사전문성 개발의 정책 방안으로 적극 추진되고 있다. 경기도에서는 2010년 초반부터 혁신학교를 중심으로 교사학습공동체가 자생적으로 운영되다가 전문적 학습공동체라는 이름으로 추진되고 있다. 충북, 인천, 세종시 교육청 등은 2016년부터 단위학교 내에서 교사학습공동체의 운영을 통하여 교사의 전문성 향상을 도모하고 교육적 지향을 달성하기 위하여 전문적 학습공동체 학점화 정책을 추진하고 있다. 이러한 흐름 속에서 교육부는 2015 개정 교육과정의 현장 안착을 위한 수업탐구 학습공동체 운영을 2016년부터 지원하고 있다. 이 절에서는 경기도교육청과 강원도교육청의 학교 안 전문적 학습공동체 학점화 정책을 살펴본다.

1) 경기도교육청

경기도교육청은 '학교 안 전문적 학습공동체 학점화 계획'을 2015년에 발표하였다.[19] 전문적 학습공동체는 '가르침에 대한 전문가로서의 경험과 판단 존중, 교사들이 동료들과 함께 새로운 아이디어를 찾아 연구 실행, 학교개선을 위해 공동의 목표를 설정, 동료 간 팀 구성, 함께 일하며 문제 파악 및 해결 방안을 모색하는 관계 양식'이라고 규정한다.

경기도교육청은 학교 안 전문적 학습공동체 학점화 정책에 대해 이론과 사례 중심의 집합연수 시스템을 실천 중심의 실행학습 체제로 개편하고, 외부 지원 중심의 컨설팅과 개별 성장 중심 연수에서 집단 성장 중심의 체제로 전환하고자 실시하는 것으로, 이를 통해 교원들의 개별 역량이 학교 변화와 실천으로 연계되어 학교 역량으로 강화될 수 있을 것으로 기대한다고 밝히고 있다. 경기도 학교 안 전문적 학습공동체 학점화 정책의 주요 내용은 다음과 같다.

◆연수 과정명: 2017 교원 학습공동체 직무 연수
◆대상: 경기도 내 희망하는 모든 초·중·고등학교 교원(기간제 교사 포함)
　※ 초등학교 병설유치원 및 초·중·고등학교 특수학급 교원은 소속교 교원과 함께 참여할 수 있으며 직무연수 신청 가능
◆연수 주제: 교육과정과 수업으로 연계될 수 있는 주제
　※ 학교 안 교원 학습공동체별로 구성원 협의를 통해 선정
◆연수 종별: 직무연수
◆연수 기간: 2017. 3. 7.(화) ~ 2017. 11. 30.(목)
◆연수 시간
　•연간 최소 15시간 이상 최대 30시간 이내(※ 15~30시간 모두 가능)
　•교원 1인 1개의 학습공동체만 학점 인정
　　※ 학교 내의 다른 교원 학습공동체 중복 참여 가능함. 단, 학점 신청은 1곳만 해야 함
　•1일 연수 시간은 2시간 이내 인정
　•매주 수요일 공동 연구·실천을 위해 '교원학습공동체의 날' 운영 시간 확보

◆ 연수 장소: 단위학교 및 지정장소

◆ 연수 구성

　• 단위학교 내 교원(기간제 교사 포함)으로 구성

　　※ 인근학교와 연합하여 구성 가능

　• 단위학교 내 전체, 학년, 교과, 연구 주제별 등 여러 개의 교원 학습공동체 구성·운영 가능(교원 학습공동체별 최소 5명 이상 구성해야 함)

◆ 연수 교육과정 편성

　• 내용

　　– 교육과정과 수업으로 연계될 수 있는 주제 및 내용

　　– 생활·인성지도, 진로·진학지도 등의 주제 및 내용

　• 편성

　　– 주제연수, 공동연구, 공동실천, 연구결과 공유 등으로 균형 있게 편성

2) 강원도교육청

　강원도교육청은 교원 학습공동체라고 명명하고 있으며, 학습공동체를 "교원들이 동료성을 바탕으로 함께 수업을 연구(공동연구), 함께 실천(공동실천)하며, 교육활동에 대하여 대화하고 협의하는 과정에서 함께 성장(집단성장)하는 활동"이라고 규정하고 있다.[20] 강원도교육청의 학교 안 교원 학습공동체 학점화 정책의 주요 내용은 다음과 같다.

◆ 연수명: 2017 학교 안 전문적 학습공동체 직무연수

◆ 연수 주제

　• 교육과정 및 수업 개발을 위한 공동연구·실천, 학생생활, 진로교육, 학교혁신 등 현장의 문제 해결을 위한 실행연구 과제

◆ 대상 및 장소

　• 희망 초·중·고등학교 교원(신규교사 참여 필수)

　　※ 단, 특수학교 및 단설 유치원은 도교육청 해당 사업부서의 계획에 의함

　• 장소: 소속학교 및 지정장소

◆ 연수 방법 및 구성
- '주제탐구' '공동연구 및 실천' '연구결과 공유' 등 실행학습 중심으로 운영
- 외부 강사에 의한 강의는 가급적 1/3 이내로 구성, 교내 교원 연구활동 중심
- 단위학교 자율장학 계획과 연계 운영

◆ 운영 형태 및 신청
- 신청 횟수: 연 1회
- 정기(1년 단위) 2017. 3. 27.(월) ~ 12. 15.(금) 이내/ 15시간 이상 60시간 이내
  ※ 추가 신청은 신설학교, 인사 변동(신규, 복직, 전보 등)으로 추가 요인이 있는 학교만 대상
- 하반기(추가) 2017. 9. 18.(월) ~ 12. 15.(금) 이내 / 정기 신청의 하반기 잔여시간 범위 내

◆ 학습공동체 구성
- 구성 인원: 단위학교 내 최소 교원 3인 이상
- 구성 단위: 학년, 교과, 주제 단위로 연구 모임 구성 권장
  ※ 학교 단위로 구성 가능하나, 대규모 학교의 1주제 1학습공동체로 획일적 운영 지양

◆ 결과처리
- 이수 인정: 전체 연수 운영시간의 80% 이상 수강 시 이수 인정
- 인정 범위
  - 1일 연수시간: 4시간 이내 인정(주말, 방학도 동일)
  - 교원 1인 1개 학습공동체만 학점 인정

5. 학생인권조례 제정

학생인권조례는 2010년에 경기도교육청에서 처음으로 제정된 이후, 2011년에는 광주, 서울에서, 2013년에는 전라북도에서 제정되었다. 충청북도 등 일부 지역에서는 학생, 교사, 학부모 등 교육공동체의 권리와 의무를 규정하고 있는 헌장을 제정하는 움직임도 나타나고 있다. 이 절에서는 경기도교육청과 광주교육청에서 제정한 학생인권조례의 주요 내용을 살펴본다.

1) 경기도교육청

경기도교육청은 2010년 10월 5일에 「경기도 학생인권조례」를 제정하여 2011년 3월 1일에 시행함으로써 전국에서 가장 먼저 학생인권조례를 제정·시행하고 있다. 2011년에는 광주광역시, 2012년에는 서울특별시, 2013년에는 전라북도에서 학생인권조례가 연이어 공포되었다.[21]

「경기도 학생인권조례」는 총 5장, 47조, 부칙 2조로 구성되어 있다. 제1조에 "이 조례는 「대한민국헌법」 제31조, 「유엔 아동의 권리에 관한 협약」, 「교육기본법」 제12조 및 제13조, 「초·중등교육법」 제18조의4에 근거하여 학생의 인권이 학교교육과정에서 실현될 수 있도록 함으로써 인간으로서의 존엄과 가치 및 자유와 권리를 보장하는 것을 목적으로 한다."라고 밝히고 있다. 경기도 학생인권조례의 각 조별 내용을 살펴보면 다음과 같다.

제1장 총칙
제1조(목적)
제2조(정의)
제3조(학생의 인권 보장 원칙)
제4조(책무)
제2장 학생의 인권
제1절 차별받지 않을 권리
제5조(차별받지 않을 권리)
제2절 폭력 및 위험으로부터의 자유
제6조(폭력으로부터 자유로울 권리)
제7조(위험으로부터의 안전)
제3절 교육에 관한 권리
제8조(학습에 관한 권리)
제9조(정규교과 이외의 교육활동의 자유)
제10조(휴식을 취할 권리)
제4절 사생활의 비밀과 자유 및 정보에 관한 권리
제11조(개성을 실현할 권리)
제12조(사생활의 자유)
제13조(사생활의 비밀을 보호받을 권리)
제14조(정보에 관한 권리)
제5절 양심·종교의 자유 및 표현의 자유
제15조(양심·종교의 자유)
제16조(의사표현의 자유)
제6절 자치 및 참여의 권리
제17조(자치활동의 권리)
제18조(학칙 등 학교 규정의 제·개정에 참여할 권리)
제19조(정책결정에 참여할 권리)
제7절 복지에 관한 권리
제20조(학교복지에 관한 권리)
제21조(교육환경에 대한 권리)
제22조(문화활동을 향유할 권리)
제23조(급식에 대한 권리)

2) 광주시교육청

광주시교육청[22]은 학생인권조례 제정 운동이 전국에서 최초로 일어난 지역으로, 2010년에 진보 성향의 교육감이 당선되어 학생인권조례 제정 자문위원회를 구성하기 전인 2005년부터 학생인권조례의 제정이 추진되었다. 이후 2010년에 신임교육감이 당선되고, 교육감 직속으로 '학생인권조례제정자문위원회'를 구성하였다. 조례 최종안이 2011년 9월 2일 광주시의회 교육상임위원회에 제출되었다. 2011년 10월 28일 「광주광역시 학생인권 보장 및 증진에 관한 조례」를 공포하고 2012년 1월 1일부터 시행하였다.

광주학생인권조례는 전문을 포함하여 총 44개 조항과 부칙으로 구성되어 있다. 제1조의 제정 목적에서는 시교육청 및 관할학교와 교직원, 학생, 보호자 등 지역사회 구성원의 책임과 역할을 정하고 학생인권보장 및 증진에 관한 사항을 규정하여 인권이 존중되는 학교와 지역사회를 실현하는 것으로 입법 목적을 규정하고 있다. 광주광역시 학생인권 보장 및 증진에 관한 조례의 각 조별 내용을 살펴보면 다음과 같다.

제1장 총칙
　제1조(목적)
　제2조(정의)
　제3조(책무)
제2장 학생인권증진계획 등
　제4조(학생인권증진계획의 수립)
　제5조(연도별 시행계획 및 실태조사)
　제6조(공청회 등)
　제7조(인권활동 지원)
　제8조(홍보)
제3장 학생의 인권
　제9조(학생인권 보장의 원칙)
　제10조(학습할 권리)
　제11조(신체의 자유)
　제12조(사생활과 개인 정보를 보호 받을 권리)
　제13조(사상과 양심, 종교의 자유)
　제14조(표현의 자유)
　제15조(자치와 참여에 관한 권리)
　제16조(적법한 징계 절차를 누릴 권리)
　제17조(교육복지에 관한 권리)
　제18조(휴식과 문화 활동에 관한 권리)
　제19조(건강과 안전에 관한 권리)
　제20조(차별 받지 않을 권리)
　제21조(소수자 학생의 권리)
　제22조(청원할 권리)
제4장 학생인권위원회
　제23조(학생인권위원회)
　제24조(위원회의 구성)
　제25조(위원회의 운영)
　제26조(위원의 해촉)
　제27조(학생인권영향평가)
　제28조(운영세칙 등)
제5장 학생의회
　제29조(학생의회)
　제30조(학생의회의 구성 및 운영)
　제31조(학생의원의 임무)
　제32조(학생의원의 임기 및 자격 상실)
　제33조(학생의회의 지원)
제6장 인권교육 및 연수
　제34조(인권교육 지원)
　제35조(학교 내 인권교육 및 연수)
　제36조(교직원에 대한 인권 연수)
　제37조(보호자 교육)
제7장 민주인권교육센터
　제38조(민주인권교육센터)
　제39조(전문위원회)
　제40조(학생인권 상담 및 구제)
　제41조(학생인권 침해의 조사)
제8장 보칙
　제42조(규정제·개정심의위원회)
　제43조(수당과 여비)
　제44조(시행규칙)

6. 개선 방향

지방교육 정책 및 사업은 학교혁신 정책 및 사업, 혁신교육지구사업, 학교 내 전문적 학습공동체 학점화 정책, 학생인권조례 제정 등을 중심으로 살펴보았다. 지방교육자치는 교육의 자주성과 전문성, 지방교육의 특수성을 보장함으로써 지방교육의 발전을 도모하는 데 목적이 있다. 이러한 목적에 비추어 볼 때, 시·도교육청은 지방교육의 특수성을 반영한 지방교육 정책 및 사업의 개발을 위한 지속적인 노력이 전개되어야 할 것이다. 한편 지방교육의 특수성과 더불어 염두에 두어야 할 것은 지역 간 교육격차에 대한 국가의 역할이다. 이러한 차원에서 중앙정부 수준의 교육정책과의 일관된 흐름을 반영할 필요가 있다. 즉, 중앙과 지방 간 교육정책에 대한 견제와 균형, 협력의 원리가 강력하게 추구되어야 할 것이다.

이를 위해서는 지방교육 정책 및 사업을 개발하고 집행하는 정책 담당자들의 전문성 개발이 필수적으로 요구된다. 최근 지방교육 정책 및 사업을 둘러싸고 나타나는 양상은 경기도교육청에서 추진된 정책들이 일정 정도 성과를 인정받으면서 타 시·도교육청으로 확산되는 양상을 보인다. 물론 다른 지역의 우수한 정책 사례를 벤치마킹하려는 노력들이 필요하다. 그러나 이러한 과정들이 지방의 정책담당자들의 전문성 부족에서 비롯된 '단순한 모방'의 양상으로 나타나기도 한다. 따라서 지방교육 정책 및 사업 담당자들의 전문성 개발이 지역의 교사·학생·학부모, 지역사회의 요구를 기반으로 한 지방교육의 특수성을 반영한 지방교육 정책 개발의 선행 과제가 되어야 할 것이다.

미주

1　교육부(2017: 10).

2　류방란 외(2015: 3).

3　류방란 외(2015); 조윤정 외(2015).

4　김민조(2016).

5　김민조(2014: 75).

6　경기도교육청(2015: 6).

7　이하 경기도 혁신학교에 대한 내용은 경기도교육청(2017b). 2017 혁신학교 운영 기본 계획에 수록된 내용을 발췌하여 제시한 것이다.

8　경기도교육청(2015: 16).

9　이하 서울형 혁신학교에 대한 내용은 "서울특별시교육청(2017). 2017년 서울형 혁신학교 운영 기본 계획"에 수록된 내용을 발췌하여 제시한 것이다.

10　이은미 외(2013: 245-246).

11　류방란 외(2015: 4).

12　이하 충북 행복씨앗학교에 관한 내용은 '2014년 충북 혁신학교 추진 계획'과 '2017년 충북 행복씨앗학교 추진 계획'을 발췌하여 제시한 것이다.

13　최창의 외(2016: 3).

14　이하 내용은 최창의 등(2016: 15-40)의 내용을 중심으로 제시한 것이다.

15　경기도교육청(2016).

16　경기도교육청(2016).

17　서울특별시교육청(2015).

18　전라북도교육청(2016).

19　이하 경기도교육청의 학교안 전문적 학습공동체 학점화 정책에 관한 내용은 "경기도교육청(2017). 2017 학교안 전문적 학습공동체 운영 계획"의 내용을 바탕으로 정리된 것이다.

[20] 이 내용은 "강원도교육청(2017). 교원 학습공동체 연수 학점화 운영 계획"을 바탕으로 제시한 것이다.

[21] 이정연 외(2016: 5).

[22] 이 내용은 안진(2011: 705-743)의 내용을 바탕으로 정리한 것이다.

참고문헌

강원도교육청(2017). 교원 학습공동체 연수 학점화 운영 계획.

경기도교육청(2015). 혁신학교 우리가 함께 만들어가는 학교입니다.

경기도교육청(2016). 2016 혁신교육지구 시즌Ⅱ 운영 계획.

경기도교육청(2017a). 2017 학교안 전문적 학습공동체 운영 계획.

경기도교육청(2017b). 2017 혁신학교 운영 기본계획.

교육부(2017). 2017 교육부 주요 업무 계획.

김민조(2014). 혁신학교 교육 거버넌스의 특징과 과제. 교육비평, 20(4), 74-97.

김민조(2016). 충북 제2기 민선교육감의 성과와 과제. 충북교육의 성과와 과제를 짚어보
　　다. 새로운 학교 충북네트워크, 충북교육발전소 공동개최 토론회.

류방란, 박성호, 김민조, 김성식, 민병철(2015). 충북 행복씨앗학교 성과 분석을 위한 기초
　　연구. 서울: 한국교육개발원.

서울특별시교육청(2015). 2015학년도 서울형 혁신교육지구 운영 기본 계획.

서울특별시교육청(2017). 2017년 서울형 혁신학교 운영 기본 계획.

안진(2011). 광주광역시 학생인권조례의 내용과 과제. 법학논총, 31(3), 705-743.

이은미, 백병부, 성열관, 송순재, 이형빈, 정광필(2013). 서울교육 발전을 위한 학교혁신
　　방안 연구. 서울특별시의회.

이정연, 윤희정, 정우진, 이혜선(2016). 2016 경기도 학생인권 실태 조사. 경기: 경기도교육연구원.

전라북도교육청(2016). 혁신교육특구 추진 계획.

조윤정, 김민조, 강범식, 전종호, 구소연(2015). 경기도 혁신고등학교 발전방안. 경기: 경
　　기도교육연구원.

최창의, 서용선, 김혁동, 홍섭근, 김용련(2016). 혁신교육지구사업 비교 분석을 통한 협력
　　적 교육거버넌스 발전 방안 연구. 경기: 경기도교육연구원.

충청북도교육청(2014). 2014년 충북 혁신학교 추진 계획.

충청북도교육청(2017). 2017년 충북 행복씨앗학교 추진 계획.

〈부록 표 10-1〉 시·도교육청의 주요 교육정책

구분	교육방향/비전	교육지표/슬로건/다짐/약속	정책방향(중점 교육정책)	중점(역점) 과제
서울	모두가 행복한 혁신 미래교육	질문이 있는 교실, 우정이 있는 학교, 삶을 가꾸는 교육	• 모두의 가능성을 여는 책임교육 • 지성·감성·인성을 기르는 창의교육 • 학생·교사·학부모·시민의 참여교육 • 안전하고 신뢰받는 안심교육 • 소통하며 지원하는 어울림 교육행정	• 교육역량 및 가치: 일반고 역량 강화 및 고교 균형 발전, 혁신학교 질적 심화와 다양화, 공존과 상생의 '세계시민주의시민교육' 강화 • 교육복지 및 공공성: 맞춤형 진로·직업교육 확대 강화, 유아교육지원 확대와 사학 공공성 강화, '학교평등예산제'로 교육격차 해소 • 교육 협력 및 문화: 지역사회와 함께하는 '마을 결합형 학교' 실현, 자치단체 협력 '혁신교육지구' 확대, 평화롭고 인권친화적 인화교문화 조성 • 교육행정 및 제도: 교원업무 정상화 및 전문성 신장, 교육비리 근절과 공감·공감형 행정 문화 구현, 교육환경 개선과 학생 안전지켜 도구축
부산	모두에게 희망을 주는 부산교육	변화하는 학교, 실력 있는 학생	• 꿈을 키우는 신나는 교육 • 감성을 가꾸는 건강한 교육 • 함께 만드는 행복한 교육(안전한 교육환경, 청렴한 교육행정)	• 꿈을 키우는 신나는 교육: 학생이 미래해 심여량 강화, 꿈과 끼를 키우는 진로·직업교육, 가르치는 보람으로 즐거운 교실 • 감성을 가꾸는 건강한 교육: 존중과 배려의 인성교육, 활기차고 건강한 학교, 안전하고 청렴한 교육환경 • 함께 만드는 행복한 교육: 희망과 나눔의 교육복지 실현, 소통과 공감의 신뢰받는 교육행정, 현장 중심의 하교문화 혁신 --- • 독서토론교육 활성화 • 교원역량 강화 • 실천 중심 인성교육 • 교육격차 해소

〈부록 표 10-1〉 시·도교육청의 주요 교육정책(계속)

구분	교육방향/비전	교육지표/슬로건/약속	정책방향(중점 교육정책)	중점(역점) 과제
대구	〈비전〉 꿈, 희망, 행복을 가꾸는 대구교육	〈미래인재상 및 4대 전략〉 도덕적 역량, 사회적 역량, 신체적 역량, 정서적 역량, 지적 역량	〈전략〉 • 학생의 행복역량 기르기 • 행복역량 교육 지원 • 안전하고 균형 있는 교육여건 조성 • 신뢰와 존중의 교육공동체 만들기	• 학생의 행복역량 기르기: 건강·체력 중심 신체적 역량 계발, 긍정·도전 중심 정서적 역량 계발, 소통·배려 중심 사회적 역량 계발, 정직·자율 중심 도덕적 역량 계발, 통합·창조 중심 지적 역량 계발 • 행복역량 교육 지원: 행복역량 교육과정 지원, 학습자 중심 교실수업개선 지원, 지속가능발전교육 지원, 꿈과 끼 자람의 진로·직업교육 지원, 돌봄과 배움의 유아교육 지원, 자립과 통합의 특수교육 지원 • 안전하고 균형 있는 교육여건 조성: 안전한 배움터 조성, 쾌적한 교육환경 조성, 신뢰받는 교육행정 시스템 조성, 고른 교육기회 여건 조성 • 신뢰와 존중의 교육공동체: 참여와 소통의 교육문화 형성, 교육 중심 지역문화 형성, 선생님이 존경받는 학교문화 형성, 모두가 행복한 교육복지문화 형성
인천	모두가 행복한 인천교육	더불어 살아가는 민주시민 육성	• 안전하고 평화로운 하교 • 창의·공감교육으로 미래형 하력신장 • 모두에게 따뜻한 교육복지 • 공정하고 투명한 교육행정	• 안전하고 평화로운 학교: 안전한 학교 환경 조성, 소통-협력-자치로 학교폭력 OUT, 공감·감성을 내면화하는 인성교육 • 창의·공감교육으로 미래형 학력신장: 배움 중심의 교육혁신, 학생 진로 맞춤형 교육, 모두가 성장하는 하력 신장, 창의성을 기르는 융합교육, 수업 중심 학교문화 정착, 창의적 기술인재 육성을 위한 직업교육 • 모두에게 따뜻한 교육복지: 하생 건강 증진, 교육 복지 확대, 교육비 부담 경감

〈부록 표 10-1〉 시·도교육청의 주요 교육정책(계속)

구분	교육방향/비전	교육지표/슬로건/약속	정책방향(중점 교육정책)	중점(역점) 과제
광주	함께 배우고 나누는 행복한 광주교육	더불어 살아가는 정의로운 민주시민 육성 (질문이 있는 교실, 행복한 학교)	〈5대 주요 시책〉 • 존중과 배려가 넘치는 인간교육 실현: 민주·인권·평화교육 내실화, 학생 생활교육 강화, 봉사·체험활동 활성화, 문예체교육 강화 • 스스로 익히고 함께 찾는 배움중심 교육 강화: 창의적 교육과정 운영, 학생맞춤형 교육, 교과의 역량 강화 • 꿈과 적성을 키워 가는 진로교육 추진: 진로·진학·직업교육 강화, 과학·영재교육 내실화, 외국어교육 강화, 정보활용교육 강화 • 차별 없는 보편적 교육복지 확대: 보편적 교육복지 지속 추진, 유아교육정상화, 특수교육 강화, 방과후학교 활성화 • 청렴 행정 구현: 청렴한 학교문화 정착, 학교업무 정상화 정착, 효율적인 교육기반 조성, 지역사회학교 실현, 소통과 참여의 교육활동 확대	• 공정하고 투명한 교육행정: 현장 중심의 참여행정, 신뢰받는 지원행정, 투명한 청렴 인권 • 학교문화 혁신: 학교문화혁신 내실화, 빛고을혁신학교 정착, 마을교육공동체 확산 • 안전한 학교 실현: 위기관리 대응시스템 내실화, 체험형 안전교육 정착, 학교시설 안전점검 강화, 학교환경위생 관리 강화 • 민주·인권 친화적 학교 실현: 학생인권신장, 교권과 교육활동 보호, 민주·인권친화적 학교 만들기

〈부록 표 10-1〉시·도교육청의 주요 교육정책(계속)

구분	교육방향/비전	교육지표(슬로건/역속)	정책방향(중점 교육정책)	중점(역점) 과제
대전	행복한 학교, 희망의 대전교육	바른 인성과 창의력을 갖춘 품격 있는 세계시민 육성	• 핵심역량을 키우는 교육과정 • 창의적인 융합인재 양성 • 안전하고 건강한 학교 • 나눔과 배려의 교육복지 • 소통과 참여의 학교문화	• 핵심역량을 키우는 교육과정: 유·초·중·고·대학 연계교육, 교육과정-수업-평가의 연계, 전인적 성장지원, 교원 전문성 신장 • 창의적인 융합인재 양성: 책과 대화하는 독서교육, 꿈기 자람 진로교육, 능력중심 직업교육, 세계와 소통하는 국제교육, 창의성을 키우는 융합교육 • 안전하고 건강한 학교: 안전한 교육환경 구축, 학교폭력 없는 행복한 학교조성, 건강하고 쾌적한 배움터 조성 • 나눔과 배려의 교육복지: 맞춤형 교육복지 강화, 배움과 돌봄이 어우러교육, 통합과 자립의 특수교육, 학습과 삶을 연계한 평생교육 • 소통과 참여의 학교문화: 교육현장 지원 행정체제 구축, 교육공동체와 함께하는 교육운영, 투명하고 청렴한 교육행정 구현
울산	희망과 감동이 있는 행복교육도시 울산	바른 인성과 창의성을 갖춘 유능한 인재 양성	〈교육시책〉 • 최상위 학력증진 맞춤형 교육과정 • 체험과 실천 중심의 창의·인성교육 • 건강과 위생, 안전한 교육환경 • 꿈과 끼를 실현 주는 진로 직업교육 • 소통과 협력으로 함께하는 교육공동체 • 청렴과 신뢰 나는 보람찬 직장 • 행복교육도시 최적의 교육기반	• BEST 학력 정착 • 희망을 다가는 학교문화 조성 • 미래를 함께 여는 교육공동체 구축 • 감동을 주는 교육행정 실현

〈부록 표 10-1〉시·도교육청의 주요 교육정책(계속)

구분	교육방향/비전	교육지표(슬로건/약속)	정책방향(중점 교육정책)	중점(역점) 과제
세종	새로운 학교, 행복한 아이들	생각하는 사람, 참여하는 시민	• 혁신학교(학교혁신 모델 학교) • 민주적 학교, 자율·협력의 생활공동체 • 창의적 교육과정, 전문적 학습공동체 • 협력·돌봄·나눔의 지역교육공동체(시민·지역사회·지자체의 참여와 협력을 통한 교육 생태계 조성) • 현장 중심 교육행정 체제	• 민주적 공동체로 성장하는 학교: 학교혁신 지원 강화, 민주적 학교운영 내실화, 함께 생활하는 생활공동체 • 교수-학습 중심의 새로운 학교: 학생중심 교육과정, 지성·인성·감성교육, 창의융합인재교육 • 협력으로 상생하는 지역교육공동체: 마을 교육공동체 활성, 지역사회 연계 강화 • 현장 중심의 교육행정체제: 학교안전망 강화, 교육행정 전문성·투명성 강화, 공감 지원 행정 • 공동연구·실천·성장의 전문적 학습공동체 활성화 • 교육과정 특성화·다양화를 통한 일반고 교육력 강화 • 교육수요자 맞춤형 학교 설립 추진
경기	모든 학생이 잠재력을 개발하고 꿈을 실현할 수 있도록 공평한 학습 사회 만들어 가기	• 단 한 명의 아이도 포기하지 않기 • 더불어 살아가는 능력 키우기 • 교직원의 교육적 지위 지키기 • 학부모의 참여 확대, 교육비 부담 덜기 • 혁신교육으로 행복한 학교 만들기 • 평등하고 안전한 교육여건 마련 • 마을교육공동체와 함께 학생의 성장 돕기 • 학교 현장을 지원하는 공감행정 실천	• 행복한 학교 • 학교민주주의 • 안전한 학교 • 혁신교육 심화 • 교육행정 혁신	• 행복한 학교: 학생중심 교육과정(교육과정 정상화·다양화·특색화), 꿈을 키우는 교육(진로·직업교육강화, 학습경험의 다양화) • 학교민주주의: 학교민주주의 정착(학교자치 구현, 민주적 학교문화 실현), 시민교육내실화(시민의식 강화, 학생·교원 인권 존중) • 안전한 학교: 학습안전망 구축(개별화한 생애 학습권 보장, 교육격차 해소), 건강한 학교환경(학생의 건강한 삶 보장, 위기대응 시스템 구축)

〈부록 표 10-1〉 시·도교육청의 주요 교육정책(계속)

구분	교육방향/비전	교육지표/슬로건/약속	정책방향(중점 교육정책)	중점(역점) 과제
강원	모두를 위한 교육	행복한 학교, 함께하는 강원교육	• 뿌리가 든든한 창의공감교육 • 더불어 사는 인간교육 • 누구에게나 따뜻한 교육복지 • 안전하고 평화로운 학교 운영 • 다 함께 참여하는 교육행정	• 혁신교육 심화: 혁신교육 활성화(지속가능한 학교혁신, 교육공동체 혁신역량 강화), 교육생태계 구축(교육협력체제 강화, 마을교육공동체 활성화) • 교육행정 혁신: 교육행정체제 개선(역량중심 인사제도 개선, 현장지원 시스템 개선), 현장중심 지원 행정(맞춤형 교육지원, 공감하는 지원행정) • 선진국형 교실복지 3대 핵심 사업 • 즐거운 배움을 위한 수업복지: 좋은 교육을 위한 학교혁신, 학교혁신을 위한 연계·나눔, 즐거운 배움을 위한 수업·평가 혁신, 지속가능한 학교혁신을 위한 지원 • 꿈과 기를 기우는 진로복지: 소질과 적성을 깨우는 진로교육, 선진국형 진로진학지도 체제, 취업역량을 강화하는 진로직업교육 • 감성과 교육이 스며 있는 시설복지: 감성 가치 가위 주는 학교시설, 자연과 함께하는 친환경 건강 학교, 학생들에게 편안한 교실과 학교
충북	함께 행복한 교육	신나는 학교, 즐거운 배움, 따뜻한 품성	• 참여·소통·협력의 교육공동체 구현 • 학교혁신과 혁신학교를 통한 공교육 내실화 • 공감 능력을 기우는 문화·예술교육 지향 • 모두를 배려하는 교육복지 확대 • 안전하고 평화로운 생태·환경 조성	• 충북행복 교육지구 운영: 충북 행복교육지구 지정 및 운영, 지역 교육생태계 조성, 지역 교육공동체 사업, 행복씨앗학교 및 준비교 운영 • 꿈 찾고 행복 이루는 진로교육 실현: 학생 맞춤형 진로체험 지원, 학교 진로교육 역량 강화, 진로교육센터 활성화, 지역사회 진로교육 협력 체제 구축

〈부록 표 10-1〉 시·도교육청의 주요 교육정책(계속)

구분	교육방향/비전	교육지표(슬로건)/약속	정책방향(중점 교육정책)	중점(역점) 과제
충남	행복한 학교 학생중심 충남교육	미래 역량을 갖춘 민주시민 육성	• 참하력을 갖춘 미래 인재 • 출발선이 평등한 교육 • 인권이 존중되는 안전한 학교 • 청렴하고 공정한 열린 행정 • 협력하고 상생하는 교육공동체	• 수업과 생활교육 중심이 학교운영: 배움과 참여중심 수업 지원, 민주적인 생활교육 활성화, 학교업무 효율화 추진 • 고교 교육력 도약 프로젝트: 교육력 도약 중점학교 지원, 교육력 도약 일반학교 지원, 학교혁신을 위한 연수 지원, 교육력 도약을 위한 진설팀단 운영 • 참하력을 갖춘 미래 인재: 함께 살아가는 민주시민 육성, 학생의 성장을 돕는 교육과정 운영, 배움과 성장의 학교문화 조성, 꿈과 끼를 계발하는 진로교육, 행복을 가꾸는 체육·예술교육 • 출발선이 평등한 교육: 고른 교육기회 화대, 교육복지 지원 강화, 함께 가꾸는 선진 유아교육, 현장 공감 특수교육 • 인권이 존중되는 안전한 학교: 존중과 배려의 인성 함양, 인권존중 교육 강화, 생명 존중 안전한교교 운영 • 청렴하고 공정한 열린 행정: 청렴한 조직 문화 정착, 효율적이고 투명한 재정운영, 소통과 공감의 교육행정 • 협력하고 상생하는 교육공동체: 지역사회와 협력 강화, 상생이 학교공동체 조성, 교육공동체 참여 기회 확대

〈부록 표 10-1〉 시·도교육청의 주요 교육정책(계속)

구분	교육방향/비전	교육지표/슬로건/약속	정책방향(중점 교육정책)	중점(역점) 과제
전북	가고 싶은 학교 행복한 교육공동체	자치와 협력으로 참된 민주시민 육성	• 평화롭고 안전한 학교 조성 • 참된 학력 신장 • 학교자치 및 지역사회와의 협치 강조 • 교육정의 및 교육복지 확신	• 평화롭고 안전한 학교 조성: 안전한 학교·건강한 교실, 인권이 존중되는 평화로운 학교 • 참된 학력 신장: 학교혁신을 통한 공교육 표준 제시, 체음 중심 진로·직업교육 내실화 • 학교자치 및 지역사회와의 협치 강조: 민주적 학교 문화 조성, 지역사회와 함께 하는 교육, 농어촌·원도심학교 활성화 • 교육정의 및 교육복지 확산: 공정하고 투명한 교육행정 구현, 소외와 차별이 없는 교육 실현, 교육의 공공성·책무성 강화, 학부모의 경제적 부담 경감
전남	꿈을 키우는 교실, 행복한 전남교육	더불어 배우며 미래를 일구는 인간 육성	• 배움이 즐거운 학생 • 열정으로 가르치는 교원 • 안전하고 행복한 학교 • 함께하는 교육공동체 • 학생을 우선하는 교육행정	• 무지개학교 확산 • 독서·토론수업 활성화 • 고등학교 교육력 제고 • 작은 학교 희망 만들기
경북	명품 경북교육	배움이 즐겁고 나눔이 행복한 인재 육성	• 학생이 꿈을 키우는 교실 • 교직원이 보람을 느끼는 교단 • 학부모가 만족하는 학교 • 모두가 감동하는 교육	• 학생이 꿈을 키우는 교실: 더불어 살아가는 인성교육 실현, 배움이 즐거운 교육과정 운영 • 교직원이 보람을 느끼는 교단: 전문성을 신장하는 연구 활동 강화, 자긍심을 높이는 근무여건 조성 • 학부모가 만족하는 학교: 존중이 넘치는 안전을 지키는 통합시스템 구축, 교육기회를 보장하는 학생 복지 지원 • 모두가 감동하는 교육: 현장 중심의 효율적인 교육행정, 교육공동체와 함께하는 교육환경 조성

〈부록 표 10-1〉 시·도교육청의 주요 교육정책(계속)

구분	교육방향/비전	교육지표/슬로건/역속	정책방향(중점 교육정책)	중점(역점) 과제
경남	배움이 즐거운 학교, 함께 가꾸는 경남교육	함께 배우는 미래를 열어 가는 민주시민 육성	• 배움 중심의 새로운 교육 • 소통과 공감의 교육공동체 • 안전하고 건강한 교육환경 • 더불어 행복한 교육복지 • 깨끗하고 공정한 지원 행정	• 민주적인 학교 문화 조성을 위한 행복학교 운영: 민주적인 학교문화 조성, 배움중심의 교육과정 편성·운영, 전문적 학습공동체 구축, 소통과 배려의 공동체 학교 형성 • 도민과 함께하는 행복한 책 읽기 문화 조성: 선진화된 독서문화 환경 조성, 독서교육 활성화, 도민과 함께하는 책 읽기 • 안전한 학교문화 조성을 위한 폭력 없는 공감학교 만들기: 학교폭력 예방 인프라 구축, 학교폭력 대응 역량 강화, 정서조절과 소통 중심의 공감학교 운영, 학교폭력 예방 유관기관 협업 무지개 센터 운영 • 선생님을 아이들 곁으로 돌려 보내기 위한 교사 행정업무 획기적 감축: 교직원 행정업무 적정화 기반 조성, 임하는 방식 개선, 공문서 감축, 현장정화 및 환류
제주	제주교육은 질문입니다	배려와 협력으로 모두가 행복한 제주교육	• 건강하고 안전한 행복학교 • 함께 웃는 따뜻한 교육복지 • 참여하고 소통하는 민주교육 • 학교를 우선하는 현장행정	• 고교체제 개편 • 제주형 자율학교 혁신 • 평화·인권 교육강화 • 학생동아리 활성화 • 교육 중심 학교시스템 구축

출처: 각 시·도교육청 홈페이지. 2017년 업무 계획을 토대로 작성함.

제**11**장

지방교육행정기관 평가제도

지방교육행정기관에 대한 평가는 기관별로는 시·도교육청과 시·도교육청 내 지역교육청에 대한 평가를 포함하고 평가 범위 혹은 영역별로는 시·도교육청 평가와 지방교육재정운영 성과평가를 포함한다.[1] 지역교육청에 대한 평가는 시·도교육청별로 차이가 커 이 장에서는 시·도교육청에 대한 평가 내용만을 다루었으며, 지방교육재정운영 성과평가는 그동안 시·도교육청 평가 내 일부 영역으로 간주되었기에 대부분의 내용은 시·도교육청 평가에서 포괄하여 기술된다. 1996년 제1차 평가를 시작으로 시행되고 있는 시·도교육청 평가는 2016년 현재 제17차 평가로 시행되었으나 정부의 변화에 따라 평가 내용이나 배점 등이 크게 변화되는 등 평가 목적이나 평가 내용 등에서 일관성을 유지하지 못하고 있다. 지방자치제 및 지방교육자치제가 확대되고 있는 지금 지방교육행정기관 평가제도의 개선을 통해 지방교육행정기관의 책무성을 평가할 수 있는 체제를 갖출 필요가 있다.

1. 지방교육행정기관 평가의 목적과 근거 법령

　지방교육행정기관에 대한 평가[2]는 교육부가 각 시·도교육청의 정책 추진 노력과 행정 역량을 종합적으로 평가하여 그 결과를 시·도교육청에 대한 시책과 지원에 반영함으로써 선의의 경쟁을 유발하고 개선을 유도하기 위해 실시되었다.[3] 지방교육행정기관의 평가에 대한 법률은 1997년 12월 13일에 제정되었는데, 법령에서 기술하고 있는 평가 목적은 「초·중등교육법」 제9조 제2항에, 각 시·도 교육감 관할 교육지원청에 대한 평가 목적은 제9조 제3항에서 '교육행정의 효율적 수행'으로 밝히고 있다.[4]

「초·중등교육법」 제9조 제4항에서는 평가의 대상, 기준, 절차 및 평가 결과의 공개 등에 대해 대통령령으로 정하도록 명시하고 있는데, 이와 관련하여 「초·중등교육법 시행령」에서 구체화하고 있다. 「초·중등교육법 시행령」 제12조 제1항에 따르면, 시·도교육청 평가 및 교육지원청의 평가 내용을 규정하고 있다. 이에 따르면, ① 예산의 편성 및 운용, ② 학교 및 교육기관의 설치·운용, ③ 학교 교육 지원 및 교육 성과, ④ 학생 및 교원의 교육 복지, ⑤ 그 밖에 지방자치단체의 교육행정에 관한 사항으로서 교육부 장관 또는 교육감이 필요하다고 인정하는 사항 등이다. 평가의 내용과 관련하여 이종재 등(2007)은 시·도교육청 평가의 주요 내용과 그 배점은 평가 때마다 변화하여 평가의 일관성을 유지하기가 어려웠다고 하였는데, 이런 평가는 지금도 유효하다.[5] 이는 평가 내용의 광범위성과 함께 '교육부 장관 또는 교육감이 필요하다고 인정하는 사항'에 대해 평가가 가능하도록 규정함으로써 평가 당시의 정책적 내용이 반영되기 때문이다.[6]

현재 지방교육행정기관에 대한 평가는 시·도교육청 수준에서 시·도교육청 평가와 지방교육재정운영 성과평가로 구분되는데, 이는 2015년 교육부가 업무 보고를 통해 지방교육재정의 투명성과 책무성 강화를 위해 시·도교육청 평가에서 재정운영 성과평가를 분리·실시하기로 발표한 결과에 따른 것이다.[7] 재정운영 성과평가는 지역 간 교육여건을 고려하여 시 지역과 도 지역 교육청을 구분하고, 계획서, 효율성, 건전성, 투명성 등 총 4개 분야에 대해 평가하되, 기존 '시·도교육청 평가'는 안전 분야 평가를 강화하여 '재정운영 성과평가'와 병행 운영하는 것으로 발표되었다.[8] 지방교육재정 운용에 대한 성과평가의 근거는 「초·중등교육법」 제9조 제2항 및 동법 시행령 제12조(평가의 기준), 「시·도교육청 평가 운영 규정」(교육부 훈령), 대통령 업무보고(2015. 2.) 시 "지방교육재정 운영성과평가 실시" 관련 사항 등에 있다. 대통령 업무보고 내용에는 '시·도교육청 평가에서 재정운영 성과평가를 분리·실시하고 평가결과에 따라 재정 인센티브 차등 지원'한다는 것과 '지역 간 교육여건을 고려하여 시 지역과 도 지역 교육청을 구분하고, 계획성, 효율성, 건전성 및 투명성 등 총 4개 분야에 대해 평가'하는 것, '기존 시·도교육청 평가는 안전 분야 평가를 강화하여 '재정운영 성과평가'와 병행 운영'하는 내용을 포함하고 있다.

　한편, 지방교육재정 운용의 건전성을 평가하는 제도로 '지방교육재정분석'이 실시되었다. 「지방교육재정 분석 및 진단에 관한 규정」 제2조 제1호에 따르면, 지방교육재정분석은 '지방교육재정을 분석함에 있어 시·도교육감이 당해연도 결산결과를 토대로 작성·제출한 지방교육재정 보고서 등의 내용을 분석의 목적과 성질에 따라 분류·집계·정리하는 것'을 의미한다. 이를 위해 분석을 위한 지표를 설정하고, 시·도교육청은 지표별 자체분석보고서를 작성하여 제출하고, 제출된 보고서를 지표별로 분류하여 17개 시·도교육청의 지표값의 수준을 전체로 집계·정리하는 단계를 거치게 된다. 이는 2016년까지 '지방교육재정 운영성과평가'와 별도로 운영되고 있으나 제도 운영의 목적이 동일하다는 지적에 따라 통합하여 운영할 수 있는 방안이 모색되었고,[9] 그 결과 2017년부터는 '지방교육재정분석'과 '지방교육재정 운영성과평가'가 통합되어 '지방교육재정분석평가'로 운영된다.[10]

2. 지방교육행정기관 평가 관련 선행연구

　지방교육자치기관 평가와 관련된 연구를 시·도교육청 평가와 교육지원청 평가로 구분하였을 때, 대부분 시·도교육청 평가와 관련된 연구가 주를 이루며, 최근 연구는 시·도교육청 평가결과보고서가 주를 이룬다. 시·도교육청 평가와 관련된 정책 연구 및 학술연구로 김신복(1998), 공은배 등(2002), 공은배 등(2006), 김순남 등(2008), 백순근(2002), 이종재 등(2007), 한유경 등(2006)의 연구가 있다. 이들 연구는 대체로 시·도교육청 평가의 개선 방안에 관한 연구 주요 내용이다. 김신복(1998)은 1996년과 1997년에 시행한 교육청 평가를 종합하여 1996년과 1997년 시·도교육청 평가 과제 및 배점, 특징과 의의를 정리하고, 문제점과 개선방향을 도출하였다. 이 연구에서는 정부가 공식적으로 행정기관에 대한 종합평가가 최초로 실시되었다는 점에 대해 평가의 의의를 밝혔다. 한편, 시·도교육청의 평가 과열 현상과 교육개혁과제 추진 실적에 대한 평가가 주된 평가 내용을 차지한다는 점, 각 시·도에 획일적인 평가기준을 적용한다는 점, 평가자료의 신뢰성, 최종성과보다는 산출 위주의 평가가 이루어졌다는 점, 평가결과의 공유나 자체적 개선 노력을 위한 체제 미비 등은 문제점으로 지적되었다.

공은배 등(2002)은 1996년부터 2001년까지 이루어진 총 5회의 시·도교육청 평가를 분석하여 그 문제점으로서 ① 「초·중등교육법」에서 명시한 '교육행정의 효율적 수행을 위한 것'이라는 목적의 의미가 모호하여 감사(정책감사, 회계감사), 장학지도와 일반평가 등이 혼재되어 있으며 지원보다는 통제를 위한 것이라는 점, ② 평가항목이 지나치게 많고 세분화되어 있으며, 평가항목 및 배점 기준이 매번 변경되어 일관성이 없고, 그 근거 또한 불명확하다는 점, ③ 지나치게 평가 준비 시간이 짧고 평가 방법이나 절차도 서면 위주의 평가로 이루어져 교육현장에 불필요한 업무 부담이 가중되고 있다는 점, ④ 평가위원회의 전문성 및 업무수행의 충실성 부족 등이 지적되었다. 이에 단기안으로 2003년에는 시·도교육청 고유 업무에 대한 평가 비중을 높이고, 평가 결과에 대한 자문 서비스 제공 등 후속 조치를 시도할 것, 평가 영역 및 평가 과제의 최소화, 절대평가와 상대평가의 혼용을 통한 시·도 간 과도한 경쟁 방지 등을 제안하였다. 이와 관련하여 향후 시·도교육청 평가는 시·도교육청을 실질적으로 도와주는 체제로 전환할 것, 전문적인 교육정책 전문연구기관이 전담하는 상설평가체제로 전환할 것, 평가 주기는 매년 실시할 것, 기관평가에 대해 지속적인 연구를 수행할 것 등을 제안하였다.

한유경(2006)은 시·도교육청 평가 결과와 교육 수요자 만족도 조사 결과와의 일치성을 분석하였는데, 1997년 이후 실시된 교육수요자 만족도 조사가 시·도교육청 평가체제 개선에 기여할 수 있는 점을 분석하였다. 이에 따르면, 1999년과 2001년에는 둘 사이에 낮은 상관이, 2003년에는 중간 수준의 상관이, 2005년에는 높은 상관이 나타났다. 그러나 교육 수요자 만족도 조사는 경험적 데이터가 축적되지 않고 있고, 매년 조사되는 내용의 타당성 문제가 제기되며, 5점 척도의 중앙

회귀 경향성, 통계 자료 비공개로 인한 피드백으로서의 기능 제한 등의 문제를 제시하였다.

이종재 등(2007)의 연구에서는 1996년부터 2006년까지의 시·도교육청 평가에 대해 지표와 평가 방법 등에 대해 리뷰한 후, 그동안 시·도교육청 평가가 지방교육행정의 자치성을 위축시키고 획일화하는 결과를 초래하였으며, 평가지표 체계가 지나치게 세분화되고 절차적 규제에 치중되어 있고 평가 방법상으로도 대상 기간이 1월 1일부터 9월 30일까지의 실적만을 평가한다는 점, 현장방문 평가의 시간이 짧다는 점, 평가위원회 구성이 일회적이라는 점 등을 비판하였다. 평가결과의 활용 역시 차등적 재정 배분으로 인하여 교육청의 부익부빈익빈 현상이 심화되고, 우수사례 발표회나 평가위원회 평가보고서의 환류 등은 실제 필요한 정보를 제공하기에 미흡하다는 점을 지적하고 있다. 평가영역별 내적 상관 분석을 실시한 결과 재정운영 성과 영역은 고객만족도와 부적 상관을 나타내는 등 평가 하위영역별 합치성 문제를 제기하였다. 이러한 문제를 극복하기 위해 '시·도교육청이 책임져야 할 성과에 대한 평가'가 될 수 있도록 평가목적에 대하여 재점검하고 지방교육혁신 조장형 평가 모형을 탐색하는 한편, 시·도교육청 참여형 평가과정 설계, 평가항목과 평가지표 체계의 재검토, 평가시기의 조정, 평정과 함께 교육수준과 상황분석 연구 병행, 고객만족도 평가 및 지표의 문제점 개선, 평가담당조직의 재구성 등을 제안하였다.

시·도교육청 평가 모형 개선을 위한 비교적 최근 연구로서는 김순남 등(2008)의 연구가 있다. 이 연구에서는 그동안의 시·도교육청 평가에 대해 문헌분석과 메타평가, 면담 등을 실시한 후, 문제점과 개선 모형을 제시하였다. 지적된 문제점으로는 ① 평가목적이 시·도교육청의 교육활동 지원이나 성과를 반영하기보다는 행정의 효율성만을 지나치게 강조함, ② 교육과학기술부의 직접 평가 주관으로 인해 상급기관 통제 위주의 평가가 실시됨, ③ 평가내용과 관련된 절차와 지표에 대한 평가가 낮음, ④ 평가위원 연수 프로그램의 미흡과 책무성 미흡, ⑤ 양적 평가 위주의 평가와 평가주기의 부적절성, ⑥ 방문평가 시기의 부적절성과 기간의 짧음, ⑦ 평정 방법의 적절성 미흡, 상대평가제도의 한계, ⑧ 시·도교육청 개선에의 유용성이나 학교교육에의 영향성에 대해 매우 부정적인 평가, ⑨ 메타 평가 시 시·도교육청 평가에 대한 진단이 체계적이지 않아 평가의 개선 유도에 미흡함 등이 있다.

이 연구에서 제시한 새로운 평가모형은 ① 시·도교육청 평가의 목적은 시·도 교육청의 자치 능력을 강화하는 데 둘 것, ② 평가주체는 교육과학기술부이나 평가주관은 한국교육개발원이 할 것, ③ 평가내용은 국가교육정책, 지방교육정책, 학교교육성과의 세 부문으로 할 것, ④ 평가위원 풀을 구성하고 평가위원 연수 프로그램을 실시할 것, ⑤ 평가 방법은 정량평가와 정성평가를 병행할 것, ⑥ 사후 컨설팅을 추가할 것, ⑦ 결과 활용도를 높이기 위한 방안을 마련할 것 등을 제시하였다.

한편, 시·도교육청 평가에서 분리독립한 지방교육재정운영 성과평가와 관련된 연구 역시 시·도교육청 평가 관련 연구에 속한다. 지방교육재정운영 성과평가가 2015년 처음 실시된 만큼 관련 연구가 많지는 않으나, 김병주(2015), 송기창 등(2016)의 연구가 있다. 김병주(2015)의 연구는 2015년 최초로 실시된 지방교육재정운영 성과평가 실시계획과 평가 결과를 분석 내용으로 하여 이론적인 교육재정 평가의 원칙과 진단틀을 토대로 진단하였다. 김병주(2015)는 이 연구에서 향후 교육재정운영 성과평가에서 평가 목적을 분명히 하고, 평가의 가치 준거에 맞게 평가지표를 재설정해야 하며, 평가 방법과 시기 조정 등을 개선할 필요가 있다고 제언하였다. 이와 관련하여 송기창 등(2016)은 지방교육재정 운영성과평가의 평가 방법과 평가지표 개선을 위한 연구를 진행하였다. 이 연구에서는 문헌분석과 관련 전문가 의견조사 등을 실시하였으며, 개선안으로 ① 재정운영계획 관련 지표 추가, ② 최근 실적 비중 확대, ③ 권역별 평가위원의 증원, ④ 총 지표 수 축소와 세부지표 수 확대, ⑤ 정량 및 정성지표의 안배를 통한 평정 방법의 다양성 확보, ⑥ 평가시기 조정 등을 제안하였다.

지방교육재정운영 성과평가와 관련하여 지방교육재정분석과의 연계성을 분석하고, 이를 통합해야 한다는 김민희 등(2017)의 연구가 있다. 이 연구에서는 지방교육재정 운용의 건전성, 효율성 및 책무성 강화를 위해 '지방교육재정분석'과 '지방교육재정 운영성과평가'가 동시에 실시되고 있어 행정의 낭비적 요소가 크다는 지적에 따라 통합 연계 방안을 제시하였다. 이를 통한 지방교육재정 운영성과평가 개선방안으로 ① 평가지표 개선과 관련하여 중기지방교육재정 계획의 적정성 지표 추가, 안전예산 집행의 정규지표화, 보고서 작성 내실화, 지역교육현안 특별교부금 집행비율, 조기집행 실적의 3개 가점지표가 추가 등 제안, ② 평가방식과 관련하여 기존 변형z점수의 계산방식 개선, ③ 서면·집합·현장 평가 일정 및 방식의 개선, ④ 예산편성의 자율성 최대 보장, ⑤ '노력 및 향후계획' 정성평가 지표의 명료화와 작성예시 추가 제공, ⑥ 평가항목별·지표별 배점 조정 등을 제안하였다. 이 보고서에서 제안된 바에 따라 2017년도부터 지방교육재정 운영성과평가는 지방교육재정분석평가로 통합하여 운영될 예정이다.[11]

　교육지원청에 대한 평가 연구는 국가 수준에서 이루어진 빈도가 높지 않으며, 지역 수준에서 교육지원청 평가 보고를 중심으로 시·도별로 기록되고 있다. 유현숙(2000)은 1999년 교육부 정책과제를 기반으로 하여 '지역교육청 평가모형 개발 연구'를 발표하였는데, 이후 전문 학술 연구는 지역교육청 기능 및 조직 개편과 관련하여 극히 일부로서 평가를 다루고 있을 뿐이다. 유현숙(2000)의 연구에서는 지역교육청의 역할을 ① 상위 교육행정기관과 단위학교 간의 조정 및 중재자, ② 학교교육의 전문적 조언자, ③ 단위학교 경영 능력 신장의 지원자, ④ 지역사회와 학교의 연결자 등으로 규정하고 이에 따라 평가 영역을 크게 4가지로 규정하여 평가할 필요가 있다고 기술하면서, 이에 근거한 평가과제 및 평가항목을 예시로 제시하였다.

3. 시·도교육청 평가

1) 시·도교육청 평가 도입 배경과 목적

미국, 영국, 일본 등 선진국의 경우 획기적인 행정 개혁과 함께 정부 기관에 대해 엄정한 평가제도를 적용하고 있을 뿐만 아니라, 우리나라에서도 준공공부문에 대해 여러 분야에서 기관평가제도가 적용되고 있다. 예를 들어, 1984년부터 정부투자기관 경영평가제도를 통해 기관별 성과급을 차등지급하였고, 1992년부터는 정부출연연구기관 평가를 실시하였다. 이뿐만 아니라 1994년부터는 학문의 자유와 운영의 자율성 보장이 요구되고 보수적 성격이 강한 대학들에 대해서조차 평가인증제가 실시되고 있다. 이에 비해 1996년 현재 행정기관 평가는 각 부처나 산하기관들의 주요사업 및 정책의 추진 실적 위주로 시행되는 것에 불과해 해당 행정기관의 정책추진 체제나 행정역량을 종합적으로 평가하기 힘들다는 한계를 지닌다. 이러한 행정기관에 대한 평가 현황은 국내외 공공부문 기관평가제도 확산 경향에 비추어 볼 때, 개선의 여지가 있다고 할 수 있다.[12]

이와 같은 배경으로 출발한 교육청 종합평가는 지방교육행정기관의 정책추진 노력과 행정역량을 자체적으로 분석한 결과와 교육부 및 외부 전문가들이 확인·평가한 결과를 지원과 연결함으로써 행정개선 노력을 촉진하고 합리적 자원배분 및 차기 정책 수립의 기초로 활용하기 위한 활동으로 규정된다. 교육청 종합평가의 목적은 다음과 같다. 첫째, 교육행정기관의 운영목표 달성도를 평가·확인함으로써 책무성을 제고한다. 행정 담당 조직과 공직자의 정책추진 과정과 성과에 대한 책임의식을 환기시키고 공정한 보상체제 확립에 기여하기 위함이다. 둘째, 행정의 민주화를 촉진한다. 즉, 정책과정에 대한 평가를 통해 행정의 민주성, 공개성, 투명성에 대한 관심과 노력을 촉진하고자 함이다. 셋째, 행정의 효율성 향상을 꾀한다. 지방교육에 대한 자원배분과 통제 기준을 제시하고 자원 투입과 행정의 산출 및 성과를 비교함으로써 업무의 경제성과 효율성을 개선하고자 함이다. 넷째, 자율 경쟁을 촉진하여 지역교육 발전에 기여하기 위함이다. 자체평가 활동 강화를 통해 행정제도 및 운영을 개선하기 위한 것이다. 다섯째, 경험 및 정보 교환을 통해 선진교육행정 사례를 발굴하고 확산시킴으로써 행정 개혁 및 쇄신을 촉진하기 위한 것이다.[13]

이와 같은 목적을 달성하기 위해 교육청 종합평가에서 교육 프로그램에 대한 평가는 교육청의 본질적인 기능과 관련된 업무 혹은 사업을 중심으로 평가하는 것이 권장된다. 평가는 양적이고 직접적인 산출(output)에 기초한 추진 상황이나 목표 대비 추진 실적을 평가하는 것에 그쳐서는 안 되며 교육적 측면의 성과(performance)를 중요시하는 영향(impact)평가를 포함하여야 한다. 또한 프로그램 및 사업 평가는 정책 혹은 사업 수립 및 집행 과정, 절차에 대한 평가를 포함해야 한다. 사업에 대한 평가뿐만 아니라 행정 역량에 대한 평가가 포함되어야 하며, 핵심적인 공통 영역으로 인사, 재무, 조직 등 행정체제에 대한 평가가 있다. 또한 각 교육청 업무의 효율적 추진을 위해 갖추어야 할 공통적인 관리체제 혹은 행정체제에는 기획, 리더십, 자원배분, 평가 등의 측면이 포함되어야 한다.[14]

2) 시·도교육청 평가의 전개와 현황

시·도교육청 평가는 1996년에 제1차 평가가 시작되어 현재까지 제17차 평가가 진행되어 오면서 평가체제는 동일한 평가체제를 유지하고 있다고 볼 수 있다. 상부 기관인 교육부가 국가 현안과제 및 주요 정책과제를 중심으로 평가를 시행해 왔다. 제1차 평가에서 제4차 평가까지는 매년 평가가 실시되었으며, 주로 교육정책 및 교육개혁 추진 과제에 대한 평가가 이루어졌다. 2001년부터 2005년까지는 2년 주기의 평가가 이루어졌으며, 이때 교육청 자율특색사업이 포함된 것이 특징이다. 2005년도 제7차 평가에는 시·도교육청 평가와 별도로 혁신 및 재정 평가가 운영되었고, 2006년 제8차 평가에서는 혁신역량 평가와 재정운영 평가를 시·도교육청 평가에 포함하여 평가하였다. 2007년도에는 제9차 평가가 진행되었으며, 혁신역량 평가는 2007년 12월에 실시되었다. 2008년도에는 재정분야 평가만 실시하였다. 2009년 제10차 평가에서는 다시 시·도교육청 평가라는 명칭으로 회귀하였고, 2010년 제11차 평가는 핵심 정책과제에 대한 상시평가를 실시하고 지역교육청 및 학교평가제도를 시·도교육청 평가와 연계하여 실시하였다는 특징을 지닌다. 2011년부터 2013년까지의 제12~14차 평가는 크게 교육성과 평가와 교육정책 평가로 구분되나 교육성과 중심의 평가가 이루어졌다. 2014년부터 2016년 평가는 시·도교육청 평가 5개년 계획(2014~2018)에 따라 실시되었으며,

절대평가 방식이 확대되고 분야별 정성평가가 도입되었다(〈표 11-1〉 참조).

〈표 11-1〉 시 · 도교육청 평가 연혁과 주요 내용

구분	주요 평가 내용	주기
제1~4차 평가(1996~1999)	교육정책과 교육 개혁의 추진 과제	매년
제5~7차 평가(2001~2005)	국가주요정책사업, 일반정책사업, 교육청 자율 특색사업	2년
	혁신 및 재정평가가 시 · 도교육청 평가와 별도로 운용(2005)	매년
제8차 평가(2006)	혁신역량 평가와 재정운영 평가를 시 · 도교육청 평가에 포함	매년
제9차 평가(2007~2008)	혁신역량 평가와 정책평가로 구분하여 평가	2년에 걸침
제10~11차 평가 (2009~2010)	국가주요정책사업, 교육청 자율특색사업	매년
제12~14차 평가 (2011~2013)	성과중심평가와 지역교육청 및 학교평가와의 연계	
제15~17차 평가 (2014~2016)	절대평가 확대	

출처: 송기창 외(2016)의 내용을 보완.

(1) 평가지표 및 배점

시 · 도교육청 평가는 1996년을 처음으로 매년 실시되었으나, 1999년부터 2003년 까지는 격년으로 시행되었으며, 2006년부터 2008년까지는 '지방교육혁신종합평가'라는 이름으로 실시되었고, 2009년 이후 다시 시 · 도교육청 평가로 매년 시행되고 있다. 시 · 도교육청 평가의 평가내용과 배점 등의 변화 내용을 살펴보면, 시 · 도교육청 평가 첫해인 1996년에는 교육개혁 분야와 교육정책 분야의 2개 평가 영역에서 22개 정책과제가 평가되었고, 1997년에는 교육수업개혁, 수요자중심 학교체제 구축, 교육복지 구현, 교육정보화 행 · 재정지원체제 효율화, 교육개혁 추진의지 및 기반조성 등 5개 분야 20개 정책과제에 대한 평가가 실시되었다.

1998년에는 4개 분야 15개 과제, 1999년에는 5개 분야 20과제(시지역: 19과제)가 평가되었다. 2001년부터 2005년까지 3차례 평가의 경우, 국가 주요 정책사업, 교육청 자율·특색사업, 일반 정책사업의 3개 영역으로 구분하여 평가가 실시되었으나 평가과제 수나 세부 평가항목은 매번 달랐다. 연도별 평가과제 수나 세부평가 항목이 달라지는 것은 당시 교육정책의 변화를 반영하기 때문이다. 2001년 제5차 시·도교육청 평가에서부터 국가의 교육정책뿐만 아니라 시·도교육청별 특색사업이 평가에 포함되었다는 것은 이전 평가와는 다른 중요한 차이점이다.[15]

2005년 11월 정부가 16개 시·도교육청을 대상으로 지방교육혁신평가를 실시하였으나 이 평가의 기존 시·도교육청 평가내용과 중복된다는 비판을 수용하여 2006년부터는 '지방교육혁신종합평가'로 통합되었다. '지방교육혁신종합평가'는 시·도교육청 평가, 시·도교육청혁신평가, 지방교육재정운영평가, 교육정보화평가를 통합하여 실시한 종합평가에 해당된다.[16] 2006년 평가가 지방교육혁신, 국가주요정책, 재정운영성과를 구분하여 평가하였다면, 2007년 평가는 혁신평가(2007)와 교육정책평가(2008)가 분리되었다는 특징을 지닌다. 2007년 평가는 혁신역량, 혁신과제, 자율과제로 평가되었으며, 자율과제는 시·도교육청 자체 선정 과제 3개를 대상으로 평가하였다.

2009년 평가는 학교교육 내실화, 학교운영 선진화, 교육복지 확대, 교육지원 효율화, 시·도교육청 특색사업 등 5개 분야 12개 영역으로 실시되었고, 2010년 평가는 국가 및 지역 교육정책, 학생능력 증진, 교원역량 강화, 교육복지 및 교육지원체제 효율화, 고객만족도 및 공직윤리 등의 5개 분야 17개 과제에 대해 실시되었다. 2010년 평가에서는 핵심 정책과제에 대한 상시평가를 실시하였고, 지역교육청 및 학교평가제도를 시·도교육청 평가와 연계하여 실시하였다는 특징을 지닌다.

2011년부터 2013년까지의 평가는 크게 교육성과평가와 교육정책평가로 구분되나 교육성과 중심의 평가가 이루어졌으며, 교육성과에 대한 평가는 공시 자료를 포함한 정량평가 중심으로 이루어졌다. 교육수요자의 만족도 조사 및 청렴도 평가 결과를 포함한 교육성과에 대한 평가는 2011년 85%, 2012년 90%, 2013년 85%

를 차지하였다. 2011년에는 만족도 조사 및 청렴도 평가 결과가 독립된 평가영역이었으나, 2012년과 2013년에는 성과평가영역에 포함되었다. 교육정책평가는 시·도교육청에서 추진하는 정책에 대해 정책수립의 적절성, 추진 실적 및 성과, 정부 주요 정책과의 연계 등에 대한 평가로서 2011년에는 3개, 2012년, 2013년 2개의 시·도교육청별 대표 정책을 선정하도록 하였다.

2014년에는 시·도교육청 평가 5개년 계획(2014~2018)에 따라 실시되었으며, 절대평가 방식을 확대하고 분야별 정성평가를 도입하였다. 2014년과 2015년에는 국정과제 및 현안과제를 중심으로 '학교교육 내실화' '학교폭력 및 학생위험 제로 환경 조성' '능력 중심 사회기반 구축' '교육비 부담 경감' '교육현장지원역량 강화' '교육수요자 만족도 제고' '시·도교육청 특색사업' 등 7개 영역으로 구분하여 평가를 실시하였다. 2015년에는 2014년보다 절대평가 방식이 확대되었고, 안정 관련 지표가 강화되었으며, 지방교육재정 운영성과평가의 독립에 따라 교육재정 관련 영역 평가가 평가지표에서 제외되었다. 2016년 평가는 2015년과 평가 영역이 동일하나 세부 평가항목 수가 증가하였다(〈표 11-2〉 참조).

〈표 11-2〉 시교육청 평가의 평가영역, 과제 및 항목 수, 배점 현황

정부	차수 (연도)	평가영역	평가 과제 수	세부 평가 항목 수	배점	총점
문민 정부	1차 (1996)	• 교육정책 분야	7	25	100	200
		• 교육개혁 분야	15	50	100	
	2차 (1997)	• 교실수업 개혁	9	40	200	700
		• 수요자 중심의 학교체제 구축	4	19	110	
		• 교육복지 구현	5	24	130	
		• 교육정보화 및 행·재정지원체제의 효율화	4	19	120	
		• 교육개혁 추진의지 및 기반 조성	5	17	140	
국민의 정부	3차 (1998)	• 교실수업 혁신	3	43	130	500
		• 교육재정 운용의 효율화	4	16	130	
		• 수요자 중심의 학교체제 구축	3	12	120	
		• 교육지원체제 강화	5	18	120	

👥 〈표 11-2〉 시교육청 평가의 평가영역, 과제 및 항목 수, 배점 현황(계속)

정부	차수 (연도)	평가영역	평가 과제 수	세부 평가 항목 수	배점	총점
국민의 정부	4차 (1999)	• 교실수업 개선을 위한 새학교 문화 창조	3	39	160	600
		• 능력 중심의 교원인사체제 확립	4	18	60	
		• 학생/학부모 중심의 학교체제 구축	4	20	140/115	
		• 교육재정운용의 효율화	4	19	100	
		• 교육지원체제 강화	4/5	33/40	140/165	
	5차 (2001)	• 국가 주요 정책 사업	2	13	165	500
		• 교육청 자율·특색사업	3	6	125	
		• 일반 정책 사업	10	17	210	
참여 정부	6차 (2003)	• 국가 주요 정책 사업	5	12	180	600
		• 교육청 자율·특색사업	1	12	100	
		• 일반 정책 사업	24	69	320	
	7차 (2005)	• 국가 주요 정책 사업	6	14	165	600
		• 교육청 자율·특색사업	1	6	90	
		• 일반 정책 사업	28	55	345	
	8차 (2006)	• 지방교육혁신	2	19	200	600
		• 국가 주요 정책	5	32	250	
		• 고객만족도	1	3	50	
		• 재정운영성과	1	4	100	
	9차 (2007~ 2008)	• 혁신역량	8	8	125	450
		• 혁신과제	6	8	165	
		• 자율과제	4	13	40	
		(고객만족도)	–	–	–	
이명박 정부	10차 (2009)	• 학교교육 내실화	2		272	1,000
		• 학교운영 선진화	2		176	
		• 교육복지 확대	3		188	
		• 교육지원 효율화	3		144	
		• 시·도교육청 특색사업	2		220	
	11차 (2010)	• 국가 및 지역 교육정책	4	10	300	1,000
		• 학생능력 증진	3	7	250	
		• 교원역량 강화	3	7	150	
		• 교원복지 및 교육지원체제 효율화	5	13	200	
		• 고객만족도 및 공직 윤리	2	3	100	

👥 〈표 11-2〉 시교육청 평가의 평가영역, 과제 및 항목 수, 배점 현황(계속)

정부	차수 (연도)	평가영역	평가 과제 수	세부 평가 항목 수	배점	총점
이명박 정부	12차 (2011)	• 교육성과	5	15	70	100
		• 교육정책	3	3	15	
		• 고객만족도 및 청렴도	2	2	15	
	13차 (2012)	• 교육성과	5	18	90	100
		• 교육정책	2	2	10	
박근혜 정부	14차 (2013)	• 교육성과	6	19	85	100
		• 교육정책	2	3	15	
	15차 (2014)	• 학교교육 내실화	4	9	22	100
		• 학교폭력 및 학생위험 제로 환경 조성	2	3	14	
		• 능력 중심 사회기반 구축	2	5	11	
		• 교육비 부담 경감	3	7	15	
		• 교육현장 지원역량 강화	7	11	15	
		• 교육수요자 만족도 제고	2	2	13	
		• 시 · 도교육청 특색사업	1	1	10	
	16차 (2015)	• 학교교육 내실화	5	10	22	100
		• 학교폭력 및 학생위험 제로 환경 조성	2	7	21	
		• 능력 중심 사회기반 구축	2	3	10	
		• 교육비 부담 경감	3	7	13	
		• 교육현장 지원역량 강화	7	8	11	
		• 교육수요자 만족도 제고	2	2	13	
		• 시 · 도교육청 특색사업	1	1	10	
	17차 (2016)	• 학교교육 내실화	5	21	22	100
		• 학교폭력 및 학생위험 제로 환경 조성	3	22	21	
		• 능력 중심 사회기반 구축	3	11	11	
		• 교육비 부담 경감	3	11	13	
		• 교육현장 지원역량 강화	6	13	10	
		• 교육수요자 만족도 제고	2	4	13	
		• 시 · 도교육청 특색사업	1	1	10	

출처: 송기창 외(2016)의 표 내용을 보완하여 제시.

(2) 평가 방법 및 절차

① 평가 방법

지금까지 시·도교육청 평가는 대부분 자체평가, 서면평가, 방문평가 방식을 택하였다. 대부분의 기관 평가와 마찬가지로 시·도교육청 평가에서도 모든 평가 연도에 자체평가를 실시하였다. 평가위원회는 편람에 근거하여 자체평가보고서를 토대로 서면평가를 실시하고, 서면평가를 하면서 현장 확인평가를 준비하였다. 또한 평가위원회는 시·도교육청을 직접 방문하는 기간 동안 현장 방문평가를 통해 서면평가에서 확인해야 할 사항을 중심으로 확인 및 심층 면담 등을 실시하였다. 현장 방문은 대체로 시·도교육청을 대상으로 하나 제3차 평가까지는 지역교육청을, 제4차 2001년도 평가까지는 평가의 일환으로 학교현장을 방문하였다.

시·도교육청 평가를 상대평가로 할 것인지 절대평가로 할 것인지 논란은 있으나 대체로 서열 중심의 상대평가가 실시되었고, 이에 따라 재정을 배분하는 체제로 운영되고 있다. 그러나 시·도교육청에서 지표에 따라 절대평가가 도입되었고, 2014년부터는 절대평가가 확대되고 있다. 평가 형식으로 질적평가와 양적평가를 혼합한 혼합평가를 실시하였으나, 평가지표는 정성적 지표보다 정량적 지표의 비중이 높았다. 지나치게 양적 지표 위주로 평가가 진행됨에 따라 계획 및 실행 과정의 질에 대한 판단이 부족했으며, 이에 따른 질적 개선 유도에 한계가 있었다.

② 평가위원회 구성과 평가 대상 구분

평가위원회의 총수는 1999년 35명까지 증가하다가 이후 감소하여 30명 선을 유지하고 2011년 이후에는 절반으로 줄어들어 15명 또는 14명을 유지하고 있다. 이는 학교정보공시나 에듀파인 등의 데이터 관리체제가 갖추어지고 전산정보를 토대로 한 정량평가의 비중이 증가하였기 때문이다. 또한 전반적으로 교육부 내부위원이 감소하고 평가위원회의 자율성이 개선되는 방향으로 변화해 왔다. 평가 대상 기관은 대체로 시지역 교육청과 도지역 교육청에 동일한 지표를 적용하되 평가는 분리해서 실시하는 방식으로 운영되어 왔다. 그러나 1998년 평가 대상 기관을 4개 권역, 즉 시1권역, 시2권역, 도1권역, 도2권역으로 분리하여 평가하였다.

1999년에는 4개 권역 구분의 임의성이 논쟁이 됨에 따라서 다시 시지역과 도지역으로 구분하여 평가하되, 평가 결과에 대한 차등재정지원 방식에서는 4개 권역으로 구분하여 지급하였다.

③ 평가 결과 활용

그동안 시·도교육청 평가 결과는 시·도별 순위가 공개되거나 최우수 및 우수 교육청이 발표, 공개되었다. 2006년의 경우는 순위별로 공개되었으며, 2007년에는 최우수와 우수를 공개하였지만 재정지원액이 공개됨에 따라 서열이 알려진 것이나 다름없게 되었다. 평가 결과에 따라 300억 원 혹은 500억 원에서 1,607억 원에 이르는 교육 재정을 우수교육청에 대해 차등적으로 예산 배분하는 것으로 평가 결과에 대한 인센티브를 제공하였다. 2003년 이전까지는 교육청 간 과열 경쟁을 방지하고 선의의 경쟁을 통한 교육행정 수준을 향상시킨다는 측면에서 학생 수, 교원 수 등 여건을 고려하여 일정한 금액의 기본 배정을 하고 평가 결과에 따라 예산을 차등지원하는 방식으로 택하였다. 그러나 2006년 지방교육혁신종합평가(혁신평가, 교육청평가 등 각종 평가 일원화)에는 교육청 간 차등 폭을 확대하기 위하여 기본 배정을 지양하고 평가영역별 취득점수(원점수를 표준점수로 환산)의 합을 기준으로 지원하였다. 인센티브로 종합 최우수 교육청에는 각각 50억 원, 우수 교육청에는 각각 20~30억 원, 전년대비 종합순위 향상 1위 교육청에 각각 10억 원씩을 지원하였다. 총지원액 규모는 1,607억 원이며, 최고 교육청과 최하위 교육청 간 재정지원액 차이는 123억 원으로 차등 폭이 이전에 비하여 대폭 확대되었다.

2009년 이후부터 우수 사례 발표회 개최를 통해 상호 발전의 기회를 마련하고 각 교육청 평가 결과가 잘 드러나도록 평가보고서를 작성함으로써 시·도별 행정 역량 강화에 기여할 수 있도록 유도하였다. 평가 결과에 따른 차등적 재정 지원은 지속적으로 실시되었으며, 시·도교육청별로 희망교육청에 대해 정책 컨설팅을 사후에 실시할 수 있도록 지원하였다. 2010년 이후 평가 결과는 시·도교육청 평가정보 알리미에 공개하고 종합 평가 결과에 따라 재정을 차등 지원하되 특별교부금 국가시책사업에서도 정책별 평가 결과를 반영하여 차년도 사업비 교부기준에 인센티브 항목에 추가하였다. 지속적으로 우수 성과 사례 발표회와 보고서 공유를 통한 상호 교류 활동을 촉진하였으며, 후속 컨설팅 사업도 지속되었다.

3) 시·도교육청 평가의 한계

(1) 평가 목적

시·도교육청 평가의 목적에 대해 「초·중등교육법」에서는 '교육행정의 효율적 수행'으로 포괄적으로 규정하고 있는데, 이에 대해 여러 문헌에서 명시된 목적이 명확하지 않고 범위가 제한적이며 모호하다는 문제를 제기하고 있다.[17] 또한 모든 평가에 학교현장에 대한 평가가 포함됨으로써 교육에 대한 평가인지, 시·도교육청에 대한 평가인지, 학교에 대한 평가인지에 대한 목표가 불명확한 것도 문제로 지적되고 있다.[18] 평가 자체의 성격이 명확하게 제시되지 못함으로써 평가 때마다 평가의 주안점이 변화되고, 이는 평가항목 및 배점의 잦은 변화로 이어져 평가의 일관성이 저해되고 있다. 이는 또한 평가에 대한 평가자와 피평가자 간 인식 차이가 발생하는 등의 문제점을 낳게 된다.

평가자와 피평가자 간 평가 목적에 대한 인식 차이와 관련하여 그동안 시·도교육청 평가위원이나 평가 담당 실무를 담당한 시·도교육청 장학사 및 행정직원 등을 대상으로 메타분석을 실시한 결과에 따르면,[19] 평가 목적의 타당성에 대해 시·도교육청 직원에 비해 평가위원이 더 타당하다고 인식하고 있었다. 평가위원은 평가 목적이 행정의 효율성과 책무성 증진 등에 있으며, 이를 통해 시·도교육청 간 선의의 경쟁이 가능하다고 평가한 반면, 실무진은 시·도교육청 평가는 정부 시책의 파급 효과 및 방향 설정을 목적으로 삼고 있어 시·도교육청 교육력 제고에는 미흡하다고 판단하고 있다. 또한 시·도교육청 평가를 통해 중앙정부 차원의 정책 목표를 달성할 뿐 학생 교육 역량을 강화하기에는 미흡하다는 것이다.[20] 이에, 시·도교육청 평가의 서열화를 지양하고 지방교육의 자율성을 확대하며, 교육의 공동 발전을 유도하고 교육의 질 제고에 실질적인 목적을 두어야 한다고 제안하고 있다.

(2) 평가내용

시·도교육청 평가에서 평가영역 및 평가지표 등을 포함한 평가내용의 타당성과 관련하여 여러 연구에서 시·도교육청 평가 영역과 지표의 타당성이 미흡하다고 평가하고 있다. 이는 평가 목적에 대한 내용에서 언급한 바와 같이, 평가 목적이 모호함에 따라 매년 평가과제와 평가 항목 및 방식 등이 변경되어 일관성이 확보되지 못하고 있다는 문제로 지적되고 있다.[21] 또한 평가영역, 평가과제, 하위평가항목, 평가지표 등이 시·도교육청의 고유 업무와 관련하여 어떤 근거에 의하여 설정되었는지 불명확하다는 점이 지적되고 있다. 특히 현재의 평가내용은 교육부의 교육정책을 얼마나 효율적으로 집행하고 있는지를 점검하는 내용이 주를 이룸으로써 시·도교육청의 자율성을 저해하고 획일화하고 있다는 점에서 비판받고 있다.[22] 시·도교육청의 규모와 상대성을 고려하지 않고 정부의 교육시책에 평가 비중을 지나치게 높인 나머지 지역 특성에 따른 노력에 대한 인정 평가보다 중앙 차원에서 시·도교육청에서 기대하는 수행활동과 그 실적에 대한 평가에 중점을 두고 있어 시·도교육청의 자율성이 위축되고 있다.[23]

평가지표체계와 평가 배점도 개선의 여지가 있다. 일부 평가 영역은 평가지표가 예산 지원 등 물적인 면에 편중되어 있으며, 다른 일부 평가지표는 너무 광범위하게 제시되어 공정성이나 신뢰도 결여의 문제나 평가위원의 객관성이 문제제기되고 있다.[24] 평가지표 간 배점도 점수 할당의 근거가 불명확하며, 평가지표 간 배점 차이가 너무 큰 것도 평가지표 배점이 개선해야 할 문제이다.[25] 왜냐하면, 교육청들은 배점 비중이 큰 항목 및 지표 위주로 평가를 준비하고 예산투자를 확대하는 경향이 있어서 평가지표의 배점이 바람직하지 않을 경우에는 정상적인 교육행정 업무 추진을 왜곡할 우려가 있기 때문이다.[26]

(3) 평가 방법

평가 방법과 관련하여 자료 조사와 현장 조사가 잘 이루어졌고 다양한 방법이 활용되었으며 면담 등 평가 방법이 충실하다고 평가하기도 하였으나, 자체평가보고서 및 현장 증빙자료 중심으로 평가가 되어 보고서가 차지하는 비중이 너무 크고, 서면평가에 치중되는 경향이 있다는 점이 문제로 지적되고 있다. 자체평가보고서의 제출 자료에 의존할 수밖에 없는 현실에도 불구하고 자료의 신빙성 확보나 실적 과장 방지가 어려울 뿐만 아니라 현장 방문 평가 기간도 짧아서 자료 내용을 충분히 살펴보기 어렵다는 한계가 지적되고 있다.[27] 이와 같은 양적 평가 방법 위주의 외형적·계량적 평가로 인하여 교육의 본질에 대한 질적 평가가 어렵고 서면 위주의 평가가 이루어짐에 따라 교육현장의 불필요한 업무가 부가된다는 한계가 있다.[28] 이로 인해 획일적인 통제위주의 평가, 양적·실적 위주의 평가가 이루어져 지방교육행정의 자율성을 제약하는 결과를 초래한다.[29] 이는 결국 교육청의 헌신적이고 창의적인 노력과 전략적 접근을 제약한다.[30] 이에 정량평가는 현행과 같이 공시자료 중심의 평가가 바람직하며, 정성평가의 경우는 서면평가와 발표평가를 병행하되, 정성평가 대상인 각 교육청의 대표적인 정책 과제를 충분히 이해하기 위해서는 발표와 질의·응답 시간을 보다 충분히 확보할 필요가 있다.[31] 평가 주기와 관련하여 정책의 지속적 추진과 확인을 위해 매년 실시하는 것이 필요하다는 의견도 있는 반면,[32] 매년 평가를 실시함에 따라 직원들의 평가에 대한 업무 부담이 가중되어 평가업무 피로감이 상존하고 있으며, 이로 인해 타 업무의 능률을 저해하는 결과를 낳고 있다는 의견이 다수를 이루고 있다.[33]

4) 시·도교육청 평가의 개선 방향

(1) 평가 목적

시·도교육청 평가의 주요 목적은 시·도교육청의 자치 능력을 강화하여 지방교육의 발전을 도모하는 데 있다. 이에 시·도교육청 평가의 세부 목적으로 ① 국가교육 정책 집행의 효율성 제고, ② 지방교육 정책 개발 및 집행의 자율적·창의적 노력 증진, ③ 시·도교육청 단위의 학교교육 성과 향상 등으로 설정할 필요가 있다. 그동안 시·도교육청 평가는 국가 정책의 효율적 집행에 치중해 왔다는 비판이 지속적으로 제기되어 왔으나 평가주체가 교육부인 만큼 국가 정책의 효율적 집행에 대한 점검은 여전하다. 시·도교육청 평가의 주요 목적을 시·도교육청의 자치 능력을 강화하고 지방교육자치의 이상을 실현하는 데 두고 있는 만큼 시·도교육청의 자치역량 강화를 위한 평가를 지향할 필요가 있다.

(2) 평가내용

평가 목적의 설정에 맞추어 평가내용은 국가교육정책, 지방교육정책 및 학교교육지원 등 3가지 영역으로 구성하는 것이 적절하다. 다만 평가내용과 관련하여 주로 국가 중심의 국가교육정책 집행 정도에 대한 점검이 주된 평가내용으로 평가결과의 순위를 결정짓는 것은 경계할 수 필요가 있다. 평가의 목적이 지방교육정부가 자율적으로 정책을 개발하여 집행할 수 있는지에 대한 자체 역량을 점검해야 한다는 점을 고려할 때, 시·도교육청별 정책 개발과정에 대한 평가와 조직의 역량 평가가 영향력 있는 지표로 고려되어야 할 것이다. 또한 학교교육에 대한 평가는 학교교육의 성과보다는 학교교육성과를 개선하기 위한 시·도교육청의 지원 노력이나 체제 구축 등을 지표화하여 이를 반영하는 것이 적절하다.

(3) 평가 방법

평가의 주체는 교육과학기술부(현 교육부)이고, 평가 주관은 현재와 같이 한국교육개발원 혹은 교육연구전문기관에서 수행하되, 교육 분야의 전문가를 평가위원회로 구성하여 시행한다. 시·도교육청은 자체평가위원회(지역교수, 전문가, NGO 대표 등)를 구성하여 자체평가를 실시하고 결과를 제출한다. 주관기관은 교육과학기술부와 함께 평가 계획 및 지표를 결정하되, 시·도교육청 역시 지표 개발 및 평가과정에 대한 피드백을 제공함으로써 차년도 평가계획에 반영될 수 있는 체제를 갖출 필요가 있다.

평가위원의 객관성과 전문성과 관련하여 매년 문제가 제기되고 있다. 평가위원은 평가위원 인력풀을 구성하여 운영할 필요가 있으며, 평가위원의 전문성 강화를 위해 영역 10년 이상의 교육 및 연구 경력을 가진 전문가로 하되, 팀당 1명은 시·도교육청 소속 현장 전문가를 포함할 필요가 있다. 또한 평가위원에 대한 연수를 강화하여 평가 활동에 대한 전문성을 높여야 한다.

평가 방법은 현재와 같이 정량평가와 정성평가를 병행하되, 평정은 절대평가를 지속적으로 확대하여 상대적 순위보다는 기준치 이상의 기관 운영이 될 수 있도록 지원할 필요가 있다. 시·도교육청 평가 주기는 매년 실시하기보다 격년 평가를 고려할 필요가 있으며, 정량평가 자료는 정보 공시 자료를 활용하고, 정성 지표는 포트폴리오 방식을 도입한다.

평가 절차는 현재와 같이 '기획단계, 자체평가단계, 서면평가단계, 방문평가단계, 결과 보고 및 공유 단계, 결과활용단계, 후속 컨설팅 단계'를 따르는 것이 적절하며, 평가 결과는 시·도교육청 간 교육격차를 줄이기 위하여 활용하되, 우수 사업을 육성할 수 있는 재정지원 체제를 도입할 필요가 있다. 추수 평가와 메타평가 등을 실시하여 시·도교육청 평가가 개선될 수 있도록 정기적으로 연구를 실시할 필요가 있다.

4. 지방교육재정 운영성과평가

1) 지방교육재정 운영성과평가 도입 배경과 목적

지방교육재정 운영성과평가의 도입 배경은 ① 세수 감소로 인한 지방교육재정 여건 악화, ② 지방교육재정 여건 악화에 대응하는 시·도교육청의 자체 노력 촉진, ③ 교육청의 재정운영 효율화 및 재정위기 관리 대처 능력 제고 등으로 요약된다.[34] 첫째, 지방교육재정 악화는 세수가 감소되고 있음에도 불구하고 무상급식 등 교육복지가 확대되고 있는 데 따른 것이다. 교육복지 예산 규모는 확대되고 있음에도 불구하고, 실제 교육과정운영을 위한 예산 규모는 증가되지 않고 있는 현실에 따른 것이다. 둘째, 이와 같은 지방교육재정 악화에도 불구하고, 지방교육에서 재정운용의 예측 가능성은 저조한 것으로 분석되었다. 이는 시·도교육청 평가에서 재정운영에 대한 성과평가 비중이 낮아 재정운용에 대한 충분한 평가가 이루어지지 못했기 때문으로 판단하였다. 이에 셋째, 평가의 목적을 지방교육재정 운영 효율성 및 책무성 제고와 시·도교육청의 자체적 노력을 유도하는 데 두고 지방교육재정 운용에 대한 성과를 평가하기 위한 별도의 평가 기제를 도입하게 되었다.

그동안 지방교육재정에 대한 평가는 1996년부터 2007년까지 시·도교육청 평가에 포함하여 매년(2001~2005년의 경우 격년제 실시) 실시되었고, 2008년에는 시·도교육청 평가와 분리하여 지방교육재정 운영평가를 실시하였으며, 2009년부터 2014년까지는 다시 시·도교육청 평가에 포함하여 평가를 실시하였다. 그러나 재정운영 성과평가 비중이 점점 줄어들어 2014년 시·도교육청 평가에서는 재정운영 평가지표가 차지하는 비중이 2.5%에 불과했다. 이는 교육청의 재정운영 효율화를 유도하고 재정위기 관리 대처 능력을 제고하는 데 매우 미흡한 수준이었다고 평가된다.

이에 교육부는 2015년 1월 업무보고를 통해 지방교육재정의 투명성과 책무성 강화를 위하여 시·도교육청의 재정 통합과 비교 공시를 위해 '지방교육재정 공시 포털시스템'을 구축하고 지방교육 행·재정 통합시스템(에듀파인)과 연계하며, 시·도교육청 평가에서 재정운영 성과평가를 분리·실시하고 평가 결과에 따라 재정 인센티브를 차등지원하겠다고 밝혔다.[35] 즉, 재정운영 성과평가는 지역 간 교육여건을 고려하여 시 지역과 도 지역 교육청을 구분하여 계획성, 효율성, 건전성, 투명성 등 총 4개 분야에 대해 평가하되, 기존 '시·도교육청 평가'는 안전 분야 평가를 강화하여 '재정운영 성과평가'와 병행 운영한다는 것이다. 이와 같이 지방교육재정 운영성과평가제도의 목적은 재원배분의 적절성 및 재정운영의 효율성의 관점에서 계획부터 편성·집행·환류까지의 전체 과정을 평가하고 그 결과에 따른 차등적 재정지원을 강화함으로써 시·도교육청의 지방교육재정 운영 성과 제고 노력을 유도하는 데 있다고 할 수 있다.[36]

2) 지방교육재정 운영성과평가의 전개와 현황

(1) 시 · 도교육청 평가 내 재정평가의 주요 내용

앞서 언급한 바와 같이 지방교육재정 운영성과평가는 2015년부터 실시되었으나 지방행정교육기관에서 재정과 관련된 평가는 시 · 도교육청 평가의 일부로 지속적으로 이루어져 왔다. 1996년부터 2014년까지 시 · 도교육청 평가에서 평가 과제 혹은 지표명은 '지방교육재정의 효율화'로 주로 사용되었다. 평가 총점에서 재정 영역의 평가 점수가 차지하는 비중은 1996년 평가 첫해 10.0%에서 1998년 26.0%까지 증가한 이후 점차 감소하였으며, 2006년 지방교육혁신종합평가제도가 시행되면서 다시 16.7%로 증가하였으나 이후 지속적으로 비중이 감소하여 2010년 이후에는 3~5% 수준 정도인 것으로 나타났다([그림 11-1] 참조).

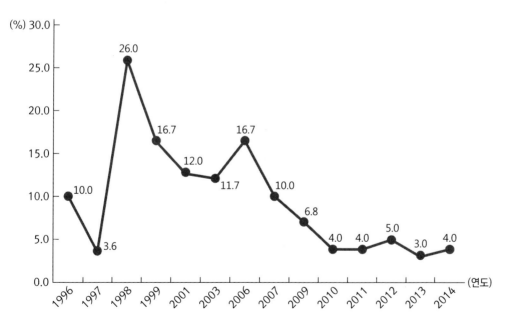

주: 2003년의 경우 교육재정 2개 항목뿐만 아니라 교육청 조직 및 기능 혁신, 단위학교 운영의 자율화, 교육수요자 만족도 등 3개 항목어 모두 포함된 것임. 따라서 실질적으로 교육재정의 비중은 이보다 낮은 수준임.

[그림 11-1] ◆ ◆ 시 · 도교육청 평가 총점 대비 지방교육재정 평가점수의 비중

출처: 송기창 외(2016).

그동안 시·도교육청 평가에서 이루어진 교육재정 평가항목은 크게 확보 노력, 재정 집행 효율화, 학교회계 정착, 학교운영비 확대, 국고사업 반영, 학교시설 활용 효율화(소규모학교 통·폐합 포함) 등으로 구분된다. 연도별·유형별 평가항목을 분석한 결과에 따르면, '재정 확보 노력'에 대한 평가가 가장 많이 나타났으며, 다음으로 '집행 효율화 노력'에 대한 평가인 것으로 나타났다. 2007년 평가부터는 학교회계제도 정착을 위한 지원 관련 항목이 많았고, 재원 확보 노력과 관련해서는 평가 비중 역시 상대적으로 높은 것으로 나타났다(〈표 11-3〉 참조).

〈표 11-3〉 연도별 시·도교육청 평가에서 교육재정 평가항목 유형별 빈도

평가 시행연도	평가항목					
	확보 노력	집행 효율화	학교회계 정착	학교운영비 확대	국고사업 반영	학교시설 활용 효율화
1996	○	○		○	○	
1997	○	○		○	○	○
1998	○	○				○
1999	○	○				○
2001	○	○		○		○
2003	○	○				
2006	○	○				
2007			○			
2009	○	○	○			
2010	○		○			
2011	○			○		
2012	○		○	○		
2013			○	○		
2014	○	○				

출처: 송기창 외(2016)의 표 참조.

(2) 지방교육재정 운영성과평가의 변천

지방교육재정 운영성과평가는 2015년과 2016년 2회에 걸쳐 평가가 실시되었다. 2015년 재정운영 성과평가는 시·도교육청에서 제출한 평가자료 검증 및 확인을 거쳐 정량평가를 실시하였고, 시·도교육청 평가위원이 현장을 방문하여 정성적 정량평가 및 정성평가를 실시하였다. 평가위원회는 10명(학계, 연구기관 등)으로 구성되었으며, 정성평가 수행 및 정량평가 심의와 평가 결과 최종 심의 등의 기능을 수행하였다. 평가의 목적은 지방교육재정 운영의 효율성 및 책무성 제고를 위한 자체적 노력 유도와 시·도교육청 간 선의의 경쟁을 통해 교육재정 운영 역량 강화로 설정되었으며, 17개 교육청을 시 단위와 도 단위로 구분하여 2014년 실적(2015. 7. 30. 현재 예산편성 실적 포함)을 대상으로 평가하였다. 평가 일정은 2015년 8월 현장방문평가를 거쳐 2015년 10월 평가 결과가 발표되었다.

평가지표는 크게 재원배분의 적절성 영역(50점)과 재정운영의 효율성 영역(50점)으로 구분하였다. 재원배분의 적절성 영역의 평가지표는 크게 중기지방교육재정계획의 적정성(6점), 주요 의무성 지출사업의 예산 편성 및 집행의 적정성(20점), 조직 및 인력관리의 적정성(15점), 기본경비 배분의 적정성(4점), 재원배분의 적절성 제고를 위한 우수사례(5점)로 구성되었고, 재정운영의 효율성 영역의 평가지표는 지방교육재정 확보 노력(9점), 신설 및 적정규모 학교 운영 및 관리 노력(9점), 이·불용액 및 순세계잉여금 관리의 적정성(15점), 투자심사사업 관리의 적정성(6점), 재정운영의 투명성(6점), 재정운영의 효율성 제고를 위한 우수사례(5점)로 구성되었다.

2016년 평가는 평가 방법 부분에서 평가 목적 보완, 평가영역, 평가지표 및 배점 등이 2015년도에 비해 변화하였다. 평가의 목적은 2015년에 비해 지방교육재정 운영 주체들의 참여를 확대함으로써 투명하고 효율적인 재정 운영이 이루어질 수 있도록 하는 목적을 강조한다. 평가내용과 관련하여 평가영역은 2015년도와 동일하게 2개 영역을 유지하되, 재정운영의 효율성 영역에 포함되어 있던 재원확보 관련 평가지표를 재원 확보 및 배분의 적절성 영역으로 이동함으로써 평가영역을 재원 확보 및 배분의 적절성과 재정운영의 효율성으로 구분하였다. 평가지표 수는 11개에서 9개로 축소하고, 세부지표 수는 24개에서 33개로 확대하였다. 평가 방법에서는 평정 방법의 다양성을 개선하였는데, 먼저 평가지표에 따라 정량 및 정성평가로 구분하여 실시하되, 지방교육재정운영의 질 제고 노력을 평가하기 위하여 정량 및 정성 지표를 적절하게 안배하였다. 실적지표에 대하여는 원칙적으로 정량평가와 상대평가 방법을 적용하되, 계획지표에 대해서는 정성평가와 상대평가 방법(가점지표의 경우에는 절대평가)을 적용하였다(제9장의 〈표 9-13〉 참조).

한편, 앞서 언급한 바와 같이 지방교육재정운영 성과평가는 지방교육재정분석과의 중복적 성격으로 인하여 시·도교육청의 행정적 부담을 초래하는 등의 문제가 제기됨에 따라 이를 운영되는 안이 마련되었고,[37] 2017년부터 '지방교육재정분석평가'로 통합되어 운영된다.

3) 지방교육재정 운영성과평가의 한계[38]

(1) 평가 목적

지방교육재정 운영성과평가는 재정 운용의 성과를 제고하는 한편, 제도 운영의 안정성을 도모하는 것을 주된 목적으로 한다. 그러나 2015년 평가에서는 재정 운영 실적이 주된 평가내용이었기 때문에 미래지향적인 차원에서 재정 운영의 계획성을 유도하는 측면은 미흡하였다고 판단되었다. 이에 향후 평가에서는 미래 재정 환경 변화에 대비하여 합리적으로 재정 운영 계획을 수립할 수 있는 역량을 높여 갈 수 있도록 유도할 필요가 있다.

(2) 평가내용

평가지표 분석 결과, 예산 편성의 자율성을 제약할 수 있는 지표의 배점이 상당히 높은 것으로 나타났다. 2015년 평가에서 시·도교육청의 예산편성의 자율성을 제약하거나 침해하는 평가지표의 비율이 지나치게 높았다는 지적이 있었으나, 여전히 의무성 지출사업 편성 및 집행의 적정성에 21점이나 배점되었고, 총액인건비 집행률에 9점이 배점되었으며, 순세계잉여금 예산편성 비율에 3점이 배점되었다. 의무성 지출사업 편성의 경우, 마지막 추경까지 편성할 기회가 있지만, 편성 시기에 대한 평가지표로 인하여 예산편성 시기의 제한이 있었다. 즉, 후반기 추경에 편성한 경우 좋은 평가를 받지 못함으로써 평가에 의해 강제로 편성시기를 조정하게 되었고, 순세계잉여금의 경우에도 본예산에 전액 편성할 것을 강제하게 되었다. 이는 시·도교육청의 특수성, 즉 3월부터 시작되는 학교회계 회계연도에 따라 추가경정예산 편성을 위한 세입재원의 유보의 필요성을 인정하지 않는 결과를 가져왔다.[39]

또한 예비평가지표 도입은 초기 도입 목적을 달성하지 못하고 있었다. 2016년 평가에서 처음으로 도입한 예비평가지표는 교육청의 평가지표 예측 가능성을 제고하고 이러한 지표를 관리해 나갈 수 있는 역량을 높이는 데 도입 목적이 있다. 즉, 예비평가지표를 제시함으로써 다음 연도 평가지표를 예고하고 지방교육재정 운영의 합법성을 유도하고자 하였으며, 예비평가지표로 ① 세입 2개 예산편성 항목의 정합성, ② 세출 2개 단위사업 예산편성의 정합성, ③ 안전 관련 예산집행 현황이 설정되었다. 예비평가지표에 대하여 평가는 하되, 점수는 총점에 포함시키지 않고, 시·도교육청별 평가보고서에는 평가 결과를 보고함으로써 시·도교육청의 자체분석 자료로 활용하도록 한다고 계획하였으나, 실제 평가과정에서 예비지표에 대한 실효성 있는 평가를 진행하지 않음으로써 예비지표 설정의 목적이 달성되었다고 보기 어렵다.

(3) 평가 방법

시·도교육청의 노력을 반영하기 위한 정성평가 지표 설정이 의도한 만큼 목적을 달성하지 못하였다. 2015년 평가의 경우, 정량평가 위주의 평가여서 시·도교육청의 정책 담당자로서는 평가를 잘 받기 위한 노력이 불가능한 측면이 있었다. 이는 전년도나 전전년도 결산이 끝난 시점에서 정량지표 값은 이미 확정된 뒤였기 때문이다. 정성평가와 정량평가를 혼합한 지표가 있었지만, 이는 엄밀히 말하면 정량평가였고 정량평가에 포함되는 데이터가 시·도별 특수성을 반영할 여지가 있는지 정성적으로 검토한 것뿐이었다. 이에 2016년에는 평가지표별로 세부 평가지표에 노력 및 향후 계획을 평가하는 세부 평가지표를 신설하였다. 그러나 시·도교육청에 따라서는 '노력'보다 '계획'에 중점을 두었고, 계획의 실효성을 높이기 위하여 계획의 성과지표를 설정하는 데 집중한 경향이 있었다. 또한 평가지표의 데이터 값을 만들어 내는 과정에서 교육청이 정책적 노력을 기술하기보다는 향후 계획을 수립하는 데 치중함으로써 정성평가의 취지가 퇴색하였다. 특히, 2017년 재정운영 성과평가 시 계획 대비 성과목표 달성 실적을 평가하겠다고 명시함으로써 일부 교육청은 2017년 평가에 대비하여 성과지표를 낮게 잡아 정성평가의 도입 목적을 충분히 달성하지 못하였다.

평가절차 각각에서의 문제점으로는 서면평가를 충실하게 제출하지 않은 경우, 집합평가와 현장평가의 효율성 및 충실성 문제 등이 제기된다. 서면평가는 자체평가보고서 작성과정에서 지표값이 산출된 과정이나 저조한 원인에 대한 분석, 시·도교육청의 특수성 분석 등을 충실하게 제시하지 않은 교육청이 있어서 평가과정에 어려움이 있었다. 집합평가의 경우, 사전에 평가자료를 제공하지 않고 파워포인트 자료만으로 평가하도록 함으로써 집중도가 떨어지고 평가요소에 대한 정확한 평가에 어려움이 있었으며, 집합평가 시에 이루어진 질의응답과 현장평가 시의 질의응답이 중복되는 문제도 발생하였다. 또한 시·도교육청 평가위원별 점수편차의 조정 문제도 중요한 문제로 제기된다. 현장평가의 경우 평가위원의 평가일정 부담이 문제로 떠올랐으며, 하루에 한 교육청씩 평가하는 방식으로는 충분한 컨설팅 시간을 확보하는 데 한계가 있었다.

재정 관련 평가로 재정분석과의 중복성 문제가 제기된다. 2015년 재정운영 성과평가를 시행하면서, 시·도교육청의 부담을 경감하기 위한 노력의 일환으로 서면평가 또는 분석을 기본으로 하되, 재정평가는 현장평가와 집합평가를 추가하고, 재정분석은 서면으로만 진행하였으나, 시·도교육청 입장에서는 이중으로 평가보고서와 분석보고서를 작성해야 하는 부담에서 벗어날 수 없었다. 더욱이, 평가지표와 분석지표가 중복되는 일부 지표의 경우 작성방법이 상이하여 혼란을 초래한 면도 있었다. 또한 결산 및 예산편성과 재정평가 및 재정분석 일정이 중복되고, 재정평가 현장평가 준비와 재정분석 준비 일정이 중복되므로 발생하는 시·

도교육청의 부담이 중요한 문제로 제기되었다.

4) 지방교육재정 운영성과평가의 개선 방향

(1) 평가 목적

지방교육재정 운영성과평가는 현재의 재정 운영 성과뿐만 아니라 미래 재정 환경 변화에 대비하여 합리적으로 재정 운영 계획을 수립할 수 있는 역량을 높여 갈 수 있도록 유도할 필요가 있다. 이때, 지방교육재정 운용 주체들의 참여를 확대함으로써 투명하고 효율적인 재정 운영이 이루어질 수 있도록 촉구할 필요가 있다. 이에 지방교육재정 운영성과평가의 주요 목적은 ① 지방교육재정 운영의 성과 제고, ② 지방교육재정 운영 계획의 합리성 유도, ③ 지방교육재정 운영 주체의 참여 확대, ④ 지방교육재정 운영성과평가제도 운영의 안정성 확보 등으로 기술될 수 있다.

(2) 평가내용

이와 같은 평가 목적에 맞추어 평가내용은 다음과 같이 개선될 필요가 있다. 첫째, 예산편성 자율성을 최대한 보장하기 위한 절대평가 도입을 실시한다. 현재 문제점으로 지적되고 있는 예산편성의 자율성 침해 문제를 해소하기 위해 일부 배점을 하향 조정하고 평정 방법을 상대평가 대신 절대평가로 바꾸고, 하향지표와 상향지표에 범위지표를 추가하는 방안을 도입할 필요가 있다. 이때 대상이 되는 지표는 누리과정 예산편성 여부, 순세계잉여금 예산편성비율, 불용액비율 등이다. 예를 들어, 유아교육지원특별회계의 교부액 대비 예산 편성률은 1차 추경 때까지 누리과정 예산을 100% 편성했는지 여부를 평가하되 배점은 하향 조정할 필요가 있으며, 순세계잉여금 예산편성비율은 절대평가로 전환하되 100% 초과의 경우 초과분을 감산하도록 한다. 불용액비율의 경우, 정량·정성/상대평가를 정량·정성/절대평가로 바꾸고, 평정방식을 변경하여 과도기적으로 평균 불용비율을 중심으로 상하로 동일 점수를 부여하도록 하는 것 등이 그 내용이다.

둘째, 시·도교육청의 노력을 반영하기 위한 정성지표가 그 도입 취지를 달성하기 위해 지표 설정의 취지를 명료화하고 이를 공유할 필요가 있다. 앞서 언급했던 '노력 및 향후계획' 정성평가 지표는 우선 지표 신설의 취지를 명료화하여 공유할 필요가 있다. 이는 관련 정량지표의 점수가 낮을 경우에도 정책적인 노력의 정도를 정성적으로 평가하여 가점을 부여하는 데 목적이 있다. 지표 작성에 대한 오해를 줄이기 위해 편람에 지표 도입의 취지와 작성 방법에 대해 정확하게 명시할 필요가 있다. 하위지표별로 달성 노력과 향후 개선계획을 기술하도록 하되, 현장평가 시 달성 노력에 대한 증빙자료를 확인·검증하고 향후 계획은 참고자료로 활용할 필요가 있다.

셋째, 예비지표 도입이 기대만큼의 효과를 거두지 못하였기에 2016년 예비지표 중 '안전 관련 예산집행 실적'은 정규 평가지표로 편입하였다. 재정 운용의 건전성 및 효율성 제고를 위한 우수사례의 가점 지표는 유지하되, 점수를 하향조정하였다. 새로이 가점지표로 '지방교육재정 자체평가보고서 작성 내실화 또는 대응도' '지역교육현안 특별교부금 집행비율' '2017년도 예산 조기집행 실적'을 추가하였다.

(3) 평가 방법

평가 방법과 관련하여 문제로 지적된 각 평가 방법상의 문제점 개선 방안은 다음과 같다. 첫째, 서면평가와 관련하여 자체평가보고서를 충실하게 작성할 수 있도록 가점지표로 지방교육재정평가보고서 작성 내실화 또는 대응도 지표를 추가하여(정성/절대평가) 평가위원회가 지방교육재정 평가보고서 작성의 내실화 정도를 정성적으로 평가하여 충실히 작성한 교육청에 대해 가점하는 방안을 검토할 필요가 있다. 집합평가는 우수사례 및 정성평가 중 노력 및 향후계획 지표만을 대상으로 평가하도록 하고, 상호평가방식은 유지하되, 상호 교차 평가하도록 평가방식을 개선할 필요가 있다. 시교육청 소속 위원은 도교육청을, 도교육청 소속 위원은 시교육청을 평가하는 것이다. 집합평가 및 현장평가와 관련하여 우수사례 발굴 및 공유라는 취지에 맞춰 발표 시간을 늘리고 질의응답 시간을 충분하게 확보할 필요가 있다.

　평가 대상 기관인 시·도교육청의 지방교육재정분석 과정을 고려하여 재정운영 성과평가 일정이 고려될 필요가 있다.[40] 구체적으로는 첫째, 분석 및 평가제도 통합 기본계획 수립 및 편람을 2월 말~3월 초에 각 교육청에 통보하고, 실제 검증 및 보고서 제출이 5월에 동시에 이루어지도록 하는 것이다. 이를 통해 분석과 평가의 당초 취지에 맞는 제도 운영 및 교육청의 업무를 경감할 수 있을 것으로 기대된다. 둘째, 지표 간 연계를 위하여 현행 지방교육재정분석과 운영성과평가 간 연계되어 있는 총 14개 지표의 틀은 유지하되, 산식 및 평가 대상 시기 등을 조정한다. 셋째, 분석 및 평가의 연계를 위하여 2017년도에는 분석 및 평가위원회를 총 14~16명으로 구성하고, 통합하여 운영할 수 있다.

5. 개선 방향

　지금까지 지방교육행정기관에 대한 평가로서 시·도교육청 평가와 지방교육재정 운영성과평가의 도입과 전개, 문제점과 개선안 등을 살펴보았다. 시·도교육청 평가는 지방교육행정기관에 대한 책무성 증가와 함께 꾸준히 시행되고 있으며, 여전히 지방교육행정기관의 독립성보다는 중앙의 교육정책 실행과 관련한 내용을 점검하는 평가에 지나지 않는다는 비판에서 벗어나지 못하고 있다. 지방교육행정기관의 독립성이 강해지고, 지방행정기관의 교육에 대한 영향력이 증가하는 것을 고려하면, 지방교육행정기관 각각의 특성에 맞는 운영성과평가기능이 강화되어야 한다. 그럼에도 불구하고 시·도교육청 평가에 대한 점검이나 향후 방향에 대한 연구는 극히 이루어지지 않고 있다. 지방교육자치 시대의 진화와 함께 시·도교육청에 대한 평가 목적에 대한 점검과 이를 실현하기 위한 평가 내용 및 평가 방법 등에 대한 논의가 필요하다. 한편, 지방교육재정 운영성과평가는 지방교육재정에 대한 평가로서 그동안 시·도교육청 평가 내에서 시행되기도 하고 분리되기도 하였으나 재정의 중요성 증가와 함께 분리 시행된 지 오래되지 않았다.

또한 지방교육재정에 대한 또 다른 평가의 성격을 지닌 지방교육재정분석은 지방교육재정평가로 통합하여 시행하게 되었지만, 여전히 변화의 가능성이 있어 향후 운영 가능성과 방향은 불투명하다. 지방교육재정평가가 시·도교육청 평가와 함께 지방교육행정기관의 책무성을 제고하고 자체적 점검의 기능을 수행할 수 있도록 꾸준한 관심이 필요하다.

미주

1 '운용'과 '운영'의 쓰임과 관련하여 '재정'에 대해 '운용'을, '조직이나 인사'에 대해 '운영'을 대체로 사용하나, 2015년 '지방교육재정 운영성과평가'는 고유명사화되어 사용되었기에 '운영'을 사용함

2 이 장에서 지방교육행정기관 평가의 범위는 「초·중등교육법」에 근거하여 지방교육행정기관이 평가 대상이 되는 평가로 제한되므로 단위학교에 대한 평가는 제외된다.

3 김신복(1998: 94): 이종재 외(2007: 238)에서 재인용.

4 「초·중등교육법」 제9조 제2항 "교육부 장관은 교육행정을 효율적으로 수행하기 위하여 특별시·광역시·특별자치시·도·특별자치도교육청과 그 관할하는 학교를 평가할 수 있다." 〈개정 2013. 3. 23.〉 제9조 제3항 "교육감은 교육행정의 효율적 수행 및 학교교육능력 향상을 위하여 그 관할하는 교육행정기관과 학교를 평가할 수 있다."

5 이와 관련된 주요 내용은 시·도교육청 평가 부분에서 구체적으로 다루기로 한다.

6 이종재 외(2007).

7 교육부 보도자료(2015. 1. 27.).

8 송기창 외(2016).

9 김민희 외(2017).

10 교육부(2017).

11 교육부(2017).

12 시·도교육청평가위원회(1997).

13 시·도교육청평가위원회(1997: 2).

14 시·도교육청평가위원회(1997: 2).

15 백순근(2002); 한유경(2006).

16 송기창 외(2016: 48).

17 공은배 외(2002); 공은배 외(2006); 김태환(2007); 박종렬(2008); 이종재(2008); 이종재 외(2007); 정택희(2008); 최준렬(2007) 등

[18] 공은배 외(2002).

[19] 김순남 외(2008).

[20] 김순남 외(2008).

[21] 공은배 외(2002); 공은배 외(2006); 김성열, 김병주(2007); 김태환(2007); 성태제(2008); 이종재 외(2007); 정택희(2008); 최준렬(2007).

[22] 우승구(2008).

[23] 엄상현(2008); 우승구(2008).

[24] 이종재(2008); 정택희(2008).

[25] 공은배 외(2002); 공은배 외(2006); 우승구(2008); 이종재 외(2007); 정택희(2008); 최준렬(2007).

[26] 이종재(2008).

[27] 김성열, 김병주(2007); 이종재 외(2007); 정연한(2008).

[28] 공은배 외(2002).

[29] 김태환(2007).

[30] 지방교육혁신종합평가위원회(2007).

[31] 시 · 도교육청 평가위원회(2011).

[32] 김순남 외(2008).

[33] 김성열, 김병주(2007); 시 · 도교육청평가위원회(2001); 이종재 외(2007).

[34] 김병주(2015).

[35] 교육부(2015. 1. 27.).

[36] 교육부(2015).

[37] 김민희 외(2017).

[38] '지방교육재정 운용평가의 한계와 개선방안'과 관련하여 송기창 등(2016)과 김민희 등(2017)의 보고서를 주로 참고함.

[39] 김민희 외(2017); 송기창 외(2016: 158).

[40] '지방교육재정 운용평가와 지방교육재정분석의 연계안'은 김민희 등(2017)의 연구 참조.

공은배, 김이경, 백성준, 신상명, 한유경(2002). 시·도교육청 평가체제 및 방법의 개선방안 연구. 서울: 한국교육개발원.

공은배, 김홍주, 박영숙, 주재복, 최준렬, 한유경(2006). 시·도교육청 평가 통합·연계 방안. 서울: 한국교육개발원.

교육부(2015). 2015년 지방교육재정분석 추진계획(안). 교육부 지방교육지원국 지방교육재정분석평가팀.

교육부(2015. 1. 27.). 2015년 교육부 업무자료.

교육부(2017). 2017 지방교육재정분석평가 기본계획.

김민희, 송기창, 엄문영, 이현국(2017). 지방교육재정 분석과 운용 성과평가 지표 연계성 강화방안 연구. 서울: 한국교육개발원.

김병주(2015). 지방교육재정의 성과와 과제. 제31차 한국지방교육경영학회 학술대회 발표, 115–151. 9월 12일. 충북: 한국교원대학교 인문과학관.

김성열, 김병주(2007). 지방교육혁신종합평가의 현황 및 개선방안: 2006년 사례를 중심으로. 한국지방교육경영학회 2007년도 춘계(제22차) 학술대회 발표, 55–75. 5월 26일. 경남: 경남대학교 본관.

김순남, 김홍주, 정택희, 박종렬, 성태제(2008). 지방교육자치 내실화를 위한 시·도교육청 평가 모형 개발 연구. 서울: 한국교육개발원.

김신복(1998). 교육청 종합평가의 의의와 과제. 교육행정학연구, 16(1), 92–114.

김태환(2007). 지방교육행정기관 평가제도 평가. 한국교원대학교 박사학위논문.

박종렬(2008). 시·도교육청 평가의 성공 조건과 저해요소. 한국교육개발원 세미나 자료집, RM 2008–25. 서울: 한국교육개발원.

백순근(2002). 시·도교육청 평가의 문제점과 개선방안. 아시아교육연구, 3(2), 135–151.

성태제(2008). 시·도교육청 평가지표 체계 대안 탐색에 대한 토론. 시·도교육청 평가발전방향 탐색(Ⅱ). 한국교육개발원 연구자료, RM 2008–33. 서울: 한국교육개발원.

송기창, 김민희, 남수경, 오범호(2016). 지방교육재정 운영성과평가방법 및 평가지표 개선 방안 연구. 서울: 한국교육개발원.

시·도교육청평가위원회(1997). 1996년도 시·도교육청 종합평가보고서.

시·도교육청평가위원회(1998). 1997년도 시·도교육청 평가보고서.

시·도교육청평가위원회(1999). 1998년도 시·도교육청 평가보고서.

시·도교육청평가위원회(2000). 1999년도 시·도교육청 평가보고서.

시·도교육청평가위원회(2001). 2001년도 시·도교육청 평가보고서.

시·도교육청평가위원회(2003). 2003년도 시·도교육청 평가보고서.

시·도교육청평가위원회(2009). 2009년도 시·도교육청 평가보고서.

시·도교육청평가위원회(2010). 2010년도 시·도교육청 평가보고서.

시·도교육청평가위원회(2011). 2011년도 시·도교육청 평가보고서.

시·도교육청평가위원회(2012). 2012년도 시·도교육청 평가보고서.

시·도교육청평가위원회(2013). 2013년도 시·도교육청 평가보고서.

시·도교육청평가위원회(2014). 2014년도 시·도교육청 평가보고서.

시·도교육청평가위원회(2015). 2015년도 시·도교육청 평가보고서.

시·도교육청평가위원회(2016). 2016년도 시·도교육청 평가보고서.

엄상현(2008) 시·도교육청 평가 활용성 제고를 위한 방안 탐색에 대한 토론. 시·도교육청 평가발전 방향 탐색(Ⅱ). 한국교육개발원 연구자료, RM 2008-33.

우승구(2008). 시·도교육청 평가의 성공 조건과 저해 요소에 대한 토론. 한국교육개발원 세미나 자료집. RM 2008-25.

유현숙(2000). 지역교육청 평가모형 개발 연구. 교육행정학연구, 18(1), 69-95.

이종재(2008). 2008년도 시·도교육청 평가모형과 지표개발. RM-2008-25. 서울: 한국교육개발원.

이종재, 정성수, 김영식(2007). 시·도교육청 평가의 개선 방안 연구. 교육행정학연구, 25(4), 237-261.

정연한(2008). 시·도교육청 평가의 개선 방향 탐색과 평가기관의 역할에 대한 토론. 한국교육개발원 세미나 자료집. RM-2008-25.

정택희(2008). 시·도교육청 평가지표 체계 대안 탐색에 대한 토론. 시·도교육청 평가발전 방향 탐색(Ⅱ). 한국교육개발원 연구자료, RM 2008-33.

지방교육혁신종합평가위원회(2007). 2006년도 지방교육혁신종합평가보고서.

지방교육혁신평가위원회(2008). 2007년도 지방교육혁신 평가보고서.

최준렬(2007). 시·도교육청 평가의 성과와 전망. 한국지방교육경영학회 2007년도 춘계(제22차) 학술대회 자료집.

한유경(2006). 시·도교육청 평가 결과와 교육 수요자 만족도 조사 결과 간 상관 분석. 교육행정학연구, 24(1), 289-312.

제**12**장

지방교육자치제의
미래 방향

이 장은 앞에서 정리한 한국 지방교육자치제도의 주요 특징과 미래 방향을 종합적으로 제시하는 데 그 목적이 있다. 지방자치제도의 실시와 함께 지방교육자치는 크게 변화하고 있고, 교육의 자주성과 전문성에 대해 끊임없이 도전받고 있다. 이에 이 책에서는 지방교육자치의 집행기관과 의결기관, 실제 사무와 재정 운용, 이에 대한 평가체제 등을 종합함으로써 지방교육자치제도가 나아갈 방향을 정리하였다. 2013년에 출간된 『한국교육행정학연구 핸드북』에서는 지방교육행정 분야의 연구 성과와 과제를 한 부분으로 다루고 그동안 지방교육행정에 대한 연구 경향을 성찰한 반면, 이 책에서는 한국의 지방교육자치제도에 대한 연구뿐만 아니라 법규와 운영 등을 포함하여 현재 한국에서 지방교육자치제도가 운영되고 있는 현황과 관련된 쟁점을 드러냈다.

　이 책에서 지방교육자치는 중앙정부로부터의 통제에서 벗어나 지역의 특수성을 바탕으로 지방분권과 주민 통제를 실현하고 일반행정으로부터 분리·독립하여 교육의 특수성과 전문성을 실현하는 것으로 규정하였다. 지방교육자치에 대한 이론적 논의와 선행연구 분석을 통해(제2장) 한국 지방교육자치제도를 둘러싸고 지방교육자치의 원리 구현 과정에서 나타난 개념의 불명료성을 해소하고 지방교육자치의 본질을 실현하기 위해 지방교육자치제도의 기본 원리로 제시되어 왔던 교육의 자주성 및 전문성의 원리, 정치적 중립성의 원리, 지방분권의 원리, 주민참여의 원리 이외에 견제와 균형, 협력의 주요 원리를 검토할 필요성을 제기하였다. 또한 중앙과 지방의 교육행정 권한 중첩에 따른 권한 충돌의 문제, 교육자치와 일반자치의 분리 혹은 통합 논쟁이 부각되고, 특히 최근 초·중등교육에 대한 권한을 지방자치단체로 이양하고 있는 상황에서 중앙과 지방의 권한 충돌을 줄이고 지역교육의 특수성을 살리되 지역 간 교육격차를 줄이기 위한 교육행정권한에 대한 중앙과 지방 간의 역할 정리와 각각의 사무에 대한 합리적 재분배가 필요하다는 점을 제안하였다. 지금까지 지방자치의 경험을 되짚어 행정의 효율성과 함께 교육의 전문성과 자주성, 정치적 중립성이 훼손되지 않고 실질적으로 지방교육자치의 원리가 구현될 수 있는 지방교육자치의 방향이 무엇인가에 대한 고려가 이루어져야 할 것이다.

현재의 지방자치제도에 대한 역사적인 고찰 결과(제3장), 교육의원과 교육감이 주민에 의해 선출되면서 주민 대표성은 확보되나 정치적인 성격은 커지고, 교육의 정치적 중립성 보장 논리는 퇴색되는 양상이 나타남을 확인하였다. 교육위원회가 시·도 의회 내 상임위원회로 전환되고 교육의원 및 교육감을 주민직선으로 선출하는 과도기를 거쳤다가 주민 선거에 의한 교육의원은 폐지되었다. 현재 교육상임위원회제도가 있으나 이는 교육의 전문성에 대한 고려가 없다는 점에서 교육자치 의결기구의 폐지로 판단되며, 이와 같은 교육자치 의결기구의 폐지는 앞으로 교육자치 집행기구 개편을 가속화할 가능성이 높을 것으로 예상된다. 한편, 교육감 주민직선제가 거듭될수록 교육감들의 정치화는 가속화될 것으로 전망되며, 교육감들이 정치화될수록 교육감 주민직선제에 대한 비판이 커질 것으로 예상된다. 이와 같은 교육감 직선제 폐지 논의가 축적되면 교육감 주민직선제가 폐지되고, 교육감 임명제로 변화될 가능성도 있다. 향후 교육과 관련된 의사결정을 내릴 수 있는 교육자치 의결기구로서 기능할 수 있도록 교육의 전문성을 갖춘 교육상임위원회제도와 교육의원제도가 정비되어야 할 것이다. 교육감 선출제도와 관련하여, 선출제도의 유형보다는 교육감의 자격 요건으로 교육 경력 및 교육행정 경력 기준을 강화하고 교육감에 대한 전문적 통제, 주민통제를 강화할 필요가 있음을 제안하였다.

지방의 교육·학예에 관한 사무의 집행기관으로서 교육감은 지방교육자치제를 구현하는 핵심 주체 중 하나이다. 교육감의 지위와 권한, 교육감 선출제도의 역사적 변천과 교육감 제도와 관련된 주요 쟁점을 분석한 제4장에서는 교육감 선출제도의 주요 쟁점으로 교육의 자주성 보장, 교육의 전문성 및 정치적 중립성 보장과 주민의 공무 담임권, 주민 대표성 보장, 주민통제의 원리와 선거 비용의 문제 등을 제시하였다. 또한 교육감의 관할 사무 범위가 광범위하고 중앙 정부와 중복됨에 따라 교육감의 사무 집행에서 교육감과 지방자치단체장, 교육감과 교육부 장관 간 긴장과 갈등이 나타나고 있음을 확인하였다. 지방교육자치제에서 교육감(직) 제도는 「헌법」에 명시된 교육의 자주성, 전문성, 정치적 중립성을 실현하고, 지방교육에서 주민통제 원리를 보장하는 핵심으로서 교육감의 지위는 향후 보다 강화될 것으로 전망할 수 있다. 교육감은 수직적으로는 교육부 장관과 역할을 분담하고 수평적으로는 시·도지사와 연계·협력하는 교육 리더십을 발휘해야 할 것이다.

지방의 교육·학예에 관한 사무의 의결기구로서 교육위원회제도는 여러 차례 변화를 거쳐 왔다. 교육위원회의 위상, 교육위원회의 구성(교육의원의 자격과 선출 방법 등), 교육위원회의 기능과 관련 쟁점 등을 포괄적으로 분석한 제5장에서는 교육위원회가 지방의 교육·학예에 관한 사무, 관련 법이나 제도에 대한 심의·의결 권한, 교육에 관한 조례 제정 권한, 교육행정에 대한 시정 요청 및 감사권 등을 갖지만 교육위원회의 설치 기반은 취약하다는 점을 논의하였다. 또한 지방의회에 교육 분야 상임위원회를 꼭 두어야 한다는 명문 규정이 없으며 교육의원 또한 시도의회 의원 중 정당 비율에 따라 선임되고 교육의원의 자격으로 교육 경력 또는 교육행정 경력이 필요하지 않다는 것은 교육의원의 전문성을 약화시키는 요인이 된다. 정당 비례 선임으로 인해 정치적 중립성이 훼손될 수도 있으며, 전문성 부재로 인해 교육청 견제 기능이 약화될 수 있다는 점도 교육위원회 제도의 주요 한계로 논의하였다. 주민의 대표성과 교육의원의 전문성을 동시에 보장할 수 있도록 교육위원회의 설치 및 역할 등에 대한 법적 기반을 개선하고 교육의원의 전문성 향상을 위한 제도적 보완이 필요하다.

지방의 교육행정 사무를 담당하기 위해 설치한 지방교육행정조직의 구성과 운영 현황, 관련 쟁점 및 미래 방향 등은 제6장에서 제시하였다. 지방교육행정조직은 시·도교육청, 보조 기관 및 소속 기관, 하급 교육행정기관(교육지원청)으로 구성되며, 탄력적 조직 운용을 위해 총액인건비제가 적용되는 등 자율 권한이 확대되고 있다. 그러나 한편으로는 조직 설치 및 운용 기준의 적용으로 실질적인 조직 개편 권한이 부족하고, 중앙 정부 주도의 교육지원청 기능 개편과 교육지원청 통폐합 등이 이루어지면서 자율권이 침해받는 문제도 발생하였다. 뿐만 아니라 교육위원회 등 지방교육 관련 주체들과의 갈등으로 정책 결정 및 집행에 어려움을 겪기도 하였다. 이러한 문제를 해결하기 위해 지방교육행정조직 구성원의 자치 및 협치 역량을 강화하고, 조직 설치 및 운용 기준을 교원 수와 관리 면적 등을 포함하여 현실에 맞게 재설정하고, 자율적으로 선택할 수 있도록 할 것을 제안하였다. 지역별로 형평성을 고려하면서도 자율권을 확보할 수 있는 방안을 찾기 위해 노력할 필요가 있다.

중앙과 지방의 교육행정권한 중첩에 따른 권한 충돌 문제는 지방교육사무를 통해 분석하였다(제7장). 교육·학예에 관한 사무는 국가로부터 시·도 교육감에게 위임된 국가 위임사무와 지방자치사무가 있으나 두 사무가 법률에 의거해 명확하게 구분되지 않고, 지방교육자치제 확대 이후에도 국가 교육과정, 교원 인사, 교육재정 관련 사무를 중앙에서 관할함에 따라 국가 교육사무와 지방 교육사무를 둘러싼 갈등이 지속되고 있다. 이러한 갈등의 예시로서 학생인권조례 제정, 교육공무원 특별채용, 학생부 내용 기재, 자율형 사립고등학교 지정 및 취소, 누리과정 예산 편성 등을 분석하고 사무 구분 기준을 정립할 필요가 있다는 점, 교육사무의 영역별 구분을 제안하였다. 장기적으로는 지방에서 수행하는 사무를 모두 지방의 교육사무로 인정하고, 중앙 정부는 부교육감제를 활용하여 국가 교육사무를 직접 처리하는 방안을 고려할 수 있을 것이다. 지방의 교육사무 역시 정리할 필요가 있으며, 학생 지도와 관련하여 교원, 학교가 직접 관할해야 하는 사무와 지방자치단체장이 지원하는 교육사무의 구분이 이루어져야 할 것이다.

2010년 총액인건비제도 실시 이후 지방교육행정기관의 인력 관리 역량이 중요해지고 있다. 교육감이 선발·배치·관리하는 일반직 지방공무원, 교육전문직, 학교회계직에 대한 인사제도를 분석한 제8장은 지방교육인사제도의 주요 현황과 쟁점, 개선 과제를 분석하였다. 일반직 지방공무원은 다양한 업무 처리를 할 수 있는 역량을, 교육전문직은 '전문직'으로서 근무할 수 있는 여건을 마련하고 전문성 강화를 촉진하는 체제를, 학교회계직은 운영의 효율성을 높이기 위한 직종 통합, 전보 체계, 교육 훈련 내실화 등을 제안하였다. 특히 최근 학교회계직 인사 관리와 관련된 갈등이 크게 나타나는 만큼 이에 대한 개선 체계를 수립할 필요가 있음을 제안하였다. 아울러 교육감은 합리적이고 공정한 인사제도를 운용함으로써 지방 교육 인력의 역량을 강화하고 중앙정부는 교육감이 인력을 효과적으로 활용할 수 있도록 상위직급 제한 등의 규제를 완화할 필요가 있다는 점 등을 제시하였다.

지방교육재정은 지방교육자치제를 실질적으로 뒷받침하는 핵심적인 영역이다. 지방교육재정의 확보, 배분, 지출, 평가 등 네 가지 주요 영역에서 지방교육재정의 현황, 쟁점과 미래 방향을 분석한 결과(제9장), 교육의 질 개선을 위하여 교육재정의 확보가 지속적으로 확대될 필요가 있음을 제안하였다. 학생 수의 감소에도 불구하고 교육의 격차가 심화되고 다문화가 가속화되는 등 교육 수요자의 요구는 끊임없이 높아지는 만큼 교육재원의 확보는 필수적이라 할 것이다. 현재 교육재원은 국가 지원 비중이 높으며, 특히 지방교육행정기관의 경우 세입권한이 없어 지방자치단체에의 의존이 절대적이다. 따라서 국가와 지방, 수익자 간 적절한 재정 분담, 국세와 지방세의 조정 및 지방자치단체의 역할 강화가 요구된다는 점을 제안하였다. 장기적으로 교육비 배분에서 적정교육비 지원을 위한 논의를 활발히 함으로써 학생 교육비의 형평성을 높일 수 있을 것이다.

17개 시·도교육청의 교육정책 중점사항을 분석한 제10장은 대체로 지방자치단체가 중앙 정부의 교육정책과 일관성을 유지하기도 하지만 지방의 차별적인 교육정책 및 사업을 추진하고 있다는 점을 보여 주고자 하였다. 그 사례로 학교혁신 정책사업, 혁신교육지구사업, 학교 내 전문적 학습공동체 학점화 사업, 학생인권 조례 사례 등을 분석하였다. 일부 교육 사업(정책)은 교육부와 갈등을 빚기도 하였으나 다른 시·도교육청으로 확산됨으로써 시·도교육청 단위의 교육 기획이 활성화되는 사례를 보여 주었다. 앞으로 지방교육자치제 발전에 따라 지방교육자치의 원리를 실질적으로 실현하는 지방교육 정책 및 사업을 개발하고 집행하는 정책 담당자의 전문성 개발이 필요함을 제안하였다.

지방교육행정기관의 책무성 보장 측면에서 지방교육행정에 대한 평가제도를 분석한 제11장은 시·도교육청 평가와 지방교육재정 운영성과평가를 중심으로 평가 목적, 평가내용, 평가 방법 등의 측면에서 현황을 분석하고 개선 방향을 제시하였다. 이에 따르면 시·도교육청 평가는 평가 목적 측면에서 시·도교육청의 자치 능력을 강화할 수 있는 평가를 지향할 필요가 있으며, 평가내용 측면에서 국가교육정책, 지방교육정책, 학교교육지원의 세 가지 영역으로 구성하는 것이 적절하고, 평가 방법 측면에서 정량과 정성을 병행하되, 절대평가를 확대할 필요가 있음을 제안하였다. 지방교육재정 운영성과평가는 평가 목적 측면에서 현재의 재정운영 성과뿐만 아니라 합리적으로 재정 운영계획을 수립할 수 있는 역량을 높일 수 있도록 설정할 필요가 있고, 평가내용 측면에서 절대평가 도입과 정성 지표의 지표 설정 취지 명료화 등이 필요하다. 평가 방법으로는 집합평가와 보고서 평가를 유지하되, 우수 사례 발굴과 공유의 취지를 늘릴 수 있는 방식의 시간 배분이 필요함을 제안하였다.

이러한 내용을 종합하면, 교육감의 권한과 사무는 보다 명확하게 규정될 필요가 있으며, 이는 중앙으로부터의 사무와 일반자치로부터의 사무를 모두 포함한 것이어야 한다. 이때의 교육이 자주성과 전문성을 원칙으로 하되, 교육의 전문성이 보다 강조될 수 있도록 교육의 전문성과 직접적으로 관련된 사무와 그렇지 않은 사무를 구분할 필요가 있다. 물론 직접적으로 관련된 사무와 그렇지 않은 사무 간의 구분이 명확하지 않을 수 있으며, 이에 일반자치와 교육자치 간의 소통은 매우 중요하다. 중앙으로부터 사무의 독립은 장기적으로는 지방으로 모든 권한이 주어진다는 전제하에 중앙의 사무가 무엇인지에 대한 합의가 필요할 것이며, 이에 대한 논의가 지속되어야 할 것이다.

이를 집행하는 방식으로 부교육감의 권한 부여를 언급하였지만 이에 대한 대안도 있을 수 있다. 교육감의 권한과 사무가 명확해지면 사무와 관련된 갈등은 적어질 것으로 예상되며, 이와 같은 갈등을 법원의 판결에만 의존하기보다는 앞서 논의하여 정리할 필요가 있을 것이다. 지방의회에서 교육상임위원회의 전문적 역할 강화는 교육 자치의 실현을 위해 반드시 필요한 것으로 생각되며, 교육상임위원회의 의원 자격 조건에 대한 논의도 함께 이루어져야 할 것이다. 주민 자치 및 대표성의 보장과 전문성의 확보 간 갈등은 교육감 선출에서도 중요한 논쟁거리이다. 교육자치의 역사가 쌓여 가는 만큼 교육위원회의 역할과 이를 수행할 수 있는 전문성에 대한 점검 또한 교육감의 교육리더십에 대한 논의와 함께 이루어져야 할 것이다.

교육재정의 확보는 교육에 대한 기대가 높아지는 만큼 여전히 중요한 주제이며, 지속적인 확대가 필요하다. 교육의 역사와 함께 교육에 있어 최소한의 기대보다는 적정한 수준의 재정 지원을 통해 실질적인 교육 기회의 평등을 이룰 수 있도록 노력해야 할 것이다. 교육재정의 확보, 배분, 지출, 평가는 시·도교육청의 사업 운용과 평가에서 중요한 항목이다. 지방교육자치가 건강하게 이루어지기 위해 인력의 확보와 배치, 재교육 또한 빠질 수 없다. 총액인건비의 도입으로 인력 수급에서 보다 나은 자율성이 확보된 만큼, 교육감의 인사관리제도 마련에 고심할 필요가 있다. 직렬과 직급에 따라 합당한 업무를 배분하는 등 재정 분야와 함께 인력의 효과적·효율적 운용을 위한 교육감의 리더십이 요구된다. 이와 같은 교육감의 리더십은 평가체제를 통해 충분하게 피드백을 받을 필요가 있다.

본격적인 지방교육자치제의 도입과 함께 향후 시·도교육청 평가는 국가의 정책사업을 충실하게 이행했는가에 대한 것보다는 시·도교육청이 지방교육자치체제의 역량을 충분히 갖추고 있는가에 대한 것으로 평가의 목적이 이동할 필요가 있다. 최근 지방정부 수준에서 출발하여 성공적이라고 평가받는 교육 사업은 지방의 특색에 맞게 개발된 지방의 특성을 살려 지역주민과 함께하는 사례들이며, 이는 향후 지방교육자치에 대한 기대감을 높이는 데 충분하다.

그동안 한국의 지방교육자치의 역사가 교육감 자격과 선출제도, 교육위원회의 자격과 선출제도를 중심으로 변화하였다면, 향후 지방교육자치제는 각 지방의 자치 역량을 높이고 상호 학습하는 정책 개발과 집행을 중심으로 발전할 것이라고 기대된다. 지방교육자치 역량을 높이기 위한 재정·인력·조직 관리가 중요한 과제로 대두될 것이므로, 이를 위한 교육감과 지방교육행정기관 구성원의 역량 강화가 필요하다. 또한 지방교육자치 역량을 측정하기 위한 분석 및 평가제도로 보완하여 지방교육자치에 대한 피드백 기능이 강화되어야 할 것이다. 이 책에서는 지방교육자치제의 기본 원리로 제시되어 왔던 교육의 자주성 및 전문성의 원리, 정치적 중립성의 원리, 지방분권의 원리, 주민참여의 원리 이외에 견제와 균형, 협력의 원리를 주요 원리로 검토하여야 함을 제시하였다. 지방교육자치의 역사를 거울삼아 지방교육자치제가 다시 명목상의 제도로 주저앉지 않도록 지방교육자치의 방향 설정과 이를 실천하기 위한 제도적 보완이 끊임없이 이루어져야 할 것이다.

내용

 저자 소개

김민희(Kim, Min-hee)
서울대학교 교육학박사(교육행정전공)
지방교육재정분석위원
시도교육청 조직분석위원
현 대구대학교 사범대학 교직부 부교수
주요 저서: 『교육과 행정』(공저, 가람문화사, 2014)
　　　　　『교육지도성』(공저, 양서원, 2014)
　　　　　『교육재정학』(공저, 학지사, 2014)

김민조(Kim, Min-jo)
서울대학교 교육학박사(교육행정전공)
충북교육청기관평가위원
충북행복씨앗학교중간평가위원
현 청주교육대학교 초등교육과 부교수
주요 논저: 『초등교육행정의 이론과 실제』(공저, 양성원, 2016)
　　　　　『교사학습공동체 운영을 위한 프로토콜: 더 나은 실천을 꿈꾸는 교사들에게』(공역, 하우, 2017)
　　　　　「교사들의 '반(半) 자발성'에서 출발한 학교내 교사학습공동체 운영 사례 연구」(2016)

김정현(Kim, Jung-hyun)

서울대학교 교육학박사(교육행정전공)

교육부 교육과정정상화심의위원회 위원

한국교육개발원 학교교육연구실 연구원

현 한국교원대학교 교육연구소 연구원

주요 논저: 『학교컨설턴트 가이드북』(공저, 학지사, 2015)

　　　　　『학교경영컨설팅』(공저, 학지사, 2013)

　　　　　「교육개혁의 방향 탐색: 교육지형의 변화와 공교육제도의 역할을 중심으로」(2017)

박상완(Park, Sang-wan)

서울대학교 교육학박사(교육행정전공)

한국교육개발원 부연구위원

OECD 파견근무

현 부산교육대학교 교육학과 교수

주요 논저: 『교육지도성』(공저, 양서원, 2014)

　　　　　『지방분권과 교육: 초·중등 교육에 관한 지방자치단체의 역할과 책임』(한국학술정보, 2013)

　　　　　「신뢰의 개념 구조 및 교육행정 연구에의 적용」(2017)

박소영(Park, So-young)

University of Wisconsin, Madison Ph.D(교육행정전공)

한국교육개발원 연구위원

현 숙명여자대학교 교육학부 부교수

주요 논문: 「국가수준 학업성취도 평가 전수조사에 대한 교원의 정책 불응 연구」(2017)

　　　　　「대입전형 간소화 정책 전후 사교육 영향력 비교 분석」(2017)

　　　　　「중학교 성취평가제 정책 집행 과정 특성 분석」(2016)

한국의 지방교육자치
Local Education Autonomy System in Korea

2018년 6월 5일 1판 1쇄 인쇄
2018년 6월 15일 1판 1쇄 발행

지은이 • 김민희 · 김민조 · 김정현 · 박상완 · 박소영
펴낸이 • 김진환
펴낸곳 • (주)**학지사**

　　　　04031 서울특별시 마포구 양화로 15길 20 마인드월드빌딩
대표전화 • 02)330-5114　　팩스 • 02)324-2345
등록번호 • 제313-2006-000265호

홈페이지 • http://www.hakjisa.co.kr
페이스북 • https://www.facebook.com/hakjisa

ISBN 978-89-997-1563-1 93370

정가 23,000원

이 도서의 국립중앙도서관 출판시도서목록(CIP)은 서지정보유통지원
시스템 홈페이지(http://seoji.nl.go.kr)와 국가자료공동목록시스템
(http://www.nl.go.kr/kolisnet)에서 이용하실 수 있습니다.
(CIP 제어번호: CIP2018015327)

교육문화출판미디어그룹 **학지사**

심리검사연구소 **인싸이트** www.inpsyt.co.kr
원격교육연수원 **카운피아** www.counpia.com
학술논문서비스 **뉴논문** www.newnonmun.com
간호보건의학출판 **정담미디어** www.jdmpub.com